湖北发展研究报告

武汉大学湖北发展问题研究中心
武汉大学发展研究院　组编

武汉大学出版社

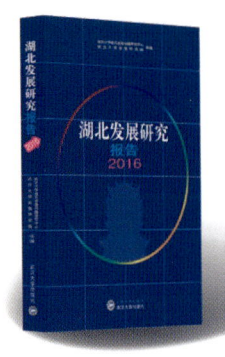

湖北发展研究报告 2016

编辑委员会主任：	李　健
秘　书　长：	李　光

报告撰写人：
（以姓氏笔画为序）

毛宗福	牛婧红	王君华	冯建龙	甘望铭
乔亚兰	刘　钒	刘远翔	刘国新	刘姿媚
毕　玮	吴　骏	张　宁	张文胜	张欲晓
李　光	李　健	李明传	杨　仰	杨雅南
沈　婕	邵　蕾	邹小伟	陈　俊	陈桂香
周志红	易晓波	林　洪	范欲晓	姚业楠
胡　然	胡甲刚	钟书华	候　强	夏　谦
涂　瑜	秦尊文	郭志祥	陶红兵	曹　青
盛建新	黄　平	黄元峰	龚启慧	傅　昌
曾婧婧	谢科范	潘　劲	颜慧超	

《湖北发展研究报告2016》由武汉大学湖北发展问题研究中心、武汉大学发展研究院组织研究和出版，并获湖北省普通高校人文社会科学重点研究基地建设基金、武汉大学人文社会科学发展基金支持。

目 录

将光伏扶贫纳入湖北省精准扶贫
  李　健 …………………………………………………………… 1

大数据对"创新湖北"建设的影响与支撑研究
  武汉大学发展研究院课题组 …………………………………… 5

"互联网+"推进湖北省智能制造的对策研究
  湖北省经济和信息化委员会·武汉大学湖北发展问题研究中心
  联合课题组 ……………………………………………………… 54

湖北省"十三五"加快科技发展研究
  湖北省科技信息研究院课题组 ………………………………… 90

以制度创新厚植湖北省科技创新优势
  李　光 …………………………………………………………… 130

湖北省国际科技合作现状分析及未来发展思路
  谢科范　刘姿媚　曹　青 ……………………………………… 140

关于优化湖北省供给侧创新结构的思考
  盛建新　涂　瑜　冯建龙 ……………………………………… 156

长江中游城市群一体化现状及对策
  秦尊文　张　宁 ………………………………………………… 165

湖北省区域创新能力现状及影响因素分析
  林　洪等 ………………………………………………………… 194

湖北省优化高成长性企业发展环境研究
  武汉大学发展研究院课题组 …………………………………… 212

以集成创新不断提升湖北省文化产业竞争力
　　乔亚兰　李　光 ······································· 259

创新方法在湖北省高新技术企业推广应用的进程及模式
　　王君华　刘国新 ······································· 272

东湖国家自主创新示范区未来推进创新驱动战略的目标与方向
　　钟书华　沈　婕　杨雅南 ······························· 290

东湖国家自主创新示范区创新驱动战略的改革举措
　　武汉大学发展研究院课题组 ····························· 348

福建省三明市公立医院改革对湖北的启示
　　张欲晓　傅　昌　姚业楠 ······························· 378

武汉市战略性新兴产业发展"十三五"规划
　　武汉大学发展研究院课题组 ····························· 401

武汉市电视问政的实践探索及理论创新
　　曾婧婧　龚启慧 ······································· 440

湖北京山经济开发区产业发展规划研究
　　武汉大学发展研究院课题组 ····························· 450

2015年湖北省国民经济和社会发展主要指标
　　易晓波　整理 ··· 499

后记 ··· 500

将光伏扶贫纳入湖北省精准扶贫

李 健

精准扶贫是党中央对扶贫攻坚做出的新部署。为贯彻落实习近平总书记关于精准扶贫的重要讲话精神,湖北省及时召开了全省扶贫攻坚动员誓师大会,李鸿忠书记代表省委在会上提出了"精准扶贫、不落一人"的总要求。精准扶贫必须精准发力,精准方式。调查研究表明,通过在太阳能资源比较丰富的贫困地区,为贫困村和贫困户建设分布式光伏电站,实施光伏发电产业扶贫,是变"输血"为"造血"、实现贫困村和贫困户精准脱贫的一条新途径,湖北省应当予以重视并积极推进。

一、光伏扶贫是我国精准扶贫的有效途径

贫困户仅仅靠救济、靠"输血"是很难真正实现脱贫的。要使他们彻底告别贫困,同步实现小康,必须积极推进产业扶贫,帮助他们增强"造血"功能,为他们找到一个能够直接增收、稳定增收、持续增收的路径。光伏扶贫作为一种新的产业扶贫方式,主要是通过帮助贫困户建设分布式太阳能光伏发电站,使当地被闲置的太阳能资源,变成向电网源源不断输送的电能,转化成他们源源不断的稳定收入。这种新的扶贫方式,贫困地区群众点赞,国家政策鼓励,越来越受到我国一些贫困地区的青睐。

2013年,安徽省合肥市在全国率先进行光伏扶贫试点。相关部门整合资源,为郊区县100个贫困户家庭,每户建造一个装机容量3千瓦

的分布式光伏电站，使这批贫困户通过建设家庭分布式光伏发电站，迅速摆脱贫困，走出了产业扶贫的一条新路子。在合肥市光伏扶贫试点工作取得成效的基础上，地处皖西的金寨县开始在全县大面积推广。当一些省、市还在为境内出现首个分布式光伏发电站而津津乐道时，2014年年底已经有2008座家庭光伏电站悄然屹立在金寨县贫困户的房顶上，并全部接入了大电网。据金寨县领导介绍，到2014年12月9日，这些光伏电站已累计发电128万度，为贫困户带来直接经济效益100多万元。光伏扶贫深受贫困地区和贫困群众，特别是那些无劳动力、无稳定收入、无就业门路的"三无"特困户的欢迎。金寨县最早安装家庭光伏电站、也是最早尝到光伏扶贫甜头的沙河店村特困户方荣军，曾经算过这样一笔账："太阳能电站每年给我家带来的收益，顶得上在山里种四亩水稻"。他还说，"太阳能电站就是好，既不要你管它吃，又不要你管它喝，只要有太阳，每天都能使我的账户增加十几块钱"。

  安徽省的做法，引起了国务院有关部门和中央领导同志的关注。2014年7月，李克强总理在国务院发展研究中心撰写的《分布式光伏发电是扶贫的有效举措》报告上做重要批示，对安徽省将分布式光伏发电作为精准扶贫的重要举措，给予肯定。在国务院扶贫办、国家能源局领导带队到安徽省开展光伏扶贫专题调研的基础上，2014年下半年国家扶贫领导小组将光伏扶贫列入精准扶贫十大工程；国务院扶贫办、国家能源局联合发文，决定从2015年开始在全国组织实施光伏发电产业扶贫工程。

  在国家政策利好的鼓舞下，作为国家光伏扶贫试点省的安徽，2015年进一步加大了光伏扶贫的力度。2015年6月，安徽省人民政府出台了《关于实施光伏扶贫的指导意见》，计划在2015至2020年期间，为31个贫困县的30万户贫困户，每户建设一个3千瓦的户用光伏电站；为1000个贫困村，每村建设一个60千瓦的村级光伏电站。通过光伏扶贫，受益贫困户家庭年均增收3000元，受益贫困村集体年均增收6万元。作为国家光伏扶贫试点县的金寨县，在2014年总共建设2008个光伏电站的基础上，计划2015年为贫困户再新建5000个家庭光伏电站。

二、关于在湖北省组织实施光伏扶贫的若干建议

湖北省大部分地区属太阳能光照资源较丰富的三类地区，具备发展光伏发电产业的自然条件。2015年，湖北省物价局和省能源局决定对分布式光伏发电在国家每度电补贴0.42元的基础上，省里再补助0.25元；湖北省发改委决定今后6年投资600亿元对农村电网进行大规模改造。这两个新政策为湖北省实施光伏扶贫提供了难得的机遇，注入了新的动力。开展光伏扶贫可一举数得，不但能帮助贫困地区的群众增加收入，加快实现精准脱贫，而且能提高湖北省清洁能源的比例，拉动湖北省光伏产业的发展，改变湖北省分布式光伏发电相对滞后的局面。为了切实做好这项利国、利省、利民的工作，特建议：

（1）将光伏扶贫作为湖北省实现"精准扶贫、不落一人"目标的重要抓手，纳入湖北省"十三五"扶贫攻坚规划。在有条件的地区大力推进光伏扶贫，通过光伏扶贫增加贫困村的集体经济收入和贫困户的家庭经济收入，加快扶贫对象脱贫致富的步伐，确保他们到2020年与全省人民同步实现全面小康。

（2）将光伏扶贫与"三万活动"有机结合，在组织万名干部进万村"走万家"、"挖万塘"、"洁万家"、"惠万民"的基础上，组织实施"建万站"行动。通过整合政府、社会的相关资源，为每个具备光伏发电条件的对口支援贫困村建一个村级光伏电站，使受益贫困村每年的集体收入增加5万元左右；为对口支援贫困村的每个已建档立卡的贫困户建一个3千瓦的家庭光伏电站，使他们每户每年增加收入不少于3000元。

（3）立即组织有关部门到安徽等国家光伏扶贫试点省学习调研，在此基础上，结合湖北省实际情况，提出全省光伏扶贫的工作目标、工作原则、工作重点和保障措施，形成湖北省人民政府关于推进光伏扶贫的指导意见和"万名干部进万村建万站"的实施方案。分布式光伏发电是一项十分成熟的技术。开展光伏扶贫，目前在技术上没有任何问

题，关键是如何多渠道筹措资金，如何有效地组织推动。安徽省在这方面进行了大量探索，有很多创新和经验，湖北省可以借鉴。

（4）尽快在湖北省选择几个工作基础比较好的市县，开展光伏扶贫试点示范工作。国家扶贫办和国家能源局2014年已经将安徽、宁夏、山西、河北、甘肃、青海等6个省，列为第一批国家光伏发电产业扶贫工程试点省。湖北省应积极创造条件，争取跻身第二批国家光伏发电产业扶贫工程试点省，以获得国家更多的指导与支持。

报告撰稿人： 李　健　武汉大学湖北发展问题研究中心主任、教授、博士生导师

大数据对"创新湖北"建设的影响与支撑研究

武汉大学发展研究院课题组

当今世界,大数据浪潮扑面而来,正在对人类社会生产、社会生活、社会管理等产生深刻影响。无论是在国家战略层面,还是在区域竞争层面,大数据都成为各国、各地区竞相发展的重点领域。湖北作为我国科教大省,应高度重视大数据时代带来的机遇,积极营造大数据发展的环境和条件,借助大数据推进科技创新、产业转型升级和公共治理方式变革,为加快"创新湖北"建设提供新动力和强大支撑。

一、大数据的系统认识

大数据(Big Data)是现代科技、经济和社会发展的产物,通常被用来描述、定义信息爆炸时代产生的海量数据及其相关的技术发展与创新。作为一种新的现象、资源、方法和技术,大数据蕴含着巨大的价值和广阔的应用前景,并从整体上推动着人类社会各个方面的深刻变革。

(一)大数据的定义

早在1980年,著名未来学家阿尔文·托夫勒就在《第三次浪潮》一书中,将"大数据"热情地赞颂为"第三次浪潮的华彩乐章"。作为一个较为明确的概念,"大数据"最早出现在20世纪90年代,特指"在一定时间内无法用传统方法进行抓取、管理和处理的数据"。1998年,美国科学家约翰·R.梅西(John R. Masey)发表以大数据为关键词的论文后,大数据开始受到社会的广泛关注。2008年,*Nature* 杂志出版专刊 Big Data，基于多个学科的研究现状系统地介绍了"大数据"所蕴含的潜在价值与挑战，"大数据"成为各个学科研究的热点问题。2011 年，Science 杂志出版专刊 Dealing with Data，讨论了数据洪流所带来的挑战，并特别强调倘若能更有效组织和利用这些数据，将对社会发展发挥巨大的推动作用。2012 年，欧洲信息与数学研究协会会刊 ERCIM News 出版专刊"Big Data"，讨论了大数据时代的数据管理、数据密集型研究的创新技术等问题。与此同时，"大数据"由科学研究的热点问题，迅速向政府、企业及其他社会领域扩散和渗透，大数据的价值和应用前景日益被发现，形成了一股波及全球、影响深远的"大数据"热潮。

尽管目前对大数据尚没有统一而规范的定义，但不同研究机构和学者从各自立场出发做出了不同的界定，具有代表性的大数据定义归纳如下：

1. 从特征角度的定义

麦肯锡全球研究所（McKinsey Global Institute）在《大数据：创新、竞争力和生产力的下一个前沿》（James，2011）中将大数据定义为"大小规格超越传统数据库软件工具抓取、存储、管理和分析能力的数据群。"

维基百科将大数据定义为："无法在一定时间内用通常的软件工具进行捕获、管理的数据集合。"

美国国家科学基金会（NSF）将大数据定义为："由科学仪器、传感设备、互联网交易、电子邮件、音频视频软件、网络点击流等多种数据源生成的大规模、多元化、复杂、长期的分布式数据集。"

国际数据公司（IDC）认为，大数据即"海量的数据规模、快速的数据流转和动态的数据体系、多样的数据类型、巨大的数据价值"。

2. 从内容角度的定义

全球领先的数据集成软件提供商 Informatica 认为，大数据是"大交易数据、大交互数据和大数据处理的总称"。

全球首屈一指的网络存储公司（NepApp）认为，大数据"包括

A、B、C 三个要素：分析（Analytic）、宽带（Bandwidth）和内容（Content）"。

3. 从价值角度的定义

高德纳咨询公司（Gartner Group）认为，大数据是"一种基于新的处理模式而产生的具有强大的决策力、洞察力以及流程优化能力的多样性的、海量的且增长率高的信息资产"。

我国学者赵勇等人认为，大数据就是"在规定的时间内完成特定数据的采集、传输、存储、管理、调配、统计、分析、挖掘等工作，使其具有超乎想象的使用价值"。

4. 从技术角度的定义

大数据就是"对海量数据的采集、存储、分析、整合、控制以及与之相关的技术和产业"。目前，一般将 PB 级以上数据视为大数据。

"大数据"指的是通过高速捕捉、发现或分析，从大容量数据中获取价值的一种新的技术架构。大数据的核心是大数据技术，包括数据搜索与采集技术、数据存储技术、数据传输技术、数据挖掘技术、数据管理技术、数据分析技术、数据安全技术等。

5. 从综合角度的定义

赛迪智库软件与信息服务业研究所安晖认为，大数据这一新概念"不仅指规模庞大的数据对象，也包含对这些数据对象的处理和应用活动，是数据对象、技术与应用三者的统一。"

大数据对象既可能是实际的、有限的数据集合，如某个政府部门或企业掌握的数据库，也可能是虚拟的、无限的数据集合，如微博、微信、社交网络上的全部信息。

大数据技术是从各种各样类型的大数据中，快速获得有价值信息的技术，包括数据采集、存储、管理、分析挖掘、可视化等技术及其集成。

大数据应用是集成应用大数据技术从特定的大数据集合中获得有价值信息的行为。对于不同领域、不同企业的不同业务，甚至同一领域不同企业的相同业务来说，由于其业务需求、数据集合和分析挖掘目标存在差异，所运用的大数据技术和大数据信息系统也可能有着相当大的不同。唯有坚持"对象、技术、应用"三位一体同步发展，才能充分实现大数据的价值。

大数据是信息技术与其他专业技术、信息技术产业与各行业领域紧密融合的典型领域，有着旺盛的市场需求和广阔的应用前景。为把握这一新兴领域带来的新机遇，需要不断跟踪研究大数据，不断提升对大数据的认知和理解，坚持技术创新与应用创新的协同共进，加快经济社会各领域的大数据开发与利用，推动国家、行业、企业对数据的应用需求和应用水平进入新阶段。

（二）大数据的特性

随着大数据研究的不断深入，人们对大数据特性的认识越来越全面，从最初IBM提出的"3V"、"4V"发展到现在的"8V"，即以8个"V"开头的英语单词表征的大数据特性。

1. 海量化（Volume）

海量化即指数据的海量规模。随着现代信息技术的进步及其向各行各业的渗透、融合，以及互联网、物联网、现代物流、网络金融、车联网、智能交通、智慧城市、智能制造等新兴产业的兴起，带来了各种业务数据以指数级爆发性增长。根据IDC的调查与统计，2007年全球信息量约为165EB，2009年全球信息达到了800EB。未来每隔18个月，整个世界的数据总量就会翻倍，预计2020年这一数字将达到35ZB，约为2007年的220倍，而人类历史5000年的文字记载只有5EB。随着大数据的到来，以TB、PB、EB为数据计量单位的时代已经成为过去，全球将进入数据存储与处理的"ZB"时代。

2. 高速度（Velocity）

高速度即指数据流的快速处理。随着大数据的涌现，已经有很多用于密集型数据处理的架构应运而生，例如Apache Hadoop具有开放源码以及在商品硬件群中运行的特性。此外，还有能以可靠、高效、可伸缩的方式处理大数据的软件框架Hadoop。运用这些新的软件和技术，数据处理的速度大大加快,数据处理能力从批处理转向流处理。业界对大数据的处理能力有一个称谓——"1秒定律",即要求在秒级时间范围内给出数据的处理分析结果,否则数据的价值就大大降低。大数据需要具备快速处理的能力,它与传统的数据挖掘技术有着本质的区别。

3. 多样化(Variety)

多样化即指数据的类型繁多。以往人类产生或处理的数据类型较为单一,大部分是结构化数据,如通过数据库或常用软件存储和处理的数据,数据源和数据类型单一,很容易进行规范化操作。但是,随着社交网络、物联网、移动互联网、在线交易等新的渠道和技术不断涌现,声音、图片、邮件、日志、即时消息和视频等半结构化或非结构化数据与日俱增。有统计表明,全世界非结构化数据的增长率是63%,而结构化数据增长率只有32%。2012年,非结构化数据在整个互联网中所占的比重已经超过了75%。目前,传感器、智能设备和社会协同应用日益广泛,数据类型和数据量的增长无以复加,传统的技术及方法已无法对这些各种类型杂糅交错的数据集进行存储和规范化处理。

4. 价值大(Value)

价值大即指数据的应用价值。大数据由于体量庞大,单位数据的价值密度在不断降低,但数据的整体价值在不断提高。麦肯锡全球研究所在《大数据:创新、竞争与生产力的下一个前沿领域》报告中指出:数据正成为同物质资产和人力资本相提并论的重要生产要素,大数据的使用将成为未来提高竞争力、生产力、创新能力以及创造消费者剩余的关键要素,成为领军企业与其他企业之间最显著的差别。大数据已经成为信息社会的"富矿",开发与使用价值不可限量。IDC调研报告预测,大数据技术与服务市场将从2010年的32亿美元攀升至2015年的169亿美元,实现年增长率40%,并且将会是整个IT与通信产业增长率的7倍。通过对大数据进行处理,发现其中潜在的商业价值,将会产生巨大的商业利润。

5. 精确性(Veracity)

精确性即指数据的准确性。从数据源来看,绝大多数数据都是个体思想和行为的实时记录,是个体意识的外在反映,其准确性要高于传统的数据来源渠道和收集方式,即便少数数据失真,也都被淹没在真实数据的海洋中。从数据量来看,大数据面对的是某一现象的全部数据,而非传统的随机抽样数据,"样本=总体"的全数据模式将使判断和预测的准确性,达到抽样数据无法达到的高度。从数据处理过程来看,通过一系列技术手段对海量数据进行"去冗"、"降噪"和"过滤"处理,并进行数据整理、挖掘和分析,最终得出更加准确、可靠的结论。

6. 关联性(Viscosity)

关联性即指数据流间的关联性。关联的数据价值远大于孤立的数据。大数据并不看重单个数据流的价值,强调从彼此关联的数据流发现相关关系,而不是因果关系,只需要知道"是什么",而无需明白"为什么"。在大数据时代,原有建立在人的主观认识基础上的关联物监测法已经落后,取而代之的是借助机器的超强计算能力和复杂的数学模型,对看似杂乱的大数据进行专业性测试和分析,自动搜寻和建立关联关系,并得出有价值的结论。

7. 易变性(Variability)

易变性即指数据流的变化率。大数据的生成是瞬息万变的,除了人为产生的大量数据外,无数的传感器、监测设备等智能化机器亦源源不断地自动生成数据,导致数据量在极短时间内快速增长,数据更新速度极快,数据价值的衰减率高,需要对不断变化的数据做出快速反应,即在瞬息万变的状态下进行动态、实时分析。

8. 有效性(Volatility)

有效性即指数据的有效性及存储期限。尽管大数据看起来是杂乱无章的,但随着存储技术的进步,大数据存储空间和时间限制越来越少,这些数据都可以有效记录并长期存储,也可以追溯查找、循环往复利用,数据本身的有效性和基于大数据分析与预测的有效性大大提高。

除了上述大数据的"8V"特性,大数据还具有完备性(Completeness)和多维度(Multi-demensional)等特征。大数据的完备性特征包括:数据类型的完备性,涵盖了传统数据、半结构化数据、非结构化数据、流式数据等,构建了无所不在、无时不有的数据源渠道和全数据视图;数据技术的完备性,随着 Hadoop、NoSQL 和 SQL 等平台技术的共存与融合,数据处理和应用的完备性程度将大大提高;决策支撑的完备性,大数据的实时采集、处理和分析将使有价值的信息快速呈现,并迅速转化为基于数据基础的科学决策。大数据的多维度特性,是指通过运用专门的技术手段对看似无限膨胀、杂乱无章的数据集,从不同的角度和不同的细节程度进行上卷、下钻、切片、切块、旋转等各种分析操作,把数据转化成不同维度的分类度量值、序列结构、排列组合和显示方式,多角度、多侧面地揭示对象或事件的不同属性及变量之间的关系,发现其中的一些规律性,并根据不同主体需要为利益相关者提供价值关联度高的信息和知识。正是因为大数据的众多特性,专家在确定大数据英语词汇之"大"时,使用抽象意义上的英语单词"big",而不是强调数量或尺寸意义上的"large"。

大数据是新一代技术及构架,它以低成本和快速的采集、处理及分析技术,从各种超大规模的数据中获取价值。通过现代社会无处不在的互联网、射频、传感器和移动设备,大数据能够解析存在于现实世界、虚拟世界以及虚实融合世界的复杂网络关系,并使人们适时做出判断和决策。这种新的分析研究和决策支持模式,遵循数据转变为信息、信息转变为知识、知识涌现出智慧的流程。大数据并非对数据的简单统计及交互分析,其核心是从数据中获取价值,这种价值体现在从大数据中获取更多、更准确、更深层次的知识。大数据是极具潜在价值的宝藏,其前景在于通过数据挖掘、数据分析和数据处理,来发现其中蕴藏的巨大价值,能帮助研究者、决策者、使用者做出更加明智的选择。正是大数据具有的技术特性,使其被赋予了巨大的社会价值。

(三) 大数据的社会价值

大数据是一场席卷世界各个角落的深度变革,它不仅直接影响人类社会生产和社会生活,促进人们思考问题方式的转变,而且发挥了"鲶鱼效应",激发了政府、市场和企业等深层次变革的活力。英国大数据专家维克托·迈尔-舍恩伯格指出："大数据是人们获得新的认知、创造新的价值的源泉；大数据还是改变市场、组织机构，以及政府与公民关系的方法。"① 大数据正在成为国家竞争的前沿，以及产业竞争力和商业模式创新的源泉。麦肯锡全球研究所2011年发布的大数据白皮书指出：大数据为美国的医疗服务业每年节省3000亿美元，为欧洲公共管理部门每年节省2500亿欧元，为全球位置数据服务提供商贡献1000亿美元；帮助美国零售业净利润增长60%，帮助制造业在产品开发、组装环节节省50%的成本。伴随着大数据日新月异的发展，大数据对各行各业的带动和促进作用将更加显著。

1. 大数据的价值分析

大数据成为人类社会的一种战略性资源。大数据由于本身所附带或隐含的价值，被类比为新时代的石油、黄金，甚至被视为"一种与资本与劳动力并列的新经济元素"。2012年1月，大数据成为瑞士达沃斯全球经济论坛的主题，论坛发布了一份题为《大数据，大影响》的报告，宣称数据已经成为一种新的经济资产类别，就像货币或黄金一样。随着大数据时代变革的深入，政府和企业逐渐认识到数据的重要性，都将"数据"作为核心资产，并重视如何有效利用这些数据来产生更大的价值。

大数据成为新一代信息技术的核心支撑。大数据是新一代信息技术的产物，而大数据技术与产业的融合发展，又会促进云计算、物联网等新兴信息技术的进步。大数据正日益成为未来新一代信息技术融合应用的核心，为云计算、物联网、移动物联网等各项新一代信息技术相关应用提供坚实的支撑。大数据的有效利用和价值挖掘将成为新一代信息技术提高生产力、竞争力、创新能力以及创造和引领新消费需求的关键要素。

大数据成为现代科学体系中的新兴学科。"人-机-物"交互融合的

---

① ［英］维克托·迈尔-舍恩伯格，肯尼斯·库克耶：《大数据时代：生活、工作与思维的大变革》，盛杨燕、周涛译，浙江人民出版社2013年版，第9页。

三元世界的数量化表征及其网络关系成为大数据研究的共性问题，构成了大数据成为一个相对独立的新学科的基本前提。围绕大数据发展起来的新技术、新方法和新的社会现象，将成为大数据学科发展的重要基础。仅就大数据技术而言，它指设计用于高速收集、发现和分析从多种类型的大规模数据中提取经济价值的新一代技术及其体系，涉及数据存储、合并压缩、清洗过滤、格式转换、统计分析、知识发现、可视呈现、关联规则、分类聚类、序列路径和决策支持等技术。

大数据成为人类经济社会发展的重要引擎。大数据是一个急速成长的新兴产业，同时又是现代社会生产和生活的基础设施之一。围绕大数据未来可能形成数据服务、数据探矿、数据化学、数据材料、数据制药等一系列战略性新兴产业。大数据技术的进步、产业的发展以及大数据与其他产业领域的深度融合将从根本上推动传统产业的转型升级和社会治理方式的转变。大数据的有效利用可以创造巨大的经济价值和社会价值，许多行业和承担业务职能的组织利用大数据可以提高人力、物力资源的分配和协调能力，降低成本，增加透明度，优化业务流程，完善服务体系。

大数据成为人类认知和科技创新的新动力。各行业对大数据的实际需求促进大批新技术和新产品的孵化和衍生，对数据的深度利用以及大数据与各行各业的融合，将成为开发新产品和新服务的驱动力。大数据平台的建立和发展，为人类认知和科技创新提供了极大的便利条件，数据的开放和有效利用能够催生出新的科技创新点。

大数据成为国家和区域战略的重要组成部分。大数据事关国家的数字主权与安全、科技创新的未来和产业发展的制高点，围绕大数据各国展开了激烈竞争，纷纷将促进大数据发展纳入国家战略。从2009年开始，美国政府就大力推进政府数据开放，专门建立了联邦政府开放数据的权威网站（data.gov），让政府数据得到更多的创新性运用。2012年，美国政府宣布启动"大数据研究和发展计划"，承诺投资2亿美元，大数据从商业行为上升到国家战略。欧盟、日本等大型经济体也竞相出台引导性政策，把大数据列为重点建设领域，建立在线数据开放系统，创建开放式数据孵化器,着力扶持大数据技术和产业发展。

2. 大数据与社会变革

大数据与思维变革。大数据时代的到来,不仅是技术的更新,它同时标志着人类处理信息方式的变化、思考问题模式的升级、思维深度的掘进以及人工智能的进化。大数据思维意味着:人们将从大量的信息中学习到从少量信息中无法获取的东西;将利用越来越多的数据来理解事情和做出决定;将发现许多东西是随机的而非确定性的;将认识到事物之间相关性与因果性的区别。大数据时代的到来将引发新的"智慧革命",人们可以从海量、复杂、实时的大数据中发现信息和知识,提升智能水平,为社会创造更大的价值。

大数据与生活变革。大数据让人们的生活更加智能、便捷和舒适。"云分享"将人们各自喜好的视频、图片、文字等格式的资源集结在一起,产出独立并联结外界的数据节点,有选择地与他人分享,建立属于自己的朋友圈;"云消费"让人们无障碍、实时性地获取消费信息,分享消费体验,提供消费建议,表达消费意愿;大数据让"私人定制"成为现实;"云社交"突破了时间和空间的界限,人与人之间传统的碎片式社交变成了网络式关系库;大数据让生活更加透明,个人的行为和生活以数据化的方式记录、保存下来。人们的日常行为、身体状况、财务状况、家庭状况等隐私信息在高度整合的数据通道里一览无遗,由此带来了个人隐私泄露的道德与法律风险。

大数据与科研变革。诺贝尔奖获得者吉姆·格雷指出:数据密集型科学正在从计算科学中分离出来,成为科学研究的第四范式。数据密集型知识发现方法受到科学界的普遍关注,科学家不仅通过对大量数据实时、动态地监测与分析来解决科学问题,更基于数据来思考、设计和实施科学研究。数据不仅是科学研究的结果,并且成为科学研究的基础。人们不仅关心数据建模、描述、组织、保存、访问、分析、复用和建立科学数据基础设施,更关心如何利用泛在网络及其内在的交互性、开放性,利用海量数据的可知识对象化、可计算化,构造基于数据的、开放协同的科学研究与科技创新模式。大数据将为人们认识世界和改造世界提供新的强有力工具，使人们能更加容易地把握事物规律，更准确地预测未来，更有利于科学发现和技术创新。

大数据与产业变革。大数据是现有产业转型升级、融合发展与新产业诞生的重要推动力量。大数据几乎可以在所有行业领域中得到运用，推动产业组织形态和生产方式变革，催生出新商品、新服务、新商业模式、新业务流程和新组织架构。金融行业通过对客户交易数据和存贷款数据，来判别客户对理财产品的不同需求，提供不同的金融服务，开发针对性的金融产品；制造业利用大数据优化产品设计和生产流程，实行定制化生产和精准营销，大幅度提高生产效率；电商行业利用大数据实时了解客户需求，衍生创新产品，为客户提供个性化体验，提高顾客忠诚度；交通行业通过大数据实时监控公共交通工具和调配交通资源，预判和缓解交通压力，提高交通效率；医疗行业通过大数据平台实现医生与病人的直接交互，并为病人提供个性化的医疗健康智能服务；农业依靠大数据技术和设备对生产过程进行精细化自动控制，增加产量，提高品质，预测天气和农副产品价格走势，以降低生产过程风险，提高整体效益。

大数据与管理变革。大数据所具有的在区域之间、行业之间和企业部门之间的穿透性，正在颠覆传统的、线性的、自上而下的目标驱动的精英决策模式，形成面向不确定性的、非线性的、自下而上的发现群体智慧的数据驱动决策模式。大数据时代的管理不再依赖个人的主观决策，而强调以事实为基础、以数据为依据的理性决策。无论是人才测评，还是绩效考核；无论是市场行情分析，还是发展战略拟定，都有海量的数据作为决策的依据，从而步入全方位的数字化管理新时代。大数据还能够降低管理成本，提高管理效率，提升危机预警、应急响应与突发事件的处理能力。

大数据与教育变革。以大数据为基础的新一代教育平台和管理模式显示出强大的竞争力，在教育领域引发了根本性变革。第一，基于个体特殊需求的适应性在线学习平台突破了空间、时间和资源的限制，彻底改变了传统的学校教育方式，以"学习者为中心"的智慧学习、大规模学习、碎片化学习、免费学习、个性化学习和终身学习成为现实；第二，教学内容呈现方式的多样化、可视化、人性化程度大大提高，学习者可以借助文字、图片、音频、视频等不同方式学习，教学者可以通过多元数据库工具、远程教学平台、多媒体教学设备实现教学管理，以"翻转课堂"为代表的交互式网络课堂成为新的教学形态；第三，教育资源信息化网络使优质教育资源形成一种流动的良性循环，学习资源发挥的效用越来越大，形成了一个互通有无、交流共享、共同提升的学习共同体；第四，在传统教育领域，大数据收集和分析技术将为教育决策提供信息基础，帮助学校有效改进教学，提高教学效果，引导学生提高学业成绩。

大数据蕴含着巨大的社会、经济价值，具有广阔的应用前景、丰厚的商业利益，能为人类经济社会发展提供强大的驱动力。在未来日趋激烈的竞争中，谁能够有效获取、控制、利用好大数据，充分挖掘和释放大数据的潜在价值，谁就能抢占先机，赢得主动，形成他人难以企及的核心竞争力。

二、大数据与"创新湖北"建设

近年来，随着互联网和信息产业的迅猛发展，大数据引起人类社会的高度重视。大数据的产生适应了人类解决巨量复杂数据的迫切需要，它的潜在价值使其被认为是世界下一个创新、竞争和生产力提高的战略前沿。2012年3月29日，美国奥巴马政府在白宫网站发布了《大数据研究和发展倡议》，这一倡议标志着大数据已经成为重要的时代特征。在世界各国关注和竞相发展大数据的背景下，我国从中央到地方也纷纷采取发展大数据的对策行动。2012年11月，广东省制订了《广东省实施大数据战略工作方案》，成为率先在全国推行大数据战略的省份。2014年2月，贵州省在全国率先出台了《关于加快大数据产业发展应用若干政策的意见》、《贵州省大数据产业发展应用规划纲要（2014—2020年）》等一系列政策法规，将发展大数据产业作为贵州省的重要经济战略，大数据被视为贵州省经济"弯道超车"的重要砝码。2015年2月，贵州省建立首个国家级大数据集聚发展示范区，2015年4月，全国首家大数据交易所——贵阳大数据交易所投入营运，面向全国乃至全球提供数据交易服务。2015年6月，习近平同志在贵州省调研时提出：我国大数据采集和应用力争走在世界前列。

党的十八大明确提出：实施创新驱动发展战略，把创新摆在国家发展全局的核心位置。2015年3月发布的《中共中央国务院关于深化体制机制改革加快实施创新驱动发展战略的若干意见》，明确提出"发挥科学技术研究对创新驱动发展的引领和支撑作用"。湖北省委、省政府历来重视创新，早在20世纪90年代，湖北就率先在全国提出实施科教兴鄂战略。2006年，湖北省委、省政府作出了《关于增强自主创新能力建设创新型湖北的决定》。随后在湖北省第九次党代会上对创新型湖北建设做出了具体部署，并提出把创新浓墨重彩地写在湖北发展的旗帜上。2012年，湖北省第十次党代会再次明确提出将"创新湖北"作为"五个湖北"建设之一，把创新作为推动湖北科学发展、跨越发展的核心动力。2013年，湖北省委、省政府出台了《关于深化科技体制改革加快创新体系建设的意见》，明确提出"到2020年，基本建成具有湖北特色的区域创新体系，自主创新成为经济社会发展的主要驱动力"的发展目标。在大数据浪潮席卷全球的时代背景下，要加快推进创新湖北建设，就必须充分发挥大数据的战略性作用。

"创新湖北"建设的内容非常丰富，主要包含思想文化创新、体制机制创新、改革开放创新和自主创新等方面。"创新湖北"是一个"创新驱动发展"的大创新概念。2013年以来，习近平同志反复强调"创新驱动发展"的创新，是以科技创新为核心的全面创新。这一重要论述，表明了科技创新在全面创新中的重要地位。"创新湖北"建设的核心是科技创新。要使科技创新成为引领湖北发展的核心驱动力，还要将创新全面贯穿到经济建设、社会建设、政治建设、文化建设、生态建设的各方面和全过程，贯穿到发展观念、体制机制、制度规范、发展环境、产业发展、科技进步、科技成果转化等领域。通过发展大数据，有助于密切政府和民众的联系,促进经济发展与社会进步,为"创新湖北"建设提供新动力。

(一) 大数据将为"创新湖北"建设提供战略性资源

从总体上看,人类社会经济发展可分为两大阶段:一个是主要依靠土地、劳动力、资本等要素增加的"要素驱动发展"阶段;一个是主要依靠科技、制度、观念等方面创新的"创新驱动发展"阶段。当今时代,人类开始步入创新驱动发展的第二阶段,创新成为社会经济发展的根本动力。自从美国经济学家熊彼特提出"创新是指把一种从来没有过的关于'生产要素的新组合'引入生产体系"的创新概念以来,创新在经济发展中的作用越来越为人们所重视。随着经济全球化趋势的进一步增强和世界各国经济竞争的日趋激烈,创新进程和创新能力的竞争已成为国家之间竞争的关键。湖北省正在大力推进科学发展、跨越式发展,这是一种"弯道超车"的赶超型发展,更需要以超常规的创新来支撑,必须把创新放在更加突出的位置,以创新引领发展,以创新推动发展,把创新真正作为发展的根本动力。

在大数据时代,数据是重要的战略性资源和基础性资源,也是重要生产力。数据中隐藏着有价值的信息,而硬件、云架构和开源软件使得大数据的处理更为方便和廉价。大数据与云计算、物联网等新技术相结合,将日益深刻地改变人类社会的生产方式、生活方式和社会管理方式。将大数据这种重要资源、生产要素引入生产体系,对提升湖北省科技创新、产业创新乃至综合竞争力将发挥关键作用。

(二) 大数据将促进湖北省科技创新资源的合理配置

经过30多年的改革开放和高速发展,湖北省取得了举世瞩目的巨大成就,但高度依赖物质投入和资源环境消耗、自主创新能力不强的发展格局难以为继。要破解要素、资源瓶颈约束,实现持续、稳定、快速发展,唯有走创新驱动、内生增长的科学发展和跨越式发展之路,通过大幅提高科技创新能力,以新知识、新技术、新资源,节约或者替代传统的能源资源消耗和劳动力投入，才能满足经济持续较快增长的需要。目前，湖北省正处于加快发展的战略机遇期，大数据与战略机遇期的叠加将有助于资源、优势、潜力充分发挥作用，为"创新湖北"建设带来新的发展动力。

大数据有助于湖北省充分挖掘、激活、整合和配置各类科技创新资源，促进科技创新资源、科技创新潜力、科技创新优势转化为经济社会发展优势；大数据有助于湖北省要素配置市场化改革，促进现代市场体系的建设、健全和完善；大数据有助于湖北省先进制造业和现代服务业共同崛起，促进高新技术产业和战略性新兴产业健康发展；同时，大数据也有助于湖北省竞进提质和发展方式转变，加快推进科技含量高、经济效益好、资源消耗低、环境污染少、人力资源优势得到充分发挥的新型工业化。

（三）大数据将推进"创新湖北"建设的体制机制变革

在人类历史上，每一次重大的科技发展都必将带来新观念和体制机制变革。大数据在区域之间、行业之间和企业部门之间所具有的穿透性，将有助于湖北省解放思想、更新观念和开拓创新，有助于公共服务资源开放共享，整合利用全球创业创新资源，实现人才、数据等创业创新要素跨地区、跨行业自由流动。

大数据发展将促使湖北省打破部门限制、地域限制，克服制度障碍、环境障碍，用新体制机制要求倒逼创新，用创新的办法完善体制机制，促进政府整合现有的市场主体和社会资源，增强改革措施的协调性。面向社会服务、公共管理、市场监管、城市建设等方面的新需求，充分挖掘大数据的社会价值，将会推动推进政府治理及公共服务能力和水平。通过建设开放、真实的大数据平台，可优化小微企业创新生态，推动服务型政府行政一体化；依托"互联网+"、大数据云计算等，推动各行业创新商业模式，建立和完善线上与线下、境内与境外、政府与市场开放合作等创新机制。以大数据推进"创新湖北"建设的体制机制变革，不断优化社会创新环境，将为湖北省经济社会发展注入持久动力。

（四）大数据将提高"创新湖北"建设的决策管理效能

不确定性往往是人类难以选择的原因之一，信息不充分决策也是决策者深感棘手的问题。大数据将改变传统的、线性的、自上而下的精英决策模式，形成非线性的、面向不确定性的、自下而上的决策基础及方式。大数据技术的发展，将使决策者改变信息不充分的决策行为，实现基于实时数据分析的决策过程，将有效提高决策的科学性。大数据不仅有助于常规决策，而且对非常规决策行之有效，尤其是能极大地提高危机决策的时效性。

大数据将促使湖北省政府部门的决策及管理过程发生根本性改变。基于数据实证的事实，而不是利益集团在政府决策及管理过程中所施加的影响，将促使政府的决策及管理更加开放、更加透明、更有效率；也促使政府转变职能，以提高行政效能为目标，深入推进行政管理体制改革，全面创新施政方式和工作方式。利用大数据，可提高政府对科技、医药、卫生、信用、交通、社会舆情等的管理效能，为政府在制定治理环境污染和提升公共安全等方面政策时提供了更好的数据支撑。在现实的商业活动中，企业决策往往依赖个人经验和直觉，在很大程度上并不是基于数据，这种决策方式将面临大数据的挑战。在大数据时代，大数据分析将成为企业做出正确决策的充分条件，数据分析师在决策制定过程中的作用日益重要，决策将是企业领导层和数据分析师共同作用的结果。大数据分析技术将逐渐替代传统的信息管理手段，并且不断演变为企业的一种竞争优势，湖北省率先应用大数据分析的企业将获得先机。

（五）大数据将促进湖北省市场导向的技术创新

大数据使湖北省市场导向的技术创新真正成为可能，使技术创新更能贴近市场和消费者，使技术创新者与消费者成为利益共同体。成功的技术创新必须高度重视消费者的利益需求，技术创新者与消费者之间可以不断通过数据信息交流和反馈。企业作为市场主体和技术创新主体，通过技术开发，不断推出适应市场消费者需求的新产品和新服务，在不断满足市场消费者需求过程中实现价值。

传统企业衰落的根本原因在于难以贴近消费者，难以真正了解消费者的确切需求。在大数据时代，企业的创新与发展更依赖于对用户数据的分析和对用户需求的感知。数据的丰富性和自主性包含了消费者的购买习惯、个性需求以及品牌偏好等，并且都是消费者自愿表述的对产品满意度和质量问题的想法。事实上，是否拥有消费者数据的规模、活性以及收集、运用数据的能力，是决定企业生存与发展的关键因素。大数据分析将科学揭示市场消费趋势，面向消费者的企业可长期利用数据来细分和定位客户。大数据在客户定制方面也将实现质的飞跃，使得实时个性化成为可能，有助于社会的个性化消费，也有助于湖北省制造业和服务业不断提高标准，促进技术创新，加快产业提档升级。

（六）大数据将改变湖北省传统企业的组织架构

对于传统企业而言，人才是企业的核心竞争力，企业的很大部分资源都存在员工的大脑中，如企业人脉关系、方法理论、经验传承等。在大数据时代，人才是企业核心竞争力这种观念将部分得以修正和完善，因为数据将成为企业最为重要的核心资源之一。企业信息资源的核心载体不再是员工的大脑，而是各种可随时调用的数据，企业的所有信息都可以通过各种录入终端形成数据的形式进行存储，然后通过有效的数据管理模型进行分析、导出。把数据收集处理后，其结果对企业而言就是不断改进经营管理的智慧。

在大数据时代，数据处理速度快，时效性要求高，企业必须重新评估信息化基础设施。大数据、云计算、移动互联网等技术的快速发展，将促使大多数企业的信息管理体系结构发生重大变化，大数据势必改变湖北省传统企业的组织架构。扁平化的、单元式的企业架构将成为大数据时代的主流架构模式，这种组织架构更有利于企业技术创新和实施现代企业制度。

(七) 大数据将推动湖北省产业之间的深度融合

数据无所不在，融合体现大数据的价值。大数据对传统信息技术带来革命性挑战，正在孕育着新一代信息技术的颠覆性创新。与此同时，大数据也正在加速推进产业之间的深度融合。

推动大数据技术在各行各业普及应用的原动力，来自于企业改善自身经营水平、提升经营效率、创造更多利润、实现更大价值的需要。在大数据时代，越靠近终端消费者的企业，在产业链中拥有越大的发言权，因为消费者的关注重点已迁移到能否满足其个性化需求。在现代社会，市场消费者对企业产品或服务的需求，往往超越了产业的边界，客观上需要产业之间的交叉融合。大数据所表征的市场消费者需求信息，使企业技术创新有市场感、方向感和紧迫感，从而形成推动产业融合的动力。

大数据将深刻影响工业、交通、物流、商贸、金融、电信、能源等数据量大的行业领域，也将渗透到新产品和新服务从市场调查、技术研发、市场营销到用户消费的全过程，大数据势必推动湖北省不同产业之间的深度融合。充分发挥大数据促进产业融合的重要功能，深入挖掘大数据隐含的巨大经济价值，将有效促进湖北省产业发展的转型升级和提质增效。

(八) 大数据将促进湖北省决策咨询研究及智库建设

大数据是人类社会信息时代的重要战略性资源，其战略地位堪比农业时代的土地、工业时代的石油。大数据的重要影响除了体现在科技、经济、社会等方面，同时也将对政治、文化等方面产生深远影响。在大数据时代，数据将不仅成为湖北省经济发展的重要资源，而且会对湖北省决策咨询研究和新型智库建设产生深远影响。

经过多年建设，湖北省目前已形成分布在省委省政府研究部门、高等院校、社会科学院等方面的智库群落，这些体制内外的智库群落正进行大量的决策咨询研究。从湖北省决策咨询研究共同面临的问题看，缺乏数据以及缺乏数据深入分析已成为瓶颈问题，使许多决策咨询研究只能停留在定性分析或不完全定量分析，直接影响了决策咨询研究质量和决策咨询效果。从湖北省人民政府组成部门网站、尤其是湖北省统计局网站分析，能够为决策咨询深入研究使用的基础数据、数据集非常有限，可视化数据更是微乎其微，基本上没有可供社会公众利用的数据分析工具及应用程序。在大数据发展日新月异的背景下，要充分发挥大数据所具有的决策咨询功能，促进湖北省新型智库建设，政府开放数据势在必行，且宜早不宜迟。湖北省应发掘利用数据存量、创新开发数据增量、努力释放数据能量，尤其要以政府开放数据积极引导整个社会的"数据文明"建设。通过制定政府开放数据的指导意见及工作规范，明确界定政府开放数据的原则、领域、范围、边界、标准、机制及程序等，制订政府开放数据的行动计划及操作步骤，加强政府开放数据的地方立法建设，尽快建立政府开放数据平台，鼓励基于开放数据的应用创新，让大数据真正发挥促进湖北省决策咨询研究、加快新型智库建设的重要作用。

（九）大数据将优化湖北省科技创新的社会环境

大数据将为人们认识世界、改造世界提供新的强有力工具，使人们能更好地把握事物规律，更准确地预测未来，更有效地进行科技创新。不仅如此，大数据能为湖北省科技创新提供有利条件，并创造更好的社会环境。

在大数据时代，利用海量数据可构造基于信息充分、开放协同的科技创新环境，将使数据供应者、数据加工者、应用开发者、金融机构以及用户等真正成为利益共同体。利用大数据，湖北省能够加强科技人才和科技创新资源管理，高效配置科技创新所涉及的人、财、物等重要资源，搭建更有效的产、学、研、用、金、政合作创新开放平台，不断强化自己的科技人才优势和科技创新优势。

在大数据时代，中小微企业的技术创新与大企业的技术创新同样重要。通过大数据平台建设，将中小微企业技术创新过程中的生产、经营、技术、人才、交易等信息记录下来，使之规范化、数字化、公开化、价值化，有助于强化中小微企业技术创新的自组织性，并形成企业技术创新网络。运用大数据、云计算等技术，能够为湖北省大众创新创业提供更好的社会环境，尤其是大大降低大众创新创业门槛，并为创新创业者提供更有效的服务。

大数据所具有的特性及发展趋势，将无疑对"创新湖北"建设带来深远的影响。湖北省要高度重视发展、应用大数据的重要战略意义，始终坚持以科技创新为核心，深入开展管理创新、文化创新、金融创新、体制机制创新、商业模式创新，使湖北省真正实现创新驱动发展。

三、大数据对"创新湖北"建设的影响

大数据是现代科技创新和科技发展的必然结果，其对科技创新和科技发展的影响同样重大而深远。大数据正在改变着人类发现问题、研究问题和解决问题的方式，传统科学方法的局限得以突破，新的科学研究模式正在形成。一个国家和地区的地位，将取决于其在大数据方面的综合优势以及开发利用大数据的能力。作为"创新湖北"建设的核心与支撑，湖北省科技创新如何面对大数据时代的冲击，如何抓住大数据带来的机遇，如何适应大数据给人类社会带来的挑战，如何在科技创新过程中自觉发展和运用大数据，如何以大数据整合科技创新资源、发挥科技创新优势、激活科技创新潜力，是湖北省科技创新必须深入研究和努力解决的重要问题。

（一）大数据将拓展湖北省科技创新的范围和层次

湖北省的科学研究、技术创新正经历着大数据的强烈冲击，这种冲击来自社会各行各业和各个领域，更来自科技创新过程自身。进入21世纪以来，现代大型科学仪器、望远镜、卫星、探测器、加速器、传感器网络、医疗成像设备、DNA测序仪、智能移动终端、互联网应用、计算机模拟等设施和活动，使科学研究过程中获取的数据量出现急剧增

长,从高能物理、天文学、空间科学、地球科学、生物学到社会计算、经济管理与金融研究,几乎每个学科领域都经历着数据爆炸。随着高能物理实验规模和复杂度不断增大,不少实验每年产生的数据达到数PB级甚至上百PB级规模,欧洲核子中心的大型强子对撞机(LHC)上的四个主要实验每秒钟采集到数据就达到PB级,大数据成为该领域研究面临的一个普遍问题。天文学是最早经历数据爆炸的学科之一,天文数据在过去的几十年从GB量级进入到了TB量级,又从TB量级进到了PB量级,世界天文学数据量增倍周期明显短于摩尔定律。空间科学数据的总体规模也由TB级快速跃升到了PB级,长时间尺度、大空间区域、连续、稳定的数据资源经常被运用于科学研究的各个阶段。在基因学领域,第二代测序技术带来了基因组数据的跨越式增长,相比2000年,2010年的基因组数据产生量增大了八个数量级。化学、材料科学等"长尾科学"产生的小数据集合数量众多、异构性强,它们汇聚后的规模和复杂性也不容小觑。随着互联网应用和智能移动终端的发展,个人活动被前所未有地记录,这种记录以"众包"的模式为社会科学定量分析提供了极为丰富的数据。社会科学正经历着空前的数据爆炸,大数据之所以成为一个话题,在很大程度上要归结于这类数据的快速增长。

大数据极大地丰富了科学的研究对象,拓展了湖北省科技创新的范围和层次。随着数据化能力和范围的快速扩张,人们能够测量和记录的东西越来越多,对事物现象的测量记录也更加频繁和细致。从宏观到微观、从简单到复杂,从地球到太空、从自然到社会,许多原来不可观测的事物现象变得可以观测,许多不可研究的东西变得可以研究。大规模、多尺度的探测推动空间科学研究从自然现象特性的解释阶段发展到了深层次物理规律研究和验证、因果链关系与揭示的新阶段。基因学破译了碱基配对的密码,却看不到整个DNA的碱基序列,而基因测序仪可以看到DNA的碱基序列。神经科学掌握了神经元通过突触传递信息的机理,却无法洞察神秘的大脑,而电子显微镜可以看到上千个神经元的同步活动。当理论知识不足以计算一定深度中海水的温度时,传感器会及时准确地告知该处的温度；当理论知识无法分离雨量和雪量时，卫星数据可以估计雪水当量。下一代环境科学通过密集部署的传感器网络，实现较高的数据分辨率，从而使科学家能够更精确地理解环境参数的变化性和动态性。电光电缆观测系统通过遍布海洋、海汽界面、海底及海底之下的传感器、仪器、机器人来即时捕获海洋中的各项参数测量数据。当平面坐标系只有一个点的时候，不能确定线性函数的形式；当只有两个点的时候，不能确定二次函数的形式；而当有足够多点的时候，可以确定任何连续的函数。

大数据不仅拓展了湖北省自然科学研究的范围和层次，而且也提升了湖北省社会科学研究的广度和深度。随着数字化图书、社交网站和搜索引擎数据的不断积累与公开，大数据在社会科学研究中的潜力开始彰显。首先，大数据提高了社会科学预测和决策的准确率。随着大数据和现代信息技术的指数式增长，对社会信息、市场信息的捕捉达到了空前密度，社会科学预测和决策的准确率大大提高。其次，大数据拓展了社会科学经典理论的验证空间。大数据作为一种全新的资料，以其超越传统调查数据的样本量和时间跨度，为社会科学经典理论的验证和拓展提供了更多空间。因此，大数据在延伸和重新检视经典学说方面有着相当大的潜力。再次，大数据填补了定量研究与定性研究之间的鸿沟。对定性研究者而言，大数据可以通过海量规模的样本直接展示和发现社会现象的规律，避免了定性方法在案例选择方面的样本偏差。对于定量研究者而言，可以把基于大数据的简单关联分析或时间序列分析结果与文献中的传统回归分析进行比对，就能形成具有说服力的证据链。以描述和简单回归分析的大数据研究，将进一步填补定性定量方法的鸿沟。最后，大数据为学科融合提供了机遇。大数据的获取和分析，为社会科学提供了全新的分析对象，原本在计算机、人工智能甚至物理、数学等领域具有专长的学者，也有意无意不断加入到社会现象的分析队伍中来，跨学科研究、交叉科学方兴未艾。在大数据蓬勃发展的背景下，湖北省自然科学、社会科学和人文科学的大融合将取得长足进展。

（二）大数据将成为湖北省科技创新的技术支撑

在大数据时代，数据是湖北省科学研究和技术创新的基石，大数据技术也理所当然地成为湖北省科技创新的技术支撑。大数据归根结底是信息技术及其新兴应用模式发展的结果，大数据的采集、传输、储存、管理、分析和处理技术，将成为湖北省科技创新、特别是新一代信息技术发展的关键。

一是大数据采集技术。持续增长的数据产生速度和数据规模，需要有效的技术工具对数据进行采集、过滤，通过高速网络把数据保存下来，同时不能丢失有价值的数据。事实上，实验产生的数据往往只有很小部分是有价值的，即使所有数据都有科学价值，受数据记录速度和存储资源规模局限性的限制，快速产生的数据来不及完整地记录和保存下来。特别是大科学装置的数据采集，存在巨大的技术挑战。如大型强子对撞机LHC上的每个实验装置都有数亿个数据采集传感器，每秒钟产生的数据高达1PB，即使是目前最快的计算机系统也很难将这些数据记录下来。高能物理实验采用一种复杂的判选系统，主要通过"一级触发"、"高级触发"两步对采集到的数据进行筛选，判选出真正有针对性价值的数据，从而使数据量降低到能够接受的水平。大数据采集技术的发展，将有助于湖北省科技创新数据的大量采集。

二是大数据传输技术。联网观测、大科学装置实时控制、协同分析等大量的科研应用，在传输速度、可靠性和服务质量保证方面都具有一般商业应用的特殊需求。如何保证大数据以较低的成本，准时、高可靠地传输仍然是棘手的问题，需要从物理层到应用层、从网络控制管理到专用传输协议进行技术创新和研发。大数据传输技术的发展，将有助于湖北省科技创新数据的可靠传输。

三是大数据储存技术。存储能力增长的速度赶不上数据的增长，设计合理的、具有较好扩展能力的存储系统架构是大数据储存系统的关键问题之一。低成本、分布式、可横向扩展的存储架构成为研究热点，出现了集群存储、云存储等技术和相关解决方案。计算机系统因技术速度和存储速度不匹配形成的"存储墙"问题,半结构化数据、非结构化数据以及具时空特性高维数据的存储问题,数字化数据的长期保存问题,亟待相关大数据储存技术的突破性发展。大数据存储技术的发展,将有助于湖北省科技创新数据的安全存储。

四是大数据管理技术。大数据管理覆盖从确立合适的数据结构、将数据映射到各种储存系统中确保数据的高效查询和发现、确保数据的质量、确保数据的安全和隐私保护等在内的各种活动,特别需要加强适合大数据管理的数据建模、元数据、关联数据、数据溯源、数据整合、数据共享、数据引用、数据查询、数据质量等相互关联方面的技术创新和研发。大数据的大数据量、格式多样以及分析处理性能高等特性,对湖北省大数据管理提出了更高的要求,并终将催生新的技术模式,促进科学数据管理及应用迈上新的台阶。大数据管理技术的发展,将有助于湖北省科技创新数据的有效管理。

五是大数据分析挖掘技术。数据挖掘是自动地从海量数据中找到新颖的、有价值的、隐藏的知识的技术。大数据挖掘可以充分借鉴数据挖掘已有的丰富研究成果,并开发新技术、新方法,将蕴含在科研数据中的知识揭示出来。大数据挖掘技术在科学中有强烈的应用需求和广泛的应用空间。目前,大数据挖掘技术的研究方向主要集中在高性能数据挖掘、复杂类型数据挖掘、数据流挖掘、云挖掘等方面。云是各种大数据存储、处理、分析的平台,基于云计算的大数据挖掘方法研究必将是湖北省科技创新的研究热点。将高性能数据挖掘、复杂类型数据挖掘、数据流挖掘三者的研究相融合并在云上实现,将是湖北省应用大数据挖掘技术的重要途径。

六是大数据可视化技术。可视化技术是通过提供统计或交互式视觉表现的软件系统来帮助人们探索和解释复杂的数据,迅速和有效地简化与提炼数据流,使人们能够交互式地筛选大量的数据。在大数据时代,可视化技术的进步,使研究者能够分析和理解各种数据化手段产生的海量复杂数据,并且通过这种理解来解决棘手或超出想象的问题。大数据技术可视化和绘制主要是基于并行算法设计的技术,合理利用有限的计算资源,高效地处理和分析特定的数据集特性。现有的大规模数据可视化技术主要包括体数据可视化、流场数据可视化、网络数据可视化和多维数据可视化等。原位可视化是近年来颇受关注的一种针对模拟计算产生的超大规模数据的可视化模式。可视化已经被证明为一种解决大规模科学数据分析的有效方法,并在科研实践中得到广泛的应用。大数据可视化技术的发展,将有助于湖北省科技创新数据的科学处理,并有效转换为科学、工程、医学、经济发展和社会治理等领域的实践技术。

(三)大数据将带来湖北省科学研究范式的变革

大数据开启了科学研究方法的重大变革,继实验科学、理论科学、计算科学之后,出现了一种被称为"数据密集型科学"的新型科学研究范式。从发展趋势看,数据密集型科学必将引发湖北省科学研究范式的变革。

所谓范式,是常规科学活动中科学共同体提出问题和解决问题的指导性范例、工具及方法等,范式构成科学共同体价值取向的参考框架,影响其研究重点、评价尺度和选择标准。从科学发展范式发展史看,人类先后经历了从实验科学、理论科学、计算科学到数据密集型科学的发展。

实验科学(也称经验科学)被视为科学研究第一范式,可追溯到几千年前,偏重于经验事实的描述和明确具体的实用性,一般较少抽象的理论概括。在研究方法上,以归纳法为主,观测和实验多带盲目性。其研究模式是:先观察,进而假设,再根据假设进行实验,如果实验的结果与假设不符合,则修正假设再实验。伽利略的物理学和动力学、牛顿的经典力学、哈维的血液循环学说以及后来的热力学、电学、化学、生物学、地质学等都是实验科学的范例。

理论科学被视为科学研究第二范式,产生于几百年前现代科学诞生之时,偏重理论总结和理性概括,强调较高普遍的理论认识而非直接实用意义。在研究方法上,以演绎法为主,强调数学模型的作用,不局限于描述经验事实。理论形成的过程是假说提出与验证的过程,实验和观测大多数是为验证假说有计划地设计和进行。理论科学的范例包括：数学中的集合论、图论、数论和概率论；物理学中的相对论、弦理论、卡鲁扎—克莱恩理论（KK理论）、圈量子引力理论；地理学中的大陆漂移学说、板块构造学说；气象学中的全球暖化理论；经济学中的微观经济学、宏观经济学以及博弈论；计算机科学中的算法信息论、计算机理论。

计算科学（又称科学计算）被视为科学研究第三范式，产生于几十年前，强调计算机仿真、计算机模拟，通过数据模型构建、定量分析方法以及计算机运算来分析和解决科学问题，研究领域主要包括数值模拟、模型拟合与数据分析、计算优化等。在实际应用中，计算科学主要用于对各个科学学科中的问题进行计算机模拟和其他形式的计算。人工智能、热力学和分子问题、信号系统等是计算科学的范例。

随着大数据的出现而正在兴起的数据密集型科学，则被学界视为科学研究第四范式。数据密集型科学以数据为中心，通过数据采集与传输、数据保存与管理、数据分析与可视化等基本流程，实现数据密集型科学发现。数据依靠工具获取或者模拟产生，利用计算机软件处理，依靠计算机存储，利用数据管理和统计工具分析。在大数据背景下，高能物理、天文学、空间科学、地球科学、生物学、社会计算、经济管理与金融研究等以数据科研活动为核心的学科，都有可能发展成为数据密集型科学的范例。科学研究第四范式与前三种范式的主要区别在于：

（1）科学数据取代自然、社会事物成为科学研究的直接对象。在大数据环境下，科学研究对象高度虚拟化。随着新一代信息技术和各类科学仪器设备的发展，一切"物体"都会成为数据的来源，一切自然事物、社会事物都可以数据化。特别是"物联网"具有"4A"（anyone、anytime、anyplace、anything）特性，任何人在任何时间、任何地点都能与任何事物进行网上连接，直接导致大数据的产生。从表面上看，不同学科领域的研究对象、研究方向大不相同，但其提出问题、解决问题在数据层面却趋于一致，原则上都可以用大数据来进行研究。即时收集到的观察数据、源自实验室仪器设备的实验数据、源自测试模型的模拟仿真数据、互联网数据等科学数据，成为各个学科的直接研究对象。

（2）数据驱动取代假说驱动成为科学研究的主要方法。第四范式的出现依赖于人类能够获取到大量数据，它的基本特征是以数据为中心和驱动，基于对海量数据的处理和分析去发现新的知识。大数据时代，数据驱动将取代假说驱动成为科学研究的主要方法。科学研究将从"猜测、推理、归纳、观测、验证"的传统模式，逐渐转变为"观测、计算、挖掘、分析、验证"的新模式。科研人员不再问"我如何设计实验来验证这一假说"而是问"我可以从数据中发现什么"进而可以问"如果将多个学科和领域的数据进行融合，能获得什么样的发现"。通过数据分析，可以发现自然和人为现象背后的模型。随着科学研究的不断信息化，几乎所有学科领域都要用到计算机来处理科学数据。但前三种研究范式对计算机的运用，强调科学家根据已知的规则编制程序；而第四范式则从数据入手，通过程序对庞大的数据库进行挖掘，寻找出关系和相关性。第四范式在本质上是使用程序来发现规则。

（3）相关性思维取代因果性思维成为科学研究的主要思维模式。数据密集型科学研究范式不仅意味着新的科研方式，也意味着思维方式的转变。在思维方式转变普遍发生的情况下，第四范式才会成为一种广泛应用的科学研究范式。在大数据背景下，科学研究要收集和分析与某事物相关的所有数据或至少是尽可能多的数据，通过分析尽可能多的数据获得精确的结果以及一些以前无法得到的发现。不同来源的数据在结构、格式等方面都可能是不同的，结构性数据、半结构数据、非结构性数据不一而足，纷繁混杂。面对开放复杂的大数据，单靠传统的因果分析思维方式不足以把握实物现象的机制机理，应该通过对大数据进行关联分析寻找事物之间的相关关系。这样既可以不受偏见的影响，对被研究对象又有新的理解视角和更好地了解，也能为研究因果关系奠定基础。相关性思维和因果性思维并不冲突，一旦完成了对大数据相关关系的分析而又不再满足于仅仅知道是"什么"时，将能够基于对被研究对象更客观的了解向更深层次研究因果关系，找出背后的"为什么"。

在科学研究第四范式中，相关性思维的作用得到了凸显。

面对正在发生的科学研究范式变革，湖北省要正确认识和处理新范式与旧范式之间的辩证关系。它们不是否定与被否定、取代与被取代的关系。相对于旧范式，新范式意味着科学认识水平、科学认识能力和科学认识方法的进步与提高；相对于新范式，旧范式在科学研究中仍然有其不可完全取代的地位和作用。科学研究第四范式和第一、第二、第三范式一起，优势互补，共同构成现代科学方法的统一体。湖北省在自觉推动科学研究向第四范式大变革的同时，要特别注意发挥第一、第二、第三范式的重要作用。

（四）大数据将孕育湖北省科技创新的新兴学科

在大数据日新月异的背景下，科学研究领域的不断扩大、研究层次的不断提升、研究方法的不断进步，以及科学研究第四范式的逐渐兴起和广泛应用，将在湖北省孕育一批新兴学科和交叉学科。尤其是以数据现象及其规律本身为研究对象的数据科学，对湖北省科技创新具有基础性和先导性作用的新兴学科。

数据科学（Data Science），是关于数据的科学或研究数据的科学，试图把数据当成一个"自然体"即"数据界"（Data Nature）来进行研究。数据科学有两个基本内涵，一是研究数据本身。数据科学研究数据自身的现象和规律，包括数据的历史、进化和迁移，数据的网络形成和发展，数据部落和数据国家的形成，数据的各类形式、类型、状态、属性及其变化形式和变化规律等。二是科学研究的数据方法。数据科学为自然科学和社会科学提供一种新的研究方法，成为科学研究的数据方法（science research method with data），即数据密集型科学研究。数据科学支持和推动自然科学和社会科学研究的发展，因为宇宙、生命、社会、法律等事实都被映射到数据界中。数据科学将可能发展成为继自然科学、社会科学之后的第三大科学，并推动自然科学、社会科学研究方法的变革。

因此，大数据不仅在数据获取、数据储存与管理、数据安全、数据分析、数据可视化等方面，为湖北省科技创新提供技术与方法上的支撑，也将催生湖北省科技创新的基础性、先导性学科，推动湖北省从四个方面前瞻性地发展数据科学。一是数据科学基础理论研究，包括数据相似性理论研究，数据度量和数据代数研究，以及数据勘探、数据实验、数据感知化等数据科学的基本研究方法探索。二是科学研究的数据方法，包括数据方法的一般框架以及针对各个专门领域研究形成的专门理论、技术和方法，即所谓领域数据学，如脑数据学、行为数据学、生物数据学、气象数据学、金融数据学、地理数据学等。三是数据界研究，包括数据基本规律研究，数据分类研究和数据界安全研究等方面。四是数据技术和应用，包括大数据复杂性研究、大数据挖掘技术研究、大数据应用研究等方面。

数据将成为未来国际竞争的关键，拥有数据资源将拥有主导权，数据科技将成为国家和地区的核心竞争力之一，大数据产业将成为许多国家和地区的支柱产业。数据科学研究机构、学术期刊、学术会议也将大量出现，数据科学将成为大学的学科专业。大数据学科的发展风起云涌，将推动湖北省前瞻性地大力发展数据科学，充分发挥其对科技创新的基础性和先导性作用。

（五）大数据将深刻影响湖北省技术创新过程

大数据正在成为湖北省科技创新的新动力，拓展研究范围，提供技术支撑，引发科研范式变革，催生先导性学科，大数据也必将深刻影响湖北省技术创新过程。

1. 技术创新决策科学化

大数据环境带来的挑战与机遇，将推动湖北省构建目标驱动与数据驱动并行的技术创新双向决策机制，进一步强化湖北省技术创新决策的科学化性。一方面，大数据将推动湖北省技术创新以传统目标驱动为基础，形成以传统数据挖掘技术与方法为核心的数据获取、处理、分析、支持决策的技术评估与预测机制。另一方面，大数据将推动湖北省技术创新围绕大数据环境下的复杂数据特征与环境，采用当前数据挖掘领域应用于大数据处理的新方法、新思路，形成以自组织动态实时监测为核心，能够有效预警并积极处理突发事件的技术监测与预警机制。技术评估与预测机制围绕双向决策中的目标驱动决策展开，通过有目的地对大数据环境下科技、网络以及其他数据中的潜在信息进行有效萃取与分析，实现对具体技术领域的"知识发现"与"可视化"，从而达到评估技术发展状态，预测技术发展趋势的最终目的。技术监测与预警机制贯彻的是数据驱动决策，通过自组织自学习的动态实时检测系统有效地运用相应技术方法，发现大数据中的"容疑点"，并深入挖掘与分析"容疑点"中的有效信息，从而达到最终形成"监测与预警"的最高目标。通过目标驱动与数据驱动并行的双向决策机制，湖北省技术创新的市场导向机制将得以真正确立。湖北省技术创新的市场导向机制将以大数据与互联网、云计算、物联网的交互融合为基础，以消费者为中心将创新链、产业链、价值链连接起来，实现技术创新、应用创新与商业模式创新高度互动，推动湖北省技术创新向用户导向型创新和用户参与型创新转变，从技术创新源头上解决湖北省科技成果转化难问题。

2. 技术创新要素集成化

大数据将促进湖北省技术创新要素的优化整合，推动湖北省技术创新要素集成化，把技术创新看做是优势互补的有机整体和动态过程，实现技术创新要素系统化、创新效应最大化。大数据将从五个方面推动湖北省技术创新要素集成化：一是技术系统集成，集成创新不是简单的叠加过程，而是技术系统化的集成过程；二是创新方法的集成，主要体现在对数字的洞察以及创意实现路径的组合；三是创新资源集成，将产业技术领域不同企业的优势资源进行整合，以达到资源共享的目的；四是创新人才集成，集成创新最为关键的是要有能担当创新大任的人才，在技术集成创新过程中必须要实现创新人才集成；五是创新平台集成，就是将技术创新中不同功能的组织平台集成为一个有机组织体，使其整体效率得到极大提高。

3. 技术创新组织方式协同化

大数据背景下，技术创新过程常常以"大科学"、大项目的方式呈现，协同创新将成为湖北省技术创新最重要的组织方式。协同创新是指通过创新资源和要素有效汇聚，突破创新主体间的壁垒，充分释放创新主体间人才、资本、信息、技术等创新要素活力而实现深度合作的创新组织模式。大数据将从四个层面推动湖北省技术创新的协同创新：一是企业层面的协同创新，包括技术集成创新、管理集成创新和流程再造整体创新；二是学科层面的协同创新，包括同学科协同创新和跨学科协同创新；三是产业层面的协同创新，最直接的组织模式是企业技术联盟，包括契约式技术联盟和股权式技术联盟；四是区域层面的协同创新，最直接的组织模式是官产学研结合。大数据有助于湖北省即时把握现实技术创新过程和创新阶段的具体特征，选择适当的协同创新模式。

4. 技术创新过程非线性化

大数据将促进湖北省技术创新市场导向机制的真正确立，消费者将成为创新链、产业链和价值链的中心，并参与技术创新的全过程，技术创新、应用创新与商业模式创新实现高度互动，湖北省技术创新将从线性过程向非线性过程转变。线性创新过程是一个"基础科学——应用科学——设计试制——制造——销售"的单向的、逐次渐进的过程，创新起源于基础研究。非线性创新过程突出了创新的多层次、多环节和多主体参与，在非线性创新过程中，创新绝不是从研究到应用的线性链条、从小众到大众的传播过程。大数据背景下，特别是基于互联网的循环迭代创新方法、创新思维、创新模式的推动，技术创新突破了线性技术创新的思维，从创新的方式、主体、阶段等方面进行非线性交互创新，是创新组织内外各种与技术创新有关因素相互作用的结果，突出了创新的多层次、多环节和多主体参与。大数据时代技术创新过程非线性化趋势，将推进湖北省技术创新市场导向机制的早日建立和消费者对技术创新过程的积极参与。

5. 技术创新项目管理全流程化

大数据时代，网络技术、人工智能、数据库技术等新一代信息技术的有机结合，为湖北省技术创新项目的全流程管理提供了许多手段、方法和技术支撑。通过大数据技术的应用，从项目立项到创新成果转化和产业化，湖北省技术创新项目将实现全流程、全过程的实时监督、实时评估、实时反馈，通过管理理念人性化、管理制度程序化、管理过程痕迹化、管理手段多元化、管理行为规范化、管理人员科学化，保证湖北省技术创新项目的完成质量达到预期的目标和效果。

（六）大数据将促进湖北省科技创新管理平台建设

在大数据背景下，湖北省科技创新管理将呈现出科技数据来源广泛、科研需求增多、管理主体多样化和科研需求个性化的趋势，数据本身也将成为一种新的公共科技资源。大数据推动湖北省以先进信息技术为支撑，在大数据、物联网、云计算三元互动的基础上，搭建多元开放的科技创新管理平台：借助物联网的布局，搜集更加广泛的数据，为科技创新管理提供源源不断的数据流；搭建云计算平台，满足科技管理主体多样化和应用需求个性化的需要，降低各类科技资源的成本，激发科技研发热情。通过大数据在科技创新管理中的运用，进一步促进湖北省物联网和云计算的发展。

大数据背景下的湖北省科技创新管理平台应包括四个方面：一是科技创新战略平台。着眼顶层设计，通过大数据从世界、国家及区域的总体层面考虑整个科技创新管理系统的长远发展，制定合理路线，预见科技前沿，创新体制机制。二是科技政策平台。通过整合各类金融政策、财政政策以及其他一些相关的政策和法规，形成财政、资本循环通道，以提高政策制定的效率和效益，促进政策的有效执行。三是科技创新转化平台。将科技创新科研成果与产业界形成对接，通过知识共享、信息共享与服务共享等次级平台，形成沟通科技人员与产业界知识流、技术流通道，促进科技成果被认知、被推广、被应用，同时也可使得产业界的科技需求有诉求的空间。四是科技创新研发平台。借助物联网和云计算技术，搭建科技创新研发物联网云平台，实现对大数据及各类科技软、硬件资源的共享与按需使用。物联网云平台不仅方便创新人员即时、低成本、按需获得和使用数据资源、科技资源，而且有利于对各类科技资源进行统一管理，避免科研设备的重复购置与数据的重复采集，节约大量的科研成本，提高资源的利用率。

在大数据的推动下，湖北省科技创新管理应与时俱进，强化新兴信息技术与应用模式的支撑作用，加强顶层设计和平台搭建，联合政、产、学、研、金、创等科技创新管理多方主体，将科技创新管理平台打造成一个信息汇聚的平台、技术扩散的平台、人才汇聚的平台、创意衍生的平台和公共服务的平台。

（七）大数据将推动湖北省科研信息服务模式创新

在大数据背景下，科技创新的研发模式及其信息需求将发生明显变化。特别是以数据密集型科学为代表的第四科学研究范式的兴起，将直接推动湖北省强化大数据应用，探索建立和推广实施嵌入式科研信息服务模式，以满足湖北省科技创新过程对科研信息服务的专业化、精深化、集成化、协同化和个性化需求。

嵌入式科研信息服务模式，是嵌入式理论在科技创新信息服务中的应用，就是将信息服务融入科技创新的整个细节和流程中，考虑科技创新用户需求的产生与发展，从课题选定到结束的整个过程中，即时提供满足科技创新过程中具有全局性和个性化的信息与知识需求。嵌入式科研信息服务模式将数据管理与信息服务融入科研用户一线，嵌入用户科技创新环境和科技创新过程。它是以专业的信息服务人员为基础，采用先进的信息技术（如云计算、语义网和Web3.0等），构建具有强大的资源整合能力、海量信息分析能力、大数据挖掘能力和多维度信息可视化能力的集成平台。嵌入式科研信息服务模式以科技创新用户需求环境和需求趋势为导向，是一种面向用户发现问题、分析问题、解决问题和提供解决问题决策的信息展示、交互和推送的服务模式。嵌入式科研信息服务模式的有三个主要特征。

一是覆盖协同多领域。一方面，学科的交融，科技创新项目的合作紧密化，科技创新用户除了需要本学科研究的信息外，还需要大量交叉学科的知识。嵌入式科研信息服务能够采用辅助或合作的形式，为科技创新用户提供满足其需求的个性化学科信息或知识。另一方面，多领域科技创新用户的合作，必须保证科技创新团队间的目标协同和科研资源的组织协同。嵌入式科研信息服务能够与科技创新用户加强交流互动，与用户建立长期稳定的协作关系，并构建协同工作机制，来保证服务内容的有效性和针对性，服务方式的准确性和高效性。

二是贯穿科技创新全过程。科技创新活动过程中，用户信息需求具有动态性。在科技创新项目的选定阶段，嵌入式科研信息服务能够以伙伴合作型方式推送课题项目的研究背景、研究综述和研究进展。在科技创新项目的规划阶段，嵌入式科研信息服务能够整体地把握课题项目所使用的相关技术或研究计划方案。在科技创新项目的实施阶段，嵌入式科研信息服务能够根据用户的需要，跟踪国内外研究进展和动态信息，对海量信息进行深入分析，对隐性知识进行全面挖掘。在科技创新项目的结题阶段，嵌入式科研信息服务能够根据信息的生命周期，将信息进行归类、关联与保存。

三是情景感知个性化。科技创新用户情景是指用于表征与交互环境相关的实体状态的信息集合，包括用户位置、所处时间、用户情绪、心理状态及其相互关系等。情景感知是对用户情景的获取与应用。嵌入式科研信息服务模式通过以下两个方面的用户情景感知来提供个性化服务：一方面，嵌入式科研信息服务通过监控用户学科社区、博客和学科群等，挖掘科研用户偏好和相关隐性信息需求。另一方面，嵌入式科研信息服务通过与科技创新用户协同交流，及时感知获取用户的长期目标和短期目标，根据科技创新用户的潜在需求来组织信息环境、定制信息工具、提供个性化的推送服务。

以大数据为基础的数据密集型科学研究范式，尤其强调科技创新在网络环境下的协同交流、资源开放、信息共享、智能关联与协同应用，嵌入式科研信息服务可以满足新科学研究范式的强烈要求。以科学研究范式变革为动力，探索建立和推广实施嵌入式科研信息服务模式，利用信息服务模式的转变来促进科技创新，是大数据时代赋予湖北省科研信息服务的重要使命。

四、大数据对"创新湖北"建设带来的挑战

大数据作为一种新兴战略性资源、新兴核心技术、新兴学科门类、新兴创新动力、新兴发展引擎,蕴含着巨大的科技、经济和社会价值,将对人类社会生产、社会生活、社会管理乃至思维方式产生巨大而深远的影响。面对大数据浪潮所带来的科技创新方式、产业转型升级、公共治理等方面的变革,湖北省在推进"创新湖北"建设中面临着新的挑战。

(一)挑战之一:对大数据的认识不够

大数据作为一个新兴概念,目前对它的认知和探索还在不断的深入与完善。作为一种新兴战略性资源,大数据在产业转型升级与发展新兴产业方面有着强大的推动作用;作为一种新一代信息核心技术,大数据在科技创新领域内有着巨大的促进作用;作为一种新发展驱动力,大数据在社会生产、生活、管理方面有着强有力的推进作用。然而,从推进"创新湖北"建设行动看,湖北省对大数据及其重要战略意义的认识不够,具体表现为:

(1)湖北省对扑面而来的大数据浪潮不敏感,且对其重要性的认识相对滞后。目前,以大数据运用为核心的科学创造与技术创新正在对传统产业的生产方式、商业模式、组织形态、治理模式产生日益深刻的重要影响。以大数据作为新兴资源而发展出来的新商品、新服务、新业态、新模式、新流程、新架构不断涌现。面对大数据浪潮中产业发展的新态势,湖北省对大数据这一新兴资源所附带及隐含的价值认识相对滞后。与广州、贵州、上海等地正积极加快互联网大数据云计算产业集聚、大力发展创客中心、积极筹建国家级大数据产业聚集示范区、努力实现大数据与原有产业融合并促进传统产业升级相比,湖北省既缺少对大数据推进产业创新发展的前瞻性认识,又缺少以大数据运用促进产业横向融合与纵向提升的全面性考量。

（2）湖北省对大数据的认识不够全面。大数据时代信息技术的发展，使人们得以从海量复杂的数据中发现新知识、提升新能力、创造新价值。数据密集型科学发现方式的出现和运用，为科学探索提供了新的研究范式。面对大数据所带来的创新思维方式与科学研究范式的新变革，湖北省对大数据这一新一代信息核心技术所带来的创新方式的认识还不够全面。相较于湖北省为促进大数据产业创新发展所做的努力，在促进大数据的科学研究范式运用、发挥大数据的科技管理作用等方面，湖北省对大数据的全面认识明显不够。

（3）湖北省对大数据的广泛运用缺少积极探索。大数据时代所带来的区域、行业、企业及部门间的数据穿透性，正在使以目标驱动为基础的传统精英管理模式逐渐向以数据发现为基础的数据驱动管理模式转变。大数据运用所产生的"云分享"、"云消费"、"云社交"等新兴生活方式，为人们带来更加智能、便捷的社会生活方式。面对大数据所带来的科学管理模式与社会生活方式的新变革，湖北省对大数据这一创新发展新型驱动力的运用范围与运用方式缺少积极探索。相对于企业、个人、科研机构对大数据的运用，湖北省在政府管理与公共服务中缺乏"大数据治理"理念，政府的公共决策与公共品供给缺少大数据运用的支持。

（二）挑战之二：对大数据的顶层设计不够

按照"创新湖北"建设的时代需求，作为"创新湖北"建设的一项科技创新系统工程，湖北省大数据建设需要一整套合理、有序、动态、可持续的运行机制加以保障。然而，在推进"创新湖北"建设行动中，湖北省对大数据发展及应用的顶层设计明显不够，具体表现为：

（1）湖北省对大数据创新缺少明确目标导向。随着大数据时代变革的逐渐深入，大数据作为一种与资本、土地、劳动力并列的核心资源已被广泛认可，大数据资源在科技创新、产业升级、社会治理等领域所显现的价值也逐渐突出，对大数据资源的竞争已被纳入国家战略。面对大数据所带来的创新发展新机遇，湖北省对大数据建设还缺少完整明确的目标导向。相对于贵州、广州、上海等地已出台并实施的大数据发展规划纲要和行动计划，湖北省目前依然缺少前瞻性大数据发展战略、指导性的规划纲要与具体行动计划。

（2）湖北省对大数据创新缺乏专门机构管理。随着大数据技术水平不断提高，大数据运用范围不断拓展，大数据创新发展中所带来的数据开发、数据使用、数据决策、数据保护等问题日益凸显。面对大数据创新发展所带来的决策、管理、监督、保护等方面的挑战，湖北省对大数据创新活动还缺少专门的管理机构与管理办法。相对于贵州加快建设大数据管理平台、广州设立大数据管理局、上海积极筹建大数据局等措施，湖北省乃至武汉市目前仍未成立相应的大数据专门监督管理部门。湖北省大数据发展的决策、计划、管理、监督等工作分别由不同机构完成，大数据创新应用未能得到有效统筹。

（3）湖北省对大数据创新缺乏有效融合机制。大数据作为新一代信息技术的产物，其从产生之初先天具有对开放、融合的要求。这一要求即表现在"人-机-物"三元世界交互融合的科研领域，也表现在技术进步与经济转型的产业发展领域，更表现在人类社会生产、社会生活、社会管理的方方面面。面对大数据创新发展所要求的开放、融合，湖北省目前缺乏大数据创新的有效融合机制。与贵州等地正在组建的大数据融合创新公共平台相比较，湖北省目前还缺少能够支撑起大数据协同创新的公共平台，缺乏促进政府部门、企业、高校、科研机构及个人大数据融合的科学机制与有效手段。

（三）挑战之三：对大数据的基础性投入不够

大数据创新发展过程中，"数据割据"、"数据孤岛"、"数据质量"是三个较为突出的问题。面对这些问题，只有不断加大相应的大数据基础性投入才能使之得到有效解决。然而，在推进"创新湖北"建设行动中，湖北省对大数据的基础性投入不够，具体表现为：

（1）湖北省对大数据基础设施建设缺乏投入。作为大数据存在的基础，大数据的大并不仅仅只是指其数量之大，其潜在具有的数据价值才是关键。在大数据创新活动中,对数据有效使用的关键取决于数据的来源与质量。面对大数据创新发展所带来的对数据数量与质量上的要求,湖北省目前对大数据基础设施建设的投入明显不足。相对于北京、上海、广州、深圳、杭州等经济发达地区,湖北省的大数据基础设施建设明显滞后,大型公共数据中心、商业数据中心、第三方运营数据中心等大数据基础设施建设相对不足,自然及社会公共数据传感器与采集设备发展还有待升级与完善。

(2) 湖北省对大数据资源开放运行缺乏科学指导。作为一种重要的战略性资源,越来越多的部门、企业与组织开始投入到大数据的采集、分析和挖掘之中。但是,由于数据从收集、储存、处理到应用的先天技术因素,以及企业与其他营利组织对数据市场垄断的追求,使得数据割据问题日益严峻。面对大数据创新发展过程中的数据垄断与数据割据现象,湖北省目前对大数据资源开放运营还缺乏统一的科学指导。一是湖北省缺乏有关数据资源开放中所涉及的范围、内容、形式、数量、渠道、有效期、安全性等一系列因素的有效、可控、具有约束力的大数据业内标准;二是湖北省缺乏对大数据资源共用、共管的运行机制,使得湖北省在大数据运营领域出现各自发展、互不兼容的现象,影响了大数据资源的有效利用。

(3) 湖北省对大数据创新运用缺少平台支持。由于对大数据的采集、分享存在数据集储存、维护技术上的限制,使得大数据的迁移、拷贝、分享过程十分繁琐且不易。不仅如此,由于每一个数据采集单位对自己采集数据的规范、标准以及对数据的理解和定义不同,极易造成数据跨行业合作过程中的数据兼容成本上升。面对大数据创新发展所带来的"数据孤岛"现象,湖北省目前对大数据资源协同创新缺少强有力的平台支持。相对于贵州搭建大数据专业平台、广州构建大数据行业协会、上海打造大数据公共服务平台等举措,湖北省在科技类大数据运用平台建设方面明显滞后,既降低了数据开放共享的实时性效益,也提高了数据使用者的综合成本,更阻碍了大数据协同创新的健康发展。

(四) 挑战之四：对大数据的应用创新不够

数据的价值在于使用，大数据的价值则在于对其应用的创新。作为人类知识进步、科学创造、科技创新的新动力。大数据在思维变革与科研变革中，为广大科研人员提供了一种以密集型数据分析为基础的科学研究新方法，大数据在生活变革、产业变革、管理变革中也为人们发展出了诸多新兴大数据应用产品，大数据本身的运用过程，也同样需要众多的大数据基础技术应用来给予支持。然而，在推进"创新湖北"建设行动中，湖北省对大数据的应用创新明显不够，具体表现为：

（1）湖北省对数据密集型科学研究方法推广不足。大数据开启了科学发现与科研方法的重大变革。从发展趋势来看，基于大数据运用的数据密集型科学研究方法，必将成为未来科学发现与科技创新的主流方法。面对大数据浪潮中科学研究方法的重大变革，湖北省对大数据这一数据密集型科学研究方法的推广力度明显不够。一是相对于在鄂高校、科研院所及省内企业，湖北省对大数据研究方法的认知程度还相对滞后；二是湖北省对数据密集型科学研究方式在自然科学、技术科学、人文科学、社会科学内的融合与运用还不够重视。

（2）湖北省对大数据应用产品的开发力度不足。目前，基于大数据应用而产生的产品与服务，已对人类的社会生产、社会生活与社会管理等方面产生深远影响。相对大数据高效分析所能获得的商业价值和社会价值，湖北省对大数据应用产品的开发力度明显不足。一是湖北省大数据市场缺少成熟度较高的大数据消费产品及大数据应用服务；二是基于大数据分析的政府管理工具也不能适应发展需要。

（3）湖北省对大数据运行基础技术的开发力度不够。大数据作为信息通信技术、网络技术、探测技术、传感技术、计算机技术等发展积累至今的产物，具有自身技术发展的逻辑。尽管以云计算为代表的计算技术已为大数据发展提供了强大的计算能力，但大数据的运行仍然面临多种技术难题的约束。面对这些大数据技术创新的需要，湖北省在大数据基础技术研究与开发上的力度不够。

（五）挑战之五：对大数据的人才培养不够

目前，大数据领域技术人才、商业人才、管理人才的缺乏，已经成为一个全球性的问题。不论是从时下迫切的需求看，还是从未来发展的需要看，湖北省需要大量大数据专业技术人才与大数据跨领域人才。然而，在推进"创新湖北"建设行动中，湖北省对大数据的人才培养明显不够。具体表现为：

（1）湖北省大数据领域专业技术人才培养不够。虽然大数据运用能够带来巨大的商业价值与社会价值，但是大数据毕竟是一项新兴技术，如何成功运用大数据技术，则需要大量大数据领域专业人才的支持。面对大数据专业人才的缺失，相对于省内数量众多的大学、科研机构、科技型企业的人才供给与需求，湖北省目前对大数据领域专业技术人才的培养明显不够。

（2）湖北省大数据跨领域商业人才培养不够。作为一项技术，要使大数据运用能够突显自身的价值，还需要商业模式和市场运营的支撑。开发出高质量的大数据应用产品，并使其在市场上获得成功，是实现大数据价值的关键所在。相对于大数据专业分析人才的培养不足，湖北省目前对大数据跨领域商业人才培养的需求更为急切。

（3）湖北省大数据跨领域管理人才培养不够。目前，在人类有组织的社会活动中，组织管理的作用显得更为突出。大数据应用作为一项多学科、多部门、多产业相融合的组织创新活动，对组织管理有更高的要求。针对大数据创新管理的迫切需求，湖北省目前对大数据跨领域管理人才培养明显不够。

（六）挑战之六：对大数据的安全保障不够

数据应用的前提是数据开放。大数据的发展正是以互联网、云计算为基础得以实现的。数据资源的开放与共享已成为大数据发展中保持优势的关键所在。然而，随之带来的大数据应用中对个人隐私的保护、商业数据产权权益的界定、大数据应用网络安全的维护等，都是不可能回避的问题。然而，在推进"创新湖北"建设行动中，湖北省对大数据安全保障不够，具体表现为：

（1）湖北省对大数据应用中个人隐私的保护意识不够。随着网络技术与信息终端技术的发展，个体与网络的联系得以加强。大量数字化的个人信息被上传至不同的服务器中，这虽然为大数据应用提供了十分重要的数据来源，但同时也带来了个人隐私泄露的隐患。如何约束大数据使用者的行为，为数据提供者提供隐私保护，已成为大数据时代所面临的重要问题。面对这一新的个人隐私保护问题，湖北省目前对大数据应用中所涉及个人数据的全面保护意识不够。

（2）湖北省对大数据应用中数据产权的保护意识不够。相对于传统实物资产的产权保护，对数字化财产的保全与权益界定显得更为困难。随着移动存储、云计算、数据搜索、数据挖掘和移动支付等技术在社会经济领域的广泛使用，大数据应用中所涉及的数据产权保护问题更加突出。尤其是大数据的形成过程，往往涉及数据所有者、数据采集方、数据挖掘方、数据使用方等多方面的权利边界划分。面对这一新的数据产权问题，湖北省目前对大数据应用所涉及的数据产权保护意识不够。

（3）湖北省对大数据应用中的网络安全维护意识不够。与互联网经济发展过程中所出现的网络安全问题相类似，基于互联网、云计算的大数据应用同样面临来自网络安全的挑战，而且问题会显得更为突出。由于大数据应用在网络上多是以分布式数据储存和管理节点形式存在，松散的节点联系虽然带来了计算性能与数据处理流量的优化，但也带来其独特的安全挑战。这使得传统的以防火墙为主的单域网络保护模式并不适合大数据的网络保护。面对这一新的网络安全问题，湖北省目前对大数据网络安全维护意识不够。

五、以大数据支撑"创新湖北"建设的重要举措

随着物联网、云计算、移动互联网等新技术的应用、发展和普及，

社会信息化加速进入数据时代，海量数据的产生和流转成为常态。在大数据时代，区域影响力和竞争力正从对资本、土地、人口、资源、能源的争夺逐渐转向对大数据的争夺与掌控上。大数据要从静态"信息资料"变为海量、高增长和多样化的"信息资产"，需要新的处理模式和流程优化能力，需要建立良性和谐的大数据生态系统，需要政府、企业和社会公众共同发挥积极性、主动性与创造性。

湖北省要紧密围绕"建成支点、走在前列"的战略目标，充分利用"一路一带"、长江经济带、长江中游城市群等战略机遇叠加的优势，一方面要推动大数据与公共服务融合，充分挖掘大数据的社会价值，应用大数据改造传统社会治理体系，另一方面要努力形成基于大数据的新经济增长业态，充分发挥大数据在创新驱动发展中的重要作用。

以大数据支撑"创新湖北"建设，需要政府承担推动者和引导者的关键角色。湖北省应该统一思想、抓紧行动，围绕大数据思维、大数据政策、大数据共享、大数据产业、大数据安全、大数据人才、大数据技术等关键要素，采取一系列重要举措，积极推动大数据效益在省内的转移与扩散，充分发挥大数据对科技创新及科技成果产业化的支撑示范效应。

（一）强化大数据思维，培育大数据文化

湖北省要在全社会加快培养大数据思维，加深对大数据的深刻理解，引导政府、科技界、产业界和资本市场达成对大数据的一致认知，努力提倡和培育数据开放的理念与意识，在全社会形成"基于数据管理、基于数据决策、基于数据创新"的文化氛围。

（1）培养政府人员的大数据思维。湖北省各级政府要在政府管理中推行"数据治理"理念，高度重视大数据对于公共决策的重要性，既在宏观层面改善政府治理思维，推动政务人员形成运用大数据的意识和习惯，又在微观层面将大数据纳入公务员常规培训体系，提高政务人员运用大数据实现政府管理创新的能力。

（2）培养科技创新人员的大数据思维。湖北省要提高科学研究人

员对大数据及科学研究范式变革的理解,深入认识数据采集、传输、保存、管理、分析与可视化对科学研究过程的重要影响,从科学方法论的范畴加强科学研究人员"数据意识"的培养,既将数据作为科学研究对象又将其作为科学研究有效工具,基于数据来思考、设计和实施科学研究,切实自觉运用数据密集型科学研究方法实现科学研究的"跨界"、"越界"、"交叉"和"融合"。

(3) 培养创新管理人员的大数据思维。湖北省要运用大数据思维为科技管理体制机制的改革创新提供支撑,支持和引导科技管理人员用大数据这一全新工具优化科研资源分配、减少浪费重复、预测科研趋势、预防科研腐败,引导科技管理人员运用大数据思维去发掘科研数据的潜在价值,对科技数据进行收集、解构、分析,从而形成科学的决策依据。

(4) 培育社会公众的大数据思维。湖北省要大力培育和营造有利于数据开放、数据共享、数据挖掘、数据渗透的大数据文化氛围,通过各种方式、尤其是新媒体与社交媒体,加大对"数据社会"的舆论宣传,调动社会力量广泛参与大数据开发与应用,支持大数据开源社区、程序员协会等大数据民间组织的发展,向全社会征询数据开放、数据使用等的意见和建议,激励基于大数据的大众创新和万众创业,加速推进大数据新知识、新技术、新理念的传播和普及。

(二) 制定大数据政策,优化大数据环境

大数据建设是一项有序、动态、可持续发展的系统工程,必须建立良好的运行机制。湖北省要加强对 e-Science、大数据、科学研究信息化的深入探索,针对"创新湖北"建设的战略与战术需要,进行 e-Science、大数据、科学研究信息化的顶层设计,抓紧制定发展规划及引导政策,采取积极行动优化大数据发展环境。

(1) 抓紧制定《湖北省大数据创新发展战略及行动计划》,设计"大数据战略"及中长期实施路线图,明确战略重点和战略目标,细化利用大数据改造政府治理、促进科技创新、提振经济增长的实施路径,

建设大数据开放集聚、大数据云平台、大数据技术创新、大数据安全保障等四类工程，提出湖北省实现"数字治理、数字经济、数字城市、数字安全、数字卫生"全面转型的重要举措。

（2）借鉴国内外推进大数据发展经验，在湖北省政府部门和有条件的地市级政府，设立数据治理委员会或大数据管理局等专门机构，协调大数据开放、大数据使用、大数据决策及大数据保护等事务，统筹负责基于大数据的决策、管理、监督、问责等工作。积极鼓励湖北省行业组织和大型企业建立专门的数据管理机构，统筹本单位的大数据发展工作。

（3）积极争取国家信息管理部门的支持与指导，重点依托在鄂央校、在鄂中央级科研机构、行业龙头企业、大数据行业协会等各方面的技术力量，筹建湖北省大数据研究院，打造大数据领域的新型创新载体，认真研究国家及各地方政府大数据领域的政策、技术和产业发展问题，为推动湖北省大数据技术、人才与产业化提供智力支持。

（三）推动大数据开放共享，完善大数据基础设施

湖北省要进一步解放思想，更新观念，不断建设完善大数据相关的基础设施，着力解决数据"流动性"与"可获取性"较差的问题，主动公开除涉及国家秘密、商业秘密、个人隐私的政府信息外的其他政府信息，打破部门、地区及行业的数据垄断，破解"数据孤岛"现象，充分发挥政府开放数据资源对经济社会发展的重要作用。

（1）制定数据资源开放的指导意见和配套标准，明确界定数据资源开放的原则、路径、形式、周期、范围和安全性等，确立数据资源的开发机制与实施步骤；对政府部门的数据进行全面梳理和开放风险评估，按照市场规律和风险等级，推动各级政府和公共服务机构率先实现数据资源的适度、合理、分级、跨部门开放，逐步推动医疗、交通、物流、教育、旅游、工业、生态、信用、文化、就业、价格、科技、能源、食品安全、档案、方志、商业、位置等行业数据资源的开放共享。

（2）加大对信息网络基础设施建设的投入，加快建设大型数据中

心、商业数据托管中心、第三方运营商数据中心等大数据基础设施，为提高湖北省数据资源综合利用效率筑牢物理基础；按照科学研究数据资源共享的规划，加快建设有效支撑科学研究的综合性及专业性数据库；科学规划和合理配置网络地址、网络带宽等网络资源，允许和鼓励大数据企业参与湖北省的网络设施投资和通信服务运营。

（3）建立市场主导的大数据资源运行机制，授权和鼓励第三方参与政府数据资源开发、数据开放平台共建、大数据发展基金投资等，逐步实现市场对大数据资源的有效配置，形成向市场购买社会数据及服务的商业模式，让分散在社会不同机构的沉淀数据在市场上发挥更大效用。

（4）重点建设科技类大数据应用平台，使科技文献数据、科技实验数据、科技成果转化数据、科技人力资源数据、科技研究报告数据等各类科技类数据资源，在基于大数据的科技应用平台上降低数据使用者的成本，提高数据开放共享的实时性效益。

（四）发展大数据产业集群，推动大数据广泛应用

大数据已从早期理念、局部科研应用走向产业化发展，其产业链覆盖数据提供者、数据存储者、数据分析挖掘者和数据应用者等诸多环节，几乎所有行业都可以参与大数据产业领域。湖北省要进一步发挥政府在大数据产业发展中的关键作用，加快构建以数据为核心的大数据产业链，鼓励有条件的企业介入大数据分析、大数据挖掘、大数据运营等重点商业领域，推广大数据在企业层面的成功应用。

（1）设立大数据产业发展引导资金，着力培育大数据产业（集群）。湖北省要积极培育一批大数据骨干企业，大力开发具有自主知识产权的大数据产品，建成若干行业大数据应用平台，大幅提高具备大数据应用能力的企业数量，率先在智慧城市、环境检测、气象预测、地质分析、资源勘查等民生领域，开展大数据解决方案的应用示范。

（2）引导互联网企业围绕大数据产业链，在数据技术产业、数据采集业、数据加工业、数据应用业等开展超前布局；引导湖北省各类企业利用大数据管控风险、提高效率和降低成本，利用大数据发现与挖掘更多商业机会和更大增值空间；探索企业运营、政府监管、开放标准与服务接口的新型公共数据增值服务模式，鼓励企业搭建跨地域、跨部门、跨专业的大数据分析与应用中心。

（3）重视大数据应用中的数据整合、数据挖掘与数据积累，加快制定出台关于大数据技术及协议的规范，统一政府各部门数据编码、处理、共享、交换标准；依托已有基础构建完整的、系统的、多层次的公共"云平台"，打造集中式与分布式相结合的政府信息资源服务系统，对内共享交换，对外协同服务；定期对政府数据共享、数据质量、合作应用等情况进行评估，评估结果纳入政府部门绩效考核。

（4）减少对大数据企业的公共服务准入限制，由具备基础优势的数据处理软件商牵头，统合上下游企业技术优势与数据优势，开发完整、实用的数据分析软件，推进数据的产品化和商品化，不断提高服务内容的精确度与匹配度，培育一批具有较高集成水平、较强市场能力的大数据解决方案提供商，面向实际的大数据应用提供具有行业特色的系统集成解决方案和数据分析服务。

（5）实施大数据惠民工程，加快在医疗卫生、人口健康、环境保护、食品安全、防灾减灾等民生科技领域开展大数据技术与成果的推广应用，通过大数据增加民生科技公共产品和服务供给，提升社区管理、社会养老等社会管理领域的大数据支撑能力。

（五）加快大数据地方立法，保障大数据信息安全

大数据的开放、共享、应用必然会涉及个人和商业隐私、公共安全乃至国家安全，任何国家发展大数据都需要妥善处理好发展创新和安全规范的关系，确保大数据应用的安全可靠。湖北省应高度重视大数据立法，立足于保护个人隐私和防范数据滥用，探索建立完善数据安全管理规范及措施，以法律形式切实保障大数据安全。

（1）加快数据保护、个人隐私、数据权益和合理利用等方面的地方立法工作。湖北要通过立法加强数据资源管理，以法律形式保护

"隐私权"、"所有权"等敏感信息；通过立法建立数据分类制度，明确不同领域数据的重要程度，对数据在有效期内是否侵犯个人隐私、涉及商业机密、涉及国家安全进行评估；通过立法破除政府数据垄断，使大量集中在政府手中的数据资源能够进入数据市场，使作为公共信息的数据资源转化为整个社会的财富。

（2）加快制定大数据开放、共享和安全方面的标准。湖北省要加快建立数据开放共享的标准规范，制定数据开放原则、数据分级标准、数据发展及使用的权责等实施细则，通过法规、标准对数据采集、存储、加工、传递、检索、授权应用进行规范化管理，要求相关数据去除企业或个人敏感信息后才能开放和共享。

（3）建立数据保密与风险分级管理机制以保护个人隐私权。数据采集机构在收集数据资源的过程中，要履行用户告知义务，获取用户信息不能超范围收集；要合法应用用户数据，对大数据的分析应控制在不涉及客户个人隐私的范围；要厘清公民隐私权和知情权的界限，给予用户充分的选择权，避免形成对用户的骚扰行为。

（4）提高全社会的数据安全防范意识。政府有义务提醒公民在有可能留下隐私数据的情形下，需要充分考虑隐私暴露可能带来的不良后果，并采取相应的防范措施；要帮助公民进一步了解个人资料的使用途径，了解大数据使用中普遍存在的个人信息与隐私保护之间的矛盾；要在进行个人信息处理的过程中，加强企业与客户之间的信任度。

（5）加强大数据信息安全系统建设，提升大数据安全的技术保障能力。湖北省要开展大数据信息网络安全保障体系的顶层设计，在数据保护技术上不断更新，应用最新的安全管理理论和安全软件技术，建设统一监管的大数据网络信息保护监测预警平台；要组织力量研究大数据应用背景下信息安全问题，积极应对大数据应用可能带来的安全风险，特别是要研究基于大数据的情报收集分析中的信息保密问题；要进一步加强互联网信息内容管控，规范网上信息活动，在网络通信、本地存储等方面加强对重要数据的技术性防护，防止信息被损坏、篡改或泄露。

（6）积极呼吁中央政府在国家层面采取措施加强网络信息保护。

湖北省可建议全国人大尽快制定"信息公开法",让省级以下政府数据开放走向法制化轨道;建议中央政府遴选一些省市建设"数据特区",允许这些地方先行先试,积累大数据发展、数据安全、隐私保护等方面的经验。

(六) 培养大数据专业人才,打造大数据人才队伍

数据科学家承担着把大量散乱数据变成结构化可分析数据的工作,能够帮助决策者发现大数据中蕴含的规律,将是未来非常重要的岗位。湖北省要充分利用教育大省、人才大省的特殊优势,发挥政府在大数据专业人才培养中的引导和推动作用,培养一批掌握数学、统计学、数据分析、商业分析和自然语言处理等专业技能的复合型数据科学家和支撑大数据发展的专业化人才。

(1) 鼓励湖北省高校在计算机及相关专业,面向大数据领域开设一批本科及硕士课程,从国外引进先进的分析软件及教材,与专业的数据处理公司开展合作培养,强化学生对专业化大数据分析工具的掌握,提高学生的数据分析能力。

(2) 支持大数据企业、互联网企业与高校、科研院所联合开展大数据教育培训,为企业定制培养大数据工程师、规划师、分析师、架构师、应用师等多个细分领域的专业人才,帮助企业建立专门的数据科学家和大数据工程师团队。

(3) 支持企业用大数据技术改进人才管理模式,利用大数据方法评估雇员敬业程度,识别人员技能缺陷,根据需要修订招聘方式;支持企业利用大数据方法提升员工能力,确定投资培训和专业发展目标等。

(七) 重视大数据知识创新,突破大数据关键技术

湖北省要充分发挥在信息网络、通信、光电子等学科领域的雄厚专业技术实力,通过政产学研用协同创新开展大数据共性基础研究和关键技术研发,并以大数据分析技术为核心,加强自然语言处理、语义理解、机器学习、商业智能等关联学科领域的理论研究。

（1）重点依托在鄂央校、在鄂中央科研机构和行业龙头企业，建立若干大数据研究实验室，主要研发大数据存储管理、非结构化数据处理、非关系型数据库管理、可视化、数据安全等关键技术，开发专业化的数据处理分析工具，推动大数据技术与云计算、物联网、移动互联网等相关前沿技术的融合，努力构建比较完整的大数据技术体系。

（2）支持互联网、大数据等行业企业积极开发大数据应用产品，如数据实时在线处理、非结构化数据处理、图像语音视频数据智能分析等先进的单项技术产品，形成较为成熟、可行的特色化数据服务解决方案，为大数据的商业化应用提供技术支撑。

（3）充分发挥财政资金在大数据技术研发投入中的引导作用，尤其是大数据存储、大数据分析、大数据挖掘等技术的前期资本投入巨大，更应发挥政府的主导作用。

（4）鼓励广大大数据从业者，在法律法规许可范围内，利用开源模式和开放社区资源，采用基于互联网的科研众筹模式，积极开展大数据关键算法和关键技术的前沿性探索研究。

（本报告为湖北省科技思想库重点课题研究成果）

课题负责人： 李　光　武汉大学发展研究院院长、教授、博士生导师

课题组成员： 胡甲刚　武汉大学发展研究院副院长、博士
易晓波　武汉大学发展研究院副教授、博士
刘　钒　武汉大学发展研究院副教授、博士
李明传　武汉大学发展研究院副教授、博士
刘远翔　武汉大学发展研究院副教授、博士
张欲晓　武汉大学发展研究院博士生
陈桂香　武汉大学发展研究院博士生

"互联网+"推进湖北省智能制造的对策研究

湖北省经济和信息化委员会·武汉大学湖北发展问题研究中心
联合课题组

2014年11月,首届世界互联网大会在中国召开。习近平总书记在大会贺词中指出:"当今时代,以信息技术为核心的新一轮科技革命正在孕育兴起,互联网日益成为创新驱动发展的先导力量,深刻改变着人们的生产生活,有力推动着社会发展。"2015年3月,李克强总理在《2015年国务院政府工作报告》中首次提出"互联网+"行动计划,强调要大力推进互联网与各领域的深入融合与创新发展,实现中国经济提质增效升级。在随即掀起的"互联网+"热潮中,智能制造迅速成为社会关注的产业发展战略重点。《中国制造2025》明确提出:加快推动新一代信息技术与制造技术融合发展,把智能制造作为两化深度融合的主攻方向;着力发展智能装备和智能产品,推进生产过程智能化,培育新型生产方式,全面提升企业研发、生产、管理和服务的智能化水平。湖北省拥有独特的区位势能特点、丰富的科技教育资源、明显的综合创新优势和良好的智能制造基础,必须充分利用"互联网+"带来的难得机遇和政策红利,大力推进智能制造发展,全面提升制造业核心竞争力,构筑新常态下经济增长新动力,加快实现经济结构调整和产业转型升级。

一、"互联网+"推进智能制造的重要意义

《国务院关于积极推进"互联网+"行动的指导意见》明确指出:

"互联网+"是把互联网的创新成果与经济社会各领域深度融合,推动技术进步、效率提升和组织变革,提升实体经济创新力和生产力,形成更广泛的以互联网为基础设施和创新要素的经济社会发展新形态。互联网作为人类20世纪最伟大的发明之一,既是深刻影响人类经济、社会、科技发展的重要技术,也是人类信息时代必不可少的基础设施。"互联网+"是互联网的广泛社会应用,是从"消费互联网"向"产业互联网"发展的必然,是互联网与其他行业的有机融合及协同增效。通过互联网与各行各业跨界融合,能够创造新的价值、新的产品和新的服务,并形成新的产业发展生态。"互联网+"强化了互联网的虚拟性、开放性、平等性、即时性、共享性等一般特性,但其创新指向、作用目标更加明确,对推进智能制造具有重要作用。

(一)"互联网+"的基本特性

"互联网+"是一场覆盖全社会的创造性实验,是一次重新发现新生产要素、释放生产力动能的集体实践,是一次新生态的全面重塑,是一场关系模式的再造,是一场深刻的生活方式变革。概括而言,"互联网+"具有以下基本特性。

1. 以全球开放推进跨界融合

互联网是由一些使用公共语言相互通信的计算机连接而成的网络,即广域网、局域网及单机按照一定的通信协议(TPC/IP协议)组成的国际计算机网络。在无限延展的网络结构中,每个网络都可以根据特定环境及用户特点自行设计和发展,向用户提供内容的单独接口,具有高度的开放性。随着互联网的升级换代和不断发展,互联网已经成为人类社会有史以来第一个世界性的图书馆和第一个全球性论坛。在互联网的世界里,垄断、独占或中央控制问题被大大弱化,任何一个国家或利益集团都不能把互联网完全掌控在自己手中。通过网络的传播和连接,时间和空间的阈限被彻底打破,世界上的任何人,不分国籍、种族、性别、年龄、贫富、信仰等,都可以互相发送信息,传送经验和知识,发表意见和见解。"互联网+"凝聚着互联网的全方位开放和跨界特性,意味着互联网对传统社会生产、社会生活和社会管理的改变与重塑，标示着互联网与各行各业的跨界融合与创新发展。从产业层面看，"互联网+"通过推动信息技术与产业的全面跨界融合创新，不仅正在催生众多新兴产业，而且正在全面改造传统产业。在广度上，"互联网+"以信息通信业为基点全面应用到第三产业，形成了互联网金融、互联网交通、互联网教育等新业态，并向第一、第二产业渗透。在深度上，"互联网+"正在从信息传输逐渐渗透到销售、运营和制造等全产业链环节。

2. 以实时连接促进合作共享

"互联网+"的本质是连接，其价值也在于连接，而且这种连接具有无限性、动态性和实时性。"互联网+"把一切可以产生信息交互可能性或相互影响的因素，利用信息通信技术、特别是智能化的方式实时连接在一起，实现信息的数据化和在线化。对社会个体而言，实时连接是一种体验、一种社交、一种生活方式；对社会群体而言，实时连接是一种对话和交互、一种效率和价值、一种新的治理结构。实时连接不仅是人与人之间的连接，也包括人和设备、设备与设备、人和服务之间的连接。信息网络发展的一个明显趋势是实现物与物、物与人、物与计算机的交互联系，通过网络形成人、机、物三元融合的世界，进入万物互联时代。对于人类生活而言，万物互联让生活变得更加智能化，让人变得更有效率，能够在做好工作的同时享受更高品质的生活。万物互联能够使企业、组织和社会，获得比以往任何时候都更加完整、精准、及时和有价值的信息，社会运行成本大幅降低，用户体验全面完善。连接一切是"互联网+"的本质要求，但"互联网+"连接的结果和目的是促进合作共享、实现创新发展，提高信息和资源的使用效率，形成共享性经济社会生态。"互联网+"连接万物但并非万能，它并不能取代实体经济，也不是简单地颠覆传统产业，而是利用互联网思维及技术手段不断改造、优化传统产业的运营模式，创造出新业态和新的发展生态，为消费者、企业、产业和社会创造增量价值，实现互联网与社会各行各业的互利合作与共赢发展。

3. 以交互迭代实现集成创新

"互联网+"不是简单的连接,而是通过连接产生反馈、交汇、互动,集众智,汇众力,最终产生大量化学反应式的快速迭代和颠覆式创新。在互联网时代,市场稍纵即逝,产品更新日新月异,原有的阶段性瀑布式开发模式已逐渐被敏捷开发、快速迭代模式所替代。互联网第一次把研发、生产、销售以及产品和客户无缝连接在一起,用户体验能够在第一时间得到反馈,交互式的快速迭代逐渐成为主流的开发模式。在互联网行业,产品是以用户为导向随时演进的。推出一个产品之后,要迅速收集用户需求和体验反馈进行产品的迭代,实现快速的升级换代和裂变发展。互联网公司以及注入了互联网基因的传统产业,在产品开发方面必须做到小步快跑、快速迭代,节奏常常是按天或周来计。不断创新是企业的灵魂,是成功企业保持竞争优势的法宝。传统意义上的企业创新研发活动,主要是封闭性的单点式创新,即依托自有的创新资源和力量进行研究,通过有限的市场调研开发新产品和新服务。随着市场需求、知识和技术的爆炸式增长,靠一己之力的单点式创新已经很难满足日益增长的个性化需求。只有基于互联网、尤其是创新指向更明确的"互联网+",才可能将分布于世界各地的创新要素集聚在一起,通过开放式创新、分布式创新、草根创新、微创新和集成创新等,真正实现市场导向的技术创新。

4. 以虚拟平台重塑社会结构

基于互联网的虚拟平台,不仅使人类能够突破社会交流的空间与时间限制,而且促成了消费者、生产企业、现代物流服务之间的有效连接,给人类的社会生产和社会生活带来了极大便利。基于互联网的虚拟平台之所以受到社会青睐,是其所具有的信息技术优势、传播优势和规模优势,将相互依赖的社会不同群体集聚在一起,并通过促进社会不同群体之间的互动创造更多价值,形成了充满活力的产业生态。从发展趋势看,创新指向更明确的"互联网+"将打破传统的社会结构、经济结构、关系结构、地缘结构、文化结构,重新塑造出新的社会结构。"互联网+"使社会结构随时面对不确定性,社群、分享将大行其道;"互联网+"改变了固有的地理边界,把不同地域的人、物品、信息关联在一起;"互联网+"改变了关系结构,摧毁了固有身份,各种身份在一定条件下可以自由切换;"互联网+"把选择权交给用户,用户成为主体;"互联网+"打通了用户的关联,让分享更加直接、评价更加真实;"互联网+"集成了大众智慧,用户可以参与设计、参与创新、参与传播、参与内容创造;"互联网+"基于个体发端了WE众经济,众包、众筹和众创层出不穷,既是社会的新结构、商业的新格局,又是生活的新方式。

5. 以平等自由彰显以人为本

互联网创造了一个无限的、全新的世界,它摆脱了政府的过度管控,营造了一个更加平等自由的环境。互联网在技术上是去中心化的,个体、组织与政府都是平等的主体,没有严格的等级之分,不存在永久的特权阶层和网络霸权,使用户享有更充分的自由。当今世界,互联网是唯一没有国界、没有歧视、没有霸权的社会生活圈。互联网的虚拟性、匿名性、快捷性和开放性,使人们在很大程度上摆脱了身份、场域、知识、时空和现实生活等方面的限制,其信息自由、交往自由等得到了空前的保障,使人的个性更加彰显。互联网是尊重人性的产物,是以人为本的集中体现。互联网崇尚用户至上,以用户需求为出发点,把用户体验放在第一位。在创新指向更明确的"互联网+"时代,人人都将是知识工作者,人人也都是某个领域的专家,这将使个体的工作与生活更加柔性化和富于选择性。一方面,个体的潜能将得到极大释放,每个人的特长及价值都可能得到社会承认;另一方面,工业时代那种工作、生活、学习割裂的状态也将得到很大改变,工作、生活、学习的一体化模式等将更为普遍。"互联网+"依托信息技术手段能够打破行业垄断,连接一切可连接的人或物,把以往孤立的资源连接起来,破除有形和无形的条条框框,以平等、自由、开放的创新创业社会生态,消解制约创新、创造、创业的种种障碍,使技术创新真正实现市场导向、需求驱动,更好地注重人的体验,重视人的创造,尊重人的作用,在现实的社会生产和社会生活中追求以人为本的极致体现。

(二)"互联网+"对智能制造的影响

互联网与制造业深度融合正在引发影响深远的产业变革,并形成新的生产方式、组织结构、产业形态、商业模式和经济增长点。智能制造(Intelligent Manufacturing,IM)是以信息物理融合系统(CPS)为基础,将智能活动嵌入生产制造全流程中,具有信息深度自感知、智慧优化自决策、精准控制自执行等功能的先进制造过程、系统和模式的总称,主要包括智能设计、智能生产、智能管理、智能制造服务等关键环节。互联网与智能制造有着内在的亲和性、技术的共通性与融合的便利性。在创新指向更明确的"互联网+"时代,"互联网+"将对智能制造产生重要影响,并成为我国制造业转型升级的重要驱动力。所谓智能制造,就是基于新一代信息技术,贯穿设计、生产、管理、服务等制造活动各个环节,具有信息深度自感知、智慧优化自决策、精准控制自执行等功能的先进制造过程、系统与模式的总称。"互联网+"对智能制造的影响具有系统性、全面性和渗透性,概括而言主要表现在以下几个方面。

1. 加快智能制造生产模式转变

在"互联网+"的推动下,计算机集成制造、并行工程、敏捷制造、虚拟制造、网络化制造等智能制造技术竞相发展,并得到更加广泛的技术应用。产业互联网与消费互联网的深度融合,使原本厚重的传统制造业生产过程变得更加智能、更加轻量化,个性化定制、柔性化生产、云制造模式将成为企业生产模式发展的新趋向。目前,智能制造发展的三大主题是智能工厂、智能生产和智能物流。智能工厂重点研究智能生产系统及过程,以及网络化分布式生产设施的实现;智能生产主要涉及整个企业的生产物流管理、人机互动、3D打印以及增材制造等技术在工业生产过程中的应用;智能物流则通过各种联网,充分整合物流资源,实现供给和需求的快速匹配。在创新指向更明确的"互联网+"时代,将大大节约智能制造企业的生产成本和交易成本,大大减少产销之间的信息不对称,加速了生产端与市场需求端的紧密连接,使生产方式由过去大批量、标准化推动式的生产方式向个性化、用户导向的拉动式生产方式转变。企业将根据用户需求的变化，组织物料采购、生产制造和物流配送，生产流程更加柔性化和智能化，利用基于互联网的云平台和智能生产系统，使大规模个性化定制成为社会现实。

2. 加快智能制造产业组织创新

"互联网+"主张开放、共享、平等、协作，强调企业要实现与用户的零距离沟通，高度重视个体能力和个体价值，以更加动态的组织结构实现快速迭代和敏捷制造，这将对传统企业大规模、多层级、机制固化的组织方式产生冲击。从发展趋势看，在创新指向更明确的"互联网+"时代，智能制造企业组织结构调整的主要方向：一是扁平化，企业组织层级减少，决策链和信息链变短，迅速响应用户需求和市场变化，降低内部沟通的信息不对称等；二是去中心化，不是无中心，而是"不确定的多中心"，每个人都可能成为中心，以为用户创造价值为导向；三是自组织、自适应、弹性化，随着市场和客户价值创造环节的变化，自动化地组织资源，形成新的协作机制和管理模式；四是在线化，线上与线下的沟通常态化；五是无边界，组织与外部的边界日趋模糊，企业与企业之间形成网状、并发、实时的协作机制，搭建共生性商业生态；六是小型化，企业组织不再追求"大而全"，而是"小而美"，形成"大平台+小前端"、快速响应的组织结构。工业时代的中央集权体系、线性控制、科层制将逐渐被"互联网+"时代的去中心化、社会协同分工、分布式决策模式所取代。企业组织结构逐渐形成以客户、产品为中心的组织生态圈，从关注上级决策转变为关注客户，用户、员工成为决策源，并根据决策源及时调整企业战略等。

3. 加快智能制造创新方式进步

"互联网+"促进智能制造创新方式产生重大变化，催生出一些新的、更加高效的创新方式。一是产业链式创新，通过智能制造产业链上下游或者产业链同一层面的整合而形成的创新模式，其发起者通常是已经在原行业占据领先地位的企业。二是平台式创新，主要借助先进的信息技术手段以及全球化网络平台，对互联网资源进行整合，使智能制造企业对市场和技术变化的反应更为敏感，创新的内容和形式快速变化；三是生态式创新，通过整合生态链中的供给方、需求方以及市场环境（包括软环境和硬环境），使之成为智能制造共同协作的有机创新整体。不仅如此，就单一的智能制造企业而言，网络众包、消费者参与设计也将成为产品创新的新方式。众包是将企业的创新任务分解，并以自由自愿的形式外包给非特定的大众网络，不仅为企业的创新和创意活动提供了新途径，而且使企业的设计、创新周期大大缩短，研发费用大大降低。在创新指向更明确的"互联网+"时代，智能制造企业的产品设计过程，将进一步实现与消费者之间的无缝对接，新产品在大数据平台上能够得到真实的模拟，产品的性能指标、结构指标、强度指标等重要参数都能以可视化方式获取，消费者可以及时反馈自身体验，不断消除产品设计与消费者需求的错位，通过快速迭代创造出用户满意的产品。

4. 加快智能制造商业模式变革

商业模式创新非常重要，其关键在于为客户创造价值的同时获得新赢利点。互联网重构了过去企业以产品销售为单一赢利点的商业模式，使新的商业模式不断涌现。一是"工具+社区+电商"模式，通过互联网工具满足用户需求，获得大批目标用户，培育形成稳定多样的社群，逐步嫁接电商业务；二是"长尾型"商业模式，依托互联网强大的平台功能，迎合"多款少量"的个性化需求，降低生产和库存成本，获取利润，实现以消费者为核心的"C2B"商业模式；三是跨界模式，互联网与相关行业的深入融合，用跨界思维突破传统思维的惯性，促进颠覆式创新和边缘性创新，在长期被忽视的领域构建新的商业价值链；四是免费模式，以免费产品吸引大众注意力，极力扩大流量，再借助其他渠道实现赢利；五是"O2O"模式，通过线上线下的高度融合和密切互动，实现线上线下管理与营销的一体化，达到满意的客户消费体验的模式。互联网商业模式本质上是通过获取巨大的用户群，创造新的价值链，实现价值增值。在创新指向更明确的"互联网+"时代，智能制造企业的商业模式将更加多元，不仅通过传统的产品制造和销售来实现利润，而且将拓展赢利渠道，通过提供售后服务和其他后续增值服务，获取更多的附加价值。从卖产品到卖"产品+服务",实现"硬制造"与"软服务"的紧密结合。

5. 加快智能制造产业转型升级

尽管我国已是当之无愧的世界制造业大国,但与发达国家相比还有较大差距,其主要问题是制造业大而不强、自主创新能力弱、利润率明显偏低、国际化程度不高、企业全球化经营能力不足等。创新指向更明确的"互联网+"为我国制造业转型升级提供了前所未有的机遇,也带来了严峻挑战。在互联网技术和发展程度上,虽然我国与发达国家仍有一定差距,但我国是世界上互联网用户最多的国家,互联网企业发展势头强劲,并涌现出一批具有世界影响力的互联网企业,互联网与制造业的跨界融合正不断加快。"互联网+"将提升智能制造企业的研发、生产和管理水平,借助互联网的信息沟通和需求预测,企业可以组织有效生产,形成高效流通、交换、协作机制,适时把握市场需求,提高企业生产决策科学化水平,合理控制库存,提高企业资金利用率,缩短企业生产与研发的周期,使产品定位更加精准,企业的营销成本也大为降低。随着物联网、传感器、工业机器人等智能设备的广泛应用,智能制造企业的生产成本将进一步降低,竞争力将进一步增强。蓬勃发展的互联网金融和不断涌现的金融产品,也将为智能制造企业提供更便捷的融资渠道,并降低融资成本。通过对企业生产成本、交易成本、管理成本、学习成本等方面的积极影响,"互联网+"将成为我国智能制造业实现转型升级的重要推动力。

二、"互联网+"推进智能制造的主要途径

"互联网+"的广泛应用是我国智能制造向柔性化、定制化、可视化、低碳化转型发展的核心驱动因素。"互联网+智能制造"能够使制造企业有机会直接面对消费者和产业链上下游,降低生产成本、交易成本和信息获取成本,更好地洞察客户需求并获取产品的市场反馈,形成基于消费需求动态感知的研发、生产、贸易方式。

虚拟网络和实体生产的相互渗透是"互联网+智能制造"的本质。一方面，虚拟的信息网络彻底改变了智能制造的生产组织方式，大幅提高制造效率；另一方面，实体的生产制造作为互联网的延伸和重要结点，扩大了网络经济的范围与效应。互联网思维下的智能制造包括三个方面的具体表现：一是涵盖产品全生命周期的设计、生产、管理和服务的智能化；二是产品的智能化，包括智能装备、智能终端等；三是生产方式和商业模式的变革，产品生产方式由大规模批量生产向大规模定制生产转变。以"互联网+"推进智能制造的核心理念，是将物联网、大数据、云计算等新一代信息技术，广泛应用于制造业的设计、生产、管理、服务等各个环节，培育支持产业互联网发展的新技术、新业态和新模式，实现信息技术和智能技术在制造业领域的深度融合与应用。概括而言，以"互联网+"推进智能制造主要有以下四条路径。

（一）以"互联网+"拓展智能制造范围

"互联网+"对制造业带来颠覆性的影响，直接推动了智能制造的发展。以云计算、大数据等为代表的新一代信息网络技术，能够对生产过程中产生的大量数据进行实时感知、采集和监控，能够对生产系统进行智能分析和决策优化，能够促进生产过程的无缝衔接和企业间的协同制造，使智能制造、网络制造、柔性制造成为生产方式变革的方向。以新一代信息网络技术拓展智能制造的范围，正成为世界智能制造业发展的大趋势。如德国提出的工业4.0计划，其核心就是通过新一代信息网络技术将产品、机器、资源和人有机联系在一起，推动各环节数据共享，实现产品全生命周期及全制造流程的信息化和网络化。

1. 推进智能装备制造领域拓展

"互联网+"推动智能装备制造不断拓宽领域和拓展深度，重点推动大型智能工程机械、高效农业机械、智能印刷机械、自动化纺织机械、环保机械、煤炭机械、冶金机械等各类智能装备及其关键零部件行业的发展，实现先进制造技术、信息技术和智能技术的集成应用与深度融合，并发挥智能装备产业在产业结构调整升级中的重要作用。

2. 推进智能制造共性技术研究

"互联网+"促进智能制造关键功能零部件等核心共性技术研究的突破性发展，推进智能测控装置和部件的研发及产业化、智能仪表制造技术的研发及产业化、高档数控机床主要部件和数控系统的研发及产业化、机器人及其控制系统的研发和产业化、3D打印技术的研发及产业化等。

3. 推进智能制造平台建设

"互联网+智能制造"的核心是打破制造业的微笑曲线，并在新的平台上重组。这些平台包括电商平台、创客平台、物流平台、虚拟生产平台和众包研发平台等。构建智能制造平台的重点是开发产品创新创意设计、云服务、工业大数据决策支持等系列平台，聚集并协同更多智能制造资源，推进智能制造体系架构和关键核心技术的研发。

4. 推进工业互联网建设完善

"互联网+"推动工业互联网基础设施按照"低时延、高可靠、广覆盖"的要求加快建设，推进面向信息物理系统研发应用的智能控制系统、工业软件和相关工具的加快升级，推动面向智能生产线、智能车间、智能工厂的工业互联网试点加快推广，促使高性能设备、低成本传感设备、互联网、大数据搜集及分析技术等加快组合应用。

5. 推进网络化协同制造水平提升

"互联网+"推动个性化定制、创客与众包设计、敏捷生产、制造服务等先进的互联网协同制造快速发展，推动研发设计、数据管理、工程服务等制造资源快速实现开放共享，重点推动 RFID、GPS、移动互联等新一代信息网络技术及其方法在工业生产中的应用，提升零部件等供应及物流过程的准时性和精确化，增强零部件供应链的管控能力。

（二）以"互联网+"重塑智能制造模式

智能制造的大规模个性化定制生产，催生了众包设计、个性化定制、云制造等新型制造模式，使技术集成度更高的互联网制造方式成为制造企业转型的必然选择。互联网思维下的智能制造，需要建立一个高度灵活的个性化、数字化的生产模式。在这种模式中，传统的行业界限将消失，新的活动领域及合作形式不断涌现。"互联网+"在计算智能、柔性制造的基础上，通过信息网络控制生产模块的精细切割与再组合，推动形成基于消费需求动态感知的研发、制造和服务新方式，从而加快制造业领域的设备、生产和系统以网络化的形式向智能化转型。

1. 推进智能制造资源的全球化配置

智能制造的网络化生产方式，主要体现在制造资源的全球化配置和生产本地化的不断削弱，制造业由集中生产向网络化异地协同生产转变。"互联网+"推动不同行业的企业实现信息共享，推动不同地域的企业在全球范围内迅速发现和动态调整合作对象，推动不同环节的企业充分整合优势资源，在研发、制造、物流等各产业链环节实现全球化资源配置和分散化生产。

2. 推进网络化分布式生产设施建设

"互联网+"推动在钢铁、石化、冶金等行业建设"智能工厂"，在航空航天、工程机械等行业建设"智能车间"，通过"智能工厂"和"智能车间"大幅提高生产产品的个性化响应能力。特别是"互联网+"大力推进IP化工业网络技术、现场监控技术、信息物理融合技术、信息安全与防护技术等技术研发及创新，推进信息实时采集设备、工业网络设备、过程监控设备、安全保障设备等设备研制及创新。

3. 推进智能制造机器人突破性发展

"互联网+智能制造"能够实现智能计算机部分替代生产过程中人的活动，推动机器人应用技术、产业瓶颈技术和下一代机器人核心技术的深入研究，推动具有自主知识产权的工业机器人、特种机器人、服务机器人等产品及关键零部件的研发，推动在汽车、民爆、制药、电子、食品等典型行业开展"机器换人"应用。

4. 推进新型工业组织的培育完善

"互联网+"推动建立以用户为中心、平台化服务、社会化参与、开放共享的新型工业组织，推动数字化、网络化设计工具在企业产品研发设计中的广泛应用，加快构建用户深度参与、产业链高度协同的新型研发体系，为用户深度参与产品研发设计、生产制造、经营管理、销售服务等全生命周期提供低成本、便利化、全要素、开放式的网络空间和资源共享空间。

5. 推进物联网制造的研发应用

物联网制造逐步颠覆人工制造、半机械化制造与纯机械化制造等现有的制造方式，特别是物联网技术带来的"机器换人"和物联网工厂，标志着绿色、安全的制造方式对传统污染、危险的制造方式的颠覆性替代。"互联网+"推动物联网把智能制造中的机器、资源、产品和人有机联系起来，实现产品全生命周期和全制造流程的数字化，进而重塑包括制造、工程、材料使用、供应链和生命周期管理在内的整个智能制造系统。

（三）以"互联网+"创新智能制造业态

互联网应用的逐步丰富，深刻影响改变了人们的生活方式和消费方式，促使人们以互联网思维重新思考和构建制造业的生产模式及组织方式，进而产生并形成了大量的新业态。随着工业物联网、工业云等一大批新理念的产生，智能制造呈现出系统性整体推进的态势。"互联网+"思维的作用方式和模式，大力推动智能制造新业态健康快速成长。

1. 推进智能制造新业态统计分类体系建设

智能制造新业态中的产品价值，同时凝结在产品及配套服务中，企业的业务类型、收益实现与积累方式都发生了根本性变化。"互联网+"推动以传统制造业、服务业严格划分为基础的现存分类统计体系，向能够反映智能制造新业态发展状况和运行规律的统计分类体系转变。通过新业态统计分类体系准确反映智能制造新业态的发展动态和趋势，准确反映智能制造的行业整体情况。

2. 推进智能制造新业态试点示范

智能制造新业态在电子信息制品等部分行业的发展和创新速度较快，得益于用户群体较大且产品贴近生活，但在生产性装备等领域的发展相对滞后，新业态的实践应用较少。"互联网+"推动制造业企业积极探索和实践那些发展前景好、增长空间大的新业态，促进新业态试点示范在更大范围、更多领域得到推广应用。

3. 推进智能制造企业服务化转型

"互联网+"推动制造企业围绕拓展产品功能、提高交易效率、增强集成能力、满足深层需求等目标向服务环节延伸产业链条，促使在线监控、全生命周期管理、总集成总承包、融资租赁、供应链金融等新业务快速发展，加快方案设计和综合集成能力的提升。特别是"互联网+智能制造"通过增强产品智能化、网络化和数字化程度，有效推进了基于智能产品的在线服务（如通过制造物联技术实现面向用户需求的产品监测追溯、远程诊断维护、产品全生命周期管理等）的发展。

4. 推进智能制造典型新业态培育

一是培育基于交易服务的新业态，即鼓励制造企业基于产品智能化、供应链在线化的信用信息挖掘，探索开展信用销售、融资租赁、供应链金融等新业务。二是培育基于社交化生产的新业态，即人们基于互联网的交流、评论等社交行为，逐步渗透到制造业的生产模式中，对产品的外观、性能进行个性化创造，对产品的流通渠道进行扩展。三是培育基于用户体验的新业态，即把传统产品通过互联网及相关软件系统变成移动智能终端。四是培育基于平台经济的新业态，通过大数据收集用户个人信息或产品信息，深入挖掘提取内在规则，改变产品功能参数，为用户提供个性化产品和服务。五是培育基于商业模式的新业态，即积极开拓移动电子商务、在线定制、O2O等新型商业模式，面向行业提供社会化专业服务。

（四）以"互联网+"创建智能制造标准

基础性标准体系在智能制造中发挥着基础作用。标准化流程再造使得智能制造的大规模应用得以实现，特别是关键智能部件、装备和系统的规格统一，产品、生产过程、管理、服务等的流程统一，将大大提升智能制造的整体水平。"互联网+"推进智能制造标准体系的建立完善，进一步证明智能制造是从本质上对传统制造系统的重新架构与升级。

1. 推进智能制造标准化体系建设

智能制造的标准化体系是"互联网+智能制造"的优先领域，涉及智能制造的管理、技术、服务、安全等多个层面。"互联网+"推进智能制造标准化体系的建设完善，包括六个方面：一是建设生产基础自动化系统；二是构建生产执行系统；三是应用产品全生命周期管理系统；四是推广企业管控与支撑系统；五是完善企业计算与数据中心；六是形成基于云应用的制造网络。

2. 推进智能制造保障基础标准化

"互联网+"推动智能制造的保障基础标准化体现在：研究制定智能制造共性技术、关键产品、软件接口、安全保障等一系列标准规范；遵循标准突破一批高端基础部件和基础工艺；建成一批面向基础部件的测试验证平台；形成一批研发平台软件与核心数据库。

3. 推进智能制造企业运营标准化

"互联网+"推动智能制造的企业运营标准化体现在：引导智能制造企业重新梳理现有的研发、供应链和财务人事管理流程，构建基于互联网的流程标准、数据标准及管理标准。如实施ERP、PLM（产品生命周期管理）系统整合运营体系，通过智能产品，或全渠道营销，或上下游生态链体系获取客户和产品的数据，建立以消费者为中心、个性化、柔性化、大规模定制等为特色的运营标准化体系。

三、湖北省智能制造发展现状及问题

（一）湖北省智能制造发展现状

随着信息技术与先进制造技术加速融合发展，特别是2006年国家加快振兴装备制造业，湖北省智能制造得到较快发展。在央企、军企、转制科研院所和高校背景企业的主体框架下，汇入民营经济活力，湖北省智能制造从起步初始阶段步入加快发展的重要时期。目前，湖北省智能制造已初步形成以高档数控机床、工业机器人、智能专用装备、关键基础零部件等智能装备为特色，各领域加快智能化转型和应用，智能制造服务业蓬勃兴起的格局。2014年，湖北省智能装备制造产业实现主营业务收入约500亿元，智能制造服务业300亿元，占全省装备制造业的8%，综合实力居全国各省市第8位。

1. 智能制造技术支撑日益强劲

湖北省在智能制造领域从事研发的高校和科研院所众多，资源富集，学科集群和多学科交叉优势十分明显。依托武汉大学、华中科技大学、武汉理工大学等高校及科研院所，湖北省拥有数字制造装备与技术国家重点实验室、国家材料成形与模具技术重点实验室、国家数控系统工程技术研究中心、激光加工国家工程中心、国家CAD工程技术研究中心、下一代互联网接入系统国家工程实验室、软件工程国家重点实验室、高性能网络重点实验室、武汉光电国家实验室（筹）等20多个国家级研发平台，涵盖机械、电气、信息技术、光电子、测绘遥感等学科，代表了各自领域的国内领先水平。

"十二五"期间，湖北省积极开展智能制造装备产业发展联合攻关，解决企业、行业及重大技术领域的重大问题，产学研合作成果丰硕。华工科技、武重、华中数控、中冶南方等领军企业，分别在高档数控机床、高档数控系统、工业机器人、冷轧工程总承包等细分领域处于国内行业领先地位。

高档数控机床领域。湖北省数控机床产业基础好，产品系列全，竞争力较强。在超重型机床、大型工业激光加工设备、板料成形机成套设备等领域有较强市场竞争力，中高档数控系统在国内居领先地位。武汉重型机床集团的超重型立式车床、卧式铣镗床和落地铣镗床等数控机床，华中数控股份公司高档数控系统，三环锻压设备有限公司大型全闭环高精度伺服折弯机，武汉新威奇科技有限公司的大型精密冲裁压力机，宜昌长机科技有限公司全系列、大型插齿机，湖北九洲数控机床有限公司数控曲轴磨床等，都代表了国内的行业先进水平。

工业机器人领域。湖北省工业机器人基础理论研究处于全国前列。能够独立或合作研发并批量生产关节型机器人、移动作业机器人、直角坐标式机器人等系列产品，除RV减速机之外的工业机器人控制器、伺服电机及驱动系统等关键部件研制水平较高。武汉奋进电力技术有限公司、武汉华中数控股份有限公司的搬运、码垛、装配、焊接等用途的六轴机器人，已在省内外企业智能化制造中得到广泛应用。

智能专用制造装备领域。湖北省冶金智能成套设备、石油石化智能成套装备、自动化物流成套装备等在国内相关重点企业已得到较好应用，市场占有率高，该领域具有较强的自主开发能力，并在诸多方面实现了大型设备和控制软件的国产化。其代表企业及产品主要有：中冶南方公司的大型宽带钢冷轧生产线工艺装备、中南装备有限公司的凿岩钻车，江汉油田四机厂的修井、固压设备，湖北三丰智能公司、华昌达公司的智能输送装备等。

智能制造关键基础部件领域。近年来，湖北省智能制造关键基础部件研发取得成效，研发水平和能力不断提高。江汉油田四机赛瓦公司的高压柱塞泵，湖北航奥科技有限公司的电液伺服阀，东风汽车模具公司、十堰先锋模具股份公司的精密模具制造，武汉重工铸锻公司大型精密铸、锻件制造，武汉理工光科公司的新型光纤传感器，武汉锐科光纤激光器技术有限公司的万瓦级光纤激光器等都已成功取代国外产品。

与此同时，湖北省智能制造网络基础设施建设加快。以云计算、大数据和移动互联网为代表的新一代互联网信息技术加快发展，信息技术开始深度融入研发设计和生产的各个环节；反映企业生产过程信息化水平的制造执行系统（MES），在全省制造行业得到较为集中的应用；光通信、移动通信、激光、新兴电子材料和软件发展较快，工业企业云服务平台、大数据服务平台、通用开发应用平台逐步完善。

2. 智能制造行业应用不断拓展

随着信息技术与先进制造技术加速融合发展，湖北省企业生产逐步由传统制造向智能化制造方向转变。机械、电子、建材、食品加工、纺织、造纸印刷、轻工、医疗器械等各行各业，逐步探索生产工艺的智能化。

数字化车间建设有所突破。湖北省机械、汽车行业重点企业积极探索数字化车间建设，推进工艺流程改造基础数据共享，提高装备智能化升级。2013年，武汉重型机床集团公司联合华中科技大学等实施了"大型高精度平面加工数字化车间"项目，这是国家"高档数控机床专项"支持的第一个数字化车间项目。神龙汽车公司、上海通用公司等在多条整装焊接生产线上成功应用华工科技股份公司经过多年技术攻关的成果——轿车车身顶盖激光焊接柔性生产线，比世界上同类型设备快30%、价格低40%，打破国外垄断，填补了国内空白。湖北九洲数控机床有限公司、武汉瑞明汽车部件有限公司、湖北三环锻造有限公司的汽车零部件加工数字化生产单元、数字化车间，先后得到国家"智能制造专项"支持。2015年，长飞光纤光缆股份公司"光纤智能流程制造"项目，入选全国首批智能制造试点示范。此外，先进显示面板制造、家用电器制造、汽车总装线改造、汽车模具制造等行业也积极开展数字化工厂建设，医药流通行业已开展基于云服务平台的物流设备智能管理试点。

智能装备和产品得到广泛应用。以信息技术深度嵌入为代表的智能装备和产品技术水平不断提高，湖北省智能装备和产品受到市场青睐。

武汉重型机床集团有限公司通过实施整体搬迁改造，成为国内生产重型、超重型机床规格最大、品种最全的大型骨干企业。在其一系列自主研发的智能装备产品中，CKX5680数控七轴五联动车铣复合加工机床荣获2012年国家科学技术进步二等奖。

武汉华中数控股份有限公司是首批国家级创新型企业，是国家高档数控机床科技重大专项"高档数控系统"研发的仅有2家承担单位之一。华中8型数控系统已在上海航天八院、成都飞机公司、沈阳飞机公司等重要企业成功应用。公司已承担300多台国家数控专项支持研发的高档机床配套任务，应用于航空航天、船舶、能源、军工等领域，实现了我国高档数控系统技术的整体跃升。

华科大制造装备数字化国家工程研究中心的混流生产工艺过程优化平台及其在汽车等行业的应用成果，荣获2011年度国家科技进步奖二等奖，该制造执行系统已在神龙汽车公司、奇瑞汽车公司等汽车行业示范应用。

湖北省激光烧结打印制造技术（3D打印）居全国领先地位。华中科技大学的选择性激光烧结成形装备与工艺2011年荣获国家技术发明二等奖，是具有重大应用价值的变革性重大技术装备。华中科技大学整合旗下优势资源，由华科大快速成型技术团队、华科大产业集团、华中数控等联合发起设立武汉华科三维科技有限公司，打造3D打印一体化设备的研、产、销全通道的领军企业，已建立在国内外具有重要影响的3D打印产业技术协同创新平台。

武汉高德红外股份有限公司完成"非制冷红外焦平面探测器产业化"项目，国内首次实现核心器件量产和进口替代，大幅降低红外装备整机成本，技术居国际先进水平，极大促进红外技术在交通夜视、安防监控及民用消费电子等新兴领域的应用，被评为湖北2014年年度"十大科技事件"之一。

智能服务正在加快发展。近年来，湖北省以在线监测、远程诊断和云服务为代表的智能服务发展较快。

武汉理工光科股份有限公司发展光纤光栅温度、应变、压力、振动等方面的系列传感器和系统，为国家大型工程与重大装备及易燃易爆等危险恶劣场所提供新的安全监测手段，服务对象遍及石化、电力、交通、水利、冶金、国防等行业。

武汉奋进智能机器有限公司利用无线传感器、互联网、大数据、云计算等新兴技术与工业机器人有机结合，着力打造智慧工厂。已建成全工业云平台"万蜂云"，结合云传感器产品，为企业提供生产和仓储环境监测、设备状态监测、能耗监测、数据管理等远程服务。不仅如此，宜昌纵横贝尔科技有限公司开发基于云服务的矿山物联系统，湖北荆鹏软件集团有限公司开发物联网安全防控服务平台，领航动力信息系统有限公司开发企业级IT综合运维服务管理平台。大数据挖掘与应用公共服务平台建设积极跟进，华中科技大学面向大数据分析与处理的公共服务平台、武汉达梦数据库有限公司的大数据管理产业技术协同创新平台、武汉新光电网科信息技术有限公司基于云计算的大数据信息综合服务平台，结合大数据环境需求，加强并行分布式处理架构、统一数据处理模型、统一数据管理引擎、大数据分析和挖掘等方面关键技术研发，不断满足金融、电信、医疗、交通等数据密集型行业的海量数据处理、高性能、高可靠和高扩展能力应用需求。

3. 智能制造呈集聚化发展格局

湖北省智能制造企业主要集聚在武汉、襄阳、宜昌、荆州等城市，尤其是聚集在国家级、省级高新技术开发区。

武汉东湖新技术开发区智能制造领域资源富集，智力、技术资源密集程度较高。武重、华工科技等众多智能制造装备企业聚集于此，机器人产业联盟、机器人创业孵化器等气氛活跃。在光谷未来科技城、佛祖岭、左岭区域，新兴的3D打印科技产业园、大功率光纤激光器及关键器件研发基地、胶囊内镜机器人系统研发生产基地、智能电网产业园建设正在积极推进。光谷生物城医疗器械园，已签订入园协议50余份，成功引进一家世界500强企业。光谷智能制造产业成为最具希望的产业集群和产业链代表。

襄阳高新技术产业开发区集聚了数控机床、机器人、冶金成套装备、电气控制领域的一大批智能装备制造企业，与轨道交通装备制造、航天航空装备企业协同发展。襄阳设立市级云计算产业发展专项资金，华为公司襄阳云计算基地、投资10亿元的IBM卓越云计算中心等40多家国内知名企业相继入驻"襄阳云谷"，为智能制造产业发展营造了良好的社会氛围。

宜昌市近年来推进现代化特大城市建设，增强装备制造业的产业支撑作用，央企、民企竞相发力。宜昌经纬纺机有限公司的电子级玻璃纤维捻线机、中南装备有限公司的液压凿岩钻车、宜昌后皇真空科技有限公司的磁控溅射薄膜沉积装备、宜昌英汉超声电气有限公司的智能机器人清洗机等智能制造新产品引人注目。

4. 智能制造新模式新业态初现端倪

顺应企业间合作大势，湖北三丰智能输送装备股份公司（黄石）、湖北华昌达智能装备股份公司、湖北精川智能装备股份有限公司等一批重点智能制造企业，面向工厂自动化智能输送装备、汽车部件智能制造装备等领域，致力于系统集成整体解决方案。艾普工华科技（武汉）有限公司、武汉华工赛百数据系统有限公司、武汉开目信息技术有限公司、武汉达梦数据库公司在制造知识库及知识管理系统、图形化建模与仿真系统、制造与服务智能集成平台、数字化工厂整体解决方案等方面专业、专注，已有多个实施范例，凭借互联网风口，迎来行业发展契机。

以物流管理、能源管理智慧化为方向的智能化管理水平不断提升。湖北省已在立体数据采集、微机电系统芯片传感技术、信息处理、可信移动互联网络理论与应用等方面取得显著成效，可提供从传感技术、识别技术、通信和网络、基础软件到安全保障等全方位的技术支撑。在以无线传感、光纤传感为代表的物联网传感领域，有理工光科、四方光电、华工高理、东方微磁、兴勤电子等典型代表。在二维条码、RFID（无线射频识别）感知及应用领域，有矽感科技、华工图像、精伦电子、武汉安通、武汉天罡、709所等骨干企业。湖北省物联网企业已经在智能变电站、城市ETC（电子不停车收费系统）、视频监控、制造业流程信息化、环境监测和管理、物流车辆监控调度、食品药品可追溯等领域成功实施了一批物联网技术应用项目。

湖北省在云制造方面进行了有效探索，通过将服务的思想拓展到制造领域，在我国广泛的网络资源环境下，有效整合制造资源，提高产品的附加值，为全球提供低价、高效的制造服务。华中数控公司积极向互联网时代的工业服务专家转型，推出新一代"云数控"平台，已在深圳建立了数控系统云服务示范点。该公司以华中8型高档数控系统为基础，通过大数据、云计算、接口技术和智能应用，通过远程监控功能及在线诊断功能，进而实现智能设计、智能计划、智能物流、智能加工、智能检验，面向生产制造企业、机床厂商、数控厂商，努力打造以制造设备为中心的数字化服务平台。

(二) 湖北省智能制造存在的问题

1. 智能制造规模小且创新能力不足

湖北省智能装备制造产业资源分散于央企、校企等国有企业，缺乏一批有较强市场竞争力、规模能力和制造水平居世界领先的国际化大企业集团的龙头带动。不仅如此，湖北省智能制造先进技术重点前沿领域缺乏整体布局，关键核心技术创新能力和高技术产业化能力整体上还比较薄弱。

2. 系统化集成化整体水平亟待提高

湖北省缺乏能够提供智能制造整体解决方案的优秀厂商，企业局限于单机智能化应用的居多，能够根据用户需要，提供多模式、全流程、全生命周期的工程总承包企业少且能力较弱；在工程设计、模块设计制造、设备供应、系统安装调试、技术咨询服务等领域，缺乏更多的具备较强竞争力的专业化分包商。

3. "信息化孤岛"形成智能化升级障碍

湖北省信息化发展的阶段性和标准不统一、认识误区、管理体制等导致信息不能互联互通、信息资源不能共享，不同的异构网络之间，在网络架构、参考框架、数据结构、应答机制、寻址方式等通信协议内容方面具有较大差异，存在互联互通融合问题。"信息化孤岛"已成为湖北省智能化全面升级和改造的重大障碍，原有的投入也将部分或全部浪费。

4. 自主品牌智能产品市场推广艰难

湖北省工业机器人、高档数控系统等自主品牌产品，因性能、可靠性、服务、信誉、客户等基础条件薄弱，在航空航天、汽车、船舶等重点领域用户的示范推广积极性不高。湖北省在智能产品市场推广方面，缺乏有针对性的政策引导和激励机制，科技创新成果与企业应用"两张皮"问题没有得到真正解决。

5. 企业智能制造投入力度明显不够

湖北省制造业智能化改造升级是一项系统工程，既要硬件的更新又要软件的个性化定制，不仅需要技术支撑而且需要大量投资。在当前经济下行压力持续加大的情况下，湖北省智能化改造升级任务重，但企业普遍存在资金短缺和融资困难，加之市场不景气，在一定程度上影响了企业智能化制造的进程。

四、"互联网+"推进湖北省智能制造的对策措施

为充分发挥互联网的创新驱动作用，以"互联网+"推进智能制造发展，湖北省应积极主动对接"中国制造2025"和"互联网+"行动等战略，以重点行业关键制造环节的示范应用为切入点，集中突破智能装备、智能系统和关键智能部件的自主可控技术，大力建设"互联网+"智能制造服务平台、标准体系和众创空间，探索新型生产模式，激发企业内生动力，加快产业链智能化升级和智能制造产业培育发展，全力推进智能制造的应用层、装备层、网络层和平台层"四位一体"协同发展，使智能制造成为湖北转型升级的强大引擎。

（一）加强智能制造科技创新

1. 加强核心技术研发

聚焦一批关系湖北省制造业数字化、网络化、智能化健康发展的核心基础部件和一批与产业安全密切相关的关键支撑技术，实施重大专项攻关和重大工程攻关。针对湖北省智能制造领域的薄弱环节，重点突破核心基础部件、智能传感器与仪器仪表、高速高精制工艺与技术、制造业信息化技术、嵌入式工业控制芯片、智能制造新材料和新一代信息技术，形成"互联网+"推动湖北省智能制造的关键技术体系和核心部件系统能力。

2. 提高创新设计能力

在湖北省制造业领域开展创新设计示范，全面推广应用以绿色、智能、协同为特征的先进设计技术。完善工业设计发展载体，推动建设国家级和省级工业设计中心，鼓励工业企业剥离设计服务，成立独立工业

设计企业。加强设计领域共性关键技术研发，攻克信息化设计、过程集成设计、复杂过程和系统设计等共性技术，开发一批具有自主知识产权的关键设计工具软件，建设完善创新设计生态系统。支持湖北省大型工业企业设立互联网型工业设计机构，发展工业设计资源网上共享、网络协同设计、众包设计、虚拟仿真、3D（三维）在线打印等互联网工业设计新技术、新模式。开展工业设计创新示范试点，鼓励开展工业设计相关基础研究，支持工业设计在新材料、新技术、新工艺、新装备等方面的研发应用。

3. 深化知识产权战略

加强"互联网+"推进湖北省智能制造关键环节专利导航，引导湖北省企业加强知识产权战略储备与布局。加快推进专利基础信息资源开放共享，支持在线知识产权服务平台建设，鼓励服务模式创新，提升知识产权服务附加值，支持中小微企业知识产权创造和运用。加强网络知识产权和专利执法维权工作，严厉打击各种网络侵权假冒行为。增强全社会对网络知识产权的保护意识，推动建立"互联网+"知识产权保护联盟，加大对新业态、新模式等创新成果的保护力度。支持新一代信息技术领域知识产权专利池建设，推动创新成果产业化。加强信息技术知识产权保护，做好专利布局和风险防范工作。

4. 强化开放式创新

鼓励湖北省各类创新主体充分利用互联网，把握市场需求导向，加强创新资源共享与合作，促进前沿技术和创新成果及时转化，构建开放式创新体系。大力推动产业分工合作、创新资源开放合作、要素有序流动，积极争取国家战略重大科技基础设施和创新平台在湖北布局建设。加快产学研合作，利用移动互联网、云计算、大数据等现代信息网络技术及平台，推动组建一批具有湖北地方产业特色和具备较强竞争力的智能制造研发服务机构。面向湖北省制造业需求，依托高校科研机构建设国家级智能制造协同创新中心，充分发挥其引领和支撑作用。构建面向企业供应链管理、交通、电力、环保、食品溯源、现代农业种养的物联网应用创新平台，面向中小微企业信息化服务和技术创新的云计算平台，面向企业经营管理及社会服务管理的大数据挖掘应用创新平台。推动各类创业创新扶持政策与互联网开放平台联动协作，为创业团队和个人开发者提供绿色通道服务。加快发展创业服务业，积极推广众包、用户参与设计、云设计等新型研发组织模式，推动跨区域、跨领域的智能制造技术成果转移和协同创新。鼓励国家和地方财政支持形成的软件成果通过互联网向社会开源，引导教育机构、社会团体、企业或个人发起开源项目，积极参加国际开源项目，支持组建开源社区，鼓励企业依托互联网开源模式构建新型研发模式。

（二）夯实智能制造产业基础

1. 做实互联网核心产业

湖北省要着力突破核心芯片、高端服务器、高端存储设备、数据库和中间件等产业薄弱环节的技术瓶颈，加快推进云操作系统、工业控制实时操作系统、智能终端操作系统的研发和应用。提供云计算、大数据等解决方案以及开发高端传感器、工控系统、人机交互等软硬件基础产品。运用互联网理念，构建以骨干企业为核心、产学研用高效整合的技术产业集群，打造国际先进、自主可控的产业体系。

2. 做强高端装备制造业

湖北省要以高档数控机床和基础制造装备、重大智能制造专用装备研发与制造为主攻方向，重点支持一批机械制造、生物制药、新能源、节能环保等战略性新兴产业所需装备的智能化发展，提升重大高端制造装备开发应用水平。重点发展高速、精密机床，大型立式、卧式加工中心，复合加工机床，重大高端制造成套设备。加快中高档数控系统、新型驱动电机及其控制单元、高精度电主轴及其伺服单元的水平能力建设，重点推进华中数控全数字总线式高档数控系统、3D打印技术和设备等的研发和产业化。统筹布局和推动智能交通工具、智能工程机械、服务机器人、智能家电、智能照明电器、可穿戴设备等产品的研发和产业化。

3. 推进"工业云"平台建设

研究制定"工业云"发展指导意见，加强"工业云"平台的建设和推广。湖北省要依托生产企业、信息化服务商、科研机构成立"工业云"产业联盟，建设工业公共云服务平台，开展产品设计、制造、管理和商务各环节在线协同，提升整个供应链运行效率。推动工业软件、数据管理、工程服务等资源开放共享，推进制造需求和社会化制造资源的无缝对接。围绕工业企业产品研发、生产控制与优化、经营管理、节能减排等关键环节，提供专业定制、购买租赁、咨询服务等多层次的云应用信息化服务，解决企业投入不足、数据资源利用不高、高端人力资源匮乏、个性服务满足度低等行业共性问题。建设湖北省智能制造解决方案云平台，集中展示和推广各行业优势的智能制造解决方案。鼓励大型企业集团建设云服务平台，服务周边地区和中小型企业，实现产品设计、制造、销售、管理等生产经营各环节的企业间协同，形成网络化企业集群。探索以"制造即服务"为核心理念的云制造模式，整合制造资源，提供制造服务，提升制造业自主创新能力，调整优化制造产业结构，促进制造业可持续良性发展，推动湖北智能制造迈向全球产业价值链高端。

4. 促进工业大数据发展

湖北省要抢占新一轮技术与产业革命的制高点，推进工业大数据产业的发展，加强工业大数据的应用研究，更要加强工业大数据分析和处理技术的开发。大力推动大数据在工业研发设计、生产制造、经营管理、市场营销、售后服务等产品全生命周期、产业链全流程各环节的应用。支持第三方大数据平台建设，推动大数据在工业行业管理和经济运行中的跨领域、跨平台应用。开展工业大数据创新应用试点，发展基于工业大数据分析的工艺提升、智能排产、过程控制优化、能耗优化等智能决策与控制应用。支持和鼓励典型行业骨干企业在工业生产经营过程中应用大数据技术，提升生产制造、供应链管理、产品营销及服务等环节的智能决策水平和经营效率。重点在光电子信息、生物制药、新能源、节能环保、机械制造、汽车等行业开展基于工业大数据的新一代商业智能应用试点，挖掘利用产品、运营和价值链等大数据，实现产业重构和流程再造，促进信息共享和数据开放，实现精准决策、管理与服务。推动企业产品、市场等有关数据的交换、交易和流通，建立经济运行动态监控和预测预警。

（三）促进智能制造跨界融合

1. 倡导跨领域集成创新

深化产学研合作，支持企业与高等院校、科研机构及其他应用单位协同创新、联合攻关，积极开展跨学科、跨行业的交叉研究和综合研究，实现跨领域集成创新。着力突破"互联网+"推动湖北省智能制造发展的关键技术和共性技术，推动互联网与物联网、云计算、大数据等新一代信息技术的集成创新，积极开展新一代信息技术与制造装备的集成创新和工程应用，促进生产装备智能化、生产过程智能化、生产产品智能化和生产服务智能化，推动湖北制造向湖北"智造"转型升级。

2. 发展大规模个性化定制

推动湖北省制造企业开展O2O（线上线下）、柔性制造、大规模个性定制等制造模式创新试点，促进由基于产品的传统制造模式向基于消费者个性需求的新模式转变。支持湖北省企业利用互联网采集并对接用户个性化需求，推进设计研发、生产制造和供应链管理等关键环节的柔性化改造，开展基于个性化产品的服务模式和商业模式创新。鼓励互联网企业整合市场信息，挖掘细分市场需求与发展趋势，为制造企业开展个性化定制提供决策支撑。

3. 推进网络化协同制造

鼓励湖北省制造业骨干企业，通过互联网与产业链各环节紧密协同，促进生产、质量控制和运营管理系统全面互联，推行众包设计研发和网络化制造等新模式。鼓励有实力的互联网企业构建网络化协同制造公共服务平台，面向细分行业提供云制造服务，促进创新资源、生产能力、市场需求的集聚与对接，提升服务中小微企业能力，加快全社会多元化制造资源的有效协同，提高产业链资源整合能力。

4. 加速制造业服务化转型

鼓励湖北省制造企业利用物联网、云计算、大数据等技术，整合产品全生命周期数据，形成面向生产组织全过程的决策服务信息，为产品优化升级提供数据支撑。鼓励发展基于智能产品的在线服务，组织开展装备制造企业服务化转型试点示范，发展面向用户需求的产品监测追溯、故障预警、远程维护、质量诊断、远程过程优化、产品全生命周期管理等在线服务新模式，拓展产品价值空间，实现从制造向"制造+服务"转型升级。培育面向交易的服务新业态，鼓励企业基于产品智能化、供应链在线化的信用信息挖掘，探索开展信用销售、融资租赁、供应链金融等新业务。鼓励大型制造业企业将信息技术、物流、金融等优势业务剥离，面向行业提供社会化专业服务。

（四）突出智能制造发展重点

1. 以重点优势行业为突破口

立足湖北省产业基础和比较优势，研究制定"互联网+"推进湖北智能制造发展战略、路线图和行动计划，明确发展方向、目标、路径和任务。统筹规划实施差异化发展策略，选择自动化控制、数字化设计、数控系统、伺服驱动、增材制造（3D打印）、精密成形、激光加工、工业机器人、智能光电子、遥感测绘等最有基础、最具优势、条件最成熟、需求最迫切的行业和领域作为突破口，依托优势企业，集中力量重点推进智能制造，加快信息化和工业化深度融合，提升数字化、网络化和智能化水平，率先实现跨越式发展。

2. 以工业互联网构建为核心

突出工业互联网在智能制造中的核心地位，加快编制湖北省工业互联网发展路线图，精心制定湖北省工业互联网架构方案。推动湖北省工业系统与高级计算、分析、感应技术以及互联网的连接融合，依靠机器以及设备间的互联互通和分析软件，实现整个数据链和工业数据在整个生产线、机器、车间、工厂、信息系统、劳动者、产业链、价值链等环节全面、生动、动态地流动，实现人、机器和数据的无缝协作，开创机器与智慧、物理世界与数字世界的融合，重构湖北工业。推进工业互联网创新融合试点，重点支持大数据分析、故障预测、能耗监控、精细管理、工业APP等为代表的工业互联网应用试点示范，支持企业通过大数据模型提高用户端设备、产品的运营效率，提升智能决策和绿色制造水平，实现装备生产企业的服务型制造及用户企业的智能预决策。

3. 以智能工厂建设为载体

加速推进"互联网+"推进湖北省智能制造载体建设，在汽车、机械、航空、电子信息、船舶、冶金、轻工等重点领域，紧扣关键工序智能化、生产过程智能优化控制、供应链及能源管理优化，重点领域试点建设智能工厂或数字化车间。以智能工厂加快人机智能交互、工业机器人、智能物流管理、增材制造等技术和装备在生产过程中的应用，推动生产设备互联、设备与产品互联，促进制造工艺的仿真优化、数字化控制、状态信息实时监测和自适应控制。加快产品全生命周期管理、客户关系管理、供应链管理系统的推广应用，促进集团管控、设计与制造、产供销一体、业务和财务衔接、清洁生产等关键环节集成，实现智能管控和绿色制造。

4. 以实施重大项目为抓手

研究制定湖北省"互联网+"和智能制造重点产业技术指南，制定"互联网+"推进湖北省智能制造重大技术突破及产业化指导目录，对接国家"中国制造2025"、"互联网+"行动、"促进大数据发展行动计划"等与推进智能制造发展相关的重大专项、重大工程。将项目工作重心前移，组织策划一批具有自主知识产权、本土化率高的智能制造装备研发、技改项目，优先推荐为国家、省重点项目。以实施重点项目、重大工程为抓手开展"互联网+"推进智能制造示范应用，建设一批智能制造示范基地，培育一批智能制造大型骨干企业，带动一批配套的中小微企业向专精特新发展，形成一批产业链完善、辐射带动作用强的智能制造产业园区。

(五) 强化智能制造企业支撑

1. 强化企业主体地位

强化企业技术创新主体地位，支持湖北省企业提升创新能力，围绕"互联网+"推进湖北省智能制造发展，加快国家及省级技术创新示范企业和企业技术中心建设，充分吸纳企业参与国家和地方科技计划的决策。瞄准国家及地方重大战略需求和未来产业发展制高点，定期研究制定并发布制造业重点领域技术创新路线图，通过国家和地方科技计划（专项、基金等）支持关键核心技术研发。鼓励湖北省现有制造业企业通过"互联网+"向价值链高端延伸，积极从事智能装备的研发与生产，提高专业化程度和产品技术水平，发展成为专、精、特、新的专业化、社会化配套企业。发挥行业骨干企业的主导作用和高等院校、科研院所的基础作用，建立一批产业技术创新联盟，开展政产学研用协同创新，攻克一批对产业竞争力整体提升具有全局性影响、带动性强的关键共性技术，加快成果转化。

2. 优化企业分布格局

基于湖北省现有产业基础和已经形成的产业分布状况，进一步明确"互联网+"推进湖北省智能制造的发展方向和重点，形成分工合理、相互促进、协同发展的智能制造企业区域布局。以武汉市、襄阳市、宜昌市"一主两副"城市为主，以东湖国家自主创新示范区等省内国家高新区为依托，以武汉重型机床集团公司、华中数控股份公司等重点企业为龙头，进一步加速湖北省智能制造优势产业、特色园区的形成和巩固。以应用需求为导向，重点培育一批系统集成企业，实现系统集成企业、本体及零部件制造企业、装备制造企业协同发展的产业格局。着力发展一批提供方案设计、设备采购、装备开发、安装维护、检测认证的专业服务机构，培育一批具备整体设计能力和解决方案提供能力的专业化智能装备系统集成企业。

3. 加快企业试点示范

对接国家高档数控机床重大科技专项、智能发展专项、首台（套）

重大技术装备保险补偿政策，以及智能制造试点示范专项行动等，立足湖北省情，统筹规划，以企业为主体、市场为导向、项目应用为切入点，分类开展流程制造、离散制造、智能装备和产品、智能制造新业态新模式、智能化管理、智能服务等方面的试点示范，湖北省智能制造关键智能部件、装备和系统自主化能力显著提升，产品、生产过程、管理、服务等智能化水平大幅提高，智能制造体系和公共服务平台初步成形。开展面向重点领域的工业云、工业大数据、物联网创新应用试点，培育基于互联网的个性化定制、众包设计、云制造等新型制造模式，推动形成基于消费需求动态感知的研发、制造、服务新方式。积极推动湖北省"互联网+"在航天航空、汽车、造船、军工等典型领域大企业率先示范应用，建立依托工程发展的创新机制。积极促进全省智能制造装备企业与中石化、中石油、中海油等三大油气资源开发公司和航空航天、铁路等领域央企建立战略合作关系。加快机械、航空、船舶、汽车、轻工、纺织、食品、电子等行业生产设备的智能化改造，提高精准制造、敏捷制造能力。加快民用爆炸物品、危险化学品、食品、印染、稀土、农药等重点行业智能检测监管体系建设，提高智能化水平。

（六）提高智能制造技术标准

1. 积极参与"互联网+"与智能制造标准制定

加快推进"互联网+"与智能制造融合发展相关技术应用、管理规范标准的建立和实施，积极参与国际和国家标准、规则的制定修订。实施湖北省制造业数字化、网络化、智能化标准提升计划，按照共性先立、急用先行的原则，引导工业互联网、智能电网、智慧城市等领域基础共性标准、关键技术标准的研制及推广。加快与互联网融合应用的工控系统、智能专用装备、智能仪表等细分领域的标准化工作，围绕重点行业车间级、工厂级的智能化改造等推广智能制造标准体系。发挥湖北省企业在标准制定中的重要作用，支持组建重点领域标准推进联盟，建立标准创新研究基地，增强湖北省在"互联网+"智能制造国际相关标准化组织中的话语权。

2. 加强"信息化和工业化"融合贯标试点示范

推进湖北省信息化和工业化深度融合标准体系建设与贯彻标准试点示范，开展智能制造贯标宣传推广工作，树立工业领域试点示范应用标杆，提升企业数字化、网络化、智能化应用能力和水平。遴选一批企业和服务机构列入省级贯标试点，组织贯标服务机构深入试点企业，对照国家"两化"融合管理体系标准，帮助试点企业开展基础建设、单项应用、综合集成、协同创新，推动"两化"融合标准体系建设，支持基础条件较好的企业积极申报国家贯标试点。加强"两化"融合管理体系建设，建立系统规范、质量可控的"两化"融合管理标准体系，提升企业"两化"融合能力和水平。

3. 加快智能制造检验检测认证服务体系建设

在互联网、云计算、物联网、大数据、智能机器人、智能测控装置、高端装备等产业领域，加快国家级质检中心、国家级产业计量测试中心、省级授权质检机构等公共检测服务平台建设。充分发挥认证认可对"互联网+"推进智能制造的规范和促进作用，推动湖北省技术服务机构检验检测认证结果和技术能力实现国际互认。积极推动检验检测认证机构整合改革，加快发展第三方检验检测认证机构，推进检验检测认证机构社会化、市场化运作，发展面向设计开发、生产制造、售后服务全流程的分析、测试、计量、检验、检测、认证等公共技术服务。

（七）优化智能制造政策供给

1. 加大财税支持

充分发挥国家和湖北省地方科技计划作用，积极投向符合条件的"互联网+"智能制造融合创新关键技术研发及应用示范。统筹利用现有财政专项资金，支持"互联网+"智能制造相关平台建设和应用示范等。加大政府部门采购云计算服务的力度，探索基于云计算的政务信息化建设运营新机制。鼓励地方政府创新风险补偿机制，探索"互联网+"智能制造发展的新模式。建立工业互联网投资基金和专项资金，探索工业企业智能化升级风险管控模式，降低企业创新风险。运用预算内资金支持智能制造及相关系统平台建设专项，整合财政性资金、产业股权投资基金，加大智能及关键软硬件设备的投资，吸引社会建设投资。在具备突出经济效益和推广价值的创新产品与系统的销售过程中，给予一定比例的事后补贴，帮助相关产品实现快速推广应用。强化财税支持，创新金融服务，打造省内重点示范区。研究试行政府首购智能制造装备新产品制度，将重点发展的智能装备产品列入政府采购自主创新产品目录。

2. 完善融资服务

整合政府现有资源，引导社会投资，成立产业基金和投融资平台，支持"互联网+"智能制造重大合作项目、平台跨区域投资并购，支持企业转型升级和中小科技企业发展，加速产业融合、促进协同创新，催生和促进各具特色的互联网经济新业态。积极发挥天使投资、风险投资基金等对湖北省"互联网+"智能制造的投资引领作用。开展股权众筹等互联网金融创新试点，支持小微企业发展。支持国家出资设立的有关基金投向"互联网+"智能制造，鼓励社会资本加大对相关创新型企业的投资。积极发展知识产权质押融资、信用保险保单融资增信等服务，鼓励通过债券融资方式支持"互联网+"智能制造发展，支持符合条件的"互联网+"智能制造企业发行公司债券。开展产融结合创新试点，探索股权和债权相结合的融资服务。降低创新型、成长型"互联网+"企业的上市准入门槛，结合《证券法》修订和股票发行注册制改革，支持处于特定成长阶段、发展前景好但尚未盈利的互联网企业在创业板上市。推动银行业金融机构创新信贷产品与金融服务，加大贷款投放力度。鼓励开发性金融机构为"互联网+"重点项目建设提供有效融资支持，探索在智能制造装备产业建立由项目业主、装备制造企业和保险公司风险共担、利益共享的产品保险机制。

3. 健全人才政策

加强互联网技能培训，支持和鼓励湖北省高等学校、研究机构及相关专家开展"互联网+"基础知识应用培训。加强制造业领域人才特别是企业高层管理人员的互联网技能培训，鼓励互联网人才与传统行业人才双向流动。加快复合型人才培养，面向"互联网+"智能制造融合发展需求，鼓励高校根据发展需要和学校办学能力设置相关专业，加强"互联网+"领域实验教学，推进"互联网+"智能制造专业技术人才培训。依托高校、科研机构、企业的智力资源和研究平台，建立一批联合实训基地，鼓励企业在院校建立"互联网+"智能制造研发机构和实验中心。注重在生产实践中培养人才，以产业发展实践及其关键技术问题的攻克等来培训和遴选人才。充分利用现有人才引进计划和鼓励企业设立海外研发中心等多种方式，引进和培养一批"互联网+"智能制造领域高端人才，支持通过任务外包、产业合作、学术交流等方式，充分利用全球互联网人才资源。

4. 扩大对外开放

积极融入"一带一路"等国家重大战略，支持和鼓励湖北省具有竞争优势的互联网企业联合制造、金融、信息通信等领域企业率先走出去，通过海外并购、联合经营、设立分支机构等方式，构建跨境产业链体系，增强全球竞争力。鼓励"互联网+"智能制造企业整合国内外资源，面向全球提供工业云、供应链管理、大数据分析等网络服务，培育具有全球影响力的"互联网+"智能制造应用平台。充分发挥政府、产业联盟、行业协会及相关中介机构作用，形成支持"互联网+"智能制造企业走出去的合力。鼓励中介机构为企业拓展海外市场提供信息咨询、法律援助、税务中介等服务。支持行业协会、产业联盟与企业共同推广中国技术和中国标准，以技术标准走出去带动产品和服务在海外推广应用。

（八）创造智能制造社会环境

1. 提升社会"互联网+"意识

在全社会树立互联网思维，提升全社会的"互联网+"意识，加速互联网向经济社会各领域的渗透，以融合促创新，推动互联网由消费领域向生产领域拓展，提升制造业数字化、网络化、智能化水平，使智能制造成为湖北省经济发展的新动力、新支柱。由湖北省经济和信息化委员会牵头，建立湖北省互联网及智能制造发展部门间联席会议机制，统筹协调"互联网+"推进湖北省智能制造发展中遇到的问题，形成资源共享、协同推进的工作格局。发挥行业协会在"互联网+"推进湖北省智能制造发展中的推动、协调和监督作用。

2. 系统推进全面创新改革

以武汉市成为系统推进全面创新改革试验区域、武汉城市圈获批成为首个科技金融改革试验区为契机，以实现创新驱动转型为目标，以推动科技创新为核心，开展系统性、整体性、协同性改革的先行先试。破除"互联网+"发展的体制机制障碍，统筹推进科技、管理、品牌、组织、商业模式创新。政府在"互联网+"湖北智能制造推进中，要转换"互联网+"智能制造创新机制，强化"互联网+"智能制造发展支撑，完善"互联网+"智能制造政策环境，健全"互联网+"智能制造服务体系，构建"互联网+"智能生态系统。营造开放包容的发展环境，将互联网作为生产生活要素共享的重要平台，加快形成以开发、共享为特征的经济社会运行模式。充分发挥互联网在促进产业升级以及信息化和工业化深度融合中的平台作用，加速推进湖北省制造业向智能制造的转型发展。

3. 加快信息化基础设施建设

统筹信息基础设施建设，实施"宽带湖北"工程，加强全省通信管线、基站等信息基础设施的共建共享，加快推进光纤入户、4G通信和无线局域网建设，全面推进"三网"融合，建成宽带、泛在、融合、安全的新一代信息基础设施。加强湖北省工业互联网基础设施建设规划和布局，建设低时延、高可靠、广泛覆盖的工业互联网。加快制造业集聚区光纤网、移动通信网以及无线局域网的部署和优化，实现信息网络宽带化升级。全面推进下一代互联网与移动互联网、物联网、云计算的融合发展，开展网络新技术现网试验和应用示范，提高面向工业应用的网络服务能力。

4. 强化网络信息安全保障

完善湖北省互联网发展相关法律法规，提高"互联网+"安全核心技术和产品水平，提升互联网安全管理、态势感知和风险防范能力。加强信息网络基础设施安全防护和用户个人信息保护，加强"互联网+"关键领域重要信息系统的安全保障。建设完善网络安全监测评估、监督管理、标准认证和创新能力体系。重视互联网跨界融合带来的安全风险，完善网络数据共享、利用等的安全管理和技术措施，探索建立以行政评议和第三方评估为基础的数据安全流动认证体系，完善数据跨境流动管理制度，确保数据安全。

（本报告为中共湖北省委决策支持工作重大课题研究成果）

课题负责人： 陶红兵　湖北省经济和信息化委员会总工程师
　　　　　　　李　光　武汉大学湖北发展问题研究中心教授、博士生导师
课题组成员： 侯　强　胡甲刚　刘　钒　易晓波

湖北省"十三五"加快科技发展研究

湖北省科技信息研究院课题组

一、"十二五"以来湖北科技发展的主要进展

"十二五"以来,湖北省围绕创新湖北建设,坚持"科技引领、思想先行、改革创新、开放合作",科技事业取得新的进步,科技创新环境得到明显改善,科技创新能力进一步增强,"创新湖北"建设深入推进,态势良好。

(一) 科技创新综合实力稳步提升

"十二五"期间,在鄂国家级科技创新平台数量继续保持全国前列、中西部地区之首,共计建有国家实验室、国家重点实验室、国家工程技术研究中心、国家产业技术创新联盟、国家级对外科技合作平台等各类国家级创新平台66家,累计获国家科技奖136项,企业和省属高校的获奖比例大幅提高。专利申请量累计超过20万件,专利授权量累计超过10万件,其中,发明专利授权量累计超过1.6万件,年均增幅达到24.3%;技术合同成交额累计达到1372亿元,年均增幅超过60%;高新技术企业总数突破2700家,实现两年翻番,跃居中部第一。在鄂两院院士达到62人,国家"973"首席科学家79人,国家"千人计划"224人。在科技部发布的全国科技进步监测报告显示,2014年湖北省地区综合科技进步水平排在全国第11位。

(二) 科技对经济社会的支撑能力持续增强

"十二五"期间,湖北省高新技术产业实现突破性发展,科技支撑现代农业发展和新农村建设取得显著进步,创新成果更多惠及社会发展和民生改善。2014年湖北省高新技术产业实现增加值4451.16亿元,占GDP比重为16.3%,较"十一五"末提高了5.5个百分点,高新技术产业增加值的年均增长率达到27%。在高新技术领域部署的一批重大项目取得重要成效,一批关键技术和成果的研发,打破了国外的技术封锁和产品垄断,如世界首台71英寸LED电视、全国首台激光动态弯沉测量车、全国首台万瓦光纤激光器、全国首款三网融合终端产品等一系列新的产品。在农业领域,双低油菜、淡水水产品等品种的技术力量、面积、产量均居全国第一;湖北省获批成为全国7个国家农村信息化示范省之一,并已初步建立公共信息服务、农技信息服务、企业信息服务、信息服务增值业务、农村管理决策信息服务五大体系框架。在民生领域,组织突破了中药现代化、新药创制、疾病防治、污染治理、循环经济等一批关键技术,截至2014年,湖北省共建设临床医学研究中心26家,建立可持续发展实验区19个,位居全国前列。

(三) 科技创新创业环境显著改善

"十二五"期间,湖北省的科技创新环境显著优化,省委省政府相继出台了《关于深化科技体制改革加快创新体系建设的意见》、《推进"五个湖北"建设的实施意见》、《促进高校院所科技成果转化暂行办法》、《湖北省科技成果转化暂行办法及实施细则》等一系列以促进自主创新为重点的政策,大大改善了湖北省科技创新创业的外部环境。"十二五"期间,湖北省的科技投入水平不断提升,湖北省财政用于支持科技创新的资金平均保持每年10%的梯度增长,同时,全社会研究开发投入也出现快速增长,占地区生产总值的比例逐年提高,2014年全社会研发投入占地区生产总值的比例再创历史新高,达到 2.1%，较"十一五"末提高 0.45 个百分点。科技创业服务能力进一步增强。2014 年，湖北省各类科技企业孵化器超过 200 家，在孵企业超过 8000 家，国家和省级技术转移机构达到 50 家，国家技术转移中部中心正式落地湖北，中部中心重点子平台——湖北省技术转移与成果转化公共服务系统（省中心平台）已于 2015 年初上线运行，各类创投机构达到 403 家。科技金融发展迅速，围绕科技金融合作机制搭建、政策支撑体系完善、科技金融专营机构培育、科技金融产品创新、区域资本市场打造等领域开展了一系列卓有成效的实践探索工作，2009—2014 年，国内外创业投资机构在湖北投资总额近 75 亿元，其中，省创投引导基金参股子基金累计完成投资 127 项，投资额超过 17.4 亿元。

（四）区域创新体系布局加速完善

创新型湖北建设取得阶段性进展，已形成创新型省份建设实施方案上报科技部，武汉全面推进国家创新中心建设。创新型试点城市建设步伐逐步加快，武汉市、襄阳市和宜昌市 3 个城市获批国家创新型试点城市建设。县域科技创新取得新突破，荆门等 52 个市县区被科技部表彰为全国科技进步考核先进市县区，孝感等 31 个市县区被省委省政府表彰为科技创新先进或进位先进市县区。产业载体建设迈上新台阶，湖北省先后构建了东湖高新区、襄阳高新区、宜昌高新区、孝感高新区和荆门高新区 5 个国家高新区和 20 个省级高新区，以 11 家国家高新技术产业化基地、12 家国家火炬计划特色产业基地和 31 家省级高新技术特色产业基地为支撑，沿长江、汉江两线串珠布局的高新技术产业带。2014 年省级以上高新区（不含蕲春高新区和赤壁高新区）生产总值突破 8000 亿元，同比增长 17.5%，工业总产值 21696 亿元，同比增长 18.7%；建立了 4 个国家级农业科技园区、1 个省级农业高新区、37 个省级农业科技园区的农业科技产业带，2014 年园区总产值超过 1300 亿元。

二、湖北省"十三五"科技发展面临的形势和挑战

当前,我国科技发展步入新的时期。党中央、国务院对科技工作提出了更高要求,社会各界对科技创新寄予了更高期望,经济社会发展对科技发展提出了更加紧迫的战略需求,科技发展面临大有可为的战略机遇,也面临前所未有的重大挑战。

(一)国内外科技发展形势

从国际上看,世界经济仍处于金融危机后的复苏和变革期,国际环境复杂多变,竞争更加激烈。世界范围内正在孕育兴起新一轮科技革命和产业变革,全球科技创新呈现出新的发展态势和特征,成为世界各国发展最不确定而又必须把握的重大时代潮流。

——新一轮科技革命兴起,产业变革孕育新突破。信息技术、生物技术、新材料技术领域均呈现出群体性、融合性等重大革新态势,特别是与传统产业的深度融合和创新,将不断催生新的生产方式。

——科技创新链条更加灵巧。传统意义上的基础研究、应用研究、技术开发和产业化边界日趋模糊,科技创新全链条一体化发展的要求越来越高。

——创新要素的国际流动更加频繁。全球创新形态和竞争格局正在发生深刻变化,国家之间科技创新合作日益频繁,全球科技创新的国际合作水平层次不断提升,企业融入全球创新网络积极性不断提高。

从国内看,我国经济发展进入了以"中高速、优结构、新动力、多挑战"为主要特征的新常态,我国科技实力和水平迈进跟踪、并行、领跑兼有的新阶段,科技创新正成为积极应对、适应、引领经济发展新常态的中坚力量。

一是更加突出科技对经济社会发展的支撑作用。科技工作要紧扣经济社会发展重大需求,强化科技同经济对接、创新成果同产业对接、创新项目同现实生产力对接,让创新真正落实到创造新的增长点上,全面

实现要素驱动、投资驱动向创新驱动的转变，打造创新发展加速度，支撑经济中高速发展和提质增效。

二是更加强化自主创新能力。要统筹加强原始创新、集成创新、引进消化吸收再创新与协同创新，始终把提升科技创新能力特别是原始创新能力作为战略基点，着力解决制约我国发展的重大科技问题，为经济社会发展提供支撑的重大源头创新工作。

三是更加深入推进科技体制改革。国务院专门出台《关于深化体制机制改革加快实施创新驱动发展战略的若干意见》，提出要坚决破除一切制约创新的思想障碍和制度藩篱，打通科技创新和经济社会发展之间的通道，发挥市场配置创新资源的决定作用和更好发挥政府作用，营造有利于创新的良好生态环境和政策环境。

四是更加注重科技的开发合作。强调引进来与走出去相结合，以更加主动的姿态融入全球创新网络，以更加开阔的胸怀吸纳全球创新资源，以更加积极的策略推动技术和标准输出，在更高层次上构建开放创新机制。

五是更加积极推动社会大众的科技创新创业。国务院办公厅专门发布《关于发展众创空间推进大众创新创业的指导意见》，加快推动形成大众创业万众创新的新格局，加强科技普及、提高全民科学素养、鼓励全民创新，鼓励一切有益的微创新、微创业和小发明、小改进，全方位推进产品、品牌、产业组织、商业模式等不同层次的创新，充分调动每一个个体的热情，让一切创新的智慧充分迸发，推动形成创业创新的磅礴浪潮。

（二）湖北省科技发展面临的机遇与挑战

1. 面临的机遇

"十三五"将是湖北"建成支点、走在前列"的关键时期。在全国深化改革、宏观经济呈现新常态的发展环境下，湖北无论是自身发展的内在潜力，还是外部环境都将在"十三五"期间发生重大变化，但经济发展的基本面没有变，经济增速高于全国平均水平的发展态势没有变,湖北发展仍处在大有可为的战略机遇期。这些都为科技发展带来了前所未有的历史机遇。

——创新驱动作为湖北发展的战略核心地位进一步突出。当前,湖北经济已经进入国家第一方阵,湖北省正处在工业化、城镇化发展的上升阶段,投资和消费需求旺盛。在上一轮要素驱动时期,湖北缺煤、少气、乏电,严重制约了湖北发展,而新一轮经济发展转入创新驱动之后,创新资源优势和科技创新实力就成为湖北省适应新常态、率先实现创新驱动发展的坚实基础。新时期,湖北省委省政府明确提出要全面实施创新驱动发展战略,推进创新湖北建设,加快构建促进中部地区崛起重要战略支点。创新驱动将成为引领湖北科学发展、跨越式发展,实现全面建成小康社会的核心动力。

——国家战略带来的诸多创新机遇。国家重点实施"一带一路"、京津冀协同发展、长江经济带建设三大战略,更加凸显了湖北省在全国发展格局中的战略地位,提升了湖北省承东启西的区位功能,为湖北提供了更为广阔的发展空间和有利条件。湖北依托丰富的科教资源,积极利用好科技这张牌,必将为湖北省引领长江经济带的创新发展带来机遇。

——湖北省创新发展的气场将持续发力。近年来,湖北不断深化科技体制改革,持续加大科技投入,营造全社会创新创业浓厚氛围。随着科技体制改革的不断深入推进,一些思想观念、体制机制和工作方法等制约创新的障碍和制度藩篱必将得到破除,从而为湖北省在新一轮改革中发挥后发优势、培育新竞争优势带来难得的机遇,为湖北省的经济发展注入强劲的动力和活力。

2. 存在的挑战

在看到机遇的同时,也要看到湖北省科技发展存在的主要挑战和问题。

一是产业技术创新能力不强。企业市场主体发育不够,中等规模以上企业偏少,科技型中小企业规模小且数量较少。企业技术创新能力薄弱,特别是中小企业创新意识不强,研发投入不足。湖北省大中型企业中有研发活动的企业比重仅为23.6%，规模以上工业企业中有研发活动的企业比重为10.3%，小型工业企业中有研发活动的企业比重仅为7.7%。规模以上工业企业R&D经费支出占主营业务收入的比重仅为0.8%，低于0.93%的全国平均水平。企业产品主要集中在中低端，科技创新在产品价值中的作用没有得到充分体现，有竞争力的自主品牌明显不足。

二是战略性、前瞻性技术持续投入不足。对比北京、上海、江苏、广东、浙江、山东等省市基础研究资金投入情况，北京、上海、广东、山东等省市基础研究财政拨款均超过2亿元，山东更是达到3.2亿元，且其基础研究在财政拨款中的占比达到14%，广东、江苏、浙江也达到6%左右，湖北的投入比重在5%左右，但规模仅为5000万元左右，投入严重不足。一批基础性的科技创新平台得不到稳定性支持，严重影响了创新的持续性，导致重大创新技术产品不足。

三是科技创新体制机制障碍依然突出。应用研发体系薄弱，产学研深度结合机制有待突破，特别是企业创新激励机制不健全，企业创新动力不足，科技成果转化的市场体系不完善。

四是科技服务体系亟待健全。科技服务机构普遍存在规模小、服务能力弱等问题，而整体科技服务行业呈现结构不合理、发展不平衡、服务市场不规范的问题，导致科技服务体系的功能严重缺失，作用十分有限。

五是科技行政管理与服务能力有待提升。现阶段湖北省在科技行政服务能力建设方面仍未形成较为主动的服务常态，在行政服务水平上，湖北省科技系统的服务意识、执行能力、操作能力、观察能力和解决问题能力的水平有较大差异。

总之，面对"十三五"的新形势、新机遇和新挑战，湖北科技系统应抓住并用好新常态蕴含的战略机遇，在科技发展方面有新的思路，在科技工作方面有新的作为，在科技管理方面有新的机制，在科技创新体系建设上实现新的突破，为创新湖北的最终实现打下坚实基础，为湖北省实现"建成支点、走在前列"目标和全面建成小康社会发展作出历史性贡献。

三、"十三五"湖北省科技发展的基本思路与目标

(一) 基本思路

深入贯彻党的十八大及十八届三中四中全会精神，以全面深化科技体制改革为主线，以全面建设创新型湖北为目标，着力提升技术创新能力，大力提升知识创新能力，加快提升科技成果转化能力，培育提升全社会科技创业能力，系统构建具备湖北特色的科技创新体系，全面促进湖北创新资源的高效配置、创新优势的加速转化、创新潜力的充分释放，使创新切实成为引领湖北科学发展、跨越式发展的核心动力，使湖北发展全面进入创新驱动轨道。

湖北"十三五"科技发展应遵循以下几个原则。

——突出需求导向。紧扣经济社会发展重大需求，着力打通科技成果向现实生产力转化的通道，促进科教优势的转化。发挥市场对技术研发方向、路线选择和各类创新资源配置的导向作用。让创新真正落实到创造新的增长点上，把创新成果变成实实在在的产业活动。

——强化系统推进。加强顶层设计，注重统筹规划，实行分类指导，把创新驱动贯穿到湖北现代化建设的各方面和全过程，系统有序地实施各项创新工程。

——注重协同融合。完善产学研协同创新机制，加强政、产、学、研与金融和中介等创新资源整合，促进技术之间、产业之间、产业链与创新链之间的融合。

——加强开放合作。树立世界眼光，着力全球战略，建立开放型的发展模式，完善对外开放合作机制，提升湖北省跨区域配置、跨国界整合创新资源的能力。

——推进全面创新。统筹推进科技体制改革和经济社会领域改革，统筹推进科技、管理、品牌、组织、商业模式创新。倡导创新文化，激

发全社会创新活力，营造大众创业、万众创新的环境。

（二）主要目标

总体目标：进一步确定企业创新的主体地位，建立与现代产业体系相融合、适应湖北经济社会发展需要的支撑有力、布局合理的开放型区域创新体系，创新能力和产业竞争力显著提升，到2020年，基本建成创新型湖北，自主创新成为经济社会发展的主要驱动力，湖北成为中部地区乃至全国重要的科技体制改革先行区、科技创新创业示范区、科技成果转化核心区、高新技术产业发展聚集区。

——高新技术及战略新兴产业发展规模不断壮大。产业增加值年均增长24%，高新技术产业增加值占湖北省GDP的比重达到20%以上。进一步优化湖北省高新技术产业结构，不断提升产业效益。基本形成一批掌握核心关键技术、拥有自主知识产权、资源消化低、带动系数大、就业机会多、综合效益好、产业布局合理的战略性新兴产业体系。

——企业技术创新主体地位进一步确立。从制度、组织、投入等方面引导和支持大中小微企业提升创新能力，实施创新驱动发展战略。到2020年，湖北省研究开发投入占生产总值的比重达到2.5%以上。企业研究开发投入经费支出占湖北省研究开发投入的比重稳定在77%以上，湖北省大中型工业企业平均研发投入占主营业务收入的比例提高到2.2%以上，湖北省高新技术企业达到5000家。逐步建立完善企业的创新组织机构，大型企业拥有科研机构比例达到90%，中型企业达到50%，小型企业达到30%。

——产业技术创新水平加速提高。到2020年，实施500个以上重大创新产业化项目，推进形成一批具有自主知识产权和广泛应用前景的重大原始创新成果，打造10个产值过1000亿元、50个产值过100亿元的高新技术产业链。

——投入体系和创新体系进一步完善。到2020年，全社会研发投入占地区生产总值的比重达到2.5%以上，形成较为完善的科技创新投融资体系。省级以上工程技术研究中心达到700家，省级以上重点实验室达到250家，产业技术研究院达到15家以上，产业技术创新战略联盟达到100家，湖北省技术合同成交额年均增幅25%以上，湖北省SCI、EI论文数量保持全国前五位，每万人口发明专利拥有量达到10件，培育和壮大一批科技中介服务机构。

四、"十三五"湖北省科技发展的主要任务

"十三五"期间，湖北科技工作将围绕"知识创新、技术创新、成果转化、科技创业、区域发展"主线进行部署。

（一）强化技术创新，提升产业创新水平

1. 突破发展高新技术与新兴业态

围绕湖北省高新技术产业及战略性新兴产业发展的总体部署，充分依托湖北省高新技术产业及工业发展基础与优势，重点发展光电子信息、新材料、先进制造、新能源、新能源汽车优势主导产业，培育高技术服务业等新兴业态。按照产业链与创新链融合的思路，大力加强产业创新主体培育，强化创新平台建设，推进关键共性技术的研发和产业化，加快高新技术产业突破性发展，积极培育战略性新兴产业。

（1）光电子信息。

——光通信，光纤光缆：推动高速通信网络低损耗、大有效面积单模光纤的研发和产业化，加快大芯径光纤、多芯光纤等新型光纤关键技术研发；加强新型材料光缆、微束管光缆、气吹光缆、低摩擦系数蝶形光缆等新型结构光缆技术研究，突破特殊应用领域光缆关键技术；开发具有传感、传能、耐高温、抗核辐射、高机械强度等特殊功能的特种光纤。光器件及系统设备：突破超高速光电处理及相关芯片技术，硅光集成技术等关键技术，加强100Gbit/s及超100Gbit/s光传输核心技术攻关，加强10G EPON/10G GPON技术研究及应用，加快下一代PON关键技术研发，着力研发全光交叉（交换）技术及相关设备。

——激光，激光材料与元器件：突破高功率轴快流CO_2激光器涡

轮风机、气体激光器全固态射频电源、高功率及高增益透明激光陶瓷制备技术；开展激光光学设计、光学元器件超精密加工技术攻关。激光器：研发新型高功率CO_2激光器、高功率光纤激光器以及高功率固体激光器等；突破新型掺杂光纤激光器、高亮度光纤耦合输出半导体激光器、高功率及高增益透明陶瓷激光器关键技术；加快全固态超快激光器、绿光和紫外激光器、碟片激光器、超短脉冲光纤激光器等新型激光器基础技术攻关。激光加工设备及工艺：开发基于宏观尺度的大幅面、大厚板、高速度激光焊接、切割成套设备，以及激光微纳加工、精密加工关键设备与工艺等。开发高功率光纤激光切割、焊接、熔覆工艺、脉冲激光高速微细加工工艺、智能化高功率激光高效表面制造技术、大模场双包层光纤熔接工艺、激光3D打印装备与工艺等。

——集成电路，集成电路设计：重点开发MCU、3D NAND等产品，以及以氮化镓（GaN）等宽禁带半导体为原材料的高频、高功率、抗辐射、高密度的集成电路产品，大力研发超高速、高集成度光模块收发芯片、GPS/北斗多模兼容芯片、MEMS红外传感器芯片、移动智能终端芯片、超高频RFID电子标签关键技术等。集成电路制造：研究碲锌镉材料、量子阱材料、超晶格材料等芯片制备材料技术，推进先进闪存、3D Nand存储器制造及更小尺寸的存储器芯片制造，掌握双色红外敏感芯片、高工作温度红外芯片等红外芯片制备技术及MCU芯片制备技术，支持刻蚀机、离子注入机、外延炉、ALD等关键设备研发与应用。集成电路封测：大力发展先进封装和测试技术，重点攻克3D堆叠、TSV（硅穿孔）等高密度三维封装技术，开发FC-CSP、FC-BGA、基于FC技术的SiP/PoP等倒装焊封装基板技术，推进引线框架、芯片覆晶填充胶、合金键合线、高纯度材料等封装材料和关键设备制造技术的研发。

——新型显示，TFT-LCD显示和OLED显示：加大对高世代线玻璃基板、彩色滤光片、金属氧化物薄膜晶体管材料、高发光效率和长寿命/高分子复合发光材料、柔性衬底材料的开发，突破低功耗驱动技术、低温多晶硅技术、有机发光显示集成技术、新型有机发光显示彩色化技术等，重点攻克中小尺寸有源有机发光显示屏技术和柔性显示屏技术。激光显示：研究绿蓝激光用低位错密度 GaN 衬底材料、三基色激光光源模组技术和智能化驱动技术，重点突破 ALPD 先进激光荧光粉显示技术，加快开展 3D 显示激光投影技术的研究。3D 显示：开发集成成像 3D、视点跟踪 3D 和便携式 3D 显示器件，加快 3D 显示模组和整机制备与集成技术，2D/3D 图像转换和兼容技术、液晶透镜技术研发与产业化，重点开展多视角立体显示技术研究及产业化。互动投影显示：加强虚拟现实技术、多点触控人际交互系统的研发，重点研究多点触摸屏、智能化手势指挥、虚拟触摸等技术，开发全息投影膜显示技术。

——电子元器件，传感器及敏感元件：加快多功能和多变量检测的智能化传感器、MEMS 传感器、质量流量控制器用传感器关键技术的研发；突破高可靠性汽车传感器、环境安全检测传感器、高性能高灵敏度红外传感器等关键技术；加快湿敏电阻、湿敏电容、气敏元件等敏感元件技术攻关，加强薄膜敏感元件的薄膜结构及生产工艺、敏感元件特殊焊接工艺开发。印制电路板：发展细导线化、窄间距化的 PCB 板制造技术，提升高密度印刷线路板加工水平，运用激光技术（激光加工微小孔、激光直接成像、激光检修）、等离子技术以及纳米技术等加工生产新一代印刷线路板材料及产品，发展图形制造、孔加工和表面涂覆、检测等方面的新技术和新工艺。

（2）新材料产业。

——新型金属材料。大力开发特种金属功能材料，重点发展新一代金属材料，加快开发电解铜泊、优质铜线杆等有色金属材料。

——新型无机非金属材料。重点发展质轻、隔热、隔音、防火新型墙体材料和新型保温隔热材料等无机非金属新材料。加快核级石墨材料、金刚石用触媒金属粉等材料规模化发展。大力发展用于机械、电子等领域的功能型特种陶瓷产品，以及功能性超硬材料、石英玻璃及制品等特种玻璃材料。

——新型高分子材料。重点发展工程塑料、特种合成橡胶、有机氟硅材料等先进高分子材料。加快开发高性能专用塑料材料、新型聚酯、耐高温易加工聚酰亚胺等高分子材料新产品。完善直接法烷氧基硅烷体系建设。

——新型复合材料。重点发展树脂基复合材料、金属基复合材料、陶瓷基复合材料、碳基复合材料等新型结构复合材料。加快开发新型木塑材料，高性能改性环氧树脂、聚双马来酰亚胺等热塑性基体材料，轻量化、智能化、高性能及多功能化的金属基复合材料和金属层状复合材料，仿真、高功能、差别化的高性能纤维复合材料、棉丝麻等纺织新材料，碳纤维高性能热塑性树脂PEEK复合材料、硼碳纤维、树脂基复合材料等纤维复合材料。

——新型功能材料。大力发展太阳能利用关键新材料、氢能利用关键新材料和新型高能电池材料等新能源关键材料制备技术，加快发展新型石英晶体、光纤光缆用膨胀阻水材料等光通信材料，电路板基材、电子浆料等电子材料，人工合成牛黄、药物控释材料等生物高分子材料，以及汽车尾气净化材料、可完全生物降解塑料等生态环境材料。

（3）先进制造产业。

——高端数控装备。重点研发伺服及直线电机、伺服驱动器、高档数控系统等核心零部件的设计、控制和制造技术，加快提升加工中心、高速机床、汽车制造装备等整机设备的系统成套设计及制造能力。大力发展高档数控系统、伺服驱动装置及新型驱动电机、高精度电主轴及其伺服单元等基础和核心关键零部件。开发高速高效、高复合性能、高可靠性的数控重型机床、数控车铣复合加工机床、数控伺服压力机、数控转塔冲床等重大装备。

——工业机器人。建立工业机器人设计标准，完善设计模式。围绕工业机器人系统力学模型重点研发机器人系统动态优化、感知协调和决策控制等技术。开发开放式运动控制器和高速工业以太网，推广基于高速工业以太网接口的控制和驱动模式。实现以传感器融合、虚拟现实与人机交互为代表的智能化技术在工业机器人上的可靠应用。

——3D打印设备。突破大型复杂铸造熔模和砂型3D打印工艺、基于3D打印铸型的快速精密铸造工艺等关键技术。重点研发大型高精度、低能耗工业级 3D 打印装备，实现部分核心部件的国产化。在航空航天、汽车、船舶等重点领域开展基于 3D 打印的快速整体精密铸造技术的推广应用和产业示范。

——智能化仪器仪表。重点研发新型敏感材料、器件及传感器设计和制造技术，传感器测量和数据处理技术，智能传感器系统及无线传感网络技术等基础共性技术和关键核心技术。重点开发智能仪器仪表嵌入式软件、新一代传感器及智能化仪器仪表等核心产品。完善传感器及智能化仪器仪表标准体系，加强测试检测、信息数据共享、技术转让交易等产业服务平台建设。

——海洋工程装备。推进数字化造船等先进技术的应用，加大高技术船舶、新型船舶和新型多能源混合推进技术船舶的设计和开发力度。重点推进多用途海洋平台工作船系列、深远海海洋工程支持船、新型钻井平台等重大海洋工程装备的研发和产业化。研发深水浮式生产储卸装置（FPSO）、大型船用甲板机械、大型钻井平台钻井包、船舶通信系统等关键设备和配套设备。

——交通装备。积极开展航天器、大飞机、灭火救援水陆两栖飞机和浮空飞行器及其关键部件的研发。开发大飞机部件、发动机零部件和机载设备、航空座椅配套产品。

——轻工业设备。重点发展高速、稳定瓦楞纸包装机械和智能型宽幅无梭织机，加强纺织设备、纺织器材的再制造和再利用。

——石油钻采设备。推进数字化、智能化复合式连续管作业机，成套智能井口注水恒流控制和精细过滤一体化装置、高压管流体控制元件等关键设备、零部件的研发和产业化。重点发展固井成套设备。

——汽车关键零部件制造装备。重点推进汽车关键零部件材料结构性能一体化设计制造技术基础研究、汽车零部件旋压技术基础研究、有色金属和模具钢材料制备技术基础研究、汽车轴承精密轧制成形技术研究等。

（4）新能源。

——太阳能。重点突破晶体硅材料提纯、光伏电池能效转化、太阳能发电应用等核心技术，大力开发全太阳能光谱吸收特性的 InGaN 光伏电池材料，推进高效低成本纯固态染料敏化 TiO_2 纳米晶太阳能电池、薄膜电池等产品研发。加强超低能耗光伏建筑节能技术研究与应用示范，加大太阳能路灯照明物联网控制技术，太阳能光伏光热一体化（PVT）综合利用技术的研发及产业化。

——生物质能。加强醇、电、气、化和炭、气、油、电多联产及多联供等生物质能源化综合利用应用示范，重点加强生物质气化合成液体燃料示范、液体生物燃料技术的研发与产业化。重点推进国电长源生物质气化-再燃发电、阳光凯迪非粮生物质气化液化（第五代热化与费托合成油）、湖北蓝焰第三代秸秆能源化高值利用等示范项目建设与技术推广。

——风能。加强风力发电设计与制造和风力发电控制技术研究。重点推进风电厂基础与平台、风机叶片、制动系统、传动系统等环节的关键技术研发创新。

——核能。加强核动力运行与技术支持，实现基于实测参数的机组统一模型管理，推动第三代及以上核电技术研发。

——智能电网。加强智能电网并网与控制关键技术的研发及产业化、智能电网装备设计与制造。重点研究高压工程的衔接和关联技术、湖北省电网大规模新能源（风电、生物质发电、光伏发电）集中接纳技术、整合多种分布式电源的微型电网技术、智能变电站研究等关键技术。

（5）新能源汽车。

——新能源整车。推进小型纯电动轿车集成开发，开发全新结构小型纯电动轿车新平台的一体化底盘与轻量化车身，重点研发东风全新结构小型纯电动轿车产品。推进纯电动城市客车研发与产业化，重点研发纯电动客车一体化平台、一体化底盘与轻量化车身、模块化、标准化、系列化动力总成等关键技术。推进插电式混合动力轿车的研发及产业化、围绕整车集成、匹配、NVH、轻量化，重点研发插电式混合动力汽车动力总成模块化技术、机电耦合动力传动技术、能量效率优化技术等，开发专用发动机、高性能电机系统、高效车载充电机、电动化辅助系统等关键零部件。

——新能源汽车电池系统。重点研发性能动力电池正极、负极、隔膜、电解质材料制备技术与车用动力电池单体、模块、系统设计技术，积极推进车用动力电池研制、工艺、制造技术的研究及产业化。开发车用燃料电池膜电堆及膜电极相关关键材料。

——新能源汽车电机系统。研究电动轮/轮毂驱动技术，研制先进轮毂电机驱动纯电动轿车整车控制系统，开发符合AUTOSAR标准的纯电动轿车集成多任务控制软件架构。建设轮毂电机驱动纯电动轿车硬件在环测试系统和整车控制器软件与硬件平台。重点研究机电耦合装置集成技术、双（单）电机控制器集成技术、电机及其控制系统的性能提升与安全控制技术等。开发新型微型涡轮发电机系统（TRE）。研制基于EMT的电驱动系统相关执行机构、传感器等关键零部件。

——新能源汽车电控系统。重点推进电动汽车动力系统能量流与信息流协同控制技术研究。大力开发能量回馈式电动汽车制动防抱死系统、纯电动汽车远程监控和故障诊断系统和新能源车用动力电池组管理系统等，研究回馈制动与摩擦制动耦合方法、电池能耗估算和控制、高性能谐波电流抑制等基础理论，加强硬件系统及底层软件设计能力，研究与开发电动汽车制动能量回馈制动防抱死系统（EABS），电动汽车远程监控、标定和诊断系统、混合动力电动汽车及纯电动汽车用电池管理系统等。

（6）高技术服务业。

——工程设计。大力推动先进工程设计技术应用示范及集成创新、推广工程设计节能减排新技术。重点突破三维BIM协同设计技术、三维点云技术、三维可视化仿真技术等行业信息化关键技术，积极研发三维协同设计集成系统、三维地层信息系统、计算机辅助设计系统等行业信息系统。

——信息技术服务：推进地球空间信息、软件与服务、大数据等领域研发创新与应用示范。地球空间信息：重点发展高分辨对地遥感观测技术，重点推进基于云技术的时空大数据处理分析GIS平台建设，发展自主研发和二次创新的GIS软件测试及服务外包管理、服务平台，加载信息安全和多模式兼容模块，研发以网格地理信息系统和地理信息服务为核心的软件系统与技术平台；攻克北斗系统高精度授时、卫星移动通信、精密定位、终端应用服务软件开发等关键和核心技术。软件与服务：推进多源信息融合技术、海量异构数据并行挖掘技术等研究。加强工业、智能家居、安防监控等领域嵌入式软件开发及产业化。加强软件服务外包平台建设和技术支撑能力。大数据：加大感知存储系统开发力度，推进分布式数据库、智能海量存储等数据库技术研发及产业化；大力开发数据扫描、分布式数据挖掘等软件与服务；推进软硬件系统虚拟化、存储设备及服务器优化的云操作系统平台研发；推动物联网传输技术、多种网络的复用共享与优化改造技术等的研究开发。

——数字内容，数字出版。加快开发和引进存量内容数字转化技术，以及涵盖内容采集、加工、管理和出版等环节的数字内容加工技术；着力推动企业开发和应用多媒体出版技术、按需出版技术等数字出版新业态技术；加强数字内容标准化技术和数字版权保护技术的应用。动漫游戏：着力发展移动化产品开发技术、基于HTML5游戏开发技术以及产业公共服务平台搭建技术。数字教育：发展数字内容加工技术、硬件终端技术、虚拟学具技术等电子课本与电子书包关键技术，进一步完善和引进云服务教育支撑技术、基于大数据的学习分析和数据技术、个人知识管理技术等数字教育平台搭建和服务的关键技术。

——科技服务业。重点发展专利运营公司、创业苗圃、创业媒体、众包众筹平台等新型科技服务机构。加快云计算、物联网、移动互联网、大数据等新技术在科技服务业的应用。加快发展集成商加专业机构的新型科技服务模式。

2. 加强农业科技创新

围绕湖北省现代农业发展的瓶颈问题，从农业良种培育及标准化生产、农产品加工与贮运、特色农业发展、农产品质量安全保障、农业信息化等关键环节出发，开展重大科技创新与联合攻关，为农业的标准化、品牌化、高值化、规模化、生态化提供创新支撑。

（1）农业品质量安全。

——农产品安全生产环境控制。以稻米、食用菌为研究对象，重点研发湖北典型农区重金属关键阻控技术和产品及制定标准。以湖北主养水产动物为对象，开展养殖用水重金属和有机污染物等防控、消减技术研究。

——农产品高效安全生产。研究不同来源新型肥料对环境及农产品的综合影响，基于微生物技术的蔬菜病虫害的综合防控技术，绿色生物兽（鱼）药和中兽（鱼）药的研制与开发，重要畜禽/水产疫病新型疫苗与诊断试剂的研制与开发，蛋白质高效利用与环境友好的畜禽水产饲料产品开发，畜禽水产无抗饲料产品研发及生产技术创新，硒肥研发及富硒农产品的培育。

——农产品安全加工。重点攻克蔬菜违禁化学添加物筛查技术、生猪/水产中激素非法使用与内源性鉴别技术，构建农产品非法添加物的快速扫描及实验室确证技术体系。

——农产品安全储运。以鲜活农产品与生鲜食品为研究载体，系统开展储藏和物流环节生物危害物监测体系和农产品安全品质保障体系的研究。

——农产品质量安全监测。建立农兽药残留及生物毒素免疫识别系列技术，解决农兽药及生物毒素现场在线检测技术和仪器研制问题。开发农产品中农药、兽药、生物毒素残留高通量检测技术平台。开发高脂肪性农产品样品前处理材料和设备。开展农产品多危害的风险评估技术和评估模型、化学性危害多因素的风险预测技术和预测模型研究。实现农产品质量动态监测管理和农产品从生产到餐桌的完整产业链质量信息全程追溯。

（2）农业良种培育。

——粮食。重点推进粮食及特色作物种质资源的收集、挖掘与创新利用，现代育种新技术、新方法创新高产优质多抗新品种（组合）选育，良种产业化过程的关键技术研究，规范化、机械化、轻简化生产技术与装备的研发，资源节约、环境友好生产技术创新、稻田综合种养、立体养殖模式推广等。

——油料作物。重点推进油料作物种质资源的收集、挖掘与创新利用，油料作物现代育种新技术、新方法创新，油料作物"三高"机械化新品种选育，油料作物制（繁）种关键技术研究，油料作物全程机械化生产关键技术与装备的研发，油料作物新模式生产技术研究与示范等。

——畜禽。重点推进优良畜禽种质资源创新利用技术、畜禽育种新技术、畜禽高效扩繁技术与养殖模式、畜禽废弃物资源化利用技术等创新。

——水产。重点开展特色名优品种的苗种规模化繁育技术、池塘健康养殖和大水面生态养殖技术、水产养殖病害多元化防控技术，配套关键装备研究创新。

——林业。重点开展优良种质资源收集、保存及评价利用，高产优质专用林木新品种选育，林木繁育关键技术研究，林木标准化栽培技术集成与示范。

——蔬菜。重点开展蔬菜工厂化育苗技术研究，设施蔬菜低碳保温增温技术研究，设施蔬菜及高山蔬菜连作障碍克服技术研究，蔬菜节本增效技术研究，蔬菜土传性病害防治技术研究，蔬菜基地土壤酸化防治技术研究，蔬菜肥水一体化及轻简化、机械化技术及装备研发等。

——棉花。重点在轻简化、机械化作业的品种选育，机械化高效生产农机农艺配套技术，棉花集中成铃技术，重大病虫害预警监测等方面取得突破。重点推进育种新技术，机采棉配套栽培技术，种子生产技术，机采棉田间管理和收获配套机械等创新。

——果树。重点开展品种选育和果树高产高效栽培技术集成与示范、果树优异资源引进、评价及筛选、生物技术辅助育种技术、优良果树品种培育、果树高产高效栽培技术。

(3) 农产品生产、加工。

——粮食加工。开展稻米、小麦适度加工精度与营养特性、蒸煮等品质评价体系及新技术研发与产业化示范，稻米、小麦加工节粮节能智能化装备研究开发及产业化示范，全麦粉加工技术及全麦食品开发，全谷物糙米（粉）方便食品加工关键技术研究与示范，营养速冻米面制品的加工技术与设备研发及产业化示范，特色杂粮营养、食用品质及加工关键技术研究。

——油料加工。开展油料高效低耗加工技术与装备创新、饼粕高效利用技术及产品创新、油脂营养评价及脂质功能产品研发、料加工品质特性研究、油料资源综合利用技术研究，促进油料产业增值。

——畜禽加工。开展低温（冻藏）畜禽肉（制品）综合保鲜及品质控制技术研究与应用，畜禽制品风味形成、品质控制及保质期的影响研究，猪肉产品精深加工关键技术与新产品研制，传统肉制品工业化关键技术研发，新型特色肉制品研发，蛋品现代加工技术研究与产业化、畜禽肉加工副产品高值化及废弃物无害化关键技术研究。

——水产品加工。重点开展鲜活水产品运输应激调控与保活运输技术及装备、淡水鱼宰后品质劣变机制与调理水产食品的冷链物流技术、淡水鱼宰后腥味增强机制与新型水产调味料生产技术、虾蟹生物胺产生机制与冷冻产品保鲜技术、淡水鱼糜节水生产与品质稳定化技术及装备、淡水鱼肌肉蛋白特性的品种差异与凝胶质构调控技术、传统发酵鱼制品专用菌种制备与快速成熟技术、加工副产物的酶法与纳米化加工与高值化利用、鱼肉蛋白和胶原蛋白的再造与功能化材料生产技术、淡水鱼形体及品质特性信息的提取与前处理装备的研发等。

——果蔬加工。重点开展剥皮除核和高效制汁等技术和设备、重要水果关键加工品质特性全过程调控技术和装备、果蔬加工副产品综合利用技术及配套装备、适应地方特色低成本果蔬储运技术与装备、传统果蔬加工品质提升及安全控制专用设备、非跃变型水果贮运保鲜关键技术及装备研发。

——林产品加工。重点开展竹、木材重组和木基复合材料加工技术，人工林木材改性技术，定向刨花板深加工技术，人造板用胶粘剂研制与应用技术，特色林业资源加工利用技术，废旧木材回收再生技术创新等。

(4) 农村信息化。

——农业生产过程信息化。研究农田水、土、肥、气、温度等生长信息的智能感知与快速获取及处理技术；研发农田精准作业导航与变量作业控制、精准作业数字化管理与智能决策等管理系统；建设农业生产过程中病虫害及疫情的快速反应与预警体系。推进农田遥感监测系统、农业专家系统、网络化管理系统等建设与应用。

——农产品加工储运信息化。研发以自动控制为主要内容的数字农业技术，开展农产品加工智能化装备、生产自动化控制、农产品储藏环境远程监控、农产品物流管控、鲜活农产品冷链运输控制等信息技术研发。

——农产品交易信息化。开展包括新型农产品交易平台、大型农产品数据库研发构建，以及支付、认证、配送等环节创新信息技术研发与应用，创新生产、流通、交易、竞价、网上超市等体验式服务。

——农产品质量安全控制信息化。重点研究农产品电子标志以及物流网络构建及应用技术。研发质量监控、追溯技术及设备，推广便携式快速检验终端。建立农产品质量安全监测信息网络和农产品质量追溯信息化系统，并开展示范应用。

——现代农业信息服务能力共性关键技术创新。建设大型智能农业综合信息服务平台，推进农业物联网与云计算等核心技术融合，探索农业信息资源挖掘与传送技术，整合涉农信息服务资源，完善传输网络，开发便捷易用好用的信息服务终端和设备，形成农业信息共性关键技术创新体系，提升信息化创新能力。

(5) 特色农业。

——魔芋。重点开展魔芋高效育种技术的集成创新及优良新品种培育、魔芋良种繁育与种芋及商品芋贮藏技术的集成创新、魔芋病虫等灾害综合防治技术研究与示范、魔芋产地加工中质量安全控制关键技术与装备集成、魔芋精深加工技术与装备及产业化开发等。

——水生蔬菜。重点开展水生蔬菜种质资源鉴定、评价及应用，水生蔬菜育种技术，水生蔬菜轻简化栽培技术、保护地栽培技术及高山栽培技术，水生蔬菜保鲜加工技术，水生蔬菜采收、加工专用设备研发集成与示范技术，水生蔬菜重大病虫草害多元化防治技术，包括农业防治技术、生物防治技术、复合种养控草技术等创新。

——食用菌。重点开展新型栽培基质开发与高效利用技术及其装备，优良品种分子标记辅助育种技术及新品种高效选育，菌种菌包轻简化繁育技术及其配套设备开发，食用菌设施化精准化高效栽培技术及其信息化管理设备，食用菌菌渣基质化高效利用技术及其配套设备，食用菌高效保鲜及精深加工技术及其配套设备研发。

——茶叶。重点开发湖北宜红茶、青砖茶、富硒茶及精深加工茶产品，切实转变经济发展方式的思路，重点开展茶树资源挖掘利用、特异新品种选育及苗木快繁技术研究与应用，茶叶"生态、安全、优质、高效"生产关键技术研究与集成示范，现代茶叶加工装备及配套技术研究与集成示范，茶叶深加工关键技术研究及终端产品研发，茶叶质量安全控制及营销信息平台建设及模式研究等。

——蜂产品。重点开展"华中中蜂"种蜂繁殖与保护技术研究、蜜蜂传花授粉技术和规范研究、高效无残留蜂药研制和疫病防控技术研究、检测和评价技术研究、高附加值蜂产品精深加工关键技术研究、养蜂器具及加工装备研发等。

3. 大力推进民生产业科技创新

聚焦湖北省社会经济建设和民生保障的重大科技需求，以保障人民健康、改善生态环境、促进公共安全、支撑民生产业、推动可持续发展为重点，加快民生科技创新，研发推进社会发展的关键技术和产品，加速民生科技集成应用示范。

（1）生物产业。

——生物药。重点聚焦药物靶点发现、植物转基因表达体系优化、提高血浆综合利用技术、大规模哺乳动物细胞培养技术、大规模蛋白药物分离纯化、新型生物药制剂与载药系统、生物活性检测技术、多价疫苗选择技术、大规模发酵产物提取技术、生物药物安全评价技术、生物药物药理药动技术等关键瓶颈技术研究。

——化学药。重点围绕恶性肿瘤、心脑血管疾病、糖尿病、神经退行性疾病、精神性疾病、自身免疫性疾病、耐药性致病菌感染、结核病、重大病毒感染性疾病等10类（种）疾病的治疗开展新结构、新物质、新配方、新制剂等化学药物、诊断试剂的研发。大力推广应用化学制剂领域的缓释、控释、长效、速释、靶向释药、透皮和黏膜给药等新技术。

——中药。针对恶性肿瘤、神经退行性疾病、糖尿病、甲亢等代谢系统疾病肺结核、病毒感染性疾病等重大疾病，以及其他严重危害人民健康的多发病和常见病，开展种子种苗标准化研究，中药材质量安全研究，产地药材无硫加工技术，中药饮片传统炮制经验继承及炮制工艺与设备现代化研究，中药提取、分离、浓缩、干燥、制剂、辅料生产技术集成创新研究。

——生物制造。重点突破并发展生物加工技术、生物过程工程技术、生物催化技术、生物炼制与生物质转化技术、微生物基因组育种技术、工业酶分子改造与工业蛋白质表达技术、工业微生物高通量筛选技术等共性关键技术，加强生物制造关键技术的集成，加强工业发酵糟渣、高浓有机废水等工业生物废物的资源化高值转化利用技术。

——医疗器械。重点突破超声/PET成像，光电医学成像，医学虚拟现实技术，微弱光电信号检测技术，电化学/生化传感技术，生物医用材料改性、加工、制备和修饰技术，可再生修复材料技术，生理信号无损/连续动态监测/检测和参数辨识技术。

（2）节能环保产业。

——水污染防治与水资源保护。重点支持湖库、河流和小型流域水体污染治理修复技术的应用性研究；低污染水生态处理、水生态净化与生态修复成套技术；地表径流拦截净化与生态景观相结合的缓冲区与湖滨带构建成套技术；河道岸线生态修复和景观改善技术；健康河流重要功能水生植物群落恢复技术；三峡库区、南水北调中线水源区水环境综合整治关键技术示范；饮用水水质监测技术、风险评估预警技术与应急处置技术；水生态功能分区与流域水污染物总量控制技术；水环境质量突变监测关键指标的筛选技术方法和预警预报技术。重点支持化工、冶金、医药、造纸、印染、养殖、食品加工等重点行业的源头污染控制技术，过程污染控制技术，开展废水资源化和深度处理技术应用研究，养殖业减氮控磷等农业面源污染控制关键技术。

——大气污染防治。重点开展污染源基于过程控制的清洁生产技术，重点突破燃煤电站锅炉、工业锅炉和垃圾焚烧炉先进高效的烟气多污染物协同控制技术，资源回收型污染控制技术，新型单项污染控制技术以及超细颗粒物高效捕集等关键技术和设备；石化、制药、表面喷涂等行业挥发性有机物污染控制技术；金属冶炼、水泥建材等行业颗粒物、重金属、NOx等多污染物协同控制及资源化利用技术；机动车高效三元催化净化器及相关技术研究，针对面源的室内外环境空气改善关键技术及产品。

——污染土壤修复。重点开展农用地土壤污染调查表征、土壤污染对粮食和蔬菜等农产品质量的影响研究；农用地土壤环境质量分级评价方法研究，农用地土壤环境安全预测预警技术研究；土壤污染风险管控技术研究；耕地土壤环境优先保护区划分、建设管理、考核试点示范研究，轻度污染农用地土壤环境风险管控试点示范研究，重度污染农用地土壤治理修复试点示范研究。重点开展工业场地土壤污染排查和优先监管清单技术研究；典型工矿企业和油田区污染土壤的调查表征与风险评估研究；不同类型重金属和有机物污染场地土壤原位和异位修复关键技术与设备研发；典型工矿企业场地、油田区土壤污染治理修复工程试点示范研究。

——固体废弃物处理处置。重点选择再生资源、尾矿、煤矸石、有色冶炼渣等工业固废、垃圾（例如餐饮垃圾）、建筑废物与污泥等量大面广和污染严重的废物，开展废物资源化全过程污染控制技术研发；重点开展污泥改性及连续粒化/稳定化工艺关键技术、污泥高值化利用如制备建筑装饰材料的工艺技术研发；餐厨垃圾资源化利用关键技术与成套设备研制；生物质固体废物的能源转化技术及成套设备研发；工业与电子固体废弃物安全处置与高值化利用的关键技术与装备研发。加强固体废物处理处置和综合利用风险控制技术，开展危险废物建材化、能源化利用过程及其产品中污染物风险控制技术研究，危险废物填埋场的安全性问题研究，开展危险废物污染场地鉴别、治理、应急预警和风险评价技术研究。开展POPs固体废物、含汞废物、新型电子废物等新兴固体废物的处理处置技术研究。

——环境监测。重点发展PM2.5与PM1.0监测技术、多参数烟气污染源连续自动监测技术、饮食业油烟监测净化技术研究；生物污染监测包括对生物样品中重金属、PAH、PCB等污染物的监测与分析技术研究；我国生物污染监测分析标准方法标准体系技术研究；新型生物技术监测方法在环境污染物监测领域的标准化应用研究。

——环境与健康。重点围绕江汉油田持久性有机物污染、大冶地区重金属污染、化工现存遗留地等重点区域污染源导致的健康问题研究；开展时间序列分析、病例交互研究、定组研究等，同时还将传统流行病学的研究方法应用到实际环境问题的研究过程中；开展实时、系统的环境污染及其健康危害监测，建立和完善环境质量监测与健康影响监测网络。

——特色资源清洁生产及环境保护。重点开展黄姜皂素清洁生产及黄姜综合利用技术开发，以确保黄姜产业可持续发展和南水北调中线工程水质安全；重点开展优质高产抗逆性强的苎麻新品种选育、机械化的高效苎麻种植技术，苎麻高效收割及剥制技术及装备，苎麻精干麻清洁生产技术及装备，苎麻加工业的废水处理及循环利用技术，苎麻精干麻纺织及印染新技术及工艺。

——节能。重点开展应用于钢铁、有色、化工、建材、电力等行业产业升级所需的大型高效低耗工业炉及其关键技术；分布式低温余热利用技术，固体物料显热回收技术，低热值工业副产煤气综合回收利用技术等高耗能工业余热、余能、余压综合回收利用技术；高炉富氧喷吹焦炉煤气、高炉炉顶煤气循环氧气鼓风炼铁、高炉煤气资源化利用、高炉原燃料热装等前沿技术；生产与能源协同调度技术。围绕建筑节能，重点开展新型高效节能建筑围护结构材料，建筑使用的地源热泵、水源热泵、太阳能和风能利用技术，建筑智能控制技术和热泵技术，现有建筑节能改造成套技术。

（3）人口健康与疾病防治。

——重大传染病应急处置及防控。鼓励和支持应急检测、早期诊断、临床救治、疫苗生产等环节新技术和新产品的研发。积极推广再发传染病关键环节成熟应急处置及防控技术，增强应急处置和综合防控能力。

——恶性肿瘤综合防治。加快恶性肿瘤危险因素评估及干预技术研究，创新治疗方法和手段，推进肿瘤早期筛检、分层个体化治疗。

——老年病防治。加快老年人衰老机理、老年病发病机制及易感因素等方面的基础研究，积极推进相关防治技术、方法与药品研制的研究，并加快研究成果的转化、应用。

——精神与神经疾病防治。加快精神与神经疾病病理机制的研究，建立客观评估指标，建立诊断及治疗技术规范。

——口腔常见疾病综合防治。深入和细化口腔疾病高危因素识别、发病机理、发病特征等方面的研究，明确口腔常见疾病防治的重点环节，突破高危因素筛选与预警、口腔感染防控、医疗器械消毒灭菌等方面的技术瓶颈。

——危害因素风险识别及处置。重点研发食品安全、环境污染及职业因素损伤机体的机制，生物标志物建立与验证、早期诊断方法和健康监护技术，研发食品安全危害因素的识别与监测技术，PM2.5作用机制及防控技术，重点行业职业危害预防控制技术和应急处置技术。

——重大与高发疾病的中医药防治。探索中医药或中西医结合对疾病的早期干预、愈后疾病的复发预防，重点解决中医药在重大疾病防治领域的干预时机、干预方式。

——区域卫生信息集成利用及安全保障。重点解决医疗信息集成与融合、个人健康信息跨平台获取与分析、医学知识库与临床决策支持、区域医疗信息共享等技术，加快推进信息安全保障、云计算、大数据挖掘与分析技术研发与应用。

——生殖调控与辅助生殖及优生。加强对生殖调控的基础研究，阐明人类生殖过程的分子机制，探寻特异性更强的生殖调控靶环节和靶分子，阐明不孕不育的发生机制，建立生育能力保护策略，完善辅助生殖技术风险评估及临床标准，建立分子与细胞遗传学诊断方法与评价体系，开展出生缺陷的一级预防。

(4) 特色资源高效开发与利用。

——钒资源开发与利用。重点发展数字化钒矿开采技术；物联网技术的钒矿山高效安全生产管控；低品位钒矿绿色选矿技术；高效清洁提钒技术；高纯、高附加值、高端精细钒加工系列产品产业化开发；提钒尾渣及钼、铜、镁、硅等共伴生资源的综合利用；钒矿晶体结构与表面性质及浮选行为研究；含钒溶液的复杂行为过程控制机理。

——磷资源开发与利用。重点开展高附加值精细磷化工系列产品关键技术的开发与产业化；大型节能降耗胶磷矿柱浮选技术；磷尾矿、磷石膏资源综合利用技术；磷矿共伴生资源（氟、镁、碘、钾等）回收和综合利用技术；高磷赤铁矿提铁降磷、铝高效分选技术。

——卤水及其他资源开发与利用。重点开展卤水共伴生资源（锂、铷、铯等）回收和综合利用关键技术研究，开发出合理适用的综合利用工艺流程，以实现卤水共伴生资源的高附加值利用；发展金红石等资源高效开发利用技术。

(二) 加强前沿基础研究，提升自主创新基础能力

围绕湖北省科技发展的战略性需求，加强前沿技术和基础性研究，力求取得重大突破，建立一批具有较高水平的科技创新平台，取得一些具有重大意义的原始科技创新成果，形成一支具有国内外领先水平的高技术领军人才和科研团队，提升基础研究解决湖北省科技发展问题的能力，巩固湖北省在国家基础研究领域的地位和影响力。

1. 加快前沿关键共性技术研发

——新一代信息技术领域。重点开展移动互联网技术、智能感知技

术、云计算技术、大数据技术、IPv6过渡关键技术、宽带光通信技术、导航与位置信息网络平台技术等前沿技术和关键共性技术研发，解决光电子、云计算、大数据、软件信息服务、卫星应用等产业领域关键共性技术。

——医药健康与生物技术领域。重点开展生物医学、生物和化学制药、现代中药、生物农业等，突破生物催化转化技术、新型制剂及给药技术、大规模发酵分离纯化技术、生物育种等关键共性技术，进行干细胞、药物先导化合物发现、结构优化与创新药物、生物活性植物成分等国际前沿领域研究。

——智能制造。解决新型传感器共性关键技术、工业控制系统关键技术、系统协同技术、装备在线或远程状态监测与故障诊断技术、高可靠实时通信网络技术等关键共性技术问题。

——新能源汽车。重点支持纯电动乘用车总体技术、动力电池关键技术、汽车电子技术、汽车节能技术、混合动力商用车动力系统关键技术等关键共性技术研发，突破"三电"（电池、电机、电控）零部件核心技术。

——新材料。重点研究医用生物材料、人造组织材料分子设计与绿色制备技术，钢材高洁净度冶炼及成分偏析控制技术，高品质钢材深加工关键技术，金属材料循环再生技术，绿色建材开发与再生技术研究，储氢材料技术，超级电容器材料及制备技术等，攻关高性能复合材料大型功能结构件设计制造及评价技术、碳纤维复合材料废弃物低成本回收及其应用技术、全复合材料格构体节点连接关键技术等。

——资源与生态环境。重点研究矿产资源高效勘探开发新理论与技术、矿产资源绿色开发理论与技术、环境污染治理新技术、环境监测及环境风险评价技术、再制造产业关键共性技术、钢渣综合利用技术、循环再生材料制备技术等。

2. 大力开展应用基础研究

——生命科学与脑科学研究。围绕偏头痛、精神分裂症、老年痴呆症、帕金森氏症、阿尔茨海默氏症等脑部疾病的诊断和治疗，开展基础以及与医学结合的应用基础研究。

——空间科学。围绕重力生物学、复杂流体和分散体系、微重力金属合金、空间超冷原子物理研究、宇宙灯塔、地球科学等相关领域的重点科学问题开展研究。

——纳米研究。重点围绕先进功能纳米材料、纳米检测与加工方法及装备与标准、纳米信息材料与器件、纳米生物与纳米医学、环境纳米材料与技术、能源纳米材料与技术等领域取得突破。

——光学与光子学。重点支持在芯片水平上光子与电子学的无缝集成技术、微钠光子学、通信、信息处理和数据存储技术、先进光子学测量与应用、战略光学材料、显示技术、生物医学光子学技术等领域的研究。

——人工智能。重点支持生物声学感应、3D生物打印、语音翻译、神经网络商业、可穿戴用户界面、全息显示、自动驾驶汽车、移动式机器人、智能微尘等前沿技术研究。

3. 优化完善科技创新平台建设

——重点实验室。进一步加强对已有重点实验室的科研能力建设。支持重点实验室承担国家重要科研项目，以及围绕湖北省经济社会发展的重大科技需求设计研究课题。支持湖北省重点行业的具有行业科技领先优势的龙头骨干企业自主建设或者与高校和科研院所联合建设重点实验室，引领行业科技发展。支持湖北省有条件的省级重点实验室建设国家级重点实验室，支持有条件的重点实验室创建国内一流与国际一流实验室。密切结合湖北省产业和区域经济社会发展重大需求完善重点实验室布局。

——产业技术研究院。进一步壮大产业技术研究院规模。支持湖北省支柱产业的龙头骨干企业与高校和科研院所联合建设产业技术研究院；支持地方政府围绕区域经济特色鲜明、有一定集群与规模优势的产业建设产业技术研究院。增强产业技术研究院的产业服务能力，进一步完善产业技术研究院组织管理模式，健全符合产业技术研究院发展的市场化运行机制与模式。

——工程技术研究中心。壮大湖北省工程技术研究中心规模。重点支持围绕湖北省战略性新兴产业、高新技术产业和支柱产业的相关技术领域建设工程技术研究中心，支持其不断地将具有良好应用前景的科技成果进行系统化、配套化和工程化研究开发，为科技成果产业化提供成熟配套的工艺、技术，促进产业技术进步。进一步优化湖北省工程技术研究中心结构。支持湖北省重点行业领域经济基础较好、技术发展方向明确、有一定技术优势的行业骨干企业独立或者与高校、科研院所联合建设省级、国家级工程技术研究中心；支持现有条件的工程技术研究中心建设国家级工程技术研究中心；支持地方政府围绕其区域特色经济，健全企业研究开发机构，并以多种方式包括企业自建、与高校和科研院所合建等创建国家级、省级工程技术研究中心。健全工程技术研究中心管理体系。

——校企共建研发中心。推动校企合作共建研发中心的提档升级。择优选择一批产学研合作稳定，研究开发能力提升较快的校企合作共建研发中心，引导所在企业增加技术创新平台建设投入，建立健全研究开发设施手段，引进和培育技术人才，逐步建立起企业自己的研究开发机构。适度增加校企合作共建研发中心的数量规模。重点围绕湖北省战略性新兴产业、高新技术产业，重点支持年销售收入过亿、成长稳定、技术发展方向明确、创新需求强的中小企业与有科技优势和成果优势的高校合作共建研发中心。采取省地（市）联动的方式，支持地（市）政府围绕其具有较明显规模优势的特色经济，选择创新意识强，有一定发展基础的中小企业，省地（市）联合支持其与高校建立起稳定的创新合作关系。

4. 推进重大科技基础设施建设

积极争创国家科技中心，推进脉冲强磁场、国家高等级生物实验室、精密重力测量综合研究设施等国家重大科技基础工程重点项目建设。推动科技条件领域的自主创新，重点发展能够替代进口，填补国内空白的通用科学仪器设备；依托企业与高等院校的合作，开展前沿科学仪器设备的研发创新。推进自然科技资源保存库建设。推进实验动物建设，推动国外先进实验动物机构在武汉开展业务合作，并力争成为中部地区乃至全国的动物实验平台；支持实验动物模型的研发创新；在湖北省范围内，依托有条件、有开放共享意识的单位，分别在武汉、宜昌、十堰支持建设3个实验动物中心，成为区域性的科研基础条件平台。健全完善科技条件资源共享的法律保障，扩大共享服务范围，建立跨区域科技成果库和专家库，开放国家实验室、国家重点实验室、国家工程技术研究中心，加大对科技型中小企业的开放与服务力度，支持高校与企业建立协同创新中心、产业技术创新联盟等产学研利益共同体，促进区域科技资源共享和创新能力提升。推进资源开放共享平台建设，构建云计算平台、检测服务开放共享平台、技术创新平台开放共享联盟。

5. 加速培育科技创新创业人才（团队）

利用国家万人计划、省级千人计划、科技部创新人才推进计划等人才计划培养高端创新人才。依托国家级、省级自然科学基金及重点实验室培育青年创新人才。利用国家千人计划、省级百人计划吸引、凝聚国外优秀人才。依托产业技术研究院、企业重点实验室、工程技术研究中心、校企共建研发中心培育产业科技创新人才。依托科技企业孵化器、大学科技园、高新园区，构建培养基地评价指标体系，引入第三方中介机构，重点遴选与评估一批创新创业人才培养示范基地。通过对生产力促进中心、产业技术创新联盟、成果转化中介服务机构等进行项目培训、团队组建、从业资质培训、绩效考评、运行经费补贴等措施，提升科技服务人才职业化和专业化能力，培育一批科技服务人才。

（三）深化科技体制改革，完善创新驱动发展的体制机制

1. 深入推进科技成果转化和技术转移的体制机制改革

——完善成果转化引导机制。实施湖北省科技成果大转化工程，设立省级科技成果转化引导基金，采取"定向间接有偿"的投入方式及"市场评价"的分配方式，组织省内高校院所的非商业化的科技成果，通过技术市场转让实现技术转移，最终形成生产能力和销售规模。加快建设一批中试转化平台，重点围绕湖北省优势产业、重点高新技术产业，依托国家重点实验室、大型企业的工程技术中心以及省市建立的产业技术研究院等，以财政资金支持与奖励的方式，鼓励建设一批科技成果中试熟化平台。发挥政府职能，对成果转化产品的市场开发给予支持，对省内首次投向市场、暂不具有市场竞争优势的先进技术成果转化新产品，实行政府首购或给予补贴；发挥行业主管部门主动性，助推长期前景看好的新产品、新设备在行业中应用。

——建设完善科技成果转化服务体系。建设集科技信息服务、技术转移对接、科技投融资、网上技术市场等于一体的科技成果转化服务体系。完善技术交易专项补贴制度，促进科技成果转化和创新资源要素流动。建立以政府购买服务的方式支持中介服务机构（个人）的科技成果转化和技术转移活动。健全专利运营转化体系，支持企业、科技园区、高校、产业联盟与服务机构联合成立专利运营机构。加强国家中部技术转移中心建设。加快技术经纪人队伍建设。

——强化知识产权的创造、运用和保护。深入实施知识产权战略，着力优化保护和运用知识产权的法治、市场和文化环境。不断加强重点领域知识产权执法，有效打击各种侵犯知识产权的行为。大力发展知识产权代理、法律、信息、咨询、培训等服务，提升知识产权的分析评议、运营实施、评估交易、保护维权、投融资等服务水平，构建全链条的知识产权服务体系。针对重大科技创新及产业规划布局、政府重大投资活动等开展知识产权评议，规避知识产权风险。

2. 加快财政科技投入机制改革创新

——完善科技计划项目的组织机制。优化整合湖北省各部门管理的科技计划（专项、基金等），对定位不清、实施效果不好的，要通过撤、并、转等方式进行必要的调整和优化。实行科研项目分类管理，将省级科技计划项目分为基础研究类、重大关键技术研发类、成果转化类、科技型中小企业培育类、平台与环境建设类等五类。转变科技计划项目投入方式，基础研究项目主要采用前资助、无偿、持续稳定支持方式；重大关键技术研发项目主要鼓励产学研结合，采取前资助、后补助相结合的支持方式；成果转化项目侧重发挥市场导向作用，建立主要由市场评价成果、转化成果的机制，主要采用定向间接投入的方式进行支持；科技型中小企业培育项目主要采取前资助、绩效评价后补助等方式支持；平台与环境建设项目主要通过政府购买服务、绩效评价后补助等方式予以支持。

——建立和完善财政科技投入稳定增长的制度环境。依照立法程序，制定专门的法规条例，建立有效、长远的财政科技投入战略，进一步提高财政科技投入占财政支出的比重，明确财政科技投入的方向与重点；建立财政科技投入的统筹协调机制，加强政府相关部门之间科技预算资金的统筹协调，集成和整合不同部门、不同渠道的财政资金，改变科技经费多头配置、多头管理的格局，消除条块分割，促进科技资源的合理配置；将科技投入要求纳入地方各级党政领导、相关责任人政绩考核范畴，引导和督促各级政府保证科技投入的规范开展。

——建立完善科技计划管理机制。构建省级科技计划管理部门，市县科技计划管理部门，高校、科研院所、企业科技管理部门和项目管理服务中心的四级科学计划管理体系，明确各类主体的权利和责任。建立有效的计划管理监管体系，开展对各级计划管理部门的考核和评估。建立公开公平公正的立项流程，实施项目全过程痕迹管理。规范科研项目资金使用行为，改进科研项目资金结算方式，完善科研信用管理，加大对违规行为的惩处力度。

3. 建立健全面向市场的技术创新机制

——建立健全协同创新机制。围绕重点产业，以行业龙头骨干企业为主体，通过合建平台、联合攻关、合作转化等多种方式，与高等院校、科研院所强强联合，建设产学研合作创新平台、成果转化示范基地、产业技术创新基地、省级以上的产业技术创新战略联盟、协同创新中心。加快高校、院所、军队科研体制改革，推进"官产学研军"结合纵深发展，引导"校地"、"校企"、"院地"、"院企"、"军地"、"军民"开展实质性的战略合作。

——完善企业为主体的产业技术创新机制。对市场导向明确的科技项目严格采取由企业牵头、政府引导、联合高等学校和科研院所实施。

鼓励构建以企业为主导、产学研合作的产业技术创新战略联盟。积极运用财政后补助、间接投入等方式，支持企业自主决策、先行投入，开展重大产业关键共性技术、装备和标准的研发攻关。探索政府支持企业技术创新、管理创新、商业模式创新的新机制。

4. 深化科技创新条件资源共享体制机制改革

——建设完善科技资源共享平台体系。进一步完善软件开发测试、光电子产品开发测试、实验动物、科技成果和知识产权服务平台和产品测试平台。加大仪器共享协作网建设力度，鼓励民营企业和民办科研机构自购的仪器设备加入协作网。全面推动财政资金资助的科技项目和科研基础设施的开放共享。

——健全科技资源共建共享方式。对政府支持设立的科技资源共享平台和公共科技服务平台，以其开放度、服务数量、质量、效率等作为确定配套经费的考评指标，完善科技基础条件平台和科研设施开放共享服务后补助机制。建立和完善财政资金购置科研仪器设备的查重机制、统一报告机制和联合评议机制。建立高等学校、科研院所和企业开放科研设施的合理运行机制。

——加强科技创新条件资源建设。做好数据信息收集、整理、交汇、发布、统计等工作，在完善现有的省科技文献信息库和科学仪器信息库的基础上，增加科学数据库、自然科技资源库、实验动物数据库等数据信息。建立科技创新条件资源调查登记制度。

（四）大力推进科技创业，健全科技服务体系

1. 着力培育企业创新主体

——推动大型创新领军企业进一步做大做强。会同大型领军企业共同发起设立产业投资基金。引导大企业带领产业链中小企业共同发展。鼓励大企业向中小企业开放共享专业平台，鼓励大企业在中小企业进行成果转移和转化，鼓励大型企业提高产品本地配套率。

——支持中型企业加快提升创新能力。鼓励中型企业建立研发机构，切实引导中型企业完善自身创新体系建设。以后补助方式鼓励企业

加强产学研合作。设立科技企业创业投资（担保）风险基金。以产业技术技术创新战略联盟为依托，指导帮助中型企业编制产业技术路线图。

——扶持科技型小微企业快速成长。建立仪器设备的共享机制，利用外部科研平台为小微企业提供技术研发服务。支持有条件的小微企业与高校共建研发机构。加快推进小微企业校企共建研发中心建设。

2. 完善科技创业服务体系

——加快科技成果转化和技术转移服务体系建设。建立湖北技术转移与成果转化公共服务系统。积极创建国家中部技术转移中心。大力发展科技成果转化中介服务机构，加快技术经纪人队伍建设。继续建设覆盖科技成果登记、发布、交易管理的服务平台。加快建设综合性、国际性的创新资源交易交流平台。

——加快科技企业孵化器建设。择优选择一批发展基础扎实、服务质量好的科技企业孵化器，通过深入开展示范性科技企业孵化器创建活动，打造一批在国内具有重要知名度与影响力的科技企业孵化器群体。选择科技企业孵化器建设工作先进的城市（县、市、区），通过开展科技企业孵化器、加速器和产业园"三位一体"建设，建设国内一流的科技企业创新创业城。

——加快众创空间建设。着力构建市场主导、政府支持的创业服务体系，大力发展市场化、专业化、集成化、网络化的"众创空间"，推动创业服务新业态快速发展，形成要素集聚化、服务专业化、运营市场化和资源开放化的大众创新创业新格局，力争形成一批国内知名、特色鲜明的众创空间等新型创业孵化平台。

3. 加快完善科技金融服务体系

——大力发展创业投资，完善创业投资引导机制，扩大省级创业投资引导基金规模，鼓励各市州设立创投引导基金，健全天使基金管理机制，发挥创投行业协会组织作用，强化与国内外指明投资机构及行业组织合作。

——引导扩大科技信贷，建立科技贷款风险补偿和奖励制度、科技担保风险补偿制度，设立省市联动的科技贷款资金池，形成政府引导、多方参与的科技贷款风险补偿机制，引导各类金融机构开展股权、专利权等权属质押贷款，积极创新科技企业流动资金贷款还款方式。

——支持企业进入多层次资本市场，建立科技部门、上市主管部门和证券监管部门的信息沟通机制，建立科技型企业上市后备资源库，对后备上市科技型企业给予优先项目支持，鼓励科技型企业到"新三板"和区域性股权交易市场（"四板"）挂牌融资。

——继续推进武汉科技保险创新试点，扩大科技保险富表面，支持保险机构完善企业创新产品研发、科技成果转化的保险保障机制。

——建设湖北省科技金融创新服务平台。配合国家技术转移中部中心建设，建立和完善湖北省性科技企业融资需求信息库、科技金融服务机构信息库、科技金融人才库、拟上市科技企业信息库等数据库平台，同时积极举办各类人才培训、投融资对接活动和学术论坛，努力打造成为数据海量、功能齐全、服务高端的"互联网+"科技金融OTO服务平台。

——提升区域资本市场对实体经济的服务能力。积极开展股权众筹融资试点，推进知识产权资产证券化。规范发展区域性股权市场，加快建设各类服务科技型中小企业和科技成果转化的区域性私募债券市场、票据市场、专利保险市场和担保拍卖市场等，加强不同层次资本市场的有机联系。

（五）促进区域创新均衡发展，提升区域创新能力

1. 推动东湖国家自主创新示范区建设

充分发挥东湖自主创新示范区先行先试的优势，支持东湖国家自主创新示范区加强在技术转移、成果转化、股权激励、科技金融等方面先行先试、大胆创新，成为湖北实施创新驱动发展的主阵地，推动其率先建设成为世界一流高科技园区。支持东湖高新区联合洪山区、江夏区推进"大光谷"一体化发展，并鼓励东湖高新区继续发展"园外园"，带动其他园区发展。突出光电子信息产业发展主题，加快光通信、激光、

集成电路、地球空间信息及应用服务等重点领域发展，形成全球竞争优势。围绕生物、高端装备、环保节能等重点产业，明确技术创新突破口，缩小关键领域差距。力争形成一批具有全球竞争优势的特色产业，建成世界一流的科技园区，成为引领湖北省战略性新兴产业和高新技术产业发展的核心载体，成为推动产业转型升级的重要引擎。

2. 加快创新型试点城市建设

以武汉、襄阳、宜昌为创新先行区，积极探索创新型城市发展模式，不断完善城市功能、增强区域辐射力和竞争力，引领湖北省经济协调互动发展，带动周边城市创新发展。推进武汉创新型试点城市建设，推动武汉城市圈形成功能互补的高端产业聚集区、布局合理的城市连绵区、改革开放的先行区、城乡统筹和'两型'社会建设示范区。支持襄阳重点发展新能源汽车及关键零部件产业，打造国内领先的新能源汽车及关键零部件产业创新基地和"中国新车城"。支持宜昌重点发展精细化工、硅材料、金属材料深加工等新材料产业，打造中部地区重要的新材料产业基地和"三峡新门户"。

3. 推进创新园区转型升级

加快省级高新区转型升级，积极支持已经发展得较好的省级高新区申报国家高新区。支持襄阳、宜昌、孝感等国家高新区建设创新型特色园区，成为引领地方经济发展的增长极，鼓励襄阳市高新区和经开区拓展建立"襄阳国家科技创新型示范基地"，全面推进宜昌市高新区一区多园发展转型升级。支持省级高新区形成各具特色的产业布局和创新体系，鼓励县（市、区）创建省级高新区。支持湖北武汉、仙桃国家农业科技园区、华中农高区、"中国农谷"、省级农业科技园区建设，推进农业的特色化、产业化、集聚化、规模化发展。推进建设国家可持续发展实验区，积极探索经济、社会和资源环境协调发展的机制和模式。

4. 推进县域科技创新

大力发展民营经济，因地制宜发展一批优秀民营科技企业，为县域经济发展培植新的经济增长点。把工业园区作为促进县域基层创新的主战场，加强培育区域特色产业，推动县域经济产业调整升级。继续推行科技特派员制度，加速推进县域科技服务体系建设。努力优化投资环境，加大招商引资力度，通过引进先进的技术或成果，消化吸收再创新。促进县市之间以及与中心城市间的联合与协作。鼓励县市积极争创"全国科技示范县（市）"和"全国科技进步考核先进县（市）"。

五、"十三五"湖北省科技发展的保障措施

（一）优化科技创新管理

围绕湖北省创新驱动发展战略新形势，科技创新行政管理工作在行政管理服务能力方面要以建设服务型政府为重点，转变行政作风。进一步强化科技创新体系和科技服务体系的顶层设计，重点加强省市县科技行政管理服务能力建设。推进科技管理由研发管理向创新管理转变。建立健全科技项目决策、执行、评价相对分开、互相监督的科技计划项目管理机制。试行重大创新项目面向全社会公开招标制度。建立科技计划项目法人责任制、第三方评估制。建立健全科研经费监督管理机制。健全以科技成果转化为主线的重点职能工作协同推进机制。建立健全以资源统筹与协作监管为目标的科技项目组织实施机制，着力建立以三级目标协同为重点的项目资源统筹使用机制。建立健全以调动县市科技部门积极性创造性为目标的考评激励机制，优化基层能力建设专项资金分配机制。

（二）强化科技创新考核评价

优化科技资源配置，提高资金使用效益，建立绩效评价工作规范和绩效目标体系。完善市县科技创新综合考评制度，将"财政科技投入"、"高新技术产业增加值占GDP的比重"、"技术合同成交额"、"发明专利申请量和授权量"等发展指标纳入对市（州）党政领导班子年度目标考核、任期目标考核指标体系，作为考核评价各级政府和职能部门工作业绩的重要内容。将湖北省市县科技创新综合考评和全国县

(市）科技进步考核结果作为党政干部选拔任用的重要依据，对考核先进的县（市、区）给予表彰和奖励。构建湖北省科技创新能力评价指标体系，大力加强区域创新体系评价指标体系建设，建立市县、高新区、产业化基地、创新平台、企业创新能力、科技中介服务机构等科技创新能力评价指标体系。

（三）完善科技创新政策环境

强化法制保障，加强创新立法，制定出台《东湖国家自主创新示范区条例》、《湖北省自主创新促进条例》、《湖北省专利条例》等地方性法规。制定出台支持科技企业创业的政策，推进科技金融结合政策措施，通过政策扶持、政府引导资金等方式，吸引投资机构集聚。落实湖北省"科技十条"对科学研究人才科技成果转化的收益权，加快健全对科技创业人才的激励保障政策，加大科技创业人才的资金支持力度。加强相关部门的协调配合，对重点科技创新政策配套制定相应实施细则，建立对科技创新政策执行的监督机制，利用人大执法检查、创新湖北建设进展督察，对各地、各部门执行科技创新政策情况进行专项检查。加大科技创新政策的宣传力度，建立科技创新政策法规专栏，整合现有科技政策法规资源，搭建科技服务供需桥梁，组件科技政策法规宣讲、培训团队。积极开展跟踪评估，搭建科技政策法规监测平台，建立年度创新政策实施报告制度，构建科技政策信息反馈网络平台系统。

（四）加快科技对外开放合作

建立湖北省国际科技合作跨部门协调机制，通过召开协调会、情况通报、拟定共同行动计划等来共享国际科技合作信息、整合国际科技合作资源。建立和完善与中部省份的科技对外开放合作协同机制，完善武汉城市圈在国际科技合作与人才培养方面的统筹与共享机制。加快推动促进以企业为主体、产学研结合的国际科技合作，引导国际科技合作资源向企业集聚，将高校建立的海外协作关系拓展、辐射到企业。鼓励企业以产学研合作方式在海外设立研发中心，吸引跨国公司在鄂建立研发机构。鼓励企业引进海外科技人才参与企业的研发活动，引导企业实现研发国际化与经营国际化的互促。加强国际科技合作的信息平台和数据库建设，为参与国际科技合作的高等院校、科研单位和企业提供全方位、适时的信息服务，并实现湖北省国际科技合作资源的共享。建立科学的国际科技合作工作评价机制，引导高校、科研单位在考核教师、科研人员的科研绩效，以及评职等方面充分考虑国际科技合作成果的特殊性，科学制订科研评价体系。

（五）推进全面创新

以科技创新为核心，全面促进管理制度、文化理念、商业模式等各方面全方位创新。推进思想观念创新，大力倡导敢为人先、乐于创造、勇于进取、宽容失败的创新文化，大力营造创业致富、"产业第一、企业家老大"的创业文化，大力培育重商、亲商、悦商和"信用至上"的商业文化，大力弘扬合作共赢、不求所有、但求所用的开放文化。推进体制机制创新，推进要素配置市场化改革，健全土地、技术、资本、人才、劳动力等要素市场；深入推进行政审批制度改革、事业单位分类改革、财税体制改革等，进一步取消和下放审批事项；推进行政管理创新，加快政府治理能力现代化，发挥有效市场和有为政府协同作用，提升领导干部在市场经济条件下谋划与落实的能力。

课题负责人：吴　骏
技术负责人：盛建新
主要完成人：颜慧超　陈　俊　林　洪　范欲晓　胡　然　牛婧红
　　　　　　夏　谦　邹小伟　邵　蕾

以制度创新厚植湖北省科技创新优势

李 光

近年来,党中央、国务院在一系列重要文件中,反复强调"要使市场在资源配置中起决定性作用","让市场成为优化配置创新资源的主要手段",加快"建立技术创新市场导向机制"。十八届五中全会公报更是将创新提升到一个"贯穿党和国家一切工作"的空前高度,把创新"摆在国家发展全局的核心位置",将创新作为"引领发展的第一动力",并明确提出"要发挥科技创新在全面创新中的引领作用"。2016年5月,习近平同志在《为建设世界科技强国而奋斗》的重要讲话中,进一步指出"要以推动科技创新为核心,引领科技体制及其相关体制深刻变革"。

湖北省是我国科技大省,具有丰富的科技创新资源和巨大的科技创新潜能,且绝大多数科技创新资源都聚集在省会城市武汉。尽管"十二五"期间湖北省科技创新取得了令人瞩目的成效,但科技创新效率不高、民生科技相对较弱、科技成果转化难等问题仍客观存在,并影响湖北省经济社会发展的竞进提质。在"十三五"期间,湖北省要建设中部崛起战略支点和实现"创新强省"的宏伟目标,加快武汉建设国家创新中心及具有全球影响力的产业创新中心,必须充分发挥科技创新在全面创新中的核心地位和引领作用,切实遵循技术创新的市场规律,以制度创新厚植科技创新优势,努力通过强化市场需求导向提高技术创新效率,并从技术创新源头探索解决科技成果转化难的有效途径。

一、湖北省面临科技创新资源激烈竞争的新常态

"十三五"期间,湖北省科技创新面临前所未有的发展机遇,也面临激烈竞争和严峻挑战。尤其是北京、上海、广东等发达省市,围绕进一步聚集科技创新资源、强化科技创新优势、释放科技创新促进经济社会发展潜能,分别采取了一系列深化改革的重要举措。

一是切实改善科技创新生态环境。上海在 2015 年发布《关于加快建设具有全球影响力的科技创新中心的意见》后,又陆续出台《关于深化人才工作体制机制改革促进人才创新创业的实施意见》《关于服务具有全球影响力的科技创新中心建设 实施更加开放的国内人才引进政策的实施办法》等重要文件,为优化科技创新生态环境提供更多突破性政策支持。2016 年,上海积极推进海外人才永久居留便利服务等政策试点,加快以人才为核心要素的技术及资本聚集;加强"事前引导"政策支持,着力解决制约科技成果转化的权益性、激励性、便利性等核心问题,进一步突出自主化处置、市场化定价、普惠性扶持和专业化服务。在国务院《关于优化学术环境的指导意见》发布后,北京、上海、广东等省市积极贯彻落实,积极发挥政府对优化学术环境的引导促进职能,把优化科技创新生态环境作为深化科技体制改革的重要任务,进一步完善促进科技创新的法律法规及政策体系,加快推进科技创新服务及管理创新。

二是切实增加政府科技经费投入。如北京 2015 年开始实施高校"高精尖创新中心"建设计划,5 年总投入 100 亿元左右,当年已认定 13 个创新中心(部属 10 个,市属 3 个);创新中心投资建设周期为 5 年,每个自然科学创新中心每年投入 1 亿元,每个人文社会科学创新中心每年投入 5000 万元;鉴于高端人才对科技创新的关键作用,北京对投入经费使用有明确要求,即每个"高精尖创新中心"不低于 70% 的经费用于国际创新人才聘用和国内创新人才整合,其中 50% 用于海外人才、20% 用于国内人才,并要求在引进海内外高端人才中,45 岁以

下青年才俊的比例原则上不低于50%。目前，北京"高精尖创新中心"建设计划，已取得聚集高端人才的明显效果。广东省2015年出台《关于建设高水平大学的意见》，正式启动"高水平大学建设计划"，将投入至少150亿元建设7所高水平大学。这项计划每5年为一个建设周期，由省政府设立"高水平大学建设专项基金"，在2015—2017年安排50亿元，主要用于学科建设、科学研究、产学研合作、人才队伍建设、科研服务与条件支撑平台建设等。广东省将省域国家"985工程"大学直接纳入重点高水平大学范围。上海在2015年正式开始实施"高峰高原"重点学科建设计划，第一阶段将投入36亿元，力争2020年上海高校学科整体实力达到一个新水平。

三是切实改革政府科技经费管理。上海为加快建设具有全球影响力的科技创新中心，已陆续出台了一系列重要政策，如2016年1月1日开始实施《上海市科研计划专项经费管理办法》，在政府科研计划专项经费使用方面有重大突破，明确规定劳务费作为科研专项经费的直接费用可用于所有项目参与者；尤其是对于基础研究类、软科学类和软件开发类等项目，劳务费支出最高可达到申请科研专项经费支出总额的50%。为保持政策的连续性，给科技创新者"定心丸"，上海明确承诺这一重要政策的有效期到2020年。毫无疑问，这种基于利益机制的基本制度安排，更符合科技创新活动的客观规律，更遵循科技创新劳动的显著特点，更尊重科技创新者的基本人格，更有利于科技创新能力的快速提升，将对科技创新者产生前所未有的重要激励。引发社会争议的《上海市天使投资风险补偿管理暂行办法》，已于2016年2月1日开始施行。

四是切实发掘国内外高校院所科技创新潜能。四川省成都市在2016年6月正式发布《促进国内外高校院所科技成果在蓉转移转化若干政策措施》（简称"成都新十条"），是对2014年《促进国内外高校院所在蓉协同创新的若干措施》（简称"成都十条"）的调整完善和优化升级。这份号称"改革力度更大"、"含金量更高"的文件明确提出：支持在蓉高校院所开展职务科技成果权属混合所有制改革；支持在蓉高校院所开展职务科技成果处置权改革；支持在蓉高校院所开展职务科技成果收益权改革；支持国内外高校院所在蓉建设新型产业技术研究院；推动在蓉高校院所与区（市）县共建高校院所成果转化区；鼓励建立市场化的技术转移机构、知识产权交易机构和科技成果评价机构；鼓励高校院所科技人才和大学生创新创业；拓宽高校院所科技人才创新创业融资渠道；支持在蓉高校院所共建研发创新平台并开放共享创新服务资源；鼓励高校院所开展促进科技成果转化的相关制度改革。从这份文件的具体内容看，成都市的科技政策供给在全国又有了新突破，其突出特点是真正以全球视野谋划创新驱动发展，深入发掘国内外高校院所的科技创新潜能。

北京、上海、广东等省市采取的这些重要举措，已经形成聚集科技创新资源的激烈竞争，客观上对湖北省产生"东西南北"的挤压之势，值得湖北省深切关注、认真对策和积极行动。

二、湖北省应借鉴深圳科技创新的发展路径

深圳市作为我国改革开放的排头兵，其创新驱动发展的实践经验值得湖北省学习、思考和借鉴。

深圳市在建市创业之初，只有2名技术人员（1名机修、1名兽医），根本就没有大学、科研机构及其科技队伍。1999年，深圳市才从内地引进第一位中国工程院院士牛憨笨，迄今其引进及本地产生的院士还没有武汉大学多。由于科技创新资源匮乏，深圳市从一开始就别无选择，努力探索市场导向的科技创新发展路径。经过30多年改革发展的实践探索和不断创新，深圳市已成为我国市场导向技术创新的典范，成为创新驱动发展的先行者，正在加快建设国际创新中心和世界创客之城。目前，深圳市90%以上的技术研发人员集中在企业，90%以上的技术研发机构设在企业，90%以上的职务发明专利出自企业，90%以上的技术研发投入来自企业。2015年，深圳市全社会研发投入占GDP比重为4.05%。近年来，深圳市政府科技部门经费至少有30%投向基础研

究。2015年,深圳市PCT(专利合作条例)国际专利申请量达1.33万件,同比增长14.34%,占全国申请总量的46.86%,连续12年位居全国各大中城市之首;每万人发明专利拥有量达到73.73件,约为全国平均水平的12倍,居全国各大中城市首位。2015年,深圳市战略性新兴产业增加值占GDP比重达到40%,已成为城市经济增长主导力量。按照《深圳市国民经济和社会发展第十三个五年规划纲要》,2020年全社会研发投入占GDP比重将达到4.25%。

华为技术有限公司(简称华为)是名列全球第一的电信设备企业,也是"世界企业五百强"中唯一没有上市的企业。2014年,华为全球销售收入2881.97亿元人民币(约70%销售收入来自海外),净利润278.66亿(同比增长32.7%),纳税337亿,其销售收入和纳税均超过BAT(百度、阿里巴巴和腾讯)的总和;华为研发投入408亿(占销售收入14.2%,同比增长29.4%),超过A股化工、机械设备、医药、机床行业等400家上市公司研发投入的总和;华为2014年国际专利申请量位居世界第一,累计获得专利授权38825件;华为98.6%股份为职工所有(企业创始人、CEO任正非只有1.4%的股份)。华为从2.1万元开始创业27年来取得的巨大成功,在于企业的核心价值观:"为客户服务是华为存在的唯一理由,客户需求是华为发展的原动力";在于华为始终"坚持以客户为中心"、"真心实意对待客户"、"积极倾听客户需求"和"快速响应客户需求";在于华为始终以宗教般的虔诚和敬畏对待客户需求,与客户形成"生命共同体",企业技术创新始终坚持以消费者需求为导向。"客户需求是创新之本",华为反对盲目创新以及为创新而创新,努力追求有价值的创新,不仅重视颠覆性创新,更重视常态化的渐进性创新,因为客户需求通常是渐进性的,微创新更贴近客户需求和大众需求。目前,华为每天向全球20多亿人提供服务。在华为高管团队中,五名常务董事中2人有武汉学习背景,五名常务监事中2人有武汉学习背景。在华为技术创新团队中,有大量人员毕业于华中科技大学、武汉大学和武汉理工大学等在鄂央校。华为企业技术创新的重要成功经验之一,是其技术创新始终以激励人为中心,大约70%

的研发经费用在人头费上。2015年，首届华为开发者大会（HDC）在深圳举行，大会以"在一起，创梦想"为主题，有来自全球2000多名开发者合作伙伴及业内专家出席。华为的巨大成功，还在于长期学习、借鉴国际企业管理经验，创新企业组织管理，充分发挥了企业组织的重要作用，其组织结构及其运行机制能够高效率"快速响应客户需求"。2015年，华为全球销售收入达到3950亿元人民币（约608亿美元），比2014年增长37%；净利润369亿元人民币（约57亿美元），比2014年增长33%；研发投入596亿元人民币（约92亿美元），占销售收入15.1%（苹果公司2015年研发投入85亿美元，占销售收入的3.5%）；全球研发人员约79000名，占企业总人数45%；累计申请专利52550件，其中申请外国专利30613件。2015年，华为向苹果公司许可专利769件，而苹果公司向华为许可专利仅98件，这标志着华为的技术创新进入了一个新境界。在2016年全国科技创新大会的发言中，任正非代表华为明确提出：以创新为核心竞争力，为祖国百年科技振兴而奋斗。在未来几年，华为每年的研发经费将逐步提升到100亿~200亿美元；到2020年，华为的销售收入将极有可能超过1500亿美元。

深圳市创新驱动发展的实践探索表明，创新既需要政府"有形之手"的强力推动，更需要市场"无形之手"的有效牵导；制度安排比技术创新更为重要，政府要以制度创新促进技术创新、激励技术创新，努力创造优秀人才"近悦远来"的创新生态环境。如深圳市在2003—2007年，出台了一系列促进自主创新的重要政策，不断强化有利于技术创新的制度安排。2008年，深圳市再一次大规模推出激励自主创新的配套政策，进一步完善创新驱动的顶层设计，这一年先后出台《关于加快建设国家创新型城市的若干意见》、《深圳国家创新型城市总体规划（2008—2015）》、《关于加强高层次专业人才队伍建设的意见》、《关于增强自主创新能力 促进高新技术产业发展的若干意见》以及《深圳经济特区科技创新促进条例》（2013年12月修订）等。在专业人才引进方面，深圳市在2010—2014年共引进市外人才65.01万人，其中引进在职人员36.44万人，接收高校应届毕业生28.57万人。2011

年,深圳市开始实施引进海外高层次人才"孔雀计划",到 2015 年底已累计引进创新团队 63 个、"海归"人才 6 万人,涵盖电子信息、生物医药、新材料、医疗器械、先进制造及新能源等领域。在新型研发机构建设方面,深圳华大基因研究院、深圳光启高等理工研究院等脱颖而出;在高等教育国际合作方面,清华-伯克利深圳学院、深圳北理莫斯科大学、深圳吉大昆士兰大学等令世人瞩目;在科技创新资源聚集方面,中国科学院深圳先进技术研究院、北京大学深圳研究院、深圳清华大学研究院、武汉大学深圳研究院、深圳华中科技大学研究院等已形成有影响力的创新群落。相比之下,武汉市在 2015 年 8 月才正式出台《关于加快推进全面创新改革 建设国家创新型城市的意见》。武汉大学与美国杜克大学之间的合作办学成果,最终却落地江苏省昆山。面对日益激烈的竞争态势,2016 年 3 月深圳又出台《关于促进科技创新的若干措施》,推出一系列具有突破性的重要举措,旨在为科技创新营造更好的生态环境。对湖北省而言,尽管深圳创新驱动发展经验及科技创新发展路径不能完全复制,但却值得我们深入学习、认真思考和积极借鉴。

三、湖北省必须强化市场导向的技术创新

湖北最大的资源是创新资源,最大的优势是创新优势,最大的潜力是创新潜力。湖北省的中央部委所属高校、科研院所及大型企业密集,作为区域创新资源中的"关键性少数",对地方科技创新、经济增长和社会发展具有举足轻重的作用。在深化改革开放之年,面对科技创新资源激烈竞争的态势,湖北省当务之急是进一步释放这些"关键性少数"的巨大科技创新潜能,并使其与地方高校、科研院所及企业科技创新资源融合互补,共同构建可持续发展的地方科技创新体系,加快实现科教大省向创新强省的跨越。

与深圳市相比,湖北省科技创新资源丰富,科技创新潜能巨大,科技创新基础雄厚,政府为促进科技创新更是不遗余力,先后出台了在全

国先行且具有广泛社会影响的一系列政策举措。多年来，湖北省尤其是武汉市的科技创新路径，主要是基于科技创新资源长期积淀且优越的条件，不断强化科技创新成果转化。尽管湖北省与深圳市有许多不同，科技创新发展路径更存在明显差异，但在市场导向技术创新方面与深圳市有很大差距。湖北省迫切需要发挥政府和市场共同促进技术创新的合力，需要同时在供给侧和需求侧改革两端发力，需要充分释放科技创新的巨大潜能，既要以科技成果资本化推进科技成果产业化，更需要以制度创新来强化市场导向的技术创新。从湖北省目前已出台的一系列促进科技成果转化政策看，有两个明显特点：一是主要关注已取得科技成果的转化；二是着力于发挥科技创新个体及群体的积极性、主动性和创造性。毫无疑问，这些政策能够促进湖北省科技成果转化，但却存在五个深层次的问题：对科技创新者的利益诉求倾听不够；对技术创新市场需求导向的源头关注不够；对有效释放科技创新管理组织的潜能重视不够；对技术创新市场需求的精准政策供给不够；对技术创新利益共同体建设的激励不够。

从湖北省深化改革开放的实际出发，充分发挥科技创新在全面创新中的引领作用，迫切需要提高科技创新、尤其是技术创新的效率和效益，必须同时在供给侧和需求侧改革两端发力，进一步强化技术创新的，更好的发挥政府的作用。习近平同志指出："如果把科技创新比作我国发展的新引擎，改革就是点燃这个新引擎必不可少的点火系。""在新一轮全球增长面前，惟改革者进，惟创新者强，惟改革创新者胜。"湖北省要切实遵循科技创新的客观规律，真正强化市场导向的技术创新，加快改革开拓创新进程，积极参与科技创新竞争，努力通过制度创新厚植科技创新优势，切实加快"创新强省"建设。

（1）强化市场导向的技术创新，必须明确"科技创新以人为本"的双重向度，即科技创新为了人、科技创新依靠人。马克思说过：人们奋斗所做争取的一切，都同他们的利益有关。科技创新有其客观规律，科技创新劳动也有其显著特点，科技创新者亦有其利益诉求。湖北省应紧紧围绕释放科技创新者潜能，切实改善科技创新生态环境，进一步遵循科技创新的客观规律，遵从科技创新劳动的显著特点，尊重科技创新人才的利益诉求，维护科技创新者的人格尊严。真正以人为本、基于利益机制的基本制度安排，将对科技创新者产生前所未有的重要激励。

（2）强化技术创新的市场需求导向，必须明确技术创新源头是市场需求。技术创新的动力，不仅仅来自科技自身发展规律的内在推动，更离不开市场需求源源不断的外在拉动。湖北省要高度重视市场需求配置技术创新资源的重要作用，更有效地发挥政府在技术创新中不可或缺的促进作用。湖北省应珍视东湖国家自主创新示范区创新驱动发展的实践探索及经验，在充分发挥市场作用和政府作用之间保持必要的张力。

（3）强化技术创新的市场需求导向，必须明确市场导向的本质是以消费者为中心，技术创新要不断适应、发现、满足、引导消费者的需求。政府科技创新管理必须与时俱进，要积极适应市场导向的技术创新需要。即使是强化面向未来的基础研究，在实现"科学"向"技术"转化的过程中，湖北省也应该高度重视来自消费者的市场需求，始终坚持"用户需求至上"的技术创新。

（4）强化技术创新的市场需求导向，必须明确市场需求导向影响技术创新的重要途径是组织学习。技术创新组织不仅需要适应性学习，而且更需要创造性学习。湖北省加快科技成果转化，迫切需要通过促进技术创新组织和技术吸纳组织相互学习、共同推进来实现。企业组织的高效性及其创新创业文化，无疑是技术创新的重要保障。政府科技创新管理要积极促进技术创新组织和技术吸纳组织的相互学习。

（5）强化技术创新的市场需求导向，必须协同技术创新者与市场需求者之间的关系，构建技术创新利益共同体。技术创新的市场需求导向与消费者密切相关，满足消费者需求始终是技术创新的出发点和归宿。湖北省应该厘清技术创新者与市场消费者的利益关系，努力构建以消费者为中心、以市场配置资源的技术创新利益共同体，共同实现技术创新的经济社会价值。

（6）强化市场导向的技术创新，从"以产品为中心"到真正"以市场消费者为中心"，标志着技术创新从封闭性向开放性的根本性转变。在技术创新过程中运用迭代方法，实现技术创新者与消费需求者之间的良性互动，能有效提高技术创新效率和效益，也体现了市场需求导向的技术创新精髓。湖北省必须充分运用移动互联网、大数据、云计算等新技术，切实解决技术创新者与消费需求者之间的信息不对称问题，尽可能让消费需求者充分参与技术创新的全过程，努力从技术创新源头上解决科技成果转化难问题。

（7）强化市场导向的技术创新，必须把握新一轮科技革命和产业变革的特征，高度重视具有战略性意义的基础研究。当今世界，科技革命发展的主要特征是从"科学"到"技术"转化，基本要求是重大基础研究成果产业化。正是人类对生产及生活便捷化的追求、人类对气候变化带来的生存危机感、人类安居乐业对环境质量的需要、人类所面对的劳动力成本上升及人口老龄化压力等不断形成对科技创新的巨大需求。湖北省应该进一步重视基础研究，充分发挥基础研究比较优势，切实加快标志科技向民生科技转化。

报告撰稿人：李　光　武汉大学发展研究院院长、教授、博士生导师

湖北省国际科技合作现状分析及未来发展思路

谢科范　刘姿媚　曹　青

一、湖北省国际科技合作的历史轨迹

加强国际科技合作与交流，消化吸收世界科技进步成果，可以提升一个国家自主创新能力和国际竞争力。在我国国际科技合作的大背景下，湖北省自改革开放30多年来，国际科技合作经过恢复和发展，形成了今天的全方位、多层次、宽领域的合作局面，如图1所示。

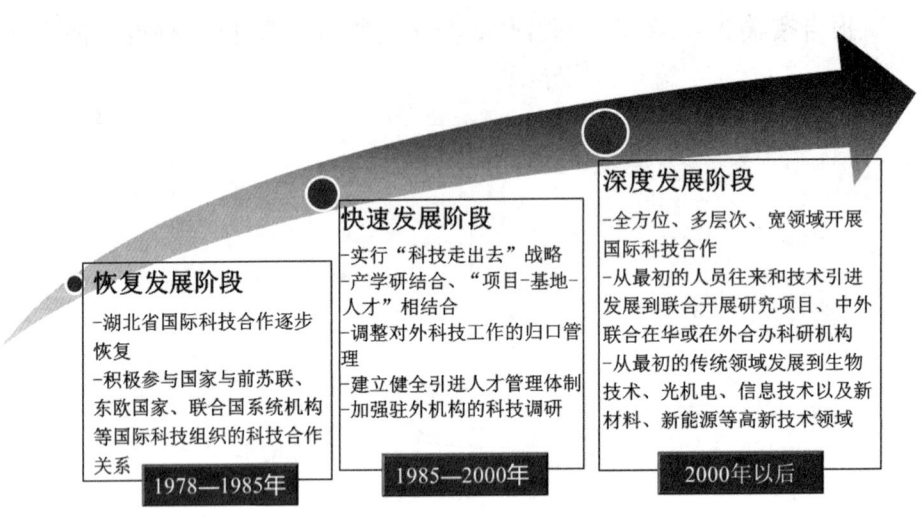

图1　湖北省国际科技合作的历史轨迹图

二、湖北国际科技合作的问卷调查分析

（一）问卷调查基本情况

为了深入了解我省国际科技合作的现状，了解企业、高校和科研单位对我省国际科技合作的评价和建议，制定我省国家科技合作的相关政策与规划提供依据，我们开展了本次调查。

调查方法为问卷填写，采取不记名的方式。问卷设计包括基本信息、选择项、开放式问题三个部分。调查对象为湖北省内企业、高校、科研单位的管理人员、研发人员（调查对象的单位分布见表1，调查对象的岗位分布见表2），地域范围涉及武汉、鄂州、黄冈、黄石、随州、咸宁、襄阳、孝感、十堰等多个市。本次调查共发出问卷110份，回收有效问卷105份，有效率为95.5%。

表1　　　　　　　　调查对象的单位分布

选项	企业	高校	科研单位	其他
选择人数	56	32	12	5
百分比	53.33%	30.48%	11.43%	4.76%

表2　　　　　　　　调查对象的岗位分布

选项	A	B	C
选择人数	78	24	3
百分比	74.29%	22.86%	2.86%

（二）调查结果分析

在回答"您认为国际科技合作对单位的发展是否重要"时，填

表人一致认为国际科技合作对本单位的发展是重要的。其中，过半数人认为国际科技合作对本单位的发展非常重要，共66人，占总人数的62.86%；26人认为比较重要，占总人数的24.76%；13人认为重要，占总人数的12.38%；没有人认为国际科技合作对本单位的发展作用一般或者不重要（见表3）。这说明了两个情况：第一，湖北省的国际科技合作真正地对企业、高校和科研单位的发展产生了积极的促进作用；第二，这些促进作用使填表人普遍认识到国际科技合作对本单位发展的重要性。这也恰好反映了此次问卷调查的必要性和重要性。

表3　　　　　　　　国际科技合作对单位的发展的重要度认识

选项	非常重要	比较重要	重要	一般	不重要
选择人数	66	26	13	0	0
百分比	62.86%	24.76%	12.38%	0.00%	0.00%

在回答"您认为开展国际科技合作最主要的障碍是什么"时，多数填表人认为开展国际科技合作最主要的障碍是体制机制障碍和资金投入，两者各占36.19%；15人认为知识产权管理难是最大的障碍，占14.29%；文化差异与语言障碍分别占5.71%、3.81%；另外有4人认为是其他障碍，包括对政策不了解、国际市场形势低迷、科研实力与水平等（见表4）。这说明政府部门应适当对国际科技合作相关体制机制进行改革与升级，更好地适应当今国际科技合作的形势，同时，应加大对参与单位的资金投入，为参与单位提供支持与帮助。此外，政府部门应重视国际科技合作中的知识产权管理，并提出相应措施解决文化差异与语言障碍，如组织中西文化讲座、外语课堂等。

表 4　　　　　　　　对国际科技合作障碍因素的认识

选项	语言障碍	文化差异	体制机制障碍	资金投入不足	知识产权管理难	其他
选择人数	4	6	38	38	15	4
百分比	3.81%	5.71%	36.19%	36.19%	14.29%	3.81%

被调查者在对国际科技合作风险的认识方面，认为知识产权风险是国际科技合作中存在的一大主要风险，比重最大，占 28.57%，显示知识产权风险对国际科技合作存在较大的不良影响；投资回报周期长风险也是一个主要风险，占 26.67%；其次是信息安全风险、宏观政策风险、信任风险，分别占 18.10%、14.29%、10.48%；其他风险仅占 1.90%（见表 5）。这些数据说明，政府部门在制定政策与规划时应首要考虑如何降低国际科技合作中的知识产权风险与投资回报周期长风险，提供相应的政策支持，另外也要兼顾考虑信息安全风险、宏观政策风险、信任风险等，与参与单位共同努力，预防、降低可能存在的风险。

表 5　　　　　　　　国际科技合作的风险

选项	信任风险	知识产权风险	信息安全风险	宏观政策风险	投资回报周期长风险	其他
选择人数	11	30	19	15	28	2
百分比	10.48%	28.57%	18.10%	14.29%	26.67%	1.90%

在促进国际科技合作的途径方面，39 人认为政府促进国际科技合作的主要途径是健全国际科技合作政策体系，比重最大，占 37.14%，由此可见，健全国际科技合作政策体系是政府部门急需落实的一个重要措施；其次，培养科技创新人才与拓宽国际科技合作融资渠道所占比重相当，分别为 27.62%、24.76%，这说明现今科技创新人才缺失比较严重，国际科技合作融资渠道较少，影响了国际科技合作的开展，政府部

门需重视、解决这两大问题；另外，5.71%、4.76%的人认为促进国际科技合作的主要途径是完善国际科技合作法律法规或其他措施（见表6）。

表6　　　　　　　　　促进国际科技合作的途径

选项	完善国际科技合作法律法规	健全国际科技合作政策体系	拓宽国际科技合作融资渠道	培养科技创新人才	其他
选择人数	6	39	26	29	5
百分比	5.71%	37.14%	24.76%	27.62%	4.76%

在回答"您认为国际科技合作会使本单位在哪些方面受益"时，受访者认为一个最主要方面是提升研发成果水平，选择人数有92人；其次是培养人才和促进技术交流，均超过半数，分别有79人和78人；这说明了国际科技合作对单位的促进作用最主要体现在研发、技术和人才发展三大核心方面，反映了它对湖北省科技发展的巨大作用（见图2）。另外，调查结果显示国际科技合作在引进海外研发资源、促进全方位的国际合作以及节省研发投入三个方面的影响相对较弱，这说明很多国际科技合作都只停留在了技术引进这一基础层面，而没有进一步建立技术、设备、资金等全方位的国际合作。

在回答"哪种国际科技合作方式对本单位发展最重要"时，绝大多数人认为项目合作研发对单位发展最重要，这反映了项目合作研发是国际科技合作中最基础又最有影响力的方式；其次，选择人数较多的方式是人员交流、建立研发联盟和合作基地，分别有73人、64人（见图3）；还有小部分人认为对单位发展最重要的国际科技合作方式是依托海外开展技术培训、建立驻海外研发机构。这个结果的产生可能存在两个方面的原因，一是部分单位可能没有尝试这两种合作方式，因而没能体会到它们对单位发展的重要性，二是单位接触过这两种合作方式，发现它们对单位发展起到的作用较弱。政府部门制定国际科技合作规划时，首先是鼓励支持多样化的合作方式，以满足不同性质单位的发展需

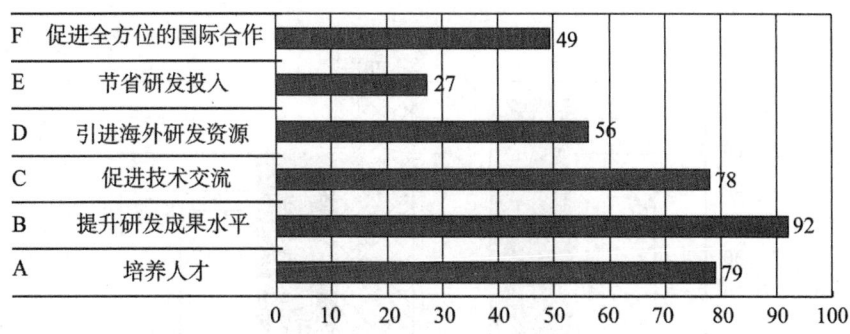

图 2　国际科技合作对本单位的促进作用

要,其次要结合不同合作方式对单位发展的重要程度不同,重点发展影响力较大的合作方式。

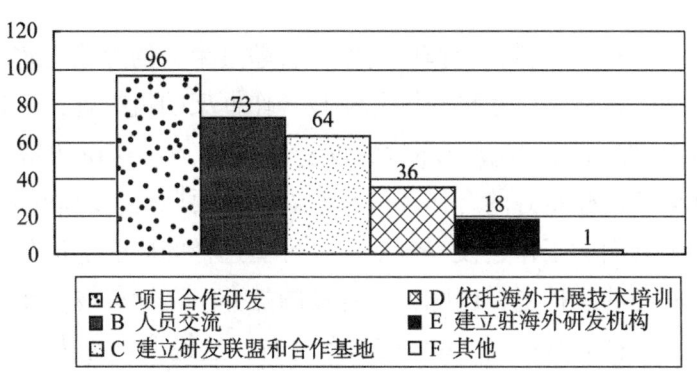

图 3　对本单位发展最重要的国际科技合作方式

在回答"开展国际科技合作的最主要的条件是什么"时,75人认为开展国际科技合作最主要的条件是政府支持,60人认为是单位领导重视。在单位自身所应具备的条件方面,78人认为最主要的条件是明确的合作目的和问题导向,接下来最主要的条件依次是本单位有很好的技术基础、已有长期国际合作关系、本单位有较好的国际科技合作人才,这说明能否顺利开展国际科技合作主要在于合适的科研项目和良好的技术基础（见图4）。

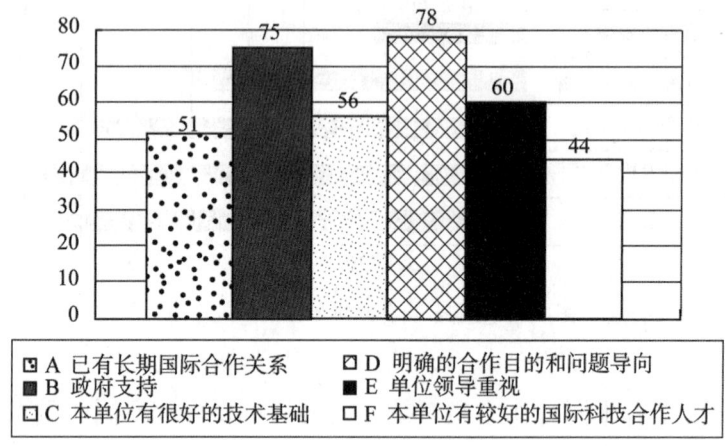

图4 开展国际科技合作最主要的条件

关于政府在国际科技合作中的作用，超过半数的人认为政府在国际科技合作中的职能定位是搭建国际科技合作框架的组织者，选择人数为78人，其次是国际科技合作环境的创建者，75人，这说明搭建国际科技合作框架和创建良好的合作环境是政府的主要职责，政府部门应重点加强这两个方面的工作建设。剩下三种可供选择的职能定位分别是国际科技合作秩序的维护者、国际科技合作的媒介、国际科技合作法律法规的制定者，选择人数相当，均在55人左右，这说明部分人认为制定相关法律法规以及维护合作秩序是政府的职能定位。5人认为国际科技合作中的职能定位是其他，填写的内容有研发资金的投入者、国际科技合作的引导者等（见图5）。

在对湖北省国际科技合作情况的总体评价方面，49%的人认为湖北省国际科技合作的总体情况较好，比重最大；37人认为总体情况一般，占35%；只有13人认为总体情况非常好；还有2人和1人分别认为总体情况不好和非常不好（见图6）。假设以5分制来打分，总体情况非常好为满分5分，其余依次为4分、3分、2分、1分，则根据调查结

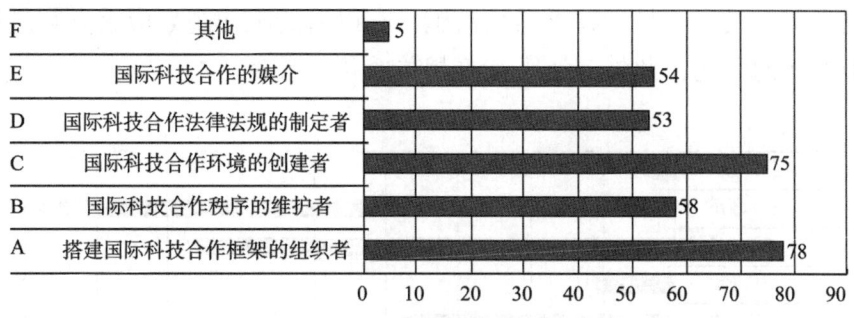

图 5　政府在国际科技合作中的作用

果的数据计算得出,湖北省国际科技合作总体情况的平均得分为 3.7。这些数据说明湖北省国际科技合作取得了一定的成绩,得到了大多数人的认可,同时,也还存在一些亟待解决的问题和有待完善的工作。

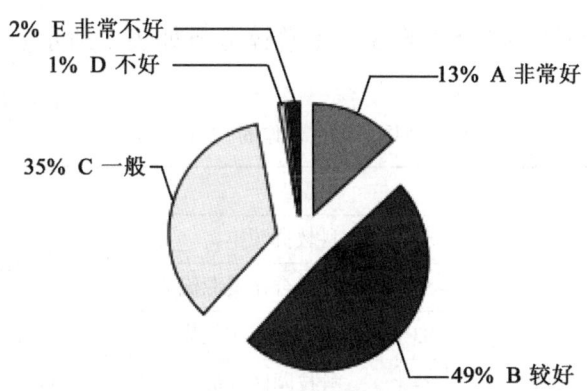

图 6　湖北省国际科技合作现状的评价

　　湖北省政府部门在促进国际科技合作具体存在哪些不足?有 85 人认为是"投入不足",远远超出其他选项的选择人数;其次选择人数较多,也超出半数的是缺乏激励机制,有 66 人;另外,38 人认为不足的方面是政策不够完善;分别有 16 人、11 人认为是认识不够、组织不力,还有 3 人认为不足之处在其他方面,填写的内容有经验较少、政策引导不足等（见图7）。这说明政府部门在引导国际科技合作上最大的问题是资金投入不足和缺乏激励措施，在以后的工作规划应重点解决这两个方面的问题，此外，还需完善相关的各项政策。

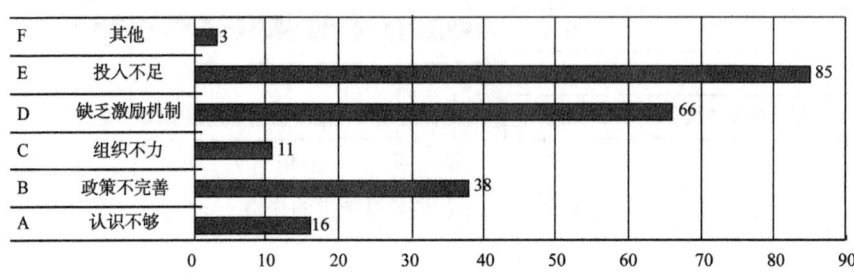

图7　湖北省政府部门在促进国际科技合作方面存在的不足

三、湖北省国际科技合作的 SWOT 分析

湖北省国际科技合作的 SWOT 总体分析如表7所示。

表7　　　　　　　　湖北省国际科技合作的 SWOT 分析

		优势 S		劣势 W	
		S1	科教资源丰富	W1	区域国际化程度不高
		S2	国际科技合作资源优势		
		S3	产业科技合作优势	W2	国际科技合作投入水平不高
		S4	科技园区优势		
机遇 O	O1	国际科技合作已成大趋势	SO 组合 ✓ 利用科教优势，鼓励科技创新，提升合作能力。 ✓ 利用产业优势和园区优势，争取国家政策优惠，吸引国际科技合作资源		WO 组合 ➢ 顺应大趋势，积极宣传湖北省国际科技合作资源优势。 ➢ 提高政府国际科技合作投入，支持重点产业发展，吸引国外科技合作资源
	O2	我国对国际科技合作日益重视			
	O3	发达国家与中国开展国际科技合作的意愿不断增强			

续表

威胁 T	T1	国际科技合作中的合作与竞争并存	ST 组合 ◆ 利用科技资源、产业优势，掌握合作中关键技术。 ◆ 开创具有省域产业特色的国际科技合作项目	WT 组合 □ 立足本土需求，利用本土优势，积极开展国际科技合作宣传。 □ 拓宽科技合作投入渠道，鼓励民间资本投入
	T2	与北京及沿海发达地区相比，在吸纳国际科技合作资源的能力上存在差距		

（一）优势分析

1. 科教资源丰富

湖北省是我国的科教大省，有着丰富的科教资源。湖北省有普通高校122所，在校大学生140万人，拥有各类科学研究和开发机构1500家，国家级工程中心、国家级重点实验室、国家级工程技术中心20多个，数量居中部地区之首；科技人才资源丰富，科技创新实力位居全国前列，是我国重要的科研基地。2015年，湖北省获国家科技奖励27项，作为第一完成单位（人）的获奖项目位居全国前4位；发明专利申请30204件，自2013年起连续三年，每年跨越增长1万件；万人发明专利拥有量从2013年起持续快速增长，分别为2.6万件、3.2万件、4.3万件。

2. 国际科技合作资源优势

人才优势："两院"院士71人、科研开发高级人才达1600多人。

合作关系优势：湖北省已与全球160多个国家和地区建立了经济贸易和技术合作关系。其中，湖北省与70多个国家、地区和国际组织建立了科技交往关系，引进及合作开发了俄罗斯激光技术、美国溅渣护炉技术等一批国际水平的高新技术，并共同组建了湖北中美清洁能源联合研究中心、湖北武汉中俄科技合作中心、中非（莫桑比克）农业示范中心、中韩生物材料与纳米生物技术研究中心、欧洲企业服务网络华中中心、亚太生物医药网等一批专业化区域科技合作机构。这些良好的合作关系,为新一轮的国际科技合作提供了资源基础。

3. 产业科技合作优势

湖北省是我国重要的工业基地之一,工业科技实力在全国排名前10位,也是中国三大钢铁基地之一、中国第二大汽车生产基地和最大的中型货车生产基地,拥有神龙汽车、东风汽车、武钢集团、长飞集团等知名企业;湖北建成中部乃至全国重要的先进制造业基地、高新技术产业基地、优质农产品生产加工基地、现代物流基地和综合交通运输枢纽。"四基地一枢纽"确立了湖北在全国经济大格局中新的战略定位。因此,湖北省产业科技合作优势明显。

4. 科技园区优势

湖北省目前已经建立了武汉东湖、襄阳、宜昌、孝感、荆门、随州、仙桃7个国家级高新区,数量位居中部第一。高新区已成为"大众创业万众创新"的主战场,成为引领经济转型升级的龙头。武汉东湖高新区主要经济指标保持年均30%以上的增长。2015年,武汉东湖高新区企业总收入达10062亿元,比2010年增加2.44倍,大步跨过万亿元大关。

这些科技园区必将吸引国内外大量的外资公司、合资公司以及国际人才的进驻,从而实现国际科技合作。

(二) 劣势分析

1. 区域国际化程度不够

与北京、上海、广州等地相比,湖北省作为内陆省份,既不具备北京的地利,亦不具备上海、广州等沿海开放城市的经济与政策优势,因此其国际吸引力不足,国际化程度不高。

2. 国际科技合作投入水平不高

近几年,湖北省政府虽然重视国际科技合作,并大力提高其经费投入,但与上海、北京、广州相比,其投入水平相差甚远。

(三) 机遇分析

1. 国际科技合作已成大趋势

科学已成为国家或地区的重要战略产业。在大科学时代，科学问题的范围、规模、成本种种复杂性远远超出一个国家的承受能力，科技的全球化趋势日益明显，因此国际科技合作已成为大趋势。湖北省国际科技合作项目必须立足当前大环境，积极开展双边和多边的国际科技合作，参与国际大科学研究计划，进入国际科学前沿，方能提高本省基础研究实力和研究水平。

2. 我国对国际科技合作日益重视

我国自改革开放以来，大力开展了与西方发达国家的国际科技合作，建立了以政府为主导的国际科技合作模式。特别是科技全球化趋势日益凸显，我国政府更加重视国际科技合作，通过建设国际合作基地、开展合作研究、进行人才交流、开展国际学术会议等方式，先后与152个国家建立了国际合作关系。这为湖北省加强国际科技合作与交流提供了可利用资源，为湖北省提升全省科技创新能力、实现重点领域突破与跨越提供了千载难逢的机遇。

3. 发达国家与中国开展国际科技合作的意愿不断增强

后金融危机时代，欧美、日本等发达国家更加注重国际科技合作，尤其是同发展中国家的对外科技合作；中国通过多年的积累与发展，其国际地位及影响力不断提升，其国际科技合作的基础合作能力不断提升，国际研发机构更加愿意同中国加强科技合作来解决一些全球性重大科技难题，这就为湖北省加快国际科技合作提供了良好的发展机遇。

(四) 威胁分析

1. 国际科技合作中的合作与竞争并存

通过国际科技合作，共同研究开发同一种技术、同一种产品、甚至开发同一个市场，合作中必然存在着竞争。西方发达国家借助国际科技合作进入中国本土市场，必然对本土企业造成冲击，影响本土产业和企业发展，因此，如何处理好合作与竞争的关系是国际科技合作面临的一个现实问题。

2. 与北京及沿海发达地区相比，湖北省在吸纳国际科技合作资源的能力上存在差距

湖北省作为中国中部内陆省份，既不具备北京首都的政治科技优势，又不具备上海金融中心的经济优势，也不具备广州开放城市的商贸环境优势，因此缺乏对国际科技合作资源的吸引力。如何克服这些劣势，发挥自身优势吸引国际科技合作资源尚需探讨。

四、湖北省国际科技合作未来 10 年发展思路

湖北省政府根据科技经济发展现状与需求，充分发挥国际科技合作与交流的优势和特点，围绕全省经济发展重点和"创新、产业化"目标，充分利用国内、国外两种资源、两个市场，集成优势，注重实效，使湖北省的国际科技合作不断发展。2010 年以来，湖北省组织了多项重大对外科技活动，在更大范围、更广领域、更高层次上开展了国际科技合作与交流，通过实施高水平合作项目，引进国外技术、人才和资金，培养了一批高层次人才，取得了较为显著的成绩。在此基础上，结合湖北省国际科技合作的"十二五"现状及"十三五"规划，设计湖北省现阶段至 2025 年国际科技合作的 10 年发展路线图。具体发展规划图如图 8 所示。

（一）逐步完善阶段（2014—2015 年）

经过了"十一五"期间国际科技合作的深度发展，湖北省形成了覆盖全省、功能完善、运行高效的国际科技合作体系。"十一五"被《人民日报》称为"中国的国际科技合作进入历史最好时期"。在国家大力鼓励国际科技合作的背景下，湖北省国际科技合作除了依托国家科

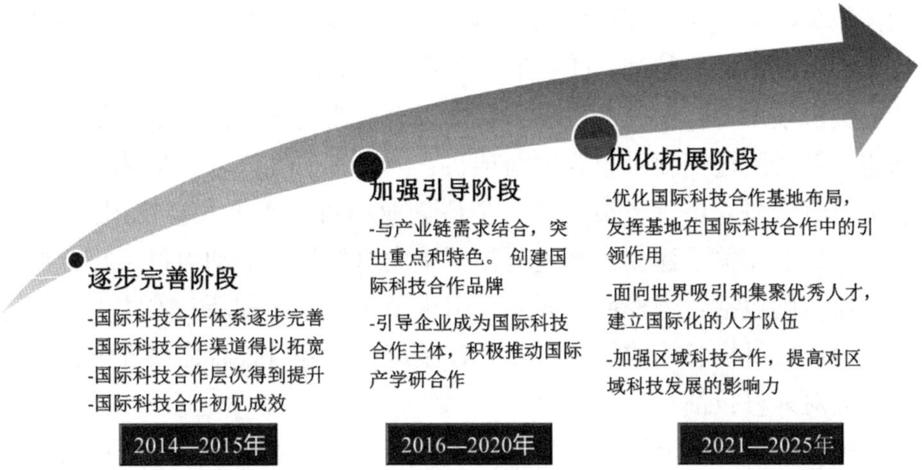

逐步完善阶段
-国际科技合作体系逐步完善
-国际科技合作渠道得以拓宽
-国际科技合作层次得到提升
-国际科技合作初见成效

2014—2015年

加强引导阶段
-与产业链需求结合，突出重点和特色。创建国际科技合作品牌
-引导企业成为国际科技合作主体，积极推动国际产学研合作

2016—2020年

优化拓展阶段
-优化国际科技合作基地布局，发挥基地在国际科技合作中的引领作用
-面向世界吸引和集聚优秀人才，建立国际化的人才队伍
-加强区域科技合作，提高对区域科技发展的影响力

2021—2025年

图 8　湖北省国际科技合作的 10 年发展路线图

技部申请国家国际科技合作项目，还在省政府的大力推进和促动下，开展了湖北省、武汉市、襄阳市等多层级、多国别的政府间双边或多边合作项目，拓宽了国际科技合作渠道。截至 2014 年，湖北省总共启动 28 个国际科技合作平台，包括 2 个联合研究中心、2 个联合实验室、11 个国际科技合作基地、1 个共建学院、12 个引智基地。

由此可见，这一阶段湖北省的国际科技合作工作体系不断完善，国际科技合作建设取得初步成效。

（二）加强引导阶段（2016—2020 年）

虽然湖北省在开展国际科技合作建设工作中取了一些初步成绩，但是也应该看到在建设过程中存在以下薄弱环节：①国际科技合作的投入与需求不匹配；②国际科技合作基地仍处于初步运作阶段，基地的国际合作项目实施机制有待完善。

因此，引导国际科技合作创新与湖北省的产业链发展需求相结合，做到重点突出，建设一批具备特色的国际科技合作品牌。目前，湖北省国际科技合作项目支持的优先领域包括：汽车及零部件产业、高端装备制造、新能源汽车、新能源新材料、电子信息、生物医药等。支持的项目类型应具备如下特征：①有利于解决湖北省经济发展技术瓶颈急需的核心关键技术合作研究开发项目；②以企业为主体构建国际产学研合作联盟，开展引进消化吸收再创新项目；③高端研发人才、特殊工程技术人员引进和海外留学人员、华人华侨创业项目；④重大科技招商引资、对外科技合作关系建立和渠道开拓等重大对外科技活动项目。在合作形式方面，则包括：合作研究开发、引进消化吸收再创新、人才引进、合办联合研发机构、构建国际科技合作基地和对外科技合作服务平台、举办重大对外科技活动等。

另外，应当建立以企业为合作主体、产学研用相结合的项目实施机制。在现有国际科技合作基地基础上，创建一批以企业为主体、政府推动的国际产业技术创新联盟，并鼓励与外资企业、外资研发机构开展产业共性技术合作研发，使联盟成为我国科技融入全球化进程的重要载体。充分调动各方在技术、人才、产业、渠道等方面资源，加快合作成果应用和市场化进程。支持有较强国际竞争力的企业通过建立海外研发中心、合资、参股等方式有效利用当地科技资源，增强专利技术储备，迅速提高科技创新能力；增加对企业开展国际科技合作研发的资助力度和范围，鼓励和支持企业研发机构通过人才引进、人员交流、合作研发、研发外包等方式提高国际化程度。

（三）优化拓展阶段（2021—2025年）

未来6年，是湖北省国际科技合作的优化拓展阶段，国际科技合作建设面临着新一轮的优化升级。湖北省的国际科技合作将从以前的"学习交流型"合作转向"实质性合作"，从过去的"游击战"向"阵地战"转变，从项目单一合作向"项目-人才-基地"相结合的国际科技合作转变，从"引进来"为主向"引进来"和"走出去"相结合的国际科技合作方向转变。

应通过基地建设形成强大的竞争能力，发挥国际科技合作技术储备作用、枢纽作用、辐射和扩散作用。推广中美清洁能源联合研究中心、中俄科技合作基地联盟、中意联合设计中心等经验，进一步加强"项目-人才-基地"结合，以现有国际科技合作基地为基础，进一步优化布局，新建一批国际创新园、国际联合研究中心、国际技术转移中心和示范型国际科技合作基地。

面向世界吸引和集聚优秀人才，建立国际化的人才队伍。在政府间科技合作与交流机制下，支持和鼓励青年科学家之间的合作与交流，结合《国家中长期人才发展规划纲要（2010—2020年）》，做好"千人计划"引才工作，加强国际科技合作专项对人才引进的支持力度，吸引世界水平的科学家和有潜力的中青年科学家来华开展合作研究；完善引进和建立高水平创新创业团队的人才政策，在科研条件、薪酬待遇等方面给予重点支持；围绕国家重大战略目标，有序输送人员到国外知名机构接受培训，培养具有国际视野的优秀科技人才；强化地方国际科技合作人才队伍的建设，培养国际科技合作管理人才。

加强区域科技合作，提高对区域科技发展的影响力。在湖北省布局建设一批面向周边的区域科技创新枢纽和国际科技合作基地，积极推进中亚科技合作中心，中国—东盟农业示范基地等区域科技中心建设，形成聚集创新要素的国际科技合作平台；促进科技基础条件平台和科技服务平台的对外开放，形成并发挥相关地区的区域科技中心功能和作用；全面支持国内机构与周边国家共建合作研究站点、科技园区和农业科技示范基地，加强以市场需求为导向的企业间科技合作研发，发展对外技术输出，增强对区域科技发展的辐射影响力；配合我国对周边国家的科技援外项目，合作开展相关环境资源调查、协助开展区域可持续发展规划等联合研究，通过项目合作和人员培训扩大我国在周边国家的影响。

课题负责人： 谢科范　武汉理工大学管理学院教授、博士生导师
报告撰稿人： 谢科范　刘姿媚　曹青

关于优化湖北省供给侧创新结构的思考

盛建新　涂　瑜　冯建龙

当前，我国经济增长速度减缓，人口红利消失，要推动经济产业结构转型升级，就要加快供给侧创新结构性改革，从要素或资本驱动转向创新驱动。在供给理论中，供给侧的五个最基本要素包括：劳力、自然资源、资本、技术和制度。供给侧创新结构改革就是对这五个要素进行优化配置，通过技术创新和创新资源的合理分配来改善供给侧产出要素，攻关产业关键技术，提高有效供给数量和质量。在"十三五"起始之年，湖北省积极响应国家号召，以建设"创新湖北"为主线，助推"创新驱动"和"一带一路"战略贯彻实施，加快构建长江经济带科技创新平台，努力发挥中部崛起的重要战略支点作用。供给侧创新结构的优化升级，将给湖北省的科技、经济和社会发展带来新的动力。

一、供给侧结构性改革重点在于科技创新

供给侧理论是由美国的经济学流派供给学派首先提出的，其核心思想是要调整产业结构、配置全社会资源、降低政府对创新主体的干涉程度，来提高企业创新和大众创业的效率，提升供给生产率，扩大有效供给，更好地适配市场需求变化。通过对20世纪末到21世纪初全球发达国家的发展历程进行比较分析可知，成功的国家在保持和巩固自身优势的同时，重心在于创新发展。美国、日本、韩国、巴西、阿根廷等国经济发展的不同轨迹，正说明了这一点。20世纪初期，巴西等拉美国家

的经济结构和产业结构较为稳定，且没有大型战争的困扰，经济水平位于世界前列，美日欧盟等国家处于战火之中，物质紧张，经济萧条。但在第二次世界大战结束之后，世界局势稳定，美日等国大力支持高新技术产业，政府提供科技资金，培养和引进高新人才队伍，经济发展后来居上，超过拉美等国，跻身最发达国家行列。美国自2008年金融危机以来，采取了一系列创新措施，如创造了苹果手机，加快页岩气能源革命，推进工业互联网（再工业化）等，实现了经济复苏。

2015年以前，我国一直用凯恩斯理论指导宏观经济政策，但只能取得短期效果。近年来，经济政策与我国国情已产生了多方面的矛盾，经济发展增速减缓，为了达到长期的供求平衡，供给侧结构性改革被提上日程。为了适应我国经济的结构性分化趋势，必须要推进政府管理制度创新，加快金融体制改革，优化产业布局，实施创新驱动战略，大力发展新兴产业并且提高企业的创新活力。通过转变政府职能，由控制模式过渡到引导模式，来解除政府对市场的约束，构建更加公正高效的市场环境。由市场引导创新主体进行创新研究，根据市场需求决定产业发展方向，产品供给从中低端向高端转变，激发企业的创新活力，从而实现经济的长期稳定增长。这些也正是最近政府提出一系列举措的基本理论背景，包括李克强总理提出的大众创业、万众创新，以及限制政府行为、还基本权利于社会、进一步加强法治建设的背景所在。

二、湖北省推进创新供给侧结构改革的优势

（一）湖北省创新生态环境良好

近年来，湖北省委省政府坚持创新驱动战略，以科技创新推动经济转型升级，产学研政用各方面通力协作，多项举措推进创新创业环境建设。湖北自1993年提出"科教兴鄂"战略后，一直坚持提升自主创新能力，推进高新技术产业发展，提高科技产业核心技术实力，通过科技创新支持经济发展方式转变和产业结构调整，积极促进湖北创新发展。

近几年来，省委省政府不断加大力度推进"创新湖北"建设。2008年至2015年，密集出台了近30项关于加快高新技术产业发展、鼓励供给侧创新、促进科技成果转化、创新科技投入机制、建立自主创新长效机制等方面的激励和保障政策，湖北省科技厅、发展与改革委员会、教育厅、检察院等部门也相应制定了配套政策。目前，先后出台的100余项政策形成了较为完善的创新政策法规体系，湖北省创新政策法规环境不断优化。与此同时，湖北逐年加大对研发费用的投入，2015年全社会R&D经费支出565亿元，远超过2008年的149亿元，R&D经费占GDP比重也从2008年的1.31%增加到1.91%。

（二）科技创新成果富集

近年来，湖北省在科技成果的产出和转化方面取得显著进步，高新技术企业总数由890余家增加到3200多家，2013年至2015年共有84项科研成果获得国家科技奖，总数位于全国前列。为推进湖北省科技成果产业化，省政府相继出台了《推进"五个湖北"建设的实施意见》、《促进高校院所科技成果转化暂行办法》（简称"科技十条"）、《湖北省科技成果转化暂行办法及实施细则》等政策，形成了包含科技、税务和知识产权等各方面的服务机制。2015年，高新技术产业领域的一批重大项目纷纷取得突破，打破了国外的核心技术封锁。在激光制造领域，研发了全国首台激光动态弯沉测量车和首部万瓦光纤激光器；在新一代电子信息领域，生产出世界第一台71英寸LED电视和全国首款三网融合终端产品；在民生领域，合力攻关了新药创制、污染治理、中药现代化、疾病防治、循环经济等核心技术；在农业领域，双低油菜、淡水水产品等品种的技术力量、面积、产量均居全国第一；在新能源领域，建成了万吨级的生物质柴油和汽油示范生产线。2015年，湖北省共登记1933项重大科技成果，其中包括16项基础理论成果、1875项应用技术成果和42项软科学成果；全年共签订22787项技术合同，技术合同成交金额830.07亿元，比上年增长37.95%。

(三) 科技创新人才资源丰富

为了鼓励科技人才的创新热情，2015年湖北省出台了促进科技人员服务企业的"新九条"，率先提出改革企业委托研发项目经费管理办法；提高科技人员的科研劳务收入比例，重视科技人员的"活劳动"；启动湖北省范围内遴选人才的"千名创新人才计划"和"万名创业人才计划"，培养聚集一批具有示范引领作用的创新创业人才。目前，湖北省共有R&D人员21.81万人，居全国第7位；在鄂两院院士71名，国家"千人计划"专家273名，居全国前5位。每万人拥有全时研发人员数由2010年的17.1增至2014年的24.2。

(四) 科技创新平台体系较为完善

湖北省已建成了一批高质量多范畴的科技创新平台，平台数据近五年来一直保持全国前列，其中包括23个国家重点实验室、19个国家工程技术研究中心、20家国家技术转移示范机构，涵盖生物医药、新材料、光电子、数字制造等多个高新技术领域。政府机构支持建设的技术创新服务平台，拥有大量的精密仪器、专业人才和科技资源，为有需要的创新主体提供综合性的服务。与此同时，湖北从产业实际需要出发，依托包括7所部属高校在内的123所在鄂高等院校和100余家重大科技创新行业领军企业，建设了一批产业技术创新平台，包括重要领域的产业技术研究院、校企共建研究中心、工程技术研究中心等，与企业联系紧密，结合科研和生产的需要进行研究。

三、湖北省有效创新供给不足

(一) 科技资源配置未能与创新需求有效衔接

湖北省高校和科研院所聚集了大部分的科技创新资源，包括科研仪器设备、多学科的科研人员和各层次的科技创新平台，而企业拥有的科技创新资源则相对不足。高校院所主要围绕国家科研任务和学科建设，开展前沿技术的科学研究，面向市场的应用技术开发、技术转移方面相对薄弱，这导致市场的真正主体——企业难以充分、及时、便捷的共享高校院所的科技创新资源服务，最终科技创新资源配置未能与市场的创新需求衔接。

（二）科技创新发展结构失衡

湖北省科技创新资源配置和发展速度结构性失衡，影响了湖北省供给侧创新改革的全面推行。武汉市资源多、发展快，其他市区资源少、发展慢。"十二五"期间，湖北省创新资源大部分集中在武汉城市圈，影响了其他地区的创新发展。高校资源多、发展慢，企业发展快、资源少。高校创新资源丰富，但大多不满足需求侧要求，企业为迎合市场需求积极开发新产品，但创新资源少，供给与需求不匹配。大企业资源多、发展慢，中小企业发展快、资源少。大企业或国有企业资本雄厚，政府补贴多，但缺乏有效产品，创造的GDP很多是无效的或是成本大于收益的，中小企业创新积极性高，但没有得到有效的支持，发展不稳定。传统产业资源多、发展慢，高新技术产业发展快、资源少。钢铁、煤炭、有色金属等传统产业面临着结构性产能过剩、资源依赖等困境，而生物医药、现代物流等高新产业刚刚起步，迫切需要引导支持。

（三）科技创新人才发展不均衡

"十二五"以来，作为科技创新人才开发主体的湖北省高新技术企业和科技型企业发展相对缓慢，成为制约供给侧创新人才开发与培养的软肋。大学生数量多，但高层次人才少。"十二五"期间，湖北省科技创新人才的层次分布仍然是以大学生群体为主，缺乏高层次科技创新人才。研究型人才多，创业型人才少。科技创新人才的类型分布仍然存在研究型人才多、创业型人才少的问题。高校院所人才多，企业人才少。科技创新人才的单位分布仍然是以教育系统为主体，产业系统科技创新人才仍缺乏。武汉人才多，其他地方人才少。科技创新人才的地区分布仍然存在武汉地区人才多、其他地区人才少的问题。论文成果多，经济贡献少。湖北每年科技成果产量位于全国前列，但科研人员更注重论文的发表和科技成果的产出，并没有将重心放在科技成果的转化上，科技成果产业化效率低。近年来，湖北省的技术合同成交额远低于北京、上海、江苏、广东等发达地区，且科技成果的省内转化率仍低于省外转化率。

（四）科技服务体系亟待健全

湖北省科技服务机构普遍存在规模小、服务能力弱等问题，而整体科技服务行业呈现结构不合理、发展不平衡、服务市场不规范的问题，导致科技服务体系的功能严重缺失，作用十分有限。在科技行政服务能力建设方面，湖北省仍未形成较为主动的服务常态。在行政服务水平上，湖北省科技系统的服务意识、执行能力、操作能力、观察能力和解决问题能力的水平有较大差异。

（五）科技创新平台有待完善

目前，湖北省科技创新平台已不能满足科技创新主体对创新服务不断变化的需求，存在数量不足、结构部分不合理、领域分布较为分散等缺点。重点实验室数量较多，更有一批省级或部级的高水平实验室在鄂建设完成，形成了比较完善的知识创新体系。但其领域覆盖较窄，不足以为未来的发展提供源头自主创新支撑。在科技信息服务平台方面，科技文献的搜集并不完备，信息资源的配置方式不合理，科技信息资源的保障能力需要进一步加强。各层级各领域的科技创新平台科技人员交流不足、科技资源共享受限，需要进一步形成优势互补、联合攻关的机制。与此同时，工程技术中心数量偏少，不能满足湖北省大中型企业的技术需求，在一定程度上制约着企业自主创新的能力和水平。

四、优化湖北省供给侧创新结构改革的着力点

要推进供给侧创新结构改革,就要做好"加法"和"乘法",即补齐短板,提升创新能力,发展战略性新兴产业,加速传统企业转型升级,提高有效供给产出,推动经济发展。供给侧创新结构优化要将科技创新和制度创新结合起来,更好地发挥市场的决定性作用,从人才培养、成果转化、平台和环境建设等方面全面推进改革进程,为湖北省经济结构转型升级提供强有力的支撑。

(一)加大创新型人员培养力度

劳动力资本是供给侧创新改革最重要的战略资源,人才是劳动力资本的精华,为了培养和激励人才,深入开发劳动力资本,湖北需要贯彻实施"湖北省高端人才引领培养计划"、"楚天学者"计划、"湖北省技能大师"、"123"企业家培育计划等工程,鼓励引进技术专精型和综合实力型人才,大力培养本地专业技术人才,支持传统企业设立研发中心培养实战型人才。一是要健全完善创新型人才培养开发机制,建立"人才+项目+平台"的人才培养开发体系。深入实施"千名创新人才计划"和"万名创业人才计划"等重大人才工程,争取更多人才入选国家"万人计划"。二是要加大青年拔尖人才培养力度,构建合理的创新人才培养梯次。加强在校大学生创新能力教育,将创新教育融入专业教学和人才培养全过程,把创新能力作为人才培养质量的重要指标。三是要鼓励传统企业扩大科技研究人才团队,加强科技型企业管理人才的培养,加大对高技能人才"订单式"模式的培养,推动对创新人才"产学研合作"式的联合培养,成就一批高技能人才和实践人才。

(二)提高科技成果转化率

通过科技成果的产业化促进科技优势转化为经济优势,设立省级科技成果转化引导基金,采取"定向间接有偿"的投入方式及"市场评

价"的分配方式，组织省内高校院所的非商业化的科技成果，通过技术市场转让实现技术转移，最终形成生产能力和销售规模。加快湖北高新技术产业领域中介转化平台建设，结合高校研究团队、产业研究院所、重点实验室和企业技术部门的优势，以财政资金支持与奖励的方式，鼓励建设一批科技成果中试熟化平台。发挥政府职能，对成果转化产品的市场开发给予支持。对省内首次投向市场、暂不具有市场竞争优势的先进技术成果转化新产品，实行政府首购或给予补贴；发挥行业主管部门主动性，助推长期前景看好的新产品、新设备在行业中应用。

（三）加强科技创新平台建设

积极对接国家"创新2020"工程，按照"政府主导，市场化运作"的原则建设一批循环创新发展、资源开放共享、产学研协同合作的科技创新平台。一是支持湖北的高校院所和具有行业科技领先优势的龙头骨干企业联合建设重点实验室，联合进行关键技术攻关，引导科技创新要素向企业聚集。二是密切结合湖北省产业需求完善科技创新平台布局，加强各区域、各学科、各体制的科技创新平台横向联动，实现跨平台资源共享，推动产业发展。三是构建知识创新网络化管理平台和数据资源共享服务平台，整合省市各层级研究院、高校数据库、重点实验室、企业技术中心离散的信息资源，建立配套的数据采集和管理机制，充分发挥科技数据资源作用。

（四）改善供给侧创新环境

要激发高校和企业的创新活力，必须要建成载体多元、要素聚集、人才活跃、服务专业、资源开放，能够充分释放市场活力和社会创造力的供给侧创新生态环境。一是政府要出台相应的扶持创新政策细则，如增加税收减免优惠，鼓励创新从数量向质量转变，加强知识产权保护等等。二是要大力推行国有企业改革，引入非公有资本入股，建设多层资本市场，提高资本的使用效率。三是优化管理机制，减少审批流程，政府职能由行政干预转向政策引导。四是加快推进智能城市建设，推进传统产业互联网化,搭建湖北省各地市交流平台,聚集湖北省科技创新信息资源。

(五) 加快区域协同创新式发展

在新的历史机遇下,科技创新将成为区域发展的核心动力。因此,要充分利用湖北省人才和科教资源优势,积极推进区域协调发展,要实现从资源要素互补式合作为主向协同创新式发展为主转变。

一是要建立多层次科技资源集聚区。科技创新具有典型的集聚发展特点,科技资源过于分散反而不利于创新的产生,当前武汉已经具备科教、人才的绝对优势,但是辐射带动作用并不明显,因此建议引导湖北省科技资源向宜昌、襄阳两个省域副中心城市集聚,加强两城市各类研究基地建设,引导人才和其他科技要素向其流动,在湖北省形成共同支撑的三大科技资源集聚区,扩大科技资源集聚区的辐射范围,促进湖北省创新发展水平整体提升。

二是要构建多类型的科技资源共享平台。虽然科技资源在地域上存在明显分割,但通过构建科学合理的区域内资源共享平台,可以打破地域分割,实现科技资源的充分流动,有利于达成不同区域间产业内价值链的分工合作,让科技资源集聚区为其他地区提供科研服务,形成真正意义上的辐射带动。比如建立技术市场交易共享平台、关键技术研发公共服务平台、科技信息共享平台等。

三是要完善科技成果转化体制机制建设。科技成果是科教资源的最重要成果表现形式,能实现科技成果在区域内的自由流通转化实际上就是促进了科教资源的流动。因此,要通过完善的科技成果转化体制机制设计,使科技成果能在这更广大地区得到应用,最大限度地实现科教资源的辐射效应。

课题负责人: 盛建新　湖北省科技信息研究院副研究员
报告撰稿人: 盛建新　涂瑜　冯建龙

长江中游城市群一体化现状及对策

秦尊文 张 宁

长江中游城市群是以武汉城市圈、环长株潭城市群、环鄱阳湖城市群为基础整合形成的特大城市群。由于武汉、长沙、南昌三个省会城市彼此相距约300公里，呈等边三角形分布，又被称为"中三角"。

2012年8月国务院发布《关于大力实施促进中部地区崛起战略的若干意见》（国发［2012］43号），明确提出"鼓励和支持武汉城市圈、长株潭城市群和环鄱阳湖城市群开展战略合作，促进长江中游城市群一体化发展"；2014年3月公布的《国家新型城镇化规划（2014—2020年）》要求"培育发展中西部地区城市群"、"加快推进城市群一体化进程"；2015年3月国务院批复的《长江中游城市群发展规划》，提出"指导和推进今后一个时期长江中游城市群合作联动与一体化发展。"该规划还要求"在全国率先建立城市群一体化发展模式"。

一、长江中游城市群一体化推进现状

2012年2月10日，湖北省、湖南省、江西省联合在武汉召开长江中游城市群会商会议，国家发改委、中国社会科学院、国务院发展研究中心、中国工程院等国家部委和科研院所的领导、专家学者，三省相关部门负责人出席会议。三省人民政府签订了合作框架协议，标志着"中三角"正式起航。随后，长江中游地区城镇发展、基础设施、产业布局、生态文明、社会公共服务"五个一体化"开始启动，在交通、商务、旅游等方面进展较大。

(一) 交通合作紧密

2012年2月4日,《推进设立长江中游城市群综合交通运输示范区合作意向书》在武汉签订。4月21日,湘鄂赣三家空管分局领导在武汉举行学习交流座谈会,就相关业务及三方共同关心的问题进行了广泛深入的沟通交流。5月31日,长江中游城市群综合交通运输示范区推进联席会在武汉召开,决定建立长江中游甩挂运输联盟、统一的ETC结算清分制度和体系。作为提高道路货运和物流效率的重要手段,甩挂运输已成为欧美日等发达国家和地区的主流运输方式。

2014年9月19日,武汉、长沙、南昌等市交通部门负责人齐聚武汉,研究启动编制城市群综合交通规划,打造国家级综合交通枢纽,就建立交通运输合作联席会制度、发展规划合作机制、道路运输行政执法协助机制、公路信息交流合作机制等签署协议。2014年12月4—5日,湘鄂赣三省十二县市道路交通安全管理协作组织第五届年会在铜鼓召开,会议提出要相互协作、联防联治、共同维护边界区域的交通安全秩序。武汉首趟"汉欧"班列常态化开行后,邀请长沙、南昌、合肥参与"汉欧"铁路国际货运班列项目合作,湖南、江西等邻近省份货源纷纷通过武汉抵达欧洲。高速公路大通道建设强力推进,新建成大广南、九江长江公路大桥及连接线、杭瑞、武深高速通城至界上段、江南等高速公路,湖北新打通至湖南省际高速出口4个、至江西省际高速出口3个。2015年6月16日,武汉、长沙、南昌三个省会城市就编制长江中游城市群综合交通体系规划达成初步共识,将共同打造"轨道上的城市群"。

2015年5月6日,湖北省监利县政府与湖南省岳阳市政府达成协议,将洞庭湖至三江口水域砂石过驳基地整体迁移至监利县白螺镇水域。这是《长江中游城市群发展规划》发布以来,鄂湘两省交通部门首次真正意义上打破行政区域界限,采取实质性行动,推进形成市场统一开放、基础设施共享格局。12月14日,鄂湘两省及荆州、岳阳两市港航部门、港口企业在武汉召开合力共建白螺长江(鄂湘)水上转运中心座谈会,推动两省在港口、航道、航运、海事等方面实现深度合作、共谋发展。

(二) 商务合作加快

继 2012 年 2 月 24 日湖北省、湖南省、江西省商务部门召开长江中游城市群商务发展第一次联席会议以来,三省商务合作不断深化。2015 年 5 月 19 日,借第九届中博会在武汉成功举办之际,又召开了湘赣鄂三省暨长江中游城市群商务合作座谈会。会议签署了湘赣鄂共建"中三角"、打造"第四极"商务合作协定。7 月 30 日,三省商务厅在武汉召开了《长江中游商业功能区规划》编制工作座谈会。商务部市场司、商务部驻武汉特派员办事处负责人到会指导。会议还邀请了国务院发展研究中心市场所、商务部研究院的专家学者参会。参加国家《长江中游城市群发展规划》编制的湖北省社会科学院专家介绍了规划编制过程并进行重点解读,汇报了《长江中游商业功能区规划》的前期编研情况。会后,商务部与三省商务厅会商后,正式确定由湖北方面起草规划文本。12 月上中旬,商务部有关负责同志和湖北省商务厅、湖北省社会科学院领导及专家到江西、湖南两省进行实地调研和座谈。

此外,2015 年 5 月 24 日,在湖北荆门举行了湘鄂赣啤酒产品质量检评会,促进三省啤酒行业的技术进步和产品质量提高;7 月 23 日,江西获批成立了"中三角商品交易中心",为区域要素市场的发展增添新动力。

2015 年 7 月 23 日,湖北省委常委会决定,设立总规模为 2000 亿元的省级产业基金,用于推动长江经济带建设和长江中游城市群发展。其中,省级财政初步出资 400 亿元,向金融机构、大型国有企业、知名投资机构等定向筹集 1600 亿元,这 2000 亿元为母基金。今后还将以一定方式向社会发布募集需求,吸引更多的金融资本和社会资本参与子基金设立,对母基金的资本再放大,力争最终达到财政出资资金 10 倍左右的放大效应。

尤其可喜的是,民营资本也积极投入产业一体化发展。如湖北格林美公司在江西、湖南建立电子废弃物回收超市，开始实施对电子废弃物的规范、阳光收集，现已辐射三省100多个县市。

（三）产业合作破冰

2015年4月《长江中游城市群发展规划》颁布后，产业一体化推进力度加大。当月，由工信部牵头，湖北、湖南、江西三省经（工）信部门共同参加的长江中游城市集群产业一体化战略合作论坛在武汉举办，三省讨论了产业发展存在的结构趋同和相互竞争等问题，达成五项产业一体化战略合作机制，未来三省以石化和汽车为突破口，加强产业合作。

2014年5月18日，在武汉举行的第七届华中旅游博览会上举办了长江中游城市群旅游合作主题活动，武汉、长沙、南昌等省会城市旅游局或旅游协会相关负责人共同为"中三角旅行社联合体大联盟"揭牌，签订了"互送百万市民畅游中三角合作协议"，共同推出涵盖长江中游地区主要旅游景区的35条优惠旅游线路。2015年5月19日，长江中游城市群旅游部门在"中国旅游日"活动上，正式推出"长江中游城市群旅游年卡"，实现200元即可全年无限次畅游"中三角"40多家景区。

2015年7月2日，湘鄂赣三省农科院在武汉举办了首届"中三角"农业科技创新论坛，组建了湘鄂赣农业科技创新联盟，未来将以三省农科院为平台，在江汉平原、两湖平原地区水稻大面积保量提质增效生产技术研究与示范，湘鄂赣作物种质资源保护、创新和利用，山区旱杂粮高效生产模式研究与示范等23个重大科技命题上协同攻关，共同促进区域重大农业科技成果产出和高效转化。

（四）区域合作深化

首先，省会合作作出了示范。继2013年2月在武汉召开长江中游城市群省会城市首届会商会后，又先后在长沙、合肥召开了长江中游城市群省会第二、三届会商会，发布了《长沙宣言》、《合肥纲要》，省会城市合作取得积极进展。2014年6月12日，长江中游城市群省会城市第二届科技合作联席会在长沙召开，总结了首届科技合作联席会确定工作目标的达成情况，提出未来五个方面的任务，要求促进四市科技合作向多元化、常态化、实效化方向发展。2015年2月6日，在合肥举办了长江中游城市群省会城市第三届会商会，围绕"深化合作、共赢未来——新常态下加速长江中游城市群一体化发展"主题，就深化四省会城市合作进行了深入的协商和探讨，提出了重点合作任务，包括建立住房公积金异地使用合作机制，构建水上"高速航道"，建立环保"黑名单"制度，严禁"黄标车"四市相互转籍，社保关系可无障碍跨地区转移接续，共享企业质量信用信息，建立打假联动机制，建立招投标异地远程评标系统等。随着国务院批复的《长江中游城市群发展规划》的正式公布，合肥已不在长江中游城市群范围内，但四省会将在长江经济带的框架下继续开展合作，原签订的合作协议继续实施。合肥及皖江城市带为长江中游城市群与长江三角洲城市群的融合发展作出了积极贡献，对长江经济带的形成起到了独特作用。

其次，毗邻地区合作进一步深化。2014年5月13日，湖南省株洲市党政代表团赴江西省萍乡市考察，并出席赣湘开放合作试验区战略合作框架协议的签订仪式，此举标志着赣湘合作迈上了新台阶。近年来，萍乡面临煤炭资源枯竭与落后产能过剩的双重压力。为走出产业困境，萍乡借助与长株潭城市群地域相连、人缘相亲、文化相近的优势，除向东对接鄱阳湖生态经济区外，转变思路，调头向西，主动融入长株潭城市群。萍乡提出向西开放、打造合作试验区的构想，与长沙、株洲向东开放的思路一拍即合，也契合了湖南正在实施的省际边界城市发展战略部署。目前，株洲正与萍乡就交通基础设施、旅游、园区、市场、物流等领域展开全面合作。先期分别布局赣湘开放合作试验区湘东园区和赣湘开放合作试验区上栗园区。后期将朝着"一区跨省、多园运作"模式发展，向实行"共同管理"的区域管理模式迈进。在赣湘开放合作试验区平台内，双方将充分利用现有优惠政策，承载对方的所有项目或者优惠政策向对方开放,变互相竞争关系为互相合作关系。[①]

最后,共同推进蒙西至华中地区铁路煤运通道建设。这一通道2009年由湖北荆州提出的准荆铁路演变而来,即建设北起内蒙古鄂尔多斯市准格尔东胜煤田,途经陕北神木府谷煤田,终点为湖北省荆州市长江口岸,后来湖南因缺煤要求铁路延伸到岳阳,江西以同样理由要求延伸到吉安。最终线路有所优化,并定名为"蒙华铁路",于2015年9月全线开工,此前一些控制性工程已先期建设。蒙华铁路建后将大大缓解城市群煤炭调入压力,增强湘鄂赣三省煤炭保障能力。

二、推进空间布局和城镇一体化

(一)"一心三核五轴多点"布局

所谓"一心",就是"中国绿心"。在长江中游城市群三省结合部,有一座幕阜山脉,为咸宁、岳阳、九江共有,形成了一个天然的"绿色心脏"地带。长江中游城市群的汉长昌高速公路和汉长昌铁路环线以内,主要分布的是山地,而在环线外侧分布的是两湖(洞庭湖和鄱阳湖),其间还分布有梁子湖、洪湖等众多中小湖泊和湿地,中央区域为连接湘鄂赣的幕阜山及湘赣边界的罗霄山北段(九岭山、武功山),形成了一个天然的"绿色心脏"地带,它构成了长江中游城市群的"绿心"(见图1)。

所谓"三核",就是三个省会城市——武汉、长沙、南昌。

所谓"五轴",就是《长江中游城市群发展规划》中的"两横三纵"五条发展联动轴。"两横",即长江黄金水道、沪昆高铁通道;"三纵",分别是京广、京九、二广三条发展轴。其中二广发展轴,就是要依托二广高速、焦柳铁路及蒙华铁路等纵向交通干线,建立以襄阳、荆

[①] 赖永峰、邱海明:《萍乡株洲打造赣湘开放合作试验区》,《经济日报》2014年6月11日。

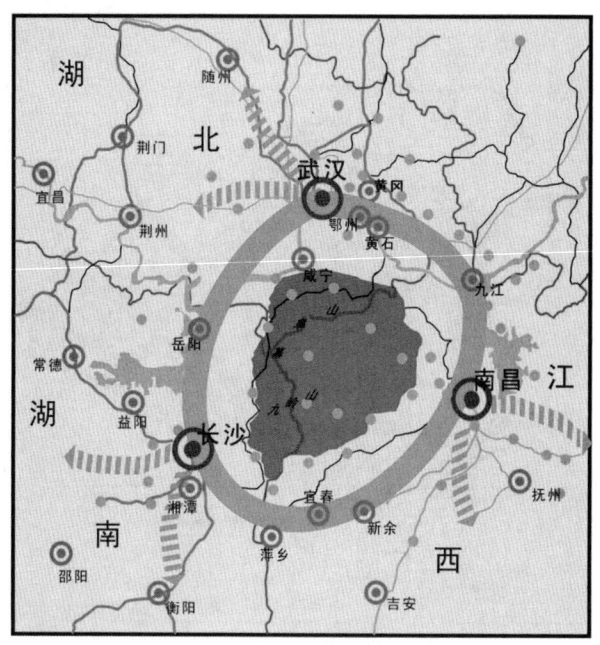

图1 长江中游城市群"中国绿心"区位图

门、宜昌、荆州、常德、益阳、娄底等城市为节点的新轴线，意在加强相对薄弱的长江中游城市群西部地区的发展。

所谓"多点"，通过加强"两横三纵"五条轴线的联动功能，使长江中游城市群形成多个大中城市共同支撑的空间结构（见图2）。

（二）提升省会城市带动功能

2014年9月发布的《国务院关于依托黄金水道推动长江经济带发展的指导意见》（国发［2014］39号），明确要求"增强武汉、长沙、南昌中心城市功能，促进三大城市组团之间的资源优势互补、产业分工协作、城市互动合作。"这三大城市组团，实际上就是武汉城市圈、环长株潭城市群、环鄱阳湖城市群。而这三大组团嵌套在长江中游城市群之中，各自形成了以武汉、长沙和南昌为核心的空间发展格局。在建设

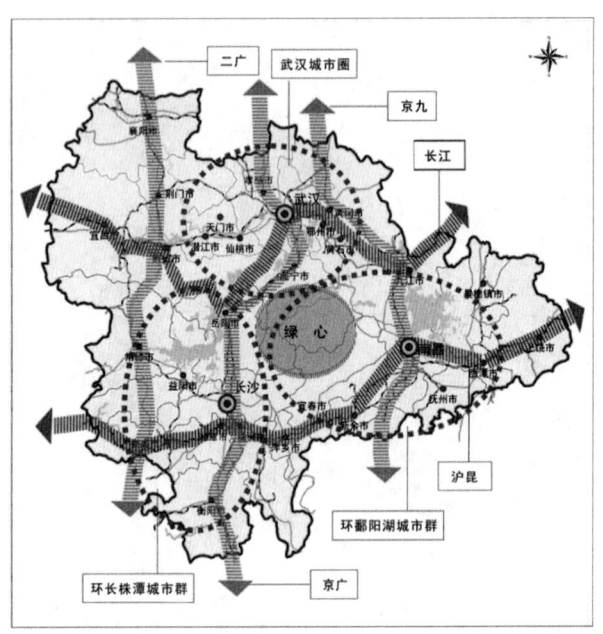

图 2　长江中游城市群空间结构

长江中游城市群过程中，要实施"抓大不放小"的策略，既强力推进武汉城市圈、环长株潭城市群、环鄱阳湖城市群三圈融合，又保持"三圈"的相对独立，深入实施三省各自的城市圈战略，将国家的长江中游城市群战略与各省的城市圈（群）战略紧密结合，使空间开发一体化真正落到实处。

在长江中游城市群一体化建设中，武汉、长沙、南昌不是一般的参与者，而要起到推动者和"发动机"的积极作用，强化省会城市自主创新引领功能、对外开放带动功能，在更高层次上为区域合作和区域发展提供支撑。

武汉要推动东湖国家自主创新示范区与城市群内的企业、高校和科研机构合作，建设国家级重点实验室、工程技术研发中心、新兴产业工业研究院和企业技术中心，发挥自主创新示范区的引领作用，促进长江中游城市群产业结构优化升级。进一步推动东湖国家自主创新试验区在城市群建立"园外园",加强交流合作,促进知识、技术和人才的双向流动。充分发挥武汉新港、东西湖保税物流中心、东湖综合保税区的功能,利用在武汉的外资银行、跨国公司区域性总部的平台作用,服务长江中游城市群及周边地区的对外开放和经济发展。

长沙要依托现有国家级开发区和产业基地,提升开放型经济发展水平,充分发挥湘江新区的示范作用,促进产业高端化发展,增强产业集聚能力,强化科技教育、文化创意、商贸物流等功能,率先建成资源节约型、环境友好型城市,率先实现全面小康;加快推动与株洲、湘潭的一体化发展,带动岳阳、常德、益阳、衡阳、娄底等城市发展,辐射洞庭湖生态经济区、湘南承接转移示范区和"大湘西"等区域。

南昌要加快昌九新区创建步伐,深入推进(南)昌九(江)景(德镇)一体化,辐射带动鄱阳湖生态经济区发展。推进(南)昌抚(州)一体化建设,加大与新余、宜春、萍乡的联系力度,带动赣西地区发展。支持信江河谷城镇群建设,带动上饶地区发展。加强与赣州的对接联动,促进与赣南等原中央苏区发展。通过南昌向周边辐射,带动全省特别是南部地区城镇化水平的提升。

(三) 注重毗邻地区联动发展

将岳阳、九江、咸宁作为三省合作的门户,加强三市之间的全面合作,共同打造"小三角",并加强与省会城市的联系,最终实现中心城市、边界城市、特色城市协调发展。加快"小三角"的核心三角"通平修试验区"建设,推进咸宁通城县、岳阳平江县、江西修水县深度合作。

促进荆州与岳阳、常德、益阳合作,共同推进洞庭湖生态经济区建设,巩固提升在保障国家粮食安全中的重要地位,共建绿色生态产业体系和立体交通网络,加强水域生态修复,解决突出民生问题,建设更加秀美富饶的大湖经济区。

推进黄冈、黄石、九江基础设施和产业园区共建,开展公共服务和社会管理创新试点,积极探索跨江、跨省合作新模式,拓展发展空间,以推动黄梅小池融入九江发展为突破口,促进城乡统筹和跨区域融合发展。两省要以黄冈小池为载体,积极推动两地建立产业转移合作机制,推动产业链对接和产业集群发展;大力发展"飞地经济",协调规划建设小池滨江新区九江江北工业园;协调消除两地市场壁垒,构建开放、有序的区域性大市场。

此外,要加快推进赣湘开放合作试验区建设,促进毗邻地区联动发展。

三、推进基础设施一体化

(一) 构筑综合交通运输网络

要以长江黄金水道为突破口推进交通运输合作。要在规划对接、航道连通、港口合作、企业抱团、安全应急、信息共享、资质互认六大领域加强合作,重点推进长江"645"(武汉至安庆6米、武汉至宜昌4.5米)深水航道整治工程。加快汉江、江汉运河、湘江、沅水、赣江、信江等高等级航道建设,改善支流通航条件,加快形成以长江航道为主轴,汉江、洞庭湖水系、鄱阳湖水系为补充,干线畅通、干支直达的长江中游内河航道体系。

加快武汉、长沙、南昌国家级综合交通枢纽建设,推动中心城市的互联互通。建设以武汉、长沙、南昌为中心的"三角形、放射状"城际交通网络,实现省会城市之间2小时通达,省会城市与周边城市之间1~2小时通达。

(二) 共建水利基础设施体系

构建以跨区域跨流域引调水工程、河湖连通工程、水源工程、灌溉工程为重点的水资源保障体系,推动鄱阳湖、洞庭湖水系整治,实施湖泊洪道整治工程、长江中游河床河势控制工程及河湖疏浚工程。加快推进"荆南四河"(松滋河、虎渡河、藕池河、调弦河)整治等系列工程。拓宽中小型水库项目建设资金渠道并比照西部政策给予资金补助，增强区域水资源配置和供给能力。适时建设一批大中型水库，加强大型灌区、中小型灌区设施配套和节水改造，完善农田灌排体系，完善水利管理体系，共同提高水资源保障和时空调控能力。推进鄱阳湖、洞庭湖水利枢纽前期工作，加快实施鄂北地区水资源调配工程，支持四方井、花桥等水利枢纽工程建设。

完善区域水利项目合作机制，统筹规划区域内重大水利项目建设。探索水务管理一体化模式，共建区域水资源信息平台和水利融资平台，鼓励大型水务集团跨区域经营。加强水资源综合管理，完善水价形成机制。

（三）协调能源保障体系建设

1. 畅通城市能源网络通道

加快城市群油气、煤炭等能源通道建设。加快输油管道建设，形成原油、成品油规模化的管道运输，重点建设兰州—郑州—长沙成品油管道阳逻和江西支线、武汉—广水、湘潭—娄底等成品油输送管道。进一步完善成品油管道运输工程配套设施，建设长沙、湘潭等成品油管道油库。完善城市群干支相连的天然气输送网络，重点建设西气东输三线工程、武汉—赤壁、荆州—公安—石首、株洲—衡阳、瑞昌—九江—景德镇等项目。

加快城市群特高压电网建设。新建武汉、长沙、南昌等城市交流特高压站，形成由"南阳—荆门—长沙"、"驻马店—武汉—南昌"和"万县—荆门—武汉—皖南—南京"、"长寿—宜昌南—长沙"构成的"两纵两横"1000kv特高压交流网架。同时，加强城市群城乡配电网建设改造，提高供电能力和供电可靠性。

2. 统筹区域能源基地建设

优化油气供应体系，加快武汉、荆门、九江、岳阳等大中型石油化工企业技术改造和改扩建工程，建设长江中游地区大型原油加工和储备基地，实现集约发展。加快建设天然气储备设施建设，重点建设南昌麻丘、孝感应城等地下储气库。

提升煤炭保障体系，推进武汉、南昌、荆州、宜昌、株洲、衡阳、娄底、九江、萍乡等一批煤炭储备基地建设，选择有条件的城市布点煤炭交易（集散）中心，有效保障煤炭供应。

加快新能源的开发与利用，制定和实施城市群新能源和可再生能源发展规划，积极推动核电、太阳能、风能、水能和生物质能等再生能源的开发与利用。

3. 统筹推进核电站恢复建设

2011年3月11日，日本遭遇里氏9级大地震和海啸袭击，导致福岛第一核电站发生核泄漏。此后，国务院急停了核电项目审批，并进行核电站的全面安检。湖北通山大畈核电站、湖南益阳桃花江核电站和江西彭泽帽子山核电站被紧急叫停。2012年10月24日，国务院常务会议决定恢复沿海核电建设，但"十二五"期间内不建内陆核电站。"十三五"时期，三省要齐心协力，联合发力，统筹推进核电站恢复建设。

4. 强化城市能源保障与安全联动

共同制定能源开发与保障长期规划，确保城市群能源的长期安全。加强能源保障管理合作，逐步统一能源保障监测体系和能源调度管理，建立和完善能源战略储备和能源危机联合防控机制，构建统一的能源安全体系及应急处置体系，确保能源安全，开展电力需求侧管理城市综合试点。探索能源价格机制改革，逐步实现城市群内油、气、电同网同价。共同开展能源新技术的研究合作，建设城市群能源技术和节能中心，推广各种经济有效的煤炭洁净技术，推动清洁能源和可再生能源的开发与利用。推行合同能源管理，促进全社会节约能源。

四、推进产业发展一体化

长江中游城市群要依托产业基础，发挥比较优势，强化分工协作，联合开展科技创新，加快产业转型升级，共同承接产业转移，打造一批有较强竞争力的优势产业基地，构建具有区域特色的现代产业体系。

（一）选准城市群支柱产业

长江中游城市群作为全国重要的老工业基地，具有良好的产业基础，特色优势比较突出，已经形成了汽车、电子信息、钢铁、有色冶金、装备制造、石油化工、生物医药等支柱产业，并在光电子、重型机械、重大成套设备制造、汽车、轨道交通设备制造、船舶等行业拥有一批核心技术和关键技术。2014年，湖北、湖南和江西三省千亿产业数量分别达到10个、9个和9个（见表1），这为城市群产业经济发展提供了良好基础和强大动力。

表1　　　　　　　　　　2014年湘鄂赣三省千亿产业

省份	数量	千亿产业
湖北	10	石化、食品、汽车、机械、电子信息、钢铁、纺织、建材、电力、有色金属
湖南	9	机械、轻工、食品、电子信息、石化、有色、冶金、建材、电力
江西	9	有色、石化、食品、钢铁、纺织、建材、医药、电子信息、汽车

通过考察长江中游城市群的产业区位熵，具备全国竞争力的产业达到15个（见图3），高于三省分别具备全国竞争力的产业数量。主要是依托产业综合实力较强地区的辐射带动，实现城市群产业综合实力的提升，如湖北汽车产业集群的区位熵达到2.25，而湖南和江西该产业的区位熵均小于1，三省开展汽车产业合作，长江中游城市群的汽车产业区位熵将达到1.24；湖南专用设备制造产业集群的区位商达到2.54，湖北和江西该产业区位熵均小于1，三省的合作将助推城市群区位商达到1.27。同时，三省在废弃资源综合利用产业的合作，将实现城市群该产业具备全国竞争优势。选出具有全国竞争力的产业后，通过加强合作进一步发展壮大。

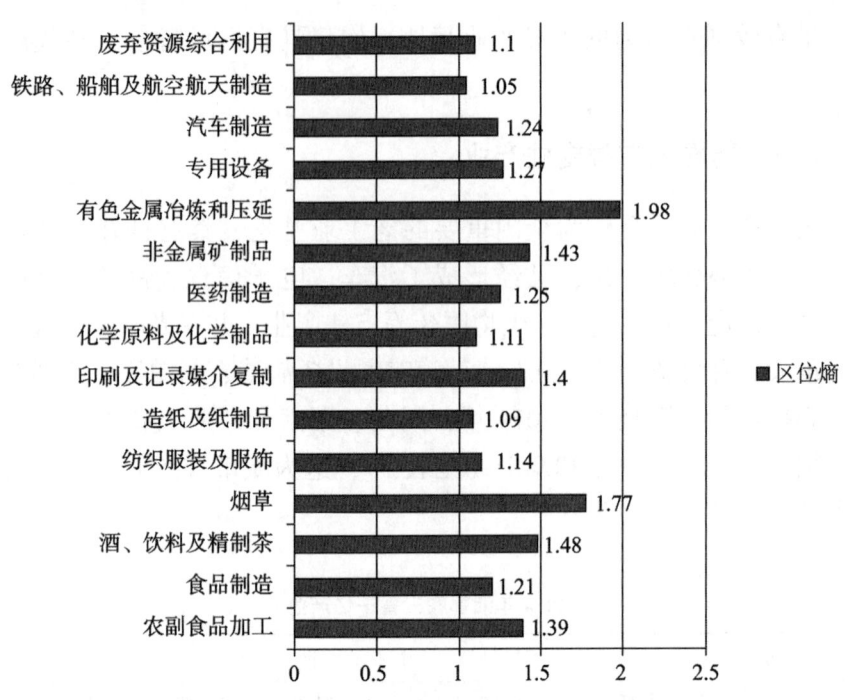

图 3　长江中游城市群区位熵大于 1 的产业集群①

2015 年 7 月 29 日，率团来鄂考察的江西省工信委负责人与湖北省经信委签署《鄂赣工业产业发展合作备忘录》，商定共同打造汽车、石化、装备、光电、生物医药、食品加工六大跨省产业集群，增强长江中游城市群产业竞争力。

（二）健全统一高效的金融市场

1. 建设全国专业性和区域金融中心

吸引国际国内金融机构总部、地区总部、分支机构向武汉、长沙、南昌集聚，支持武汉等有条件的城市建设国家"金融改革创新综合试验区"，构建以三个省会城市为核心的长江中游城市群金融中心。重点

---

① 以湖北、湖南和江西三省分类产业产值计算各产业在全国的区位熵。

支持武汉建设全国金融后台服务中心、中部地区科技金融中心和民间金融中心。

2. 创新金融服务

构建长江中游城市群金融"高速公路",发展统一、互联、高效、安全的金融结算、交易与服务平台。大力推进产权交易市场一体化建设,构建一体化的排污权交易市场,拓展市场深度和广度。支持武汉建设全国碳金融中心。

鼓励金融机构跨区经营。重点发展湖北银行、汉口银行、长沙银行、华融湘江银行、南昌银行、九江银行、湘财证券、合众人寿、长江保险等长江中游城市群本土金融机构,支持其跨区经营。

共建金融安全区。建立金融风险监测指标体系和金融安全立体防护网,健全金融风险防范化解体系,进一步优化金融生态环境,促进经济金融良性互动,打造长江中游城市群金融安全区。

3. 共同做大长江产业基金

2015年12月30日,在湖北省长江经济带产业基金(简称长江产业基金)启动仪式上,长江经济带产业基金与国开行、工银瑞信、德丰杰等多家银行和投资公司共签订40项合作协议,项目签约资金超过2700亿元。这意味着长江经济带产业基金即将正式发挥作用。湖北省副省长曹广晶代表省政府与国开行、工商银行、农业银行、中国银行、建设银行、交通银行、邮储银行、中国人寿、招商银行、浦发银行、兴业银行、民生银行、平安集团、中投证券等单位签署长江经济带产业基金合作框架协议。长江产业基金还向湖南、江西及其他地区的投资公司开放,以共同做大做强基金,为长江中游城市群发展和长江经济带建设提供金融支撑。

(三) 优化城市群市场环境

1. 市场流通环境

推动建立重要产品的地方标准目录,消除贸易技术障碍,形成协调一致的长江中游城市群区域性标准体系。促进市场流通环境一体化,对本省辖区内流通的其他省商品实行同等待遇，建立无公害农产品、绿色食品等优质农产品以及工农业省级名牌产品的"绿色通道"，破除因行政管理体制隔阂而产生的区域间的市场壁垒。

2. 市场主体准入环境

推进工商登记制度改革，实现城市群市场准入政策的协调一致，促进城市群市场主体登记注册的一体化。支持战略性新兴产业、节能环保、绿色农产品加工、生态休闲旅游、家庭服务业等国家鼓励类产业发展，落实节能减排、淘汰落后产能政策措施，积极服务长江中游城市群经济结构战略调整。支持城市群各类产业园区、开发区、示范区建设，促进区域发展和产业集群。支持企业兼并重组、做大做强，提高综合实力和竞争力。

3. 企业信用体系建设

探索建立三省企业信用信息互通交流机制，实现企业登记、企业监管等信用信息共享。加快长江中游城市群工商信息系统建设，推进企业信用体系建设一体化。建立完善企业信用信息档案、信用激励引导机制和失信预警惩戒机制、企业信用征信系统、企业信用信息管理系统和企业信用信息披露系统，提升监管执法效能。

4. 监管执法联动

加强在流通领域重要商品质量监管、反不正当竞争、打击传销、整治虚假违法广告等方面的交流与合作。加强城市群重点商品、重点行业监管的交流与合作，及时通报已查处或正在查处的对生活、生产有重大影响或跨区域爆发、有蔓延趋势的商品质量问题，商标、广告、合同违法现象及各种不正当竞争行为的相关信息。建立城市群执法办案定期交流机制，分享案源研究、办案技能等方面的工作经验。

（四）建立产业政策协调机制

整合长江中游地区产业资源，建立产业协调机制，强化内部产业分工协作，注重产业配套与产业链延伸，促进产业互补发展和错位发展，联合开展科技创新，着力构建一体化现代产业体系。

1. 协调对接产业政策

协调产业政策导向，建立完善"沟通衔接、全面推进"的联合协作机制，统筹协调产业规划实施、产业布局、优化资源配置等工作，促进互动发展，实现共赢。联手编制长江中游城市群产业结构调整指导目录，实施差异化的引导政策。

互相支持支柱产业发展。对有的地区或城市已经形成较为竞争力的支柱产业，其他地区或城市要主动对接，做好配套。重点支持武汉城市圈光电子信息产业、汽车和零部件制造、生物医药等产业发展，支持环长株潭城市群机械和交通设备制造业发展，支持环鄱阳湖城市群航空制造、机械、有色金属等优势产业发展。

2. 推进产业双向转移

建立产业跨区域转移的利益共享机制，推进城市群内部核心城市与周边地区开展产业双向转移。鼓励武汉、长沙、南昌发展高新技术产业和现代服务业，提升产业结构，向周边城市转移一般加工业，布置配套企业，建立生产基地；支持周边地区的企业到省会城市设立行政总部、研发中心、营销中心，更便捷地获取人才、信息、资金、市场等资源。

3. 合作共建产业园区

推广武汉东湖高新集团在长沙设立"创意产业园"项目和江西萍乡市与湖南浏阳市等联合建设"赣湘开放合作试验区"的经验，大力推进跨省合作共建产业园区，推动上下游产业配套发展，实现资源整合、联动发展。充分发挥行业协会、商会的桥梁作用，搭建城市群产业合作促进平台。

五、推进生态文明建设一体化

（一）协同水资源保护与利用

1. 共同保护江湖水资源

加强长江、汉江、湘江、赣江等重点流域和鄱阳湖、洞庭湖、洪湖、梁子湖等重点湖泊、湿地的水生态保护和水环境治理，实施沿江生态保护红线制度，严格控制入江、入湖排污总量，重点推进长江干流饮用水水源地保护和产业布局优化、汉江水污染治理和再生水利用、鄱阳湖水生态安全保障、洞庭湖工业结构调整、三峡库区污染防等项目，促进水生态修复。加强国家级水产种质资源保护区和湿地保护区建设，有效保护生物多样性。加大咸宁、鄂州、襄阳、潜江、武汉、长沙、株洲、南昌、新余、萍乡等国家水生态文明试点城市建设力度，支持洪湖市打造全国首个水文明城市。

2. 推动跨界水污染治理

加快实施长江中下游流域水污染防治规划，建立水污染治理机制和跨界综合治理模式。坚持"一湖一策"、"以奖促防"和绩效管理，实行纳污能力总量控制，严格控制入河污染物排放总量。加快构建水污染联防联控物联网，强化跨界水质断面和重点断面的考核管理。加强流域预警应急能力建设，建立流域突发环境事件风险防范体系和响应联动机制，提升风险防范水平。

3. 统筹水资源集约节约利用

加强水资源的跨区域协调，支持探索跨区域水权转让，建立水资源综合调配机制，强化取水总量控制和需水管理，严格控制地下水超采。共同推进高耗水行业节水改造和节水农业灌溉技术，强制推广节水设备和器具，建设节水型社会。

（二）共推生态环境整治

1. 携手保护森林资源

推动生态林和公益林的建设，实施低效低质林改造，优化森林结构和林种质量。加强天然林保护、退耕还林和植树造林力度，积极推进以封山育林为重点的山区绿化，以农田水网为重点的平原绿化，以绿色通道为重点的沿路、沿河、沿湖绿化。实施"绿色行动"工程，加快沿江防护林体系、华中林业生态屏障、三峡库区森林生态、碳汇林业示范等重点工程建设，共建功能完备的森林生态系统。加强国家自然保护区、森林公园和地质公园建设，大力开展野生动植物保护，加强野生动物疫源疫病和入侵生物的监测防控联动，有效保护生物多样性。设立中国南方森林碳汇基金，推进碳汇造林和碳减排指标有偿使用交易，支持南方林业产权交易所建设成为辐射南方的区域性林权交易市场。

2. 共同开展节能降耗

加快推进结构性节能，严格区域控制高耗能、高排放行业低水平扩张和重复建设，依法淘汰落后产能，强化各行业用能管理。积极推进技术性节能，加强城市在共性、关键和前沿节能降耗新技术、新工艺的研发与应用合作，组织实施工业锅炉（窑炉）、电机系统、热电联产、能量系统优化、既有建筑、交通运输、绿色照明等重点节能技术改造项目。制订公共建筑节能改造计划，全面推进工业、交通、建筑、商用民用、农村和公共机构等重点领域的节能。健全节能市场化机制，加快推行电力需求侧管理和合同能源管理，实施能效标识制度，完善节能产品认证制度和节能产品政府强制采购制度。

3. 联手防治大气污染

以改善城市大气环境质量为中心，全面加强重点区域和重点行业的大气污染防治。大力推进脱硫脱硝工程建设，防治机动车尾气污染，有效控制城市大气污染。实施城市清洁空气行动计划，加强对工业烟尘、粉尘、城市扬尘和有毒有害空气污染物排放的协同控制。建立健全城市群大气污染联防联控联治机制，实施多种污染物协同控制。

(三) 共促区域绿色发展

1. 共建"中国绿心"

以三省接壤的幕阜山地区和湘赣边界罗霄山北段为依托，建设"中国绿心"，打造国家重要生态功能区。全面修复和提升生态林质量，支持碳汇林业示范区建设。建立跨区域森林联防体系，严格控制林木采伐、采矿等破坏生态安全行为。建立生物保护联动机制，禁止对野生动植物进行滥捕、滥采，保持并恢复野生动植物物种和种群的平衡。推进石漠化治理，提高单位面积治理补助标准，恢复石漠化区域林草植被，恢复生态功能。

2. 共推循环经济发展

构建覆盖生产、流通、消费等各环节的资源循环利用体系，促进生产、流通、消费过程的减量化、再利用、资源化。发挥各类循环经济试点的示范效应，鼓励重点城市、园区和企业在钢铁、石化、机械制造、农产品加工和造纸等重点产业和再生资源回收利用体系、废旧家电回收利用、废旧金属再生利用等重点领域，以技术合作为突破口，积极开展跨区域的相关探索和合作，输出循环发展新模式。

推广鄱阳湖生态经济区、武汉城市圈建立回收利用废旧电池系统的成功经验，在长江中游城市群全面建立电子废弃物等废旧资源回收网络，搞好"城市矿山"开发，推进循环经济深入发展。

3. 共探低碳发展方式

充分发挥湖北国家低碳省区试点和武汉、南昌、景德镇市国家低碳城市试点的示范作用，共同探索低碳企业、低碳园区、低碳社区、低碳城市的发展合作模式和有效运行机制。大力发展低碳产业，在工业、交通、建筑等重点领域逐步实现低碳化，有效控制温室气体排放。探索加强碳排放交易体系建设，推进湖北碳排放交易中心常态化运作。加强区域高校和环境研究机构的科研合作，共同推动低碳技术研发和应用，积极应对气候变化。

（四）共建跨区域联动机制

1. 加强环境准入与管理合作

提高产品能耗限额国家标准，尽快修订并提高钢铁、有色、建材、化工等高能耗行业的单位产品能耗限额标准。按照生态文明建设的要求，逐步统一工业项目、建设项目环境准入和主要污染物排放标准，设立环境资源交易所，完善排污权交易制度，推行主要污染物排污权交易。互相学习在建设项目环境准入方面的管理经验，探索建立城市群环保"黑名单"制度。加强应急联动机制合作，共同应对区域突发性生态环境问题。强化工作考评，将环境质量、污染物总量减排等相关生态文明指标统一纳入各级政府综合考核评价体系。

2. 探索生态补偿机制

按照"谁开发谁保护、谁受益谁补偿"的原则,在森林、湿地、流域水资源和矿产资源等领域,探索多样化的生态补偿方式,联合制定实施生态补偿条例。建立跨区域生态补偿基金,开展下游地区对上游地区、开发地区对保护地区、生态受益地区对生态保护地区的生态补偿试点,逐步在饮用水水源地、自然保护区、重要生态功能区、矿产资源开发和流域水环境保护等方面实行生态补偿。

3. 实施生态环境监管执法联动

加强环保执法队伍建设,形成环境保护部门统一监管、相关部门各负其责的环境执法机制。统一执法标准,严格执行主要污染物总量控制、环境影响评价、建设项目环保设施"三同时"、限期治理、区域流域行业限批、挂牌督办、环保后督察等制度。建立健全跨行政区的协商机制、仲裁机制、法律诉讼机制等纠纷调解机制。

六、推进社会公共服务一体化

加强教育、医疗卫生、文化、人力资源等方面的合作,努力破除行政区划、城乡二元体制的限制和障碍,构建资源要素优化配置、共建共享、流转顺畅、协作管理的社会公共事务管理机制,推动基本公共服务一体化,促进经济社会协调发展,形成人民幸福安康、社会和谐进步的良好局面。

(一) 加强教育合作交流

1. 整合资源,深化改革

把加强区域教育联动与深化教育改革紧密结合起来,力争在重点领域和关键环节取得突破,促进区域内教育质量整体提升。充分发挥人才、学科、科研等综合优势,主动适应长江中游城市群及武汉城市圈、环长株潭城市群、环鄱阳湖城市群等重点区域发展的新形势、新情况、新需求，加快培养急需人才、关键人才和复合型人才。

2. 联合办学，加强交流

推动武汉、长沙、南昌等地高等学校开展联合办学、课程互选、学分互认、教师互聘、学生访学、学科共建等多种形式的校际交流与合作。简化手续，推动高等院校毕业生在城市群内自主择业、就业和流动。建立未就业毕业生动态登记管理制度，完善毕业生就业手续相互认可办法，为毕业生供需提供更为便捷的服务。促进青少年体育和大众体育交流联合发展合格率事业。适当扩大武汉大学、华中科技大学、中南大学等名校在长江中游三省的招生指标。推进义务教育、职业教育、特殊教育的交流合作。鼓励中心城市优质教育资源到周边地区设立分校、分支机构。合力推动长江中游地区教育事业科学发展，为促进中部崛起提供强有力的智力支撑和人才保障。

（二）推进医疗卫生合作

1. 建立医疗卫生资源共享机制

鼓励各城市的大型综合性医疗卫生机构包括大型民营医疗机构跨区域布点，开展连锁经营。尽快实现城市群内同级医疗机构检查、检验结果互认，加快构建双向转诊机制。推动建设医学科研平台，在医学高科技领域开展联合攻关。

搭建互联互通的卫生信息平台，以电子病历、远程医疗、健康档案为核心，努力实现公共卫生、医疗服务、医疗保障、基本药物制度和综合管理等方面的信息资源互通共享。积极推动城市群内预约诊疗挂号统一平台建设。

2. 建立基本医疗保障政策对接机制

探索实施异地就医结算和"医保直通车"制度，实现区域内异地就医与本地就医同比例报销。推进建立新型农村合作医疗跨省结算机制，推动信息系统平台的互联互通，逐步实现参合农村居民信息资源共享、定点医疗机构互认和跨区域实时监管，建立参合患者异地就诊协同管理机制。

3. 建立血吸虫病联防联控机制

加强区域性和流域性血防工作，加快血吸虫病预防控制步伐，健全血吸虫病防治工作轮流值班制度、信息交流制度、联防联控联席会议制度和检查考核制度。在毗邻地区推进同步查、灭螺，同步查治病及扩大化疗，同步家畜管理，同步改水改厕，同步健康教育，同步疫情监测的"六个同步"的工作措施。

4. 建立突发公共卫生事件应对机制

加快建设互联互通的突发公共卫生事件信息决策指挥平台。充分利用现有卫生应急信息资源，建立统一、规范、完备的突发公共卫生事件及其相关信息监测系统，实现资源共享。推动突发公共卫生事件应急实验室网络建设，建立重点传染病、新发传染病监测技术、毒物检测技术资源共享机制。建立统一的标准化、信息化管理的卫生应急基本物资储备体系，逐步实现应急物资跨省调配。组建卫生应急专家库，建立不定期专家会商制度。

（三）共同推动文化繁荣

1. 开展文化事业合作

在舞台艺术精品交流演出、红色题材作品巡回展、演艺市场开发、文物保护利用、非物质文化遗产生产性保护等方面进行广泛深入合作。鼓励开展京剧和徽剧、汉剧、黄梅戏、花鼓戏等地方戏曲的交流，搭建相关平台，共同编排大型演出剧目。办好"中三角演艺联盟"、"中三角公共图书馆联盟"等。举办中三角群众文化艺术节，加强民间文化交流。加强文化市场综合执法能力建设。

2. 加大文化产业发展引导资金投入

加大资金投入，推动传媒合作、出版合作、动漫合作、会展合作。建立长江中游城市群会展联盟，共同做大做强"中部投资贸易博览会"、"中部文化产业博览会"、"华侨华人创业发展洽谈会"、"期刊交易博览会"、"世界低碳生态经济大会"等品牌，积极承办各种专题会议展览。

(四) 联合开发人力资源

1. 建立一体化的人才市场和劳动力市场

建立统一开放、功能完善、服务快捷的人力资源服务中心，积极探索并开展各项劳务合作活动，共同建立一批服务城市群的劳动力资源基地、就业培训基地，提高劳务输入输出的组织化程度和技能水平。制定统一的技能人才职业资格鉴定、职业标准。支持武汉办好华中劳动力市场。选取经济活跃区域建立人才特区，在人才培养、引进、利用等方面开展先行先试，共同把长江中游城市群建成全国知名的人才聚集地。

2. 推进社会保险自由流动

构建社会保障信息互通平台，推进区域间互联互通，建立一体化社会保障机制，加快推进社会保险政策对接，逐步统一区域内社保标准，促进社会保险关系转移、衔接政策，加快形成长江中游城市群同类社会保险关系在不同地区、不同单位之间和谐接续和合理转移。

3. 搞好区域劳动就业服务

构建长江中游城市群就业服务信息平台，探索一体化就业机制，加强公共就业服务专业化、制度化和社会化建设，促进统筹就业。加强劳动保障监察协查，形成跨地区办理举报案件的整体联动机制。支持县市工会组织在珠三角、长三角、京津冀地区联合为农民工维权。

七、推进区域合作一体化

(一) 与珠三角城市群合作

2009年12月26日武广高铁开通，极大地拉近了沿线城市之间的时空距离，促使沿线区域之间的人流、物流逐步加速，区域间的经济交往日益密切，区域合作向深度和广度迈进。

一是深化分工与合作，构建现代产业体系。武广高铁开通不久，武汉、广州两地旅游部门成立了高铁旅游联盟，沿线旅游景点建设、旅游推介会以及精品旅游路线层出不穷。要继续做好旅游合作的"文章"，共同构建区域性旅游网络和旅游品牌。同时，积极开展其他产业的分工与合作。通过政策规范，加快市场一体化进程，加大区域产业园建设，优化产业布局，促进产业有序转移，并且产业转移逐渐由承接式向提升式转变，坚持信息化与工业化融合发展，提升产业发展水平。

二是加强劳务合作，建立共同劳动力市场。一直以来，珠三角地区就是长江中游地区劳动力输出的重要目的地，三省农民工在珠三角地区有1000多万人。武广高铁沿线各市要大力推进共同劳动力市场建设，建立统一、协调的区域劳动就业政策，搭建区域劳务合作交流平台、加强跨省就业服务体系建设。建立三省劳动力调查协调机构，掌握农村劳动力剩余情况，劳动力转移流向、流量以及劳动力输出、输入地的供求状况，做好劳动力转移中长期规划。大力发展劳动力中介服务组织和建立职业介绍机构，形成包括信息咨询、职业介绍、就业培训在内的有机体系。同时，完善在珠三角农民工的维权机制。

三是完善政策环境，推进区域人才市场合作。武广高铁的营运，使沿线各市同城化趋势进一步加剧，人才共享和人才流动进一步加快。沿线各地政府要不断完善政策、丰富载体、营造环境，形成制度衔接、政策互惠、优势互补、利益互享的区域人才工作新格局，实现人才政策的互通共融。在制定人才政策时，要结合区域发展实际，加强沟通协作，发挥政府引导作用，积极推动多领域、多形式开展合作，不断提升合作层次，扩大合作领域。逐步建立区域人才资源开发、人才信息共享、人才共同培养的合作机制，要通过资源共享、政策协调和制度衔接，不断推进人才合作进程。

（二）与京津冀都市圈合作

2012年12月26日，京广高铁全线通车，武汉到北京最快只要4小时18分，长沙到北京也只需5个多小时。这为长江中游城市群与京津冀都市圈合作提供了非常优越的条件。

一是承接产业转移，优化资源配置。京津冀的总部经济指数、城市文化指数遥遥领先于长三角和珠三角地区，近来在城市经济、生活质量等方面优化加速，处于产业加快升级的过程中。针对京津冀经济圈的产业转移，长江中游城市群积极创造条件，围绕产业升级和培育新的经济增长点，积极吸纳资本、技术、人才、品牌等要素，明确构建现代产业体系的方向，加速壮大化工产业，大力振兴机械制造业，着力培育高技术产业，优先建立劳动密集型产业，加快提升农产品加工产业，积极发展与京津冀联系紧密的现代服务业等。

二是挖掘内需潜力，推动南北经济转型。国际金融危机爆发后，使得京津冀外向型经济受到严重冲击，如今面临着开拓国内市场的转型。长江中游地区是我国市场的腹地，扩大投资和消费空间巨大；湖北、湖南、江西均是全国重要的农业大省，农业人口比重较大，近年来国家出台一系列的强农惠农政策，增加农民收入，具有进一步扩大消费需求的条件。随着国家实行的重视内需型发展模式，长江中游地区必然成为扩大内需主战场之一，为京津冀经济转型提供较大的市场空间。

三是利用南水北调机遇，开展对口合作。湖北是南水北调中线工程调水区，京津冀是受水区。北京市已开展对湖北的对口援助，长江中游城市群应以此为契机，扩大与京津冀都市圈的合作，包括利用北京疏散非首都功能的机遇，承接更多的产业或其他职能的扩散。

(三) 与中原经济区合作

以河南为主体的中原经济区，地处长江中游城市群与京津冀都市圈之间。长江中游城市群可以依托京广线、焦柳线、京广高铁、京港澳高速和二广高速，利用毗邻的地缘优势，加强与其合作互补。

一是在粮食生产和农业发展方面的合作。长江中游地区和中原经济区都是国家重要的粮食产区，要在农业发展上相互学习，交流新农村建设经验。要加强粮食主产区基础设施建设合作，在全面提高公共服务水平、实施中低产田改造和粮食增产工程、开展基本农田保护补偿试点等方面加强合作，加快推进农业现代化进程，加大国家粮食储备、中转和交易中心建设，共同打造全国粮食生产交易核心区。

二是在能源原材料方面的合作。河南的煤炭和火电等资源优势，可以为长江中游城市群所用；而三峡水电也供河南使用，达到"水火"互补效果。长江中游城市群缺煤的状况由来已久，现正在新建蒙西至华中地区铁路煤运通道。该通道起自内蒙古西部，过境河南，终至江西省吉安市，线路全长1800多公里。湖北、湖南、江西应与河南通力合作，尽快建成这一大通道。

三是在现代装备制造、农副产品加工及高新技术产业方面的合作。长江中游城市群在装备制造、高新技术产业等领域上具有优势，可以带动河南相关产业的发展。而河南农副产品加工优势非常突出，长江中游地区应主动配合，支持其加快发展。

（四）与其他区域合作

长江中游城市群坐拥长江、京广两条国土开发主轴，同时还以中国经济地理中心的位置辐射海峡西岸经济区、北部湾经济区、关中天水经济区等地区。湖北、湖南、江西三省应携手并进，加强与这些区域的合作。

1. 加强与海峡西岸经济区合作

由于江西省上饶市、鹰潭市、抚州市、赣州市加入海峡西岸经济区，使长江中游城市群与海峡西岸经济区连成一片，江西也因此成为长江中游城市群与海峡西岸经济区合作的前沿地带。2013年9月10日，福建、江西两省政府签署《关于进一步加强赣闽两省港口经济合作和海铁联运的框架协议》，以加强构建海铁联运物流体系、合力争取政策支持、共同推进两省合作重大项目建设、建立健全合作长效机制等四个方面的合作。两省将共同打造至福州、莆田、宁德等港口的"五定班列"，实际上也为湖北、湖南开辟又一出海通道。

除此之外，海峡西岸经济区与台湾地区地缘相近、血缘相亲、文缘相承、商缘相连，具有对台交往的独特优势。长江中游城市群尤其是武汉是台商投资的重点地区，通过以海峡西岸经济区为桥梁和纽带，更有利于吸引更多的台商到中部地区投资，也有利于台湾的农产品、电子产品等销售到中部地区。因此，长江中游城市群与海峡西岸经济区的合作有非常光明的前景。

2. 加强与北部湾经济区合作

北部湾经济区包括广西南宁、北海、钦州、防城港四市，拥有西部12个省市区唯一的出海口。长江中游城市群与北部湾经济区地理邻近、经济互补，可以称之为"桥头堡"，将具有比较优势的产品出口到东盟等地区。

湖北、湖南早就开始与北部湾经济区合作。武汉钢铁（集团）公司与柳钢联合建设的钢铁基地项目就布局在防城港市企沙工业园区，湖南在钦州建有临港产业园。湖北、湖南科教等优势突出，可与广西加强在科研、人才等方面的合作；北部湾经济区大港口优势十分明显，湖北、湖南将借广西通道优势扩大对东盟等地区的开放。江西与广西也有较大的合作潜力。江西拥有众多竞争力强的大型骨干企业，资金和技术力量雄厚，经营管理经验先进；广西有色金属，农林等资源丰富，双方合作空间很大。同时，双方红色旅游资源丰富，可以优势互补，推动文化旅游产业共同发展。

3. 加强与关中天水经济区合作

关中天水经济区包括西安、咸阳、天水、铜川、渭南、商洛，它是继成渝经济区和北部湾（广西）经济区之后，国家在西部地区部署的第三个经济区。其核心西咸新区，是经国务院批准设立的首个以创新城市发展方式为主题的国家级新区。同样以创新城市发展方式为主题的武汉东湖高新区，刚刚获批的长沙湘江新区，以及正在积极申报的昌九新区，加强与西咸新区的交流，在创新驱动发展中有更大的作为。同时，关中天水经济区也一个跨省的经济区，陕西、甘肃联手发展的经验，也值得学习借鉴。

当前国家正在推动"一带一路"建设，其中丝绸之路经济带的主通道起点为陕西。2015年1月6日在北京召开推动长江经济带发展工作会议上，中共中央政治局常委、国务院副总理张高丽在会议上提出加强与"一带一路"战略之间的衔接互动，提升长江经济带开放型经济水平。作为长江经济带重要组成部分的"中三角",可以通过与关中天水经济区的合作,融入国家丝绸之路经济带大战略,将对内开放与对外开放有机结合,促进将"中三角"打造成为具有国际影响的世界级城市群。

本报告为国家社科基金重大项目"长江经济带重大战略研究"(批准号 2015MZD041)和 2015 年湖北省社科基金重点项目"建设长江中游城市群,打造中国经济增长'第四极'研究"的阶段性成果

报告撰稿人: 秦尊文　湖北省社会科学院副院长、研究员、博士生导师

张　宁　湖北省社会科学院长江流域经济研究所助研

湖北省区域创新能力现状及影响因素分析

林 洪 等

自 20 世纪 90 年代以来，区域创新能力逐渐受到社会的广泛关注。从理论上讲，区域创新能力指标能衡量创新资源分配，突出创新在区域发展中的地位，明确各因素在区域创新中的作用。深入分析和评价区域创新能力，能为平衡地区创新资源配置提供依据，为政府的创新政策支持、规制模式等相关研究提供支撑，更好地发挥地方政府在产业升级和经济发展方式转变中的能动作用。

一、湖北省区域创新能力现状

（一）综合排名

本文根据《中国区域创新能力评价报告》（以下简称《报告》）指标评价体系对湖北省近 5 年的区域创新能力进行评价分析，数据来源分别是 2009 年至 2013 年公开出版的统计年鉴和政府报告。从《报告》中得到湖北省区域创新能力综合效用值，图 1 为湖北省近 5 年来综合效用值在全国的排名情况。

从图 1 中可以看出，五年来湖北省区域创新能力全国排名呈波动变化，整体上基本持平。在五年统计中，创新能力综合指标排名最高的是 2012 年，湖北省首次进入全国前十；2013 年创新能力综合指标排名第 12 位，较上年降 2 位。

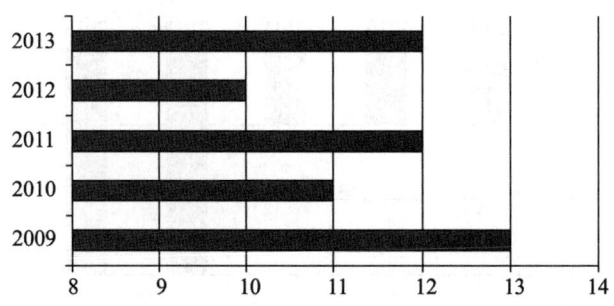

图1 湖北省五年区域创新能力综合指标排名情况

(二) 主要指标排名

区域创新能力指标体系由5个一级指标、20个二级指标、114个三级指标组成。其中一级指标包括知识创造、知识获取、企业创新、创新环境和创新绩效,《报告》中定义其权重分别为0.15、0.15、0.25、0.25、0.20,企业创新和创新环境对区域创新能力综合效用值影响最大。

1. 知识创造现状

知识创造能力二级指标包括研究开发投入综合指标、专利综合指标和科研论文综合指标。对湖北省五年来知识创造总体进行对比,其综合指标排名如图2所示。五年来知识创造能力的三个二级指标排名如图3所示。

湖北省一级指标知识创造能力综合排名明显下滑,2012—2013年较前三年下滑两位。在二级指标中,湖北省科研论文指标五年来总体处于下降趋势,但2013年比上年有明显提高;研究开发投入五年来基本持平,在11、12名波动;专利指标值五年来总体呈现上升趋势,但2013年比上年排名下降2位,但高于2009年和2010年。

2. 知识获取现状

知识获取能力二级指标包括科技合作综合指标、技术转移综合指

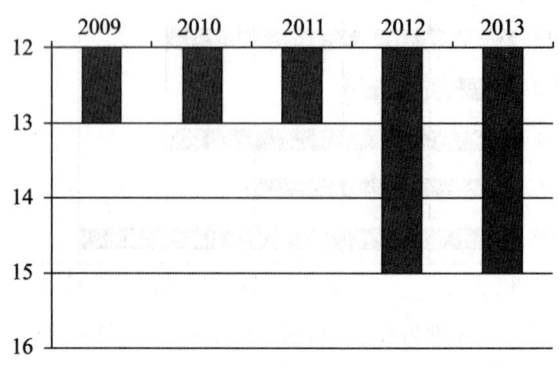

图2 湖北省五年知识创造综合指标排名

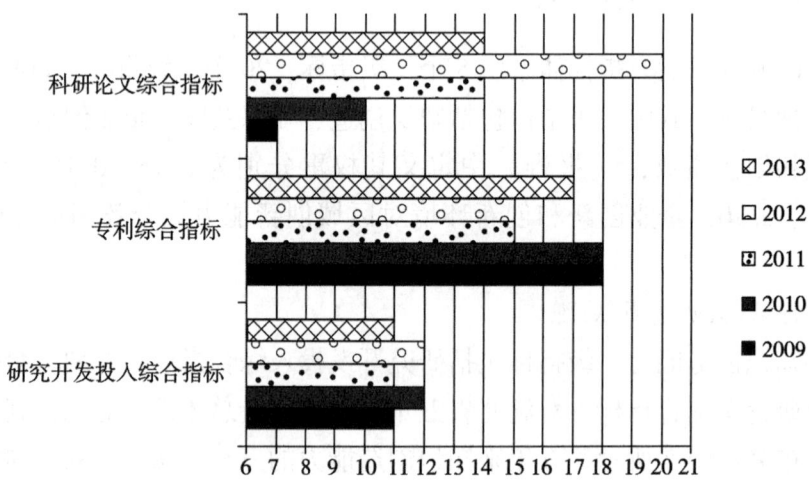

图3 湖北省知识创造二级指标排名（2009—2013年）

标、外资企业投资综合指标。

湖北省五年知识获取综合指标排名如图4所示，知识获取能力排名五年来总体呈现上升趋势，由2012年的14位提高至2013年的11位，进步显著。湖北省知识获取能力的三个二级指标五年来排名如图5所示，知识获取能力的提升主要是由于技术转移能力较上年有所提升，科技合作和外资企业投资与上年相比基本持平，其中外资企业投资五年来在缓慢进步，而科技合作略有下降。

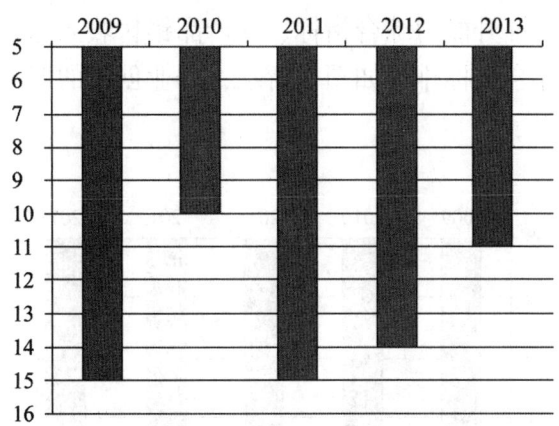

图4 湖北省五年知识获取综合指标排名

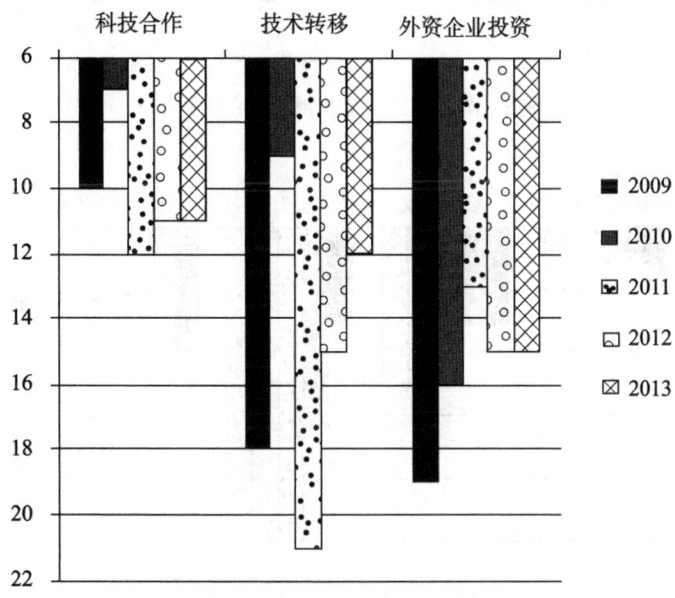

图5 知识获取二级指标排名（2009—2013年）

3. 企业创新现状

企业创新能力二级指标包括企业研究开发投入综合指标、设计能力综合指标、技术提升能力综合指标、新产品销售收入综合指标，湖北省五年企业创新综合指标排名如图6所示，企业创新的四个二级指标五年来排名如图7所示。

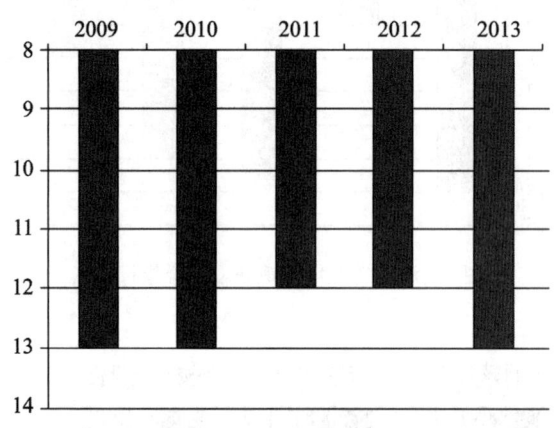

图6　湖北省五年企业创新综合指标排名

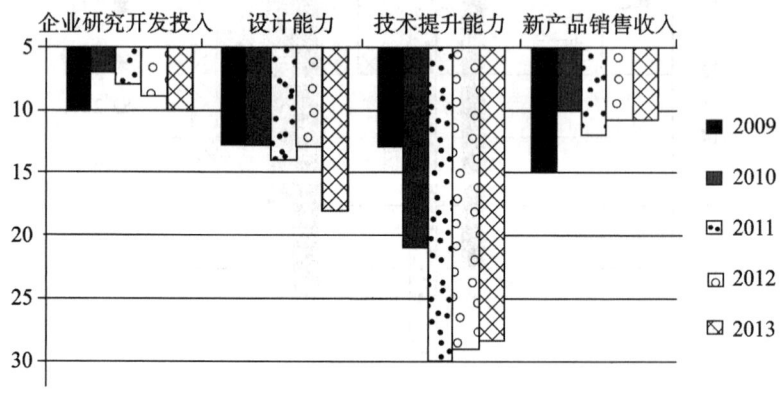

图7　企业创新二级指标排名（2009—2013年）

从图6中看出，湖北省企业创新能力排名较上年有所下滑，下降幅度不大，五年来稳定在 12、13 名。在图 7 中，二级指标中除新产品销售收入上升外，设计能力、企业研究开发投入、技术提升能力三个指标均呈现明显下降趋势。其中湖北省技术提升能力本年排名虽明显低于 2009 年、2010 年，但近三年来有进步趋势。

4. 创新环境现状

创新环境能力二级指标包括创新基础设施综合指标、市场环境综合指标、劳动者素质综合指标、金融环境综合指标、创业水平综合指标，湖北省五年创新环境综合指标排名如图 8 所示，创新环境能力的五个二级指标五年来排名如图 9 所示。

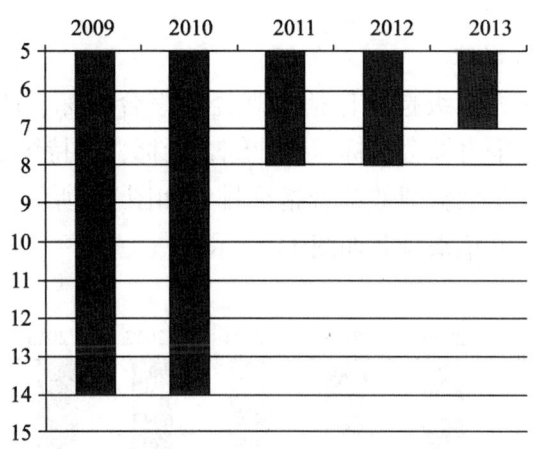

图 8　湖北省五年创新环境综合指标排名

从图 8 中看出，湖北省创新环境排名五年来呈现显著进步趋势，2013 年与上年相比上升 1 名，但与 2009 年、2010 年相比上升了 7 名。大部分二级指标与上年持平，五年整体保持稳中有升，其中创新基础设施五年进步显著，但 2013 年与上年相比反而下降了 1 名；市场环境和劳动者素质基本持平；而金融环境水平低于前两年，本年与上年相比有较大幅度下滑。

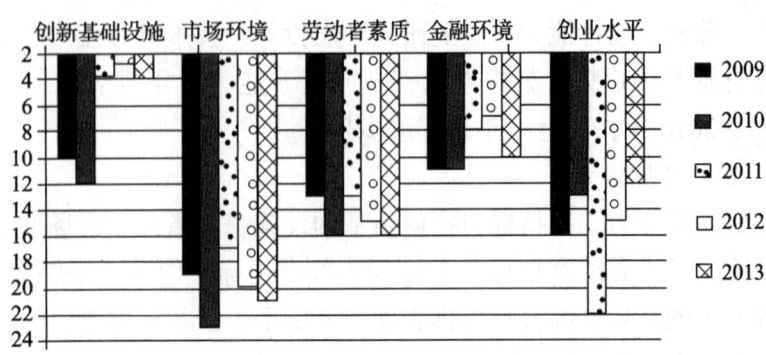

图9 创新环境二级指标排名（2009—2013年）

5. 创新绩效现状

创新绩效能力二级指标包括宏观经济综合指标、产业结构综合指标、产业国际竞争力综合指标、就业综合指标、可持续发展与环保综合指标，湖北省五年创新绩效综合指标排名如图10所示，创新绩效能力的五个二级指标五年来排名如图11所示。

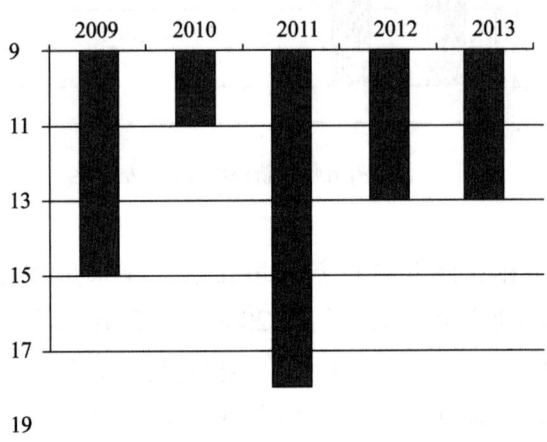

图10 湖北省五年创新绩效综合指标排名

从图10中可知，湖北省创新绩效2013年排名与上年持平，五年来

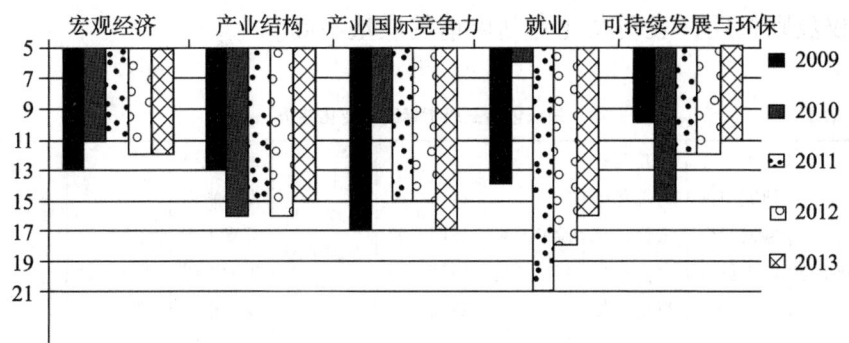

图 11 创新绩效二级指标排名（2009—2013 年）

波动幅度较大，但总体呈现稳中有升。从图 11 中可看到，湖北省创新绩效二级指标波动不大，宏观经济指标、产业结构指标、可持续发展与环保指标变化幅度均在 1 名上下。产业结构、就业、可持续发展与环保与上年相比都有 1~2 名的进步；宏观经济与上年无变化；产业国际竞争力下降 2 名；就业指标近三年有小幅度进步趋势，与 2009 年、2010 年相比排名相差较大。

二、湖北省区域创新能力影响因素分析

（一）知识创造因素

近年来，在知识创造能力方面，将 18 个三级指标作为基础的衡量指标，见表 1。对五年湖北省的数据进行对比分析，知识创造能力基本保持稳定。科技论文数、专利申请数、受理数和政府研发投入经费总量每年都保持上升趋势，但是其增长率较往年反而有所下降，表示湖北创新发展进入了瓶颈时期，发展速度减缓。而政府研发投入占 GDP 的比例、国内论文和每百万人平均发明专利授权数这 3 个三级指标有所下降，下降幅度不大。其中政府研发投入总量虽然提高了，但是增幅低于

GDP 提升，则政府研发投入占比反而下降。而专利申请和受理量增加，授权数则相反，表明湖北专利申请的质量不高。

表1 知识创造三级指标五年变化趋势

上升指标	研究与试验发展全时人员当量（人年）	每万人平均研究与试验发展全时人员当量（人年/万人）	政府研发投入（亿元）	发明专利申请受理数（件）	每十万人平均发明专利申请受理数（件/十万人）	每亿元研发经费内部支出产生的发明专利申请数（件/亿元）	发明专利授权数（件）	国际论文数（篇）
持平指标	研究与试验发展全时人员当量增长率(%)	政府研发投入占GDP比例(%)	每百万人平均发明专利授权数（件）	国内论文数量增长率(%)	国际论文数量增长率(%)			
下降指标	政府研发投入增长率(%)	发明专利申请受理数增长率(%)	发明专利授权数增长率(%)	每亿元研发经费内部支出产生的发明专利授权数（件/亿元）	国内论文数（篇）			

（二）知识获取因素

在知识获取能力方面，将21个三级指标作为基础的衡量指标，见表2。对五年湖北省的数据进行对比分析，知识获取能力水平大幅度提高，排名由上年的14名进步至11名。三级指标中，规模以上工业企业购买国内技术经费支出由上年40612.4万元增长至76636.6万元，排名跃居全国第六。另外，国内技术成交金额、技术市场交易额和高校和科研院所研发经费内部支出额中来自企业的资金等技术转移指标都有大幅度提升。但是，规模以上工业企业国外技术引进金额、规模以上工业企业平均国外技术引进金额比上年减少了15%以上，对知识获取综合指标有所影响。

表2　　　　　知识获取三级指标五年变化趋势

上升指标	作者同省异单位科技论文数（篇）	作者异省合作科技论文数（篇）	作者异省科技论文数增长率（%）	作者异国科技论文数增长率（%）	高校和科研院所研发经费内部支出额中来自企业的资金（万元）	高校和科研院所研发经费内部支出额中来自企业资金的比例（%）	高校和科研院所研发经费内部支出额中来自企业资金增长率（%）	
	技术市场交易金额（按流向）（万元）	技术市场企业平均交易额（按流向）（万元/项）	规模以上工业企业国内技术成交金额（万元）	规模以上工业企业平均国内技术成交金额（万元）	规模以上工业企业国内技术成交金额增长率（%）	外商投资企业年底注册资金中外资部分（亿美元）	人均外商投资企业年底注册资金中外资部分（万美元）	
持平指标	同省异单位科技论文数增长率（%）	作者异国合作科技论文数（篇）	规模以上工业企业国外技术引进金额（万元）	规模以上工业企业平均国外技术引进金额（万元/项）	规模以上工业企业国外技术引进金额增长率（%）			
下降指标	技术市场交易金额的增长率（按流向）（%）	外商投资企业年底注册资金中外资部分增长率（%）						

（三）企业创新因素

在企业创新能力方面，将24个三级指标作为基础的衡量指标，见表3。对五年湖北省的数据进行对比分析，总体指标值有所下降。其中三级指标企业研发人员数、实用新型专利申请数、新产品销售收入等指标有小幅度提升。而设计能力指标由上年的第13位下滑至第18位，企业就业人员中研发人员比重、企业技术改造经费支出、实用新型专利及外观设计专利申请增长率均较上年同期有大幅下滑。每十万人平均外观设计专利申请数下降幅度甚至达到50%。

表3　　企业创新三级指标五年变化趋势

上升指标	规模以上工业企业研发人员数(万人)	规模以上工业企业研发活动经费内部支出总额(万元)	规模以上工业企业有研发机构的企业数(个)	规模以上工业企业中有研发机构的企业占总企业数的比例(%)	实用新型专利申请数(件)	每十万人平均实用新型专利申请数(件/每十万人)
	规模以上工业企业研发经费外部支出(亿元)	规模以上工业企业技术改造经费支出增长率(%)	规模以上工业企业新产品销售收入(亿元)	规模以上工业企业新产品销售收入占总销售收入的比重(%)		
持平指标	规模以上工业企业就业人员中研发人员比重(%)	规模以上工业企业研发人员增长率(%)	规模以上工业企业研发活动经费内部支出总额占总销售收入的比例(%)	规模以上工业企业有研发机构的企业数量增长率(%)	实用新型专利申请增长率(%)	规模以上工业企业平均研发经费外部支出(万元/个)
	规模以上工业企业研发经费外部支出增长率(%)	规模以上工业企业新产品销售收入增长率(%)				
下降指标	规模以上工业企业研发活动经费内部支出总额增长率(%)	外观设计专利申请数(件)	每十万人平均外观设计专利申请数(件/十万人)	外观设计专利申请增长率(%)	规模以上工业企业技术改造经费支出(万元)	规模以上工业企业平均技术改造经费支出(百万元/个)

（四）创新环境因素

在创新环境方面，将37个三级指标作为基础的衡量指标。对五年湖北省的数据进行对比分析，总体指标值呈现上升趋势，上升幅度不大。三级指标中，电话用户减少，网络用户增加，居民消费水平、教育经费支出都有所提升，新增了21%的高技术企业，创业水平有显著提升。湖北省一直以来重视教育事业，对教育的投资逐年提升，6岁以上人口中大专以上学历比例增长显著。国家创新基金获得资金下降17%，金融水平不如往年。创新环境三级指标五年变化趋势，见表4。

表4　　　　　　　　　创新环境三级指标五年变化趋势

上升指标	国际互联网络用户数(万人)	每百人平均国际互联网络用户数(人/百人)	居民消费水平(元)	教育经费支出(亿元)	对教育的投资占GDP的比例(%)	6岁及6岁以上人口中大专以上学历所占的比例(%)	规模以上工业企业研发经费内部支出额中获得金融机构贷款额(万元)
	规模以上工业企业研发经费内部支出额中平均获得金融机构贷款额(万元/个)	高技术企业数(家)		高技术企业数占规模以上工业企业数比重(%)			
持平指标	居民消费水平增长率(%)	对教育的投资的增长率(%)	6岁及6岁以上人口中大专以上学历人口数(抽样数)(人)	平均每项国家创新基金获得资金(万元/项)	国家创新基金获得资金增长率(%)	规模以上工业企业研发经费内部支出额中获得金融机构贷款增长率(%)	高技术企业数增长率(%)

续表

下降指标	电话用户数（万户）	每百人平均电话用户（户/百人）	国际互联网络用户数增长率(%)	6岁及6岁以上人口中大专以上上学历人口增长率(%)	国家创新基金获得资金（万元）	

（五）创新绩效因素

在创新绩效方面，将29个三级指标作为基础的衡量指标，见表5。对五年湖北省的数据进行对比分析，总体指标值与上年持平。GDP、第三产业增加值、信息产业主营业务收入、出口额等增幅在10%左右，科技水平推动经济实力提升。而高技术产业就业人数及其在总就业人数中的比例也有小幅度的增长。随着科技发展，能耗和工业污染物反而降低，表明政府在发展高新科技的同时也注重环境保护。

表5　创新绩效三级指标五年变化趋势

上升指标	地区GDP（亿元）	人均GDP水平(元)	第三产业增加值（亿元）	第三产业增加值占GDP比重(%)	信息产业主营业务收入（亿元）	信息产业主营业务收入占GDP比重(%)	高技术产业主营业务收入（亿元）	高新技术产业主营业务收入占GDP的比重(%)
	城镇登记失业率增长率(%)	高技术产业就业人数(万人)	高技术产业就业人数占总就业人数的比例(%)	万元地区生产总值能耗（等价值）下降率(%)	电耗总量（亿千瓦时）			
持平指标	地区GDP增长率(%)	第三产业增加值增长率(%)	高新技术产业主营业务收入增长率(%)	出口额的增长率(%)	高技术产业就业人数增长率(%)	电耗总量增长率(%)	工业污水排放总量（万吨）	工业污水排放总量增长率(%)

续表

下降指标	信息产业主营业务收入增长率(%)	出口额(亿美元)	出口额占GDP比重(%)	城镇登记失业率(%)	万元地区生产总值能耗(等价值)(吨标准煤/万元)	每万元GDP电耗总量(千瓦时/万元)	每万元GDP工业污水排放量(吨/万元)	废气中主要污染物排放量增长率(%)

三、湖北省与其他省份比较分析

(一) 湖北省与安徽省的比较分析

将湖北省和安徽省五年数据进行比较,如图12所示。

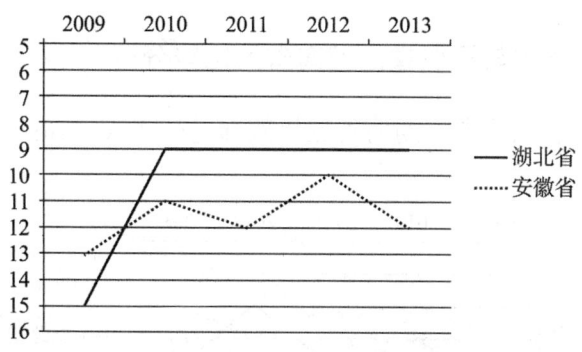

图12 湖北省与安徽省排名比较(2009—2013年)

从图12可知,2009年安徽省排名略低于湖北省,2010年安徽省反超湖北省2位,之后三年一直保持全国第九的成绩;湖北省排名波动较大,五年来最好成绩是2012年全国第10名。对湖北、安徽两省2009年和2010年的三级指标进行比较分析,找出三级指标中2009年、2010年湖北与安徽有明显排名变化的指标项,见表6。

表6　安徽2009年低于湖北而2010年高于湖北的三级指标列表

序号	三级指标内容
1	研究与试验发展全时人员当量增长率（%）
2	政府研发投入增长率（%）
3	外观设计专利申请数（件）
4	每十万人平均外观设计专利申请数（件/十万人）
5	外观设计专利申请增长率（%）
6	规模以上工业企业技术改造经费支出增长率（%）
7	电话用户数（万户）
8	国家创新基金获得资金增长率（%）
9	信息产业主营业务收入增长率（%）
10	万元地区生产总值能耗（等价值）下降率（%）
11	每万元GDP工业污水排放量（吨/万元）
12	工业污水排放总量增长率（%）

（二）湖北省与福建省、湖南省的比较分析

将湖北省和福建省、湖南省五年数据进行比较，如图13所示。

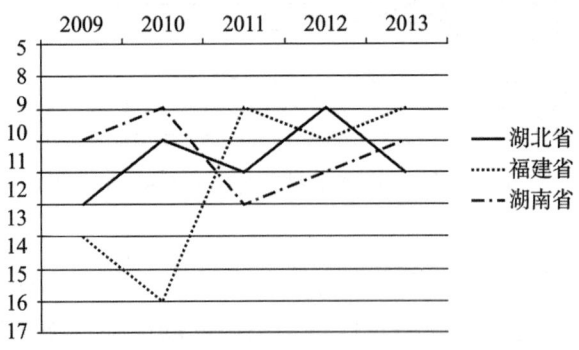

图13　湖北省与福建省湖南省排名比较（2009—2013年）

从图13可知，三省排名波动较大，五年来湖北省有三年排名高于

福建省，两年高于湖南省，2012年在三者中居于首位。2012—2013年，福建省、湖南省反超湖北省的指标项如表7、表8所示。从表7可看出，福建省2013年比上年在技术转移和金融环境上有较大进步。从表8可知，湖南省2013年在专利申请、信息产业和高技术产业上有较大进步。

表7　福建2012年低于湖北而2013年高于湖北的三级指标列表

序号	三级指标内容
1	技术市场交易金额（按流向）（万元）
2	技术市场交易金额的增长率（按流向）（%）
3	规模以上工业企业国外技术引进金额增长率（%）
4	外观设计专利申请数（件）
5	规模以上工业企业平均技术改造经费支出（百万元/个）
6	进出口总额增长率（%）
7	国家创新基金获得资金（万元）
8	国家创新基金获得资金增长率（%）
9	规模以上工业企业研发经费内部支出额中平均获得金融机构贷款额（万元/个）
10	规模以上工业企业研发经费内部支出额中获得金融机构贷款增长率（%）
11	每万元GDP工业污水排放量（吨/万元）

表8　湖南省2012年低于湖北而2013年高于湖北的三级指标列表

序号	三级指标内容
1	规模以上工业企业有研发机构的企业数量增长率（%）
2	外观设计专利申请数（件）
3	每十万人平均外观设计专利申请数（件/十万人）
4	电话用户数（万户）
5	市场中介组织的发育和法律制度环境
6	6岁及6岁以上人口中大专以上学历人口增长率（%）

续表

序号	三级指标内容
7	规模以上工业企业研发经费内部支出额中获得金融机构贷款增长率（%）
8	信息产业主营业务收入（亿元）
9	信息产业主营业务收入占GDP比重（%）
10	高新技术产业主营业务收入（亿元）
11	高新技术产业主营业务收入占GDP的比重（%）
12	高技术产业就业人数（万人）
13	高技术产业就业人数占总就业人数的比例（%）
14	电耗总量增长率（%）
15	工业污水排放总量增长率（%）

四、制约湖北省区域创新能力的因素分析

影响区域创新能力的原因是多样的，其中制约湖北省区域创新能力提升的主要因素有以下几点。

（一）科研投入水平

湖北省科研投入在近些年来虽说是不断增加，但与其他省市相比增幅不大。研发投入强度作为一项指标来衡量某一地区的科技投入水平，较高的强度则代表科研水平提升，反之则相反，这是科技创新能力的根本体现。湖北省在科研投入方面，主要有以下问题：投入结构不合理，技术引进不足，各级科研项目投入不合理。

（二）人力资源水平

科技发展的根本是营造科技人才的氛围，但是湖北人才培养与管理机制、激励机制都不完善，严重制约了湖北省科技创新发展。湖北省科技创新人才方面，主要有以下问题：缺乏高层次创新人才，研发人员分

布不合理，科技普及程度达不到预期。

（三）企业研发水平

企业是推进科技创新的主体，同时也是科技创新人才开发和培养的载体。湖北省高新技术企业发展幅度低于预期，规模以上企业拥有研发团队的数量较少，研发活动经费和技术改造经费不足以支撑企业开发出具有市场竞争力的创新产品。

（四）科技成果转化水平

湖北省最近几年的科学技术研究成果增长迅速，论文和专利产出速度较快，但专利受理、授权和购买的比例较低。湖北省在科技成果转化上存在以下问题：科技成果不具有商业转化价值，科技成果在实际中无法实现，银行等金融机构不受理科技产品贷款等。

课题负责人： 林　洪　湖北省科技信息研究院副研究员
报告撰稿人： 林　洪　涂　瑜　盛建新　范欲晓

湖北省优化高成长性企业发展环境研究

武汉大学发展研究院课题组

近年来,湖北省高成长性企业发展较快,对区域经济社会发展做出了贡献。在我国深化改革、加快产业结构调整优化的背景下,湖北省面临新的发展机遇和挑战,必须进一步优化高成长性企业发展环境。

一、高成长性企业发展的理论基础

(一) 高成长性企业的概念内涵

"成长性"的概念来源于生物学,一般指生物有机体由小到大发展的机制和过程,后来被引入经济学用于解释企业发展。"成长性企业"的概念最早可以追溯到1776年亚当·斯密用分工的规模经济利益来解释企业成长问题。1890年,成长性企业首次被经济学家马歇尔提出。此后,科斯、赖本斯坦等经济学家分别对成长性企业进行了概念界定,佩罗兹奠定了成长性企业研究的理论基础。OECD与欧盟统计局对高成长性企业进行了官方认定,提出高成长性企业是那些成立时间不超过5年,至少拥有10名以上员工,且3年期间营业额或雇员数量的平均年增长率超过20%的企业。

美国硅谷是最早关注高成长性企业并开展跟踪研究的地区。由民间智库Joint Venture和硅谷社区基金会联合发布的《硅谷指数》,从一开始就把硅谷的高成长性企业数量作为评价硅谷创业活力和经济景气程度的重要指标。《硅谷指数》提出了硅谷高成长性企业的界定标准:起始年收入不低于100万美元，且连续3年增长率不低于20%。2003年7月，北京中关村正式实施"瞪羚计划"，高成长性企业开始受到国内重视。

综合比较国内外研究成果，本研究运用企业生命周期理论，以企业在不同发展阶段的成长速度作为判断企业类型的关键要素，认为高成长性企业就是已进入成长期中高速成长阶段的中小企业。

（二）高成长性企业的典型特征

由于高成长性企业已经跨越种子期和创业期，一般都形成了自己的经营模式，依靠自身特色与优势不断扩大市场份额，销售收入不断增加，销售区域不断扩展，在一个业务领域得到快速发展，企业规模和利润成倍数增长。与传统工业经济时代的普通企业相比，互联网经济时代的高成长性企业具有六个显著特征。

一是企业成长速度快，年增长率高。高成长性企业跨越"创业死亡谷"后，往往会呈现非线性的井喷式、裂变式增长，实现企业的超常规发展和快速壮大。美国《财富》杂志从1991年开始，每年在美国上市公司中评选"100家增长最快的企业"，2014年上榜的前50家企业每股收益过去3年年均增长率平均达到92.6%，其中上榜前10名的企业每股收益平均增幅高达133.7%。在"2014德勤高科技高成长中国50强"榜单中，排名前5位的企业3年平均收入增长率高达6250%，全部50家上榜企业3年累计平均收入增长率达1076%，增幅比2013年高出1倍以上。

在互联网经济时代，高成长性企业的超常规成长并不仅仅体现在销售收入、利润、雇员数、市场份额、市值等传统经济指标上，而是更有可能反映在包括用户数量、每月访问量、流媒体播放量、平台交易额、获得风险资本额、公司估值等多个具有行业特征的指标。例如，著名互联网企业大众点评在2010年推出团购业务后，团购销售额2013年突破100亿元，3年平均增长率高达447%；另一互联网企业唯品会自2008年成立以来，实现2009—2013年活跃用户数量和订单量复合增长

296.6%和414.9%，2014年上半年已分别达到1670万人次和4650万份。

二是企业成长历程短。高成长性企业在创业过程中试错成功后，就能实现几倍、几十倍甚至百倍的增长速度，比传统企业更容易做大企业规模并形成行业影响力。移动互联网、生物医药、电子商务、在线教育等新兴产业领域出现的一些高成长性企业，往往能在十几年甚至几年之内就达到传统企业需要几十年才能达到的成长规模。例如，新浪微博从2009年成立后快速发展成为中国第一大社交圈，2014年12月的活跃用户为1.67亿，2014年4月在美国纳斯达克上市后，首日上涨超过19%，市值达到41亿美元，已超过新浪公司的市值；乐视网创办第六年在创业板上市，市值最高达到400亿元人民币；奇虎360创办第六年上市，目前市值120亿美元；唯品会创办第五年上市，目前市值130亿美元。研究表明，美国硅谷每3～5年就会出现一个具有全球影响力的高科技大企业；北京中关村也有一些优秀企业创立仅三五年，收入规模就超过了50亿元。比如小米公司成立至今仅4年时间，2014年上半年营业收入约为53.1亿美元，比2013年同期增长了150%左右，全年营收更超过100亿美元。

三是企业创新能力强。高成长性企业往往拥有在行业中独占鳌头的核心竞争力，无论在技术、商业模式还是产业组织方面，都具有强大的创新能力。高成长性企业在激烈的市场竞争中突出重围的唯一出路，就是通过研发原创性技术、拥有创新领军人才、保持高强度的研发投入等寻找在市场中的位置。中关村2014年高成长性企业榜单中，超过50%的企业拥有国家"千人计划"专家，其中乐金电子、保诺科技、康龙化成的研发投入强度分别达92.2%、75.3%和86.6%。

高成长性企业的创新能力特别体现在商业模式创新方面，通过独特的商业模式、设定新的游戏规则、合并细分市场、整合顾客需求等方式进行价值创新。比如，凡客诚品自2007年10月成立以来，加速颠覆传统商业模式，即不开设线下门店，将生产物流全部外包以缩减成本，通过IT技术及互联网串起上下游产业链，利用信息流指挥合作伙伴，并将库存分散给合作伙伴，使自己的库存量降到最低，构架出"轻资产运营模式"。2009年，凡客诚品以三年29576.86%的销售收入增长率获得当年"德勤高科技高成长亚太区500强"第一名①。

四是善于把握细分市场。高成长性企业往往从价值链高端切入，通过产业细分和"集中一点"的战略，在价值链分解及融合的过程中找到自身切入点，并获取立身之地及竞争优势。例如，北京碧水源公司自成立即专注于水处理技术及产品，先后开发出拥有完全自主知识产权的膜生物反应器污水资源化技术，先后解决了膜生物反应器三大国际技术难题，将我国膜生物反应器技术打进世界前三强，成为我国膜生物反应器技术大规模应用的奠基者。该公司于2010年在我国创业板上市，一度成为创业板股价最高的上市公司之一。

五是业态创新活跃。高成长性企业通过不断创造新产品、新技术、新服务和新市场，成为产业生态体系中打破平衡态、推动业态创新的主力军。比如，唯品会在电商行业中主打正品特卖，创造了一个针对服务主打尾货商品的电子商务新业态，激活了服装产业链；奇虎360在2005年首开免费杀毒的先河，开启了网络安全领域的免费时代。

六是区域聚集明显。高成长性企业发展与产业发展阶段和区域经济环境密切相关。从硅谷高成长性企业的发展数据看，高成长性企业更容易出现在创新创业活跃的区域和产业集群内部，并在相关产业的特定发展时期内呈现群体性爆发式增长。换言之，高成长性企业并不是在任何产业的任何时期或任一区域都能出现，而是需要相对特殊的"经济土壤"。目前，我国中关村、深圳、张江和东湖等国家自主创新示范区都出现了高成长性企业集中爆发的态势。例如，中关村的电子信息产业集群具有全球影响力，在北京地区50家创业板上市公司中有25家是电子信息企业；武汉东湖的光电子信息产业发展具有世界领先水平，在

---

① 2014年以来，凡客诚品的经营遇到较大困难，目前已退出高成长性企业的行列。此处引用凡客诚品的例子，仅用于说明其处于高速成长阶段的发展状况。凡客诚品的兴衰充分说明高成长性企业依然脆弱。

2014年"德勤-光谷高成长企业20强"中，有6家企业入选"德勤高科技高成长中国企业50强"。

（三）高成长性企业的发展环境

发展环境是各种影响企业生存与发展因素的总称。环境既为企业运行提供必要条件，又对企业活动起制约作用。那些善于适应环境、预知环境、把握机会的企业往往具有更强的成长性。劳伦斯·温齐默通过对快速成长企业的长期研究后指出，成长型企业前瞻性地预见环境的变化，它们驱动市场；而普通企业对环境变化是反应性的，它们被市场驱动。

高成长性企业的发展必然要与环境进行物质、能量与信息的交换。这里的环境包括硬环境和软环境。硬环境包括科技园区、配套设施、孵化器（加速器）、自然生态环境等；软环境包括政策支持、投融资服务、中介服务、人才供给、市场环境、创新氛围、产业配套等（见图1）。无论是硬环境还是软环境，都对高成长性企业发展具有重要影响。高成长性企业在各类环境要素中整合资源，在知识的流动和传播下不断进行知识创新与技术创新，就能够不断形成新的增长点。

大量中小企业经过艰苦创业跨过"创业死亡谷"，实现科研成果向工业化生产转化后，通常会进入以扩大市场份额为主要目标的高速成长时期。这一时期可进一步细分为三个阶段：第一是推广阶段——核心是市场，将产品完全投入市场，克服市场壁垒，抢占市场份额；第二是改进阶段——跟踪技术进展，不断改进产品功能、技术工艺以及管理制度，形成行业标准；第三是扩张阶段——生产能力已经形成，销量大幅增加，内部管理逐步规范，引入大量人才，实现高速增长，确立行业优势地位。然而，处于成长阶段的高成长性企业依然比较脆弱，能否长期生存仍有较大的不确定性。此时，企业面临的技术风险和财务风险大为降低，主要风险变成企业正常运作的管理风险以及市场环境变动带来的市场风险。高成长性企业稍有不慎就会掉进"衰退陷阱"，甚至出现发展停滞现象。

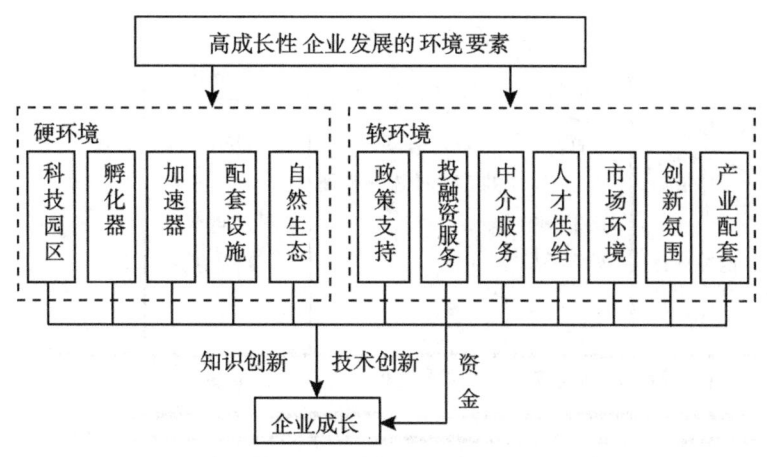

图1　高成长性企业发展环境的构成要素

因此，高成长性企业需要在成长阶段，提前通过管理创新、组织创新、技术创新、产品创新以及市场创新等进入"二次创业"，避免走向衰退。这其中，除了人才、知识、政策等贯穿于企业发展不同阶段的要素外，增强发展后劲的技术研发、提供发展杠杆的创业投资、实现营收的市场推广应用、决胜市场竞争的管理治理、满足扩大再生产的资源供给等，都成为高成长性企业加速发展的关键（见图2）。可见，在高成长性企业成长环境的构成要素中，政策支持环境、投融资环境、社会服务环境、创新文化环境和人才环境对企业成长影响最大。

1. 政策支持是高成长性企业持续成长的前提条件

相对于环境这个庞杂的系统，高成长性企业自身的力量是微不足道的，政府政策在提高企业环境适应力方面发挥着积极作用。具体表现在：强化高成长性企业与金融机构的密切配合，规范高成长性企业的诚信评价体系，积极为高成长性企业创新提供融资担保；健全中介服务体系，培养高素质的创业投资类中介机构，协助高成长性企业准确判断和把握市场信息；完善知识产权保护制度，建立与科技、经济紧密结合的知识产权保护战略；为高成长性企业提供法制保障，营造

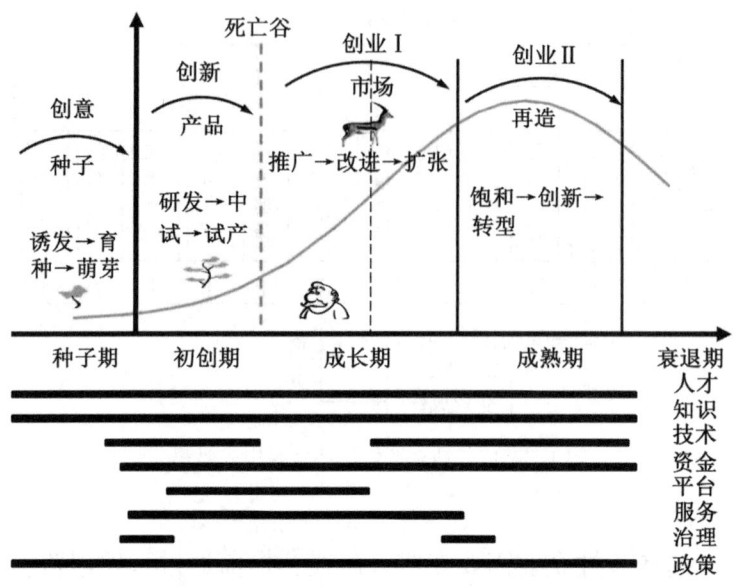

图 2　企业生命周期及关键成长因素

公平竞争氛围等。

2. 金融资本是高成长性企业持续成长的基本动力

高成长性企业在投融资服务需求上具有特殊性，通常以股权融资为主，其长期债务比例和现金红利支付率都非常低。企业不仅要考虑低成本的问题，而且要考虑如何与企业的经营现金流入风险匹配、保持财务灵活性和良好的资信等级，这就需要更大规模的融资，需要更多与社会资本对接的机会。

3. 社会服务是高成长性企业持续成长的促进因素

高成长性企业发展壮大后，虽然暂时不能成为大企业，但对资金、管理、人力资源等需求迅速提升，专门针对种子期和初创期的孵化器已不能满足其需求。高成长性企业对于物理空间，特别对标准厂房等硬件基础设施的品质要求越来越高，对配套服务设施诸如基本生活设施、生产服务设施、商务商贸设施和人居环境等也有更高的要求。因此，需要有更加完善的社会服务环境来帮助高成长性企业开发自身的知识和能力，有效识别机会并整合内外部资源。

4. 人力资本是高成长性企业快速成长的关键保障

高成长性企业需要不断有新的产品构想、新的经营理念、新的管理模式产生，因此人力资源是其最活跃、最具有创造力的生产要素。高成长性企业的经营者（许多也是创业者）自身素质在很大程度上决定着企业的竞争力状况，素质高的经营者能够带动企业高速成长。由于高成长性企业是跳跃式发展，不同层次的人才需求量相对较大，人才匮乏是高成长性企业在发展过程中面临的紧迫问题之一，高效率补给人才缺口是高成长性企业获得更大成功的关键。

5. 创新文化环境对高成长性企业具有特殊意义

在同一环境中，不同企业具有趋同适应性。虽然物质性投入要素不同，生产的产品不同，但在长期与环境相互作用中，不断地学习和模仿，其管理模式、企业文化等方面会趋于相似。因此，优良的创新文化环境能使区域高成长性企业群体相互影响，共同形成"敢于创新、宽容失败"的意识和自主创新的强大精神动力。

通过上述分析可见，随着高成长性企业发展规模的壮大，各种需求如人才、资金、技术等日益增加，其独享市场的优势也有可能丧失，各种战略风险和挑战也会加剧。虽然企业家能力、企业内部治理结构、企业外部环境等，都是影响高成长性企业持续成长的因素，但是，只有在优良的发展环境中，高成长性企业才能在知识快速流动与传播的网络经济时代，不断整合资源开展技术创新和知识创新，巩固和提升企业的核心竞争力。因此，政府要高度重视为高成长性企业营造更加优良的发展环境。

二、培育高成长性企业的战略意义

高成长性企业虽然个体不大，但是发展速度惊人，且绝大部分高成长性企业是高科技企业和创新型企业，符合新经济环境下产业转型发展的趋势，是科技型中小企业中的佼佼者和领路人。在我国大力实施创新驱动发展的背景下，一大批具有高端技术和较高科技含量的高成长性企业，充分发挥创新能力走在行业发展前沿，对促进区域产业结构优化升级，增强地区创新能力和创业活力，推动创新型经济快速形成产生重要作用，具体表现在以下五个方面。

（一）高成长性企业成为新兴产业与新型业态的引领者

新型产业与新型业态的诞生与高风险和高试错密不可分。大企业一般无法承受高风险和高试错带来的一系列不确定因素，只有中小型创业企业才有机会进行尝试。中小型创业企业通过海量试错，诞生出成熟的商业模式和和成功的技术路线。少部分创业企业在试错中幸存下来，就会成为高成长性企业。当围绕一种新的商业模式或一条新的技术路线集中涌现出一大批由创业企业发展而来的高成长性企业时，一个新兴产业就诞生了。例如，在互联网兴起和发展的过程中，Netscape、Yahoo和Google这三个著名的高成长性企业起到了非常重要的作用。可以说，当大量高成长性企业出现在价值链分解的某一环节或某一领域时，表明该地区出现了细分的产业模块；当某一地区在同一领域及其相关产业中出现了大量高成长性企业时，则是产业集群形成的先兆；当大量高成长性企业出现之后，就意味着各类资源快速流向新兴产业和新型业态。

（二）高成长性企业成为传统产业颠覆式变革的引领者

对传统产业的颠覆往往需要应用新规则和新模式，而传统产业中现有的大企业作为既得利益者，往往缺乏创新规则和模式的动力，只有新进入的创业企业才能打破窠臼，破旧立新。从创意、想法孕育而生的创业企业往往不会受到传统产业旧规则、旧模式的约束，对市场需求和技术创新更具洞察力，更容易建立起符合市场变化和创新规律的新规则和新模式。这些具有颠覆性创新能力的创业企业在试错成功后成为高速增长的高成长性企业，不断抢占传统大企业的市场份额，挑战传统产业原有的行业格局，逐步改变行业规则和模式，最终引领整个行业发生颠覆式变革。最能代表高成长性企业颠覆性作用的就是 2010 年成立的小米科技有限责任公司（简称小米）。小米 2013 年销售手机 1870 万台，增长了 160%，含税销售额为 316 亿元，增长 150%；2014 年售出手机 6112 万台，增长了 227%，含税销售额为 743 亿元，增长 135%，是名副其实的高成长性企业。小米成立 4 年即成为中国手机市场占有率第一名的互联网企业，究其原因，其用互联网思维完全颠覆了传统手机产业模式，极大改变了传统手机产业生态。

（三）高成长性企业成为打破既有市场格局的重要力量

在全球竞争日益激烈的背景下，高成长性企业作为创新链条上承前启后的中间力量，其数量与质量不仅能反映某个产业的发展阶段与水平，而且能反映某个地区的创新活力和发展速度。高成长性企业带来的新技术和新商业模式，具有重构产业链环节的巨大力量，是打破既有市场格局的重要途径，为激活市场尤其是传统垄断市场，发挥了不可或缺的作用。因此，高成长性企业是原创性新兴产业从无到有、从小到大发展中的关键群体，代表着传统经济向新经济发展的质变。

（四）高成长性企业成为集聚高端创新人才的重要载体

高成长性企业发展壮大与高端创新型人才加速集聚几乎是同步进行的。一方面，随着各类"人才计划"的政策引导及实施，一大批高端海内外人才迅速向企业集聚，在很大程度上推动高成长性企业快速发展；另一方面，加快培育高成长性企业，搭建好企业经营管理创新平台，不仅可以有效更新管理理念，而且可以在更大范围吸引汇聚优质人才，通过企业成长造就一支高级管理人才和专业技术队伍。

（五）高成长性企业成为区域龙头企业最重要的候选者

高成长性中小企业的增长速度远远大于已经成型的大企业，它们拥有更大的发展潜力，最有希望建立起市场、创建知名品牌，成为区域乃至世界的龙头和骨干企业。因为高成长性企业独特的商业模式、较强的技术创新能力和细分市场优势,为企业发展提供了核心竞争力。企业由高速增长期步入稳定成熟的增长期后,就很可能成为龙头和骨干企业。很多知名企业也经历了高速成长的阶段,如微软公司在20世纪90年代就是一个代表性的高成长性企业;海尔集团1995—2000年保持了年均80%的超常规增长而成为行业第一;联想集团经过近十多年的快速发展,成为全球第一大PC厂商。因此,高成长性企业的潜能和效应不能忽视。

整体上看,高成长性企业作为一种历经"创业死亡谷"、进入高成长期、迈向做大做强的"绩优股",能够依靠核心竞争力和占据优势的市场份额打造出高附加值、低能耗的经营发展之路。高成长性企业的数量能反映一个产业的发展阶段与水平,高成长性企业的结构能反映一个地区的发展活力及潜力,可以说是企业群体中"关键的少数"。对政府而言,抓住高成长性企业就是抓住了产业发展的未来。在中国经济新常态下,湖北省重视和支持高成长性企业发展,是应对经济下行压力的现实需要,是加快产业转型升级的战略需要,是推动"大众创业、万众创新"的客观要求,也是推动区域经济持续发展的重要举措。

三、国内外高成长性企业发展实践

高成长性企业的发展受到世界各国的高度重视,美国和欧盟制定了不少政策扶持高成长性企业。自2003年中关村率先实施"瞪羚计划"以来,我国许多地区先后制定了推动高成长性企业发展的政策,在我国大力实施创新驱动发展的背景下,一大批具有较高科技含量的高成长性企业,充分发挥创新能力走在行业发展前列,对区域经济转型升级和释放创新创业活力产生了积极影响。

(一)美国高成长性企业发展

硅谷作为美国高新技术的摇篮,以高技术中小企业群体为基础,涌现出了大批高成长性企业,并成长出苹果、英特尔、谷歌、Facebook、惠普、思科、朗讯等大型跨国企业。这些企业通过不断增长的营业收入刺激了该区域其他商业的发展和个人消费，并且为硅谷乃至加州地区创造了大部分的新增工作。20世纪90年代，硅谷高成长性企业经历了一次大量涌现的高峰，之后"新瞪羚"的涌现逐渐趋于稳定。此外，《硅谷指数》将高成长性企业数量的统计聚焦于已上市的公众持股公司，也体现了硅谷地区高成长企业快速上市的独特金融特质。

2008年金融危机以来，美国积极寻求恢复经济增长尤其是创造工作以减少失业率的经济政策。美国学者戴恩·史唐乐（Dane Stangler）在《高成长企业与美国经济的未来》中，全面总结了高成长性企业对就业和经济的推动作用，指出占企业总数前1%高成长性企业创造了40%的新工作。因此，金融危机以后，在大型企业已经受到了政府很多关注和支持的情况下，美国政府把更多注意力转向高成长性中小企业。

（二）欧盟高成长性企业发展

2008—2011年的《欧盟高成长企业报告》讨论了促使高成长性企业产生的政策工具和扶持措施等重要问题，提出了政府政策在经济过程中的角色，重点探讨了有效支持高成长性企业的措施，提出高成长性企业是帮助欧盟实现《里斯本框架协议》发展目标的重要主体。

欧盟高成长性企业的主要特征和对经济增长的作用表现在六个方面。一是欧洲高成长性企业绝大多数是小企业，或者是从小企业开始发展的中型企业。二是欧洲高成长性企业分布在几乎所有的产业领域。三是欧洲高成长性企业比一般企业的平均年龄小，尤其是"超级瞪羚企业"比普通企业成立的时间短很多。四是欧洲高成长性企业具有远超一般企业的工作机会创造能力，在其生命周期的各个阶段都创造了绝大比例的新工作。五是欧洲高成长性企业比一般企业更富有创新性，原因在于它们所生长的独特生态环境是大型企业所没有的。六是高成长性企业能够通过分包、众包等方式，带动其他企业增长。

欧盟各国政府广泛制定基础法律和金融支持政策、非金融资源服务、产业集群政策和各产业具体政策等，采取一系列相互关联的具体政策措施，有力推动了高成长性企业发展。

（三）中国高成长性企业发展

从地区分布看，我国的高成长性企业主要集中在北京、上海、深圳、杭州、苏州、宁波、武汉等地，不同地区高成长性企业发展各具特色。北京高成长性企业数量长期位于"德勤高科技、高成长中国50强"排行榜和"清科-中国最具投资价值企业排行榜"的榜首，形成了"高技术创业+全球链接"的高成长性企业发展特色。北京中关村在2003年推出"瞪羚计划"后，2012年提出"瞪羚重点培育计划"、"展翼计划"，与时俱进地帮助高成长性企业突破发展瓶颈。上海、深圳各自拥有一批高成长性企业群体，形成了以战略转型为统领，以聚合科教智力资源为着力点，统筹培育新兴产业集群，促进企业竞合发展的特色。杭州推出《杭州市成长型中小企业五年（2008—2012）培育计划》，提出重点培育和发展500家成长性好、竞争力强、技术优势明显、具有较强创新能力和发展潜力的成长型中小工业企业，形成了"加速向新经济转型+打造创业天堂"的杭州特色。长三角地区的苏州、无锡、宁波也分别在高成长性企业发展方面形成了"一流的产业集群+庞大的产业基础"的苏州特色、"强化产业组织能力+注重重点新兴产业发展"的无锡特色、"依托民营经济+鼓励创业+扶持新兴产业"的宁波特色。

从产业领域看，我国的高成长性企业大部分涉及生物、医药、云计算等"高精尖"产业领域。"高精尖"产业已经成为北京、上海、深圳、杭州、苏州等创新型城市内生增长的"主引擎"和新动力。我国高成长性企业最集中的北京中关村，近两年每年都有3000多家企业达到高成长性企业的要求，2013年3295家，2014年3541家；其中，分别有884家和974家高成长性企业进入"亿元俱乐部"。

在2011—2014年"德勤高科技高成长中国企业"榜单中，北京地区的上榜企业约占40%，北京、上海、深圳三地上榜企业总数占75%以上，说明北京是我国高技术高成长企业最多的聚集区，且北京、上海、深圳高成长性企业发展远远超过其他地区。

除了东部发达地区以外，中西部许多城市也越来越重视高成长性企业发展。例如，西安高度重视高成长性企业在建设世界一流高科技园区中的作用，2007年开始"瞪羚企业"遴选培训计划；而成都则在2014年发布的《成都推进"三次创业"支持战略性新兴产业企业加快发展的若干政策》中，对年销售收入增长率超过50%的高成长性企业予以补贴；河南、福州等地也陆续出台了有关促进高成长性企业发展的政策。

综上所述，处于高速成长阶段的高成长性企业群体已受到世界主要国家政府和社会各界越来越多的重视。在我国经济发展新常态下，高成长性企业发展面临更多的机遇与挑战，需要政府和社会各界提供更多的扶持，为高成长性企业营造更好的发展环境，促使更多的高成长性企业进入稳定成熟的增长阶段。

四、湖北省高成长性企业发展现状分析

湖北省高成长性企业主要分布在武汉，襄阳、宜昌等地也有少数中小企业具有成为高成长性企业的潜质。为充分揭示湖北省高成长性企业的特征，了解高成长性企业对发展环境的诉求，本研究选择东湖高新区、武汉经开区、武汉临空港经开区、襄阳高新区等园区为样本，对高成长性企业开展问卷调查、企业访谈、园区座谈等多种形式的调研。其中，发放调查问卷350份（回收有效问卷278份），走访企业41家，召开和参加企业代表座谈会8次[1]。专项调研表明，以东湖高新区高成长性企业为主体的湖北省高成长性企业，已成为区域经济发展和产业转型升级的重要动力。

---

[1] 由于湖北省还没有全省范围的高成长性企业名单，因此问卷对象由各个科技园区提供：东湖高新区提供2014年认定的高成长性企业206家；武汉经开区、武汉临空港开发区、襄阳高新区按照高成长性企业判断标准，分别选择了28家、25家和37家企业。

（一）经济性：高成长性企业是经济增长重要动力

2008年金融危机以来，面对国内外趋紧多变的宏观经济环境，湖北省高成长性企业表现出了较强的市场适应能力和较高的企业经营水平，总体保持了较好增长态势。以东湖高新区为例，2014年认定的高成长性企业在2013年实现总收入130.9亿元，近两年平均增速超过40%，高于高新区平均增速10%（其中14家企业收入增速超过500%，35家企业实现收入倍增，62家企业增速超过50%，95家企业增速超过30%，见图3）；2013年实现利润18.5亿元，同比增长40.0%，近两年平均利润增长率达48.8%，高于平均增速20%，净利润率达14.1%，高于平均增速水平8%（见图4）。

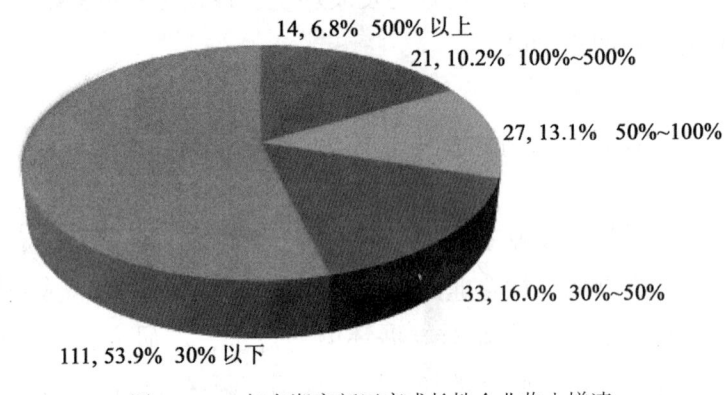

图3　2014年东湖高新区高成长性企业收入增速

（二）行业性：高成长性企业集中分布在新兴产业

湖北省高成长性企业集中分布在光电子信息、生物医药、环保节能、高端装备制造、现代服务业等5大重点产业领域。其中，光子信息产业和现代服务业的高成长性企业比例最高，两者合计占比接近60%（见图5）。超过70%的高成长性企业在移动互联网、物联网、地球空间信息、智能制造等新兴细分领域布局，涌现出一批在细分领域具有话语

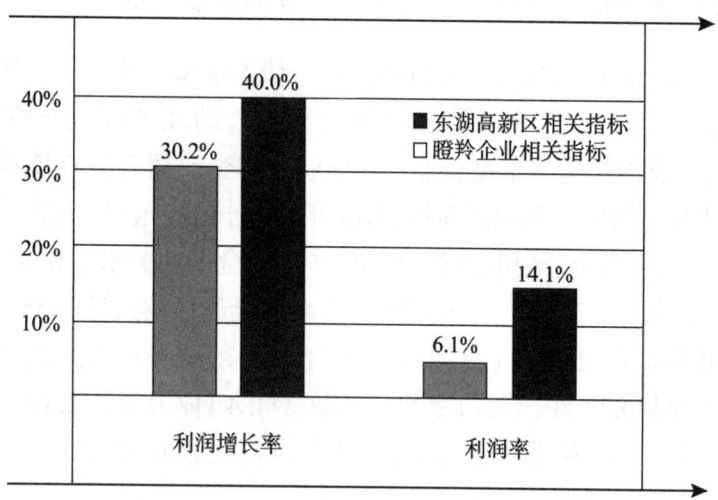

图4 2013年东湖高新区高成长性企业利润增长率及利润率

权的"隐形冠军",成为湖北省孕育原创性新兴产业的主力军。

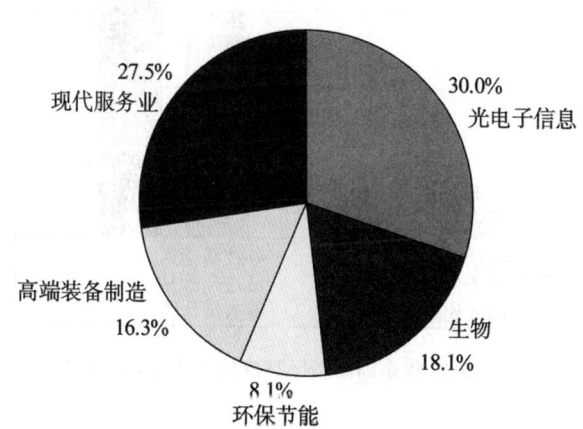

图5 2013年湖北省高成长性企业产业分类

(三) 创新性：高成长性企业对科技创新投入很大

高成长性企业具有较高的科技含量，研发成果产业化速度快，研发工艺复制迅速，工艺管理具有很强灵活性。湖北省高成长性企业中86.3%的企业为技术密集型企业，90%以上的企业拥有核心技术和稳定的研发投入。例如，东湖高新区2013年高成长性企业科技活动经费投入13.6亿元，占企业总收入的10.4%，高于全区相关水平6.4%；科技活动人员总数约12000人，占高成长性企业全部从业人员的38.5%，高于全区相关水平11.6%（见图6）。同年度，东湖高新区高成长性企业累计申请专利878件，人均专利申请数274.4件/万人；获得专利授权466件，其中发明专利授权158件，占专利授权数的33.9%。

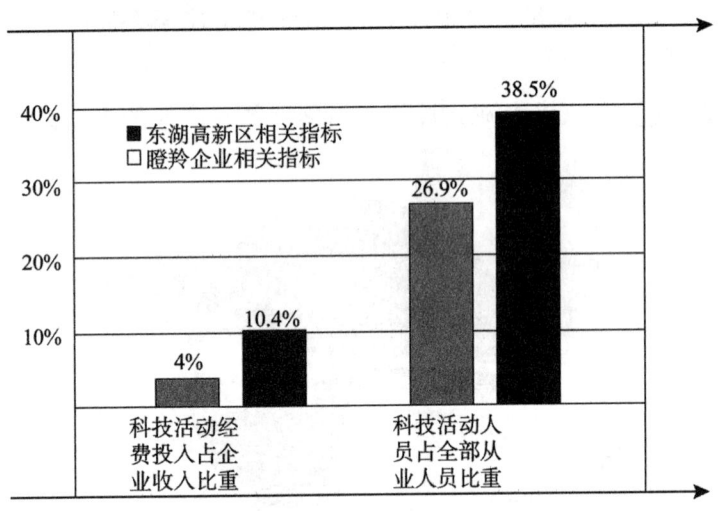

图6 2013年东湖高新区高成长性企业科技投入

(四) 阶段性：高成长性企业处于成长期和创业后期

湖北省高成长性企业普遍成立时间不长，大部分处于创业后期和成长期，占比分别为25.2%和39%。处于初创前期的约占28.9%，处于扩张期的约占5.7%,处于成熟期的仅占1.3%(见图7)。

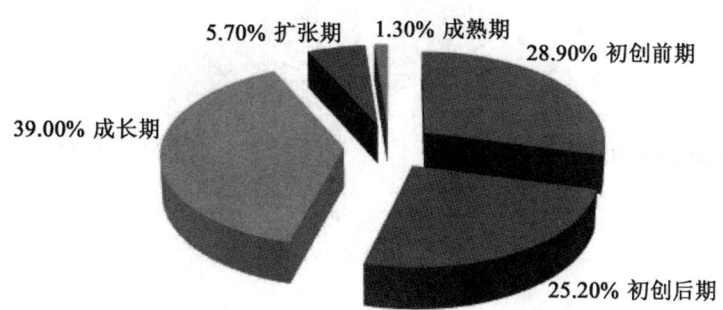

图7　湖北省高成长企业发展阶段

从企业成立年限来看,湖北省高成长性企业有54.1%的企业不足"三岁",18.9%的企业成立在3~5年(见图8)。

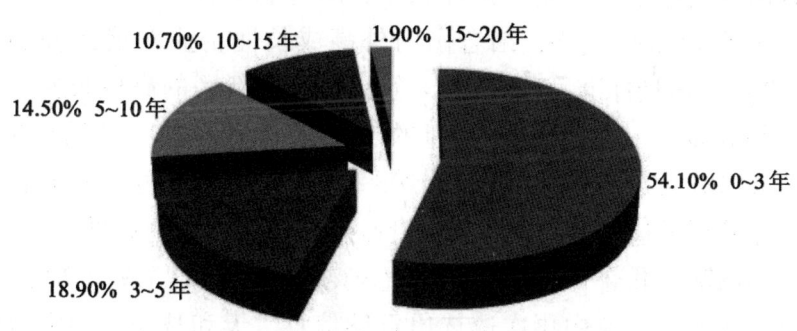

图8　湖北省高成长性企业成立年数

湖北省高成长性企业的负责人90%以上拥有本科以上学历,平均年龄为41岁,且50岁以下占绝大部分。其中,20~30岁的企业负责人占11.2%,30~40岁占40.1%,40~50岁占36.8%,50岁以上仅为11.8%(见图9)。

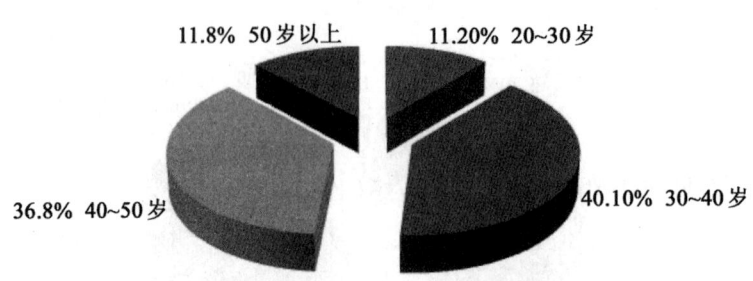

图9 湖北省高成长性企业负责人年龄分布

（五）集聚性：高成长性企业主要聚集在东湖高新区

东湖高新区是湖北省唯一开展高成长性企业认定和培育的地区，也是国内较早开展高成长性企业培育的地区之一。2011年以来，东湖高新区提出并实施了"一企一策抓领军、培育壮大促瞪羚、创新创业育小微"的企业帮扶战略，结合国内外高成长性企业发展经验制定了"瞪羚企业"遴选标准。截至2014年，东湖高新区的高成长性企业实现了跨越式发展，数量从2011年的30家，增长到2012年的102家、2013年的161家，再到2014年的206家。先后有125家高成长性企业连续2年获得遴选认定，企业收入增速排名前十位的企业见表1。2014年，东湖高新区联合德勤发布了"德勤-光谷高科技高成长20强"名单，从高成长性企业中再次遴选出百纳信息、天和技术、颂大教育等20个高成长性企业。

表1　　2013年东湖高新区高成长性企业收入增速十强

序号	企业名称	收入增长率	企业收入（万元）
1	武汉华大医学检验所有限公司	688.3%	8480.0
2	武汉智城科技有限公司	394.0%	8032.0
3	武汉精伦软件有限公司	297.3%	4953.0

续表

序号	企业名称	收入增长率	企业收入（万元）
4	百纳（武汉）信息技术有限公司	243.8%	5009.0
5	武汉科梦环境工程有限公司	238.6%	11391.0
6	武汉三好科技有限公司	234.5%	3648.3
7	武汉明德生物科技股份有限公司	154.9%	2595.0
8	武汉中兴软件有限责任公司	143.0%	14835.3
9	中美华世通生物医药科技（武汉）有限公司	142.8%	2910.0
10	武汉颂大教育科技股份有限公司	137.6%	2556.0

2014年，东湖高新区高成长性企业有22家在"新三板"挂牌，占高新区"新三板"挂牌企业的50%以上（见表2）。

表2　东湖高新区新三板挂牌高成长性企业（截至2014年）

序号	企业名称	挂牌时间	股票代码
1	武汉国电武仪电气股份有限公司	2012.09	430138
2	武汉中科通达高新技术有限公司	2012.10	430154
3	武汉光谷信息技术股份有限公司	2012.11	430161
4	武汉亿房信息股份有限公司	2012.12	430205
5	武汉微创光电股份有限公司	2012.12	430198
6	武汉时代地智科技股份有限公司	2012.12	430200
7	武汉尚远环保股份有限公司	2012.12	430206
8	武汉威明德科技发展有限公司	2012.12	430207
9	武汉璟泓万方堂医药科技股份有限公司	2013.07	430222
10	武汉颂大教育科技股份有限公司	2013.07	430244
11	武汉银都文化传媒股份有限公司	2013.07	430230
12	武汉联宇技术股份有限公司	2013.07	430252

续表

序号	企业名称	挂牌时间	股票代码
13	武汉联动设计股份有限公司	2013.07	430266
14	武汉华安科技股份有限公司	2013.08	430279
15	湖北中试电力科技股份有限公司	2013.08	430291
16	武汉七环电气股份有限公司	2013.08	430294
17	武汉吉事达科技股份有限公司	2014.11	430402
18	武汉英思工程科技股份有限公司	2014.11	430403
19	武汉明德生物科技股份有限公司	2014.11	430591
20	武汉索泰能源科技股份有限公司	2014.12	430752
21	武汉奥新科技股份有限公司	2014.12	430760
22	武汉市蓝电电子股份有限公司	2014.12	830779

然而，受经济下行等多重因素的影响，湖北省高成长性企业发展还面临诸多制约因素，如融资依然困难、税费负担较重、政策落实不到位、公共服务市场化程度不高、基础设施配套亟待完善等。湖北省高成长性企业整体发展水平与京、沪、深、杭等地区相比还存在较大差距，与中部地区的西安、成都等地相比也存在一定不足。被誉为"全球高科技高成长企业基准"的《德勤高科技高成长中国50强》报告显示，2006年至今湖北省仅有2个企业上榜过各1次。在《福布斯》"2014中国最具潜力企业榜单"中，京、粤、沪、浙上榜企业数排名前列，中部地区仅10家企业上榜，安徽、河南各有3家，湖南2家，江西1家，湖北省没有企业上榜。造成湖北省高成长性企业发展不够的原因很多。从政府角度看，湖北省长期以来对高成长性企业关注较少，制定培育政策较晚，政策支持面和支持力度有待深化。从成长环境角度看，湖北省企业发展环境整体不够优化，投融资、社会服务、创新文化等主要的环境构成要素还需要加快调整。

五、湖北省高成长性企业发展环境分析

高成长性企业发展需要优良的成长环境和强大的资源支持,包括浓厚的创新氛围、活跃的民营经济、突出的全球链接、恰当的政府作用等。党中央、国务院反复强调"政府要大力减少和纠正用行政手段包揽、直接介入或干预科技创新活动的做法,把主要精力放在完善创新激励政策、营造公平公正的竞争环境上来"。湖北省委书记李鸿忠多次强调"要大力倡导创新文化和发展文化,为科技创新和高新技术产业发展营造优良软环境,进一步做好服务保障工作"。湖北省在营造高成长性企业优质发展环境方面做了富有成效的工作,高成长性企业发展环境总体良好;但与北京、上海、深圳等领先地区相比还有不小差距,与企业诉求的差距也比较明显。本研究专项调查表明,35.8%的高成长性企业对发展环境评价良好,45.3%的高成长性企业评价不高(见表3)。

表3　　高成长性企业对发展环境的总体评价

		频率	百分比	有效百分比	累积百分比
有效	更好	14	8.7	8.8	8.8
	好一点	43	26.7	27.0	35.8
	一样	30	18.6	18.9	54.7
	差一点	64	39.8	40.3	95.0
	差很多	8	5.0	5.0	100.0
	合计	161	100.0		

从调研情况看,受国内经济下行压力等因素影响,湖北省高成长性企业发展还面临诸多制约因素,如融资依然较为困难、税费负担仍然较重、政策落实不够到位、公共服务市场化程度不高、基础设施配套亟待加快等,其发展环境有待进一步优化。

（一）政策支持环境

2012年以来，国务院和中央各部委陆续出台了许多政策以进一步促进中小微企业发展，其中不少政策直接或间接影响着高成长性企业（见表4）。特别是在2015年5月6日，财政部、工信部、科技部、商务部、工商总局等五部委联合下发通知，从2015年起开展为期三年的小微企业创业创新基地城市示范工作，中央财政给予6亿元到9亿元的奖励资金支持，重点强化对创业创新基地（众创空间、小企业创业基地、微型企业孵化园、科技孵化器、商贸企业集聚区等）服务能力的支持，并以创业创新基地为载体，采取多种有效方式促进中小微型企业发展。中央政府密集出台的诸多政策，势必对湖北省高成长性企业发展产生积极影响。

表4　　　　　　中央政府涉及高成长性企业发展的相关政策

文 件 名	文件编号	发布时间
《关于进一步支持小型微型企业健康发展的意见》	国发［2012］14号	2012年
《关于强化企业技术创新主体地位全面提升企业创新能力的意见》	国办发［2013］8号	2013年
《关于金融支持经济结构调整和转型升级的指导意见》	国办发［2013］67号	2013年
《关于金融支持小微企业发展的实施意见》	国办发［2013］87号	2013年
《关于加强小微企业融资服务支持小微企业发展的指导意见》	发改财金［2013］1410号	2013年
《关于进一步优化企业兼并重组市场环境的意见》	国发［2014］14号	2014年
《关于进一步促进资本市场健康发展的若干意见》	国发［2014］17号	2014年
《关于扶持小型微型企业健康发展的意见》	国发［2014］52号	2014年
《关于多措并举着力缓解企业融资成本高问题的指导意见》	国办发［2014］39号	2014年
《关于取消停征和免征一批行政事业性收费的通知》	财税［2014］101号	2014年

续表

文件名	文件编号	发布时间
《关于进一步推动科技型中小企业创新发展的若干意见》	国科发高[2015]3号	2015年
《关于进一步做好新形势下就业创业工作的意见》	国发[2015]23号	2015年
《关于发展众创空间 推进大众创新创业的指导意见》	国办发[2015]9号	2015年
《中共中央 国务院关于深化体制机制改革 加快实施创新驱动发展战略的若干意见》		2015年

2010年以来,湖北省陆续出台了一系列涉及高成长性企业发展的政策,主要集中在改革创新体制机制、改善企业融资环境、减轻企业税费负担、促进企业转型升级、加快建设科技园区等方面(见表5)。

表5 湖北省涉及高成长性企业发展的相关政策

文件名	文件编号	发布时间
《湖北省人民政府关于促进金融产业发展的若干意见》	鄂政发[2010]23号	2010年
《省委省政府关于加快东湖自主创新示范区建设的若干意见》	鄂发[2010]4号	2010年
《省委省政府关于推进自主创新长效机制建设的意见》	鄂发[2010]12号	2010年
《省财政厅、省科技厅关于印发〈湖北省科学技术研究与开发资金管理办法〉的通知》	鄂财企规[2010]19号	2010年
《省政府关于科技创新投入机制的若干意见》	鄂政发[2010]36号	2010年
《湖北省人民政府办公厅关于印发湖北省创业投资引导基金管理暂行办法的通知》	鄂政办发[2011]107号	2011年
《湖北省人民政府关于进一步促进全省中小企业发展的意见》	鄂政发[2011]63号	2011年
《湖北省市县科技创新综合考评办法》	鄂办发[2011]6号	2011年
《促进高校、院所科技成果转化暂行办法》	鄂政发[2013]60号	2013年
《湖北省科技型中小企业技术创新基金管理办法》	鄂财企发[2007]51号	2013年

续表

文 件 名	文件编号	发布时间
《省委省政府关于深化科技体制改革加快创新体系建设的意见》	鄂发〔2013〕4号	2013年
《中共湖北省委湖北省人民政府关于印发推进"五个湖北"建设的实施意见的通知》	鄂发〔2013〕9号	2013年

武汉市作为湖北省高成长性企业的主要分布区,2010年以来也出台了一些与高成长性企业直接或间接相关的政策(见表6)。

表6　　　　武汉市涉及高成长性企业发展的相关政策

文 件 名	文件编号	发布时间
《市人民政府关于强化企业技术创新主体地位提升企业自主创新能力的若干意见》	武政规〔2010〕13号	2010年
《市人民政府关于印发武汉市建设国家创新型试点城市实施方案的通知》	武政规〔2010〕18号	2010年
《武汉市科学技术研究与开发资金管理办法》	武财企〔2011〕298号	2011年
《市人民政府关于进一步加快科技成果转化的意见》	武政〔2012〕95号	2012年
《市人民政府关于进一步支持科技企业孵化器建设与发展的意见》	武政〔2012〕22号	2012年
《关于推动科技金融市区联动促进科技型企业发展的实施意见》	武科〔2012〕97号	2012年
《市人民政府关于进一步深化全民创业工作的意见》	武政〔2013〕28号	2013年
《市人民政府办公厅关于印发武汉市科技创业天使投资基金暨种子基金管理暂行办法的通知》	武政办〔2013〕125号	2013年
《市人民政府关于印发武汉市自主创新能力提升计划(2013—2016年)的通知》	武政〔2013〕53号	2013年
《市人民政府关于颁发2012年度武汉市科学技术奖的决定》	武政〔2013〕17号	2013年

续表

文 件 名	文件编号	发布时间
《市人民政府关于依托东湖国家自主创新示范区开展"一区多园"试点工作的实施意见》	武政〔2014〕57号	2014年
《市科技局市政府金融办市财政局关于推动科技金融市区联动促进科技型企业发展的实施意见》	—	2014年
《市人民政府关于进一步加快科技成果转化的意见》	—	2014年
《市人民政府关于实施"青桐"计划鼓励大学生到科技企业孵化器创业的意见》	—	2014年
《市人民政府关于进一步支持科技企业孵化器建设与发展的意见》	—	2014年
《中共武汉市委武汉市人民政府关于推进文化科技创新、加快文化和科技融合发展的意见》	—	2014年
《东湖国家自主创新示范区条例》	—	2015年

东湖高新区作为湖北省唯一进行高成长性企业遴选培育的科技园区，不仅出台了《关于进一步支持中小企业融资的指导意见》、《关于充分利用资本市场促进经济发展的实施意见》等若干涉及高成长性企业的扶持政策，而且采取了一系列措施对高成长性企业予以支持。例如，2013年8月，东湖高新区向2012年评选的高成长性企业发放补贴596万元，9家高成长性企业获得房租补贴，补贴金额约102.23万元，27家企业获得贷款利息补贴，补贴金额约494.64万元。2013年，东湖高新区以政府采购形式为10家高成长性企业开展战略咨询和管理咨询提供补贴，聘请长城战略研究所、赛迪咨询、拓扑咨询等国内一流企业管理咨询机构，为高成长性企业提供最急需的绩效管理、战略增长点、产业链推进等咨询服务。

从上述相关政策的实施情况看，70.2%的高成长性企业对地方政府服务企业的总体感受很好或比较好，59.5%的高成长性企业对地方政府已出台的高成长性企业扶持政策总体评价比较满意和很满意。但是，湖北省高成长性企业的政策环境依然存在一些问题。

1. 政策支持力度滞后于企业需求

在中国经济新常态下，高成长性企业面临的经营成本上升、销售困难等压力越来越大，大多数高成长性企业依然需要政府提供更贴近企业需求的扶持。现有政策"虽好，仍不够解渴"。湖北省高成长性企业最需要的支持政策依次为财政资金扶持（88.8%）、税收优惠和税费减免（82%）、融资支持与服务（57.8%）、企业人力资源管理指导与培训（37.9%）、行业协会的信息交流（32.3%）、规范和加强公共服务（29.2%）、放宽市场准入（23%）、土地建设支持（22.4%）、法律援助服务（18.6%）等（见图10）。

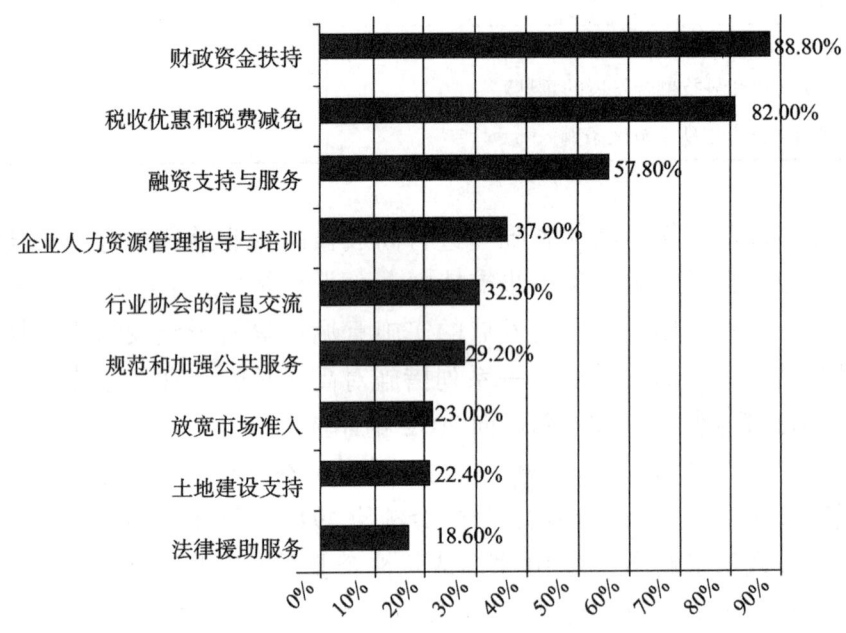

图10 高成长性企业最需要的支持政策

2. 现有优惠政策落地不够

湖北省真正得以落实、方便企业利用的优惠政策还比较有限。一是不同地市、不同园区对政策的落实有较大差异；二是办理政策手续比较复杂，享受政策的成本高；三是有的政策条款不够科学，存在同一家企业在多次评审中出现不一样结果的现象；四是考核评估政策过于强调技术和研发作为认定的主体，而忽略现阶段科技应用的重要性，使得一批科技应用型企业被排除在认定范围之外，客观上造成部分企业难以享受相应优惠政策。高成长性企业知道政策但未享受政策的比例，远远高于知道政策且享受过政策的比例。27%的高成长性企业表示享受过税收优惠政策，52%的企业表示虽知道有此政策，但并未享受过；21%的企业享受过"支持企业培训"的政策；仅17%的企业享受过"吸引外来技术和管理技术"的政策；其余的几项政策都不足10%的企业享受过，而完全不知道支持区域品牌推广政策的企业占比最高（见图11）。企业普遍的呼声是：与其不同部门出台类似政策，不如部门之间先相互协调衔接好，出台较实惠、精简、可操作、能够真正落实的系统性政策。

3. 被政府遴选为"瞪羚企业"的效果不明显

高成长性企业被遴选进入政府"瞪羚企业培育计划"后获得的支持效果还不明显。一方面，政策实施仍在探索阶段，对企业的支持形式比较单调，补贴额度有限，遴选程序还要进一步规范；另一方面，政策实施细则如《东湖高新区关于促进东湖国家自主创新示范区科技成果转化体制机制创新的若干意见实施导则》等，虽然具体化了湖北省、武汉市"黄金十条"中关于高成长性企业的内容，但支持面和支持力度都有待深化。例如，"黄金十条"提出要"在政府采购、企业融资、创新平台建设、发展空间拓展等方面给予支持"，而实施细则中仅提到"房租补贴、贷款贴息、实施知识产权战略试点"等举措。

4. 政府部门履职效率需要继续提高

高成长性企业对湖北省廉政环境和政府服务效率的评价普遍较高（很高27.6%，一般65.2%），但仍有7.2%的被调查企业认为政府部门的办事效率很低，部分职能部门仍然存在"办事推诿拖延"的情况。高成长性企业认为办事效率较高的部门包括税务、科技、工商、经信等，办事效率较低的部门则有环保、住建、财政等。此外，高成长性企业普遍认为地方政府的招商引资工作或多或少存在"重承诺、轻兑现"

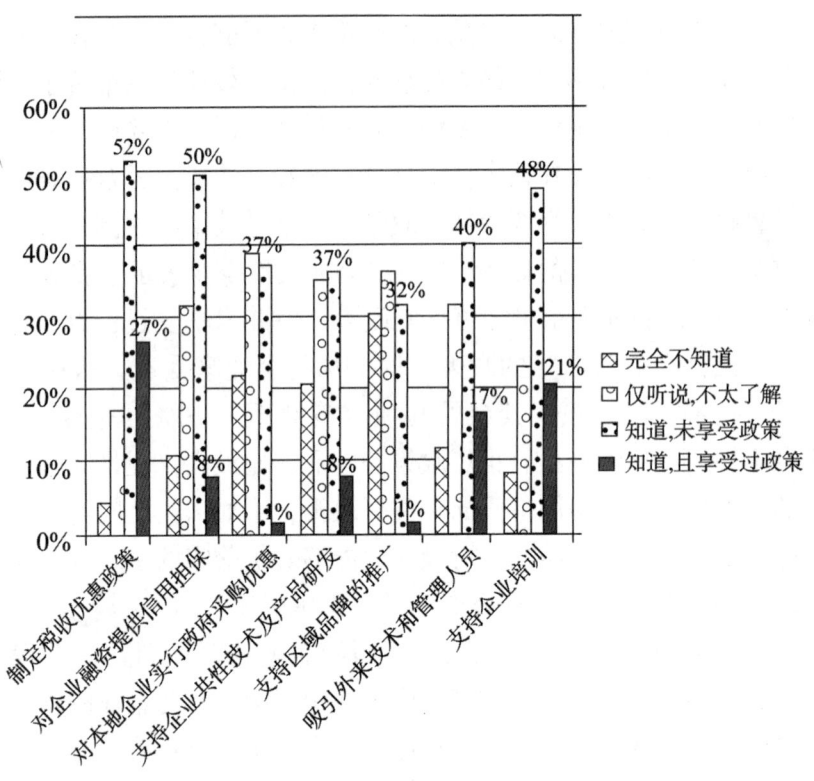

图 11 高成长性企业支持政策落实情况

的情况,少量企业认为政府部门在行政审批或工程招标中时有违规行为。在中央严格执行"八项规定"、湖北省着力打造最优发展环境的背景下,超过 2/3 的高成长性企业认为政府部门"乱收费"、"乱罚款"、"乱摊派"、"乱检查"等情况大为好转。但仍有 33.8% 的高成长性企业认为,当前政府部门审批环节过多,与中央、省、市各级政府简政放权、转变政府职能的改革要求还有不小差距。此外,政府通过优惠政策给予高成长性企业的专项补贴存在信息不通畅、标准不清楚、评审不透明、监管不到位问题,需要引起政府部门高度重视。

(二)企业融资环境

近年来,湖北省不断创新科技金融结合,在解决包括高成长性企业在内的中小微型企业融资难问题上做了大量工作，取得一定成效。例如，制定和完善了担保融资补偿管理办法，大力发展信用担保公司，加大担保机构补偿力度；推进国有金融机构成立小微企业融资服务部门，采取政府引导、企业自愿的原则，设立中小企业贷款互助合作基金，解决贷款担保、质押不足的问题；积极开展发行企业债券、中小企业集合债、短期融资券等融资活动；扩大湖北省创业引导投资基金的规模和层次；开展"中小微企业融资服务园区行"等系列活动等。又如，2013年仅东湖高新区就为高成长性企业发放贷款利息补贴近500万元；2014年9月，武汉市科技金融创新促进中心与武汉股权托管交易中心联合启动了全国区域股权市场首个"科技板"，专门为科技型中小企业提供挂牌交易、股权托管、上市培育等服务。

多层次资本市场建设扩大了高成长性企业融资和股权转让渠道，促进了高成长性企业与金融机构的对接，为高成长性企业发展提供了便捷、低成本的融资支持。但是，湖北省高成长性企业多来源于曾经的小微企业，仍然不同程度存在融资难、融资慢、融资贵问题。从融资需求来看，超过58.4%的企业存在一定程度的融资缺口，18%的企业资金需求很大且急需融资，只有20.5%企业资金缺口较小而无需融资。

1. 企业融资渠道较为单一

湖北省高成长性企业严重依赖自我融资渠道，94.9%的被调查企业创建资金使用自有资金，30.1%的企业创建资金包括内部集资。高成长性企业外源融资主要依靠政府创新基金（18.6%）和银行贷款（17.3%），外源融资中的风险投资、民间借贷、供货商赊账、外资占比仅为7.7%、3.8%、1.3%和1.3%，股市、债券市场在高成长性企业外源融资中的作用微不足道。

从企业资金需求类型来看，62.7%的企业迫切需求政府扶持资金，而长期投资资金（一年以上）、短期流动资金（一年以内）、风险投资资金和追加资本金占比分别是25.5%、24.2%、18.6%和4.3%。

从企业所处的发展阶段来看，处于初创前期的高成长性企业中，13%的企业资金缺口很大，急需融资；71.7%的企业略有缺口，需要融资;仅15.3%的企业缺口较小,无需融资。处于初创后期的高成长性企业中,20%的企业资金缺口很大,急需融资;55%的企业略有缺口,需要融资;25%的企业缺口较小,无需融资。处于成长期的高成长性企业中,23%的企业资金缺口很大,急需融资;50.8%的企业略有缺口,需要融资;23%的企业缺口较小,无需融资。处于扩张期的高成长性企业中,没有企业资金缺口很大,急需融资;66.7%的企业略有缺口,需要融资;仅22.2%的企业缺口较小,无需融资。由此可见,处于初创期后期和成长期的企业融资需求较大较急,进入扩张期和成熟期后融资需求相对较小(见表7)。

表7　　　　　　　　　不同阶段高成长性企业的资金需求

		资金需求状况			
		缺口很大	略有缺口	缺口较小	资金过剩
发展阶段	初创前期	13.0%	71.7%	15.3%	0.0%
	初创后期	20.0%	55.0%	25.0%	0.0%
	成长期	23.0%	50.8%	23.0%	3.3%
	扩张期	0.0%	66.7%	22.2%	11.1%
	成熟期	0.0%	100.0%	0.0%	0.0%

2. 金融机构贷款支持不足

湖北省金融机构的贷款审批制度仍偏好投资性贷款,而轻消费类贷款、并购贷款等更符合经济转型需求的贷款类型。重抵押担保能力而轻信用类、资产型企业灵活的流动资金贷款需求,导致金融对产能扩张的支持力度大,而对产能整合和产业转型升级的支持力度不足,对战略性新兴产业领域的高成长性企业扶持不够。湖北省高成长性企业普遍认为从银行获得贷款十分困难(见图12)。

造成湖北省高成长性企业贷款难的主要原因是贷款利率和其他成本太高(占比61.7%)、抵押品要求过高(占比40.9%)、贷款手续繁琐(占比39.6%)。在银行贷款已是高成长性企业外源融资主要来源的情

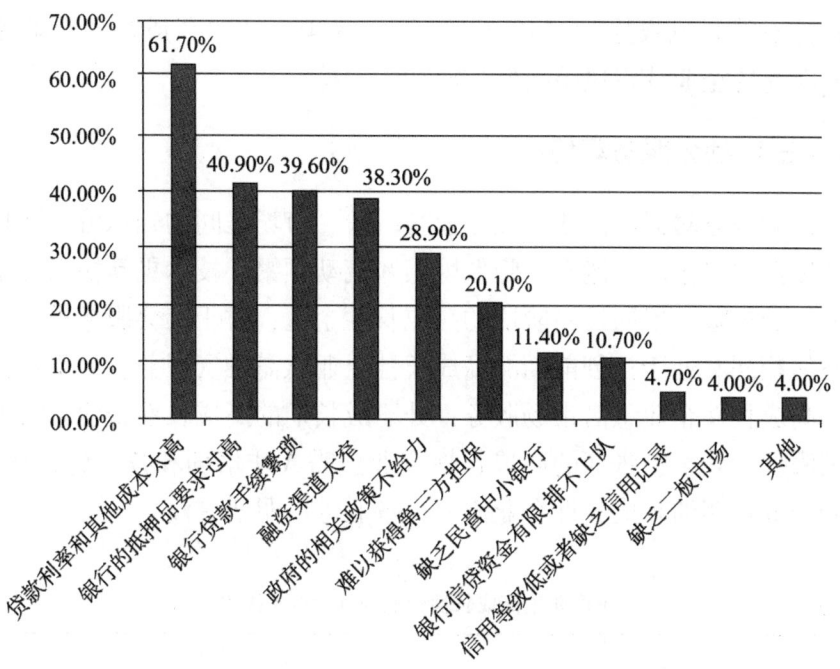

图 12 影响高成长性企业融资的原因

况下,如何进一步帮扶高成长性企业从金融机构获取融资是制约高成长性企业发展的最大困难。此外,部分高成长性企业反映在融资中审批等行政干预过多、耗时过长、市场化程度低、评估体系不完善,推高了企业融资成本。

3. 风险资本发挥作用有限

湖北省风险投资机构发展较快,但与国内外成熟的风险投资机构相比,存在理念差距、数量差距和规模差距。湖北省风投的投资理念更类似于传统银行贷款,主要考虑厂房、设备等有形资产,缺乏风险意识,而成熟的风险投资主要考虑技术的市场前景和团队的创业能力等无形资产,符合高风险、高收入的理念。湖北省高成长性企业从风险投资获得的融资帮助还比较有限,原因包括企业接触风投机构较少(37.9%),风投机构的总资金规模较小(24.8%),VC/PE 投资不够活跃,项目投资额不大（23%），本土风投帮助企业上市渠道有限（22.4%），企业成长性不符合风投原则（19.8%）等。有45.3%的高成长性企业希望政府在支持企业获得风险投资方面加大支持。

（三）社会服务环境

社会服务对促进高成长性企业与政府、市场之间的知识流动和技术创新发挥重要作用，能有效降低因人才流动频繁、技术更新快而带来的企业成长风险。不同发展阶段的高成长性企业，对于社会服务类型的需求不尽相同。处于初创前期的高成长性企业急需融资服务；处于初创后期的高成长性企业急需市场服务；处于成长期的高成长性企业急需人才培训服务；处于扩张期的高成长性企业急需人才培训和技术咨询服务；而处于成熟期的高成长性企业需要市场服务（见表8）。

表8　　　　　不同阶段高成长性企业的社会服务需求

		发展阶段				
		初创前期	初创后期	成长期	扩张期	成熟期
急需的社会服务内容	技术咨询	9.5%	11.6%	12.9%	14.7%	0.0%
	人才培训	10.1%	12.9%	14.9%	14.7%	0.0%
	创业指导	12.8%	11.6%	9.5%	11.8%	0.0%
	技术转让	4.7%	6.1%	4.0%	5.9%	16.7%
	信息服务	9.5%	9.5%	9.0%	11.8%	16.7%
	产学研合作	8.1%	4.8%	11.4%	8.8%	16.7%
	知识产权服务	6.8%	5.4%	5.0%	5.9%	16.7%
	融资服务	16.2%	10.2%	11.4%	5.9%	0.0%
	检测中试	4.1%	3.4%	2.5%	2.9%	0.0%
	管理咨询	5.4%	6.8%	7.0%	5.9%	0.0%
	市场服务	10.1%	15.6%	11.4%	8.8%	33.3%
	技术转移服务	2.7%	2.0%	1.0%	2.9%	0.0%

湖北省已初步形成了门类齐全、覆盖广泛的社会服务组织体系，包

括自律性行业组织、法律与财务服务机构、信息与咨询服务机构、市场交易中介组织、市场监督机构、科技企业孵化器和科技企业加速器等多个类别。但从整体上看,湖北省高成长性企业的社会服务环境还存在几个问题。

1. 社会服务多元化程度不够

目前,湖北省高成长性企业最易获得的社会服务包括知识产权服务（69.4%）、财务会计服务（66.7%）、信息技术服务（65.6%）和教育培训服务（60.2%）,最不易获得的社会服务包括工程服务、保险服务、市场开拓服务等。而高成长性企业急需的社会服务依次是人才培训（45.4%）、市场服务（43.3%）、融资服务（42.8%）、技术咨询（40.8%）和创业指导（38.8%）。比较之下,湖北省社会服务的多元化程度还不能完全满足高成长性企业的需求,社会服务质量也不能完全适应企业不断变化的要求。

2. 公共平台市场化程度不高

尽管湖北省近年来加大了产业技术研究院、技术转移机构、产品检验检测机构等公共平台的建设力度,但是公共平台的市场化运行机制还不健全,面向企业实现共享共用还有一些限制,制约了高成长性企业的技术创新。一是高校、科研机构对高成长性中小企业急需的应用技术研发缺乏动力;二是新型研发机构（主要是产业技术研究院）起步较晚,尚未形成规模和体系,或多或少存在使命不清、机制不顺的问题,某些机构甚至垄断新技术商业化的收益,有悖于"促进本地企业转型升级"的初衷;三是生产力促进中心作为公益性技术服务机构的作用尚未充分发挥,不少生产力促进中心处于专业人才不足、技术设备缺乏、服务能力不强、生存发展困难的状况,客观上造成了高成长性中小企业技术链条升级困难。事实上,湖北省高成长性企业对公共信息服务平台（57.1%）、科技数据和文献资源共享平台（44.2%）、科学仪器设施（36.5%）和公共技术开发服务（35.3%）、技术交易市场（34%）和实验基地共享（32.7%）等公共平台的需要很大。

3. 社会服务机构的管理有待规范

湖北省对社会服务机构的管理不太规范，造成其难以通过公平竞争实现优胜劣汰，不能够真正独立面向市场、服务社会。表现为缺乏统一有效的监督管理，相关法规还不健全不完善，缺乏整体的社会服务机构发展规划，带有明显的官方色彩的中介机构和"红顶中介"问题时有出现等。此外，社会服务机构内部自律性较差、从业人员素质较低、权威信息平台缺乏等导致其社会公信度不高、服务质量参差不齐，与高成长性企业的需求有差距。

（四）市场竞争环境

近年来，湖北省加大政策扶持力度，在政府采购、市场拓展等方面帮助各类企业提升市场销售能力，鼓励企业积极开展对外贸易，支持企业设立海外研发、销售与生产网络，努力帮助企业提高国际影响力。但是，湖北省高成长性企业在市场拓展方面依然面临一些困难，52.9%的高成长性企业希望政府在市场开拓方面提供市场信息，43.9%的企业希望政府提供与国内外企业合作的渠道，43.2%的企业希望政府出台鼓励出口的税收优惠政策（见图13）。

1. 品牌推广和商标保护费用高昂

湖北省高成长性企业中近90%以上企业拥有在同行业中比较知名的品牌，但在品牌推广和商标保护中碰到的最大困难是费用太高（47.8%）。企业自身资金缺乏（36%）、专业人才缺乏（30.4%）、政府支持不够（23%）、大企业垄断行为影响（14.3%）都造成高成长性企业市场推广比较困难。

2. 高成长性企业获得质量认证较少

近三年，湖北省高成长性企业获得全国质量奖、地方质量（管理）奖或质量技术奖等外部质量认证的仅占25.5%，有51.8%的企业未获得过任何认证。高成长性企业迫切希望政府建立信息化的质量技术公共服务平台，提供质量技术咨询和指导（64.2%）；希望政府及时制定、修订与国际市场接轨的产品、技术标准，并指导企业应用（52.8%）。

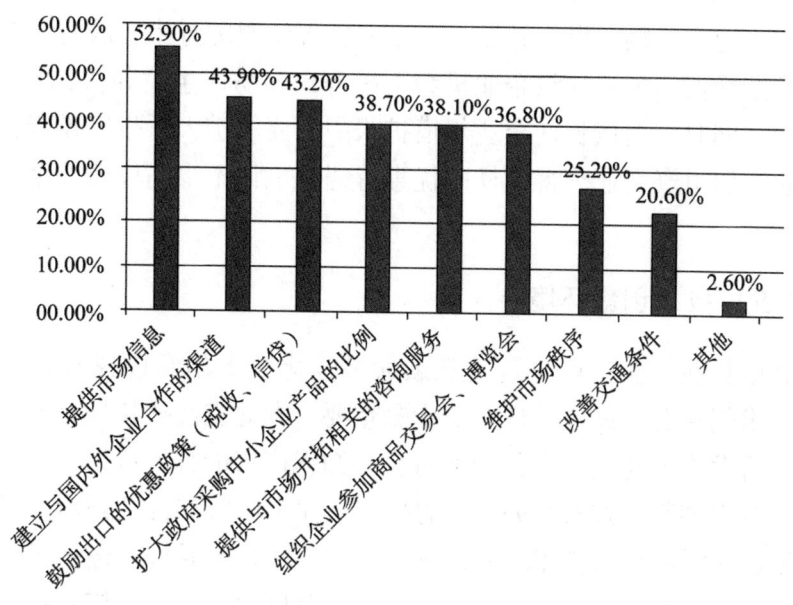

图 13　湖北省高成长性企业市场开拓政策诉求

3. 政府采购政策需要进一步细化

79.6%的高成长性企业认为大型企业在政府采购方面获得的机会较多；43.5%的企业认为政府采购的要求过高、种类过少、附加条件多；31.7%的企业认为本地政府采购政策不够透明；28%的企业认为自主创新产品的政府采购金额较少，收款困难。可见，湖北省的政府采购政策实施细则还需细化，政府采购作用还需充分发挥。

4. 行业组织助推市场开拓作用有限

湖北省行业协会、商会、产业联盟等行业组织，由于政府职能转变不够、职能定位不清、发挥作用空间小等原因，在帮扶高成长性企业开拓市场方面的作用十分有限。特别是，许多战略性新兴产业的高成长性企业的产品推广都面临较大困难，难以打破固有的行业垄断。这些市场开拓问题即便不需要政府直接出面组织协调，也需要行业组织发挥更大的作用。

5. 市场竞争环境有待进一步改善

在土地、采购、资金补贴、政策实施等资源配置中，政府主导成分大，有选择性的配置导致企业机会不平等，容易产生"拉关系跑关系"等问题。同时，高成长性企业规模扩张中需要的扩大再生产投资，不能与新设招商引资企业获得同样的优惠待遇，也让不少高成长性企业多有微词。

（五）技术创新环境

高成长性企业特点决定其必须通过强化技术创新以提升自身竞争力。技术创新对于高成长性企业十分重要。湖北省高成长性企业普遍重视企业研发能力建设，大部分拥有自主知识产权的技术成果。

从技术创新方式看，93.1%的高成长性企业依靠自主创新研发获取企业发展所需的核心技术，27.3%的高成长性企业通过引进技术人才获取核心技术，20%的高成长性企业依靠联合机构创新获取核心技术，模仿或购买核心技术的企业比例分别为4.4%和6.3%，所占比重很小。

从近三年企业研发资金占销售收入的比重来看，有54.8%的高成长性企业研发投入占比超过20%，有21.3%的高成长性企业研发投入占比在10%~20%，有23.9%的高成长性企业研发投入占比不足10%。

从专利情况看，有18.5%的企业目前仍未获得专利，45.9%的企业获取专利数小于5件，22.3%的企业获取专利数介于5~10件，9.6%的企业获取专利数介于10~25件，仅3.8%的企业专利数大于25件。这就说明湖北省高成长性企业有一定的技术创新能力，但目前绝大多数高成长性企业规模比较小，技术实力和创新能力还比较弱，完全依靠自身力量进行技术创新受到许多限制，在技术创新方面仍然需要加强与高校与科研机构的协同合作。在促进专利申请方面，企业最希望政府部门可以制定更有利于专利产业化的新法律、法规或政策，在税收等方面给予优惠政策（67.7%）、出台具体的专利产业化细则或办法，提供资金、设备或人员支持（50.3%）、使现有政策或措施更具有可操作性（48.4%）。企业也希望获得技术、行业专利分析报告服务和专利代理服务。

湖北省高成长性企业在技术创新过程中面临的主要困难是缺少研发经费（46.2%），研发费周期长、风险高（40.5%），研发投入超出企业承受范围（39.9%），研发人员不足（39.2%）。其中，46.6%的高成长性企业对政府支持自主创新的相关政策不甚清楚，26.1%的高成长性企业认为政策吸引力不够或手续繁琐、享受政策成本高，21.1%的高成长性企业则认为政府职能部门执行政策的力度不大，或者其产品不符合政策列出条件或优惠范围。

湖北省高成长性企业在技术创新过程中，最希望政府给予如科技融资、财政专项资金支持（49.7%），提供税收、贷款等方面优惠政策（44.7%），技术信息共享（35.4%），技术设施共享（28%），专家技术咨询（27.3%），政府采购支持（24.2%）。

（六）人力资源环境

高成长性企业是知识、技术和人才密集型企业实体。由于高成长性企业是跳跃式发展，对不同层次的人才需求量都比较大，能否高效率补给人才缺口是高成长性企业能否走向成功的关键。近年来，湖北省各级政府深入实施人才强省战略，围绕重点产业和新兴产业，大力实施"高层次人才培养工程"、"百人计划"、"黄鹤英才"计划、"3551人才计划"等一系列高层次人才引进和培养政策，吸引了一大批海内外高层次人才来鄂创新创业，全省创新文化氛围日益浓厚。特别是"武汉·中国光谷"已成为对海外人才有特殊吸引力的品牌。

影响高层次人才引进的关键因素如图14所示，其中，引进和留住高层次人才的关键因素首先是工资待遇（85.1%），其次是发展机会（83.9%），然后是工作环境（52.8%）。

然而，湖北省高成长性企业中，63.8%的企业认为政府现有人才引进政策的优惠幅度还不够；42.1%的企业认为人才政策宣传不到位；39.5%的企业认为引进人才的优惠政策落实不够。对此，高成长性企业希望政府完善各级各类人才激励政策，建立运转良好的人才服务体系，

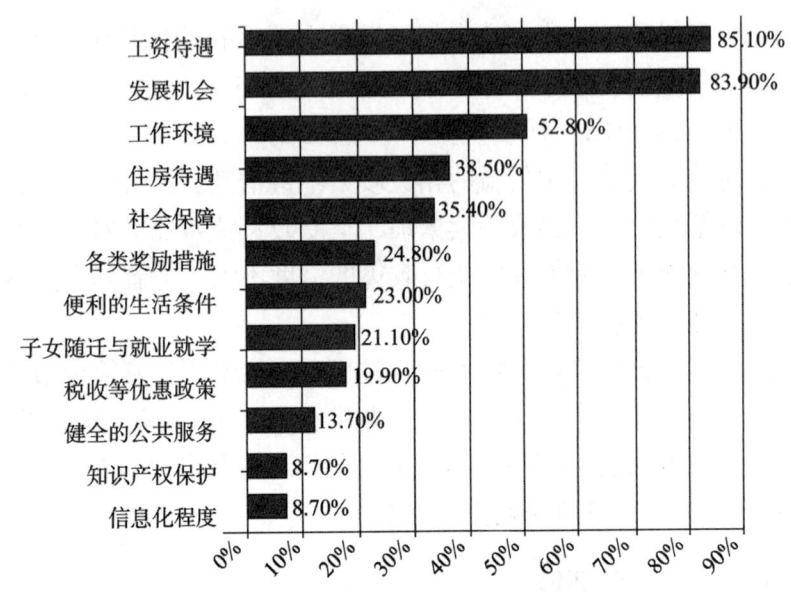

图 14 影响高层次人才引进的关键因素

制定公平合理的立项审批程序,改进人才评价机制(见图 15)。

此外,湖北省高成长性企业留住已有人才也需要政府大力帮助。企业普遍期待政府帮助改善已引进人才的待遇问题(70.7%)、成果转化问题(33.3%)、继续深造问题(24%),改善他们的住房工作生活条件(24%)。

(七)宜居乐业环境

湖北省武汉市的基础设施及生活配套正在快速改善,但与高成长性企业日益增长的宜居乐业需求还有差距。76.7%的企业认为生活服务设施需要加强;57.2%的企业要求改善住房条件;44%的企业要求改善医疗保健条件;43.4%的企业要求加强文化娱乐设施;39%的企业要求改善商业购物环境;23.3%的企业要求改进教育培训机构(见图 16)。可见,湖北省高成长性企业对生活、住房、卫生、文娱、商贸、医疗等基

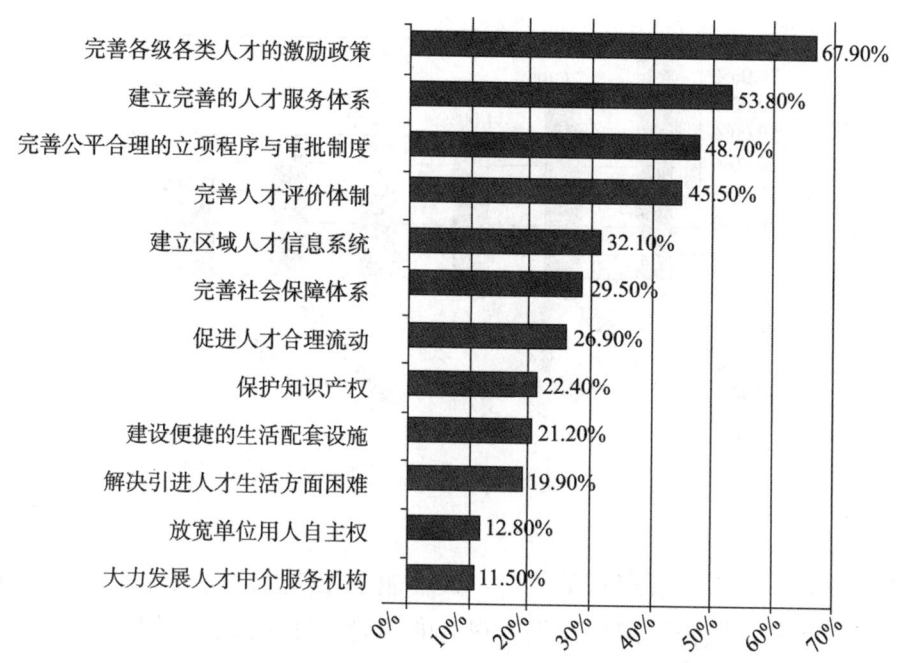

图 15　湖北省高成长性企业人才引进的政策诉求

础设施配套的需求十分强烈，需要湖北省特别是高成长性企业集聚的科技园区加快规划实施，迅速完善宜居乐业的生活环境。

六、湖北省优化高成长性企业发展环境的对策

湖北省高成长性企业具有的经济性、行业性、创新性、阶段性和集聚性，使得它们成为企业集群中"关键的少数"，它们的发展壮大会极大刺激区域经济发展，它们的成长将成为区域技术创新的活力之源和高新技术产业的牢固基础。因此，将高成长性企业作为区域产业发展的重点支持对象，就意味着抓住了产业发展的未来。

高成长性企业跨越"创业死亡谷"进入快速成长阶段后，虽然技术风险减少，但市场风险依然存在，甚至面临发展后劲不足、战略不清

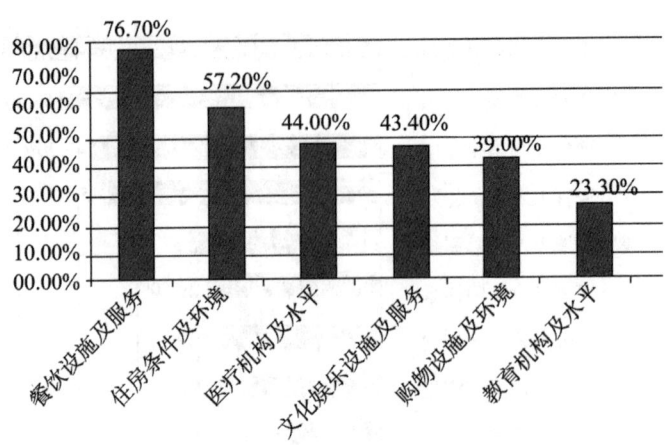

图 16 高成长性企业对宜居乐业环境的需求

晰、机制不完善、管理基础薄弱、人才瓶颈无法及时解决等一系列新的挑战和问题，能否长期生存仍有很大的不确定性。因此，相对于一般中小微企业，高成长性中小企业对外部环境会有更高要求，更需要政府的政策支持和引导。

在湖北省"建成支点、走在前列"的新形势下，各级政府有必要充分认识高成长性企业的发展现状与影响因素，有针对性地为高成长性企业提供多方面支持，整合资源为高成长性企业营造优质发展环境，促使高成长性企业进一步"跃迁式"发展。

（一）加强政策落实，强化政策协调

湖北省要更充分地认识高成长性企业的特殊关键作用，把支持高成长性企业做强做大作为区域产业发展的重要任务，主动为高成长性企业提供质量更高、内容更丰富、方式更个性化的"贴身服务"。

——面向全省开展高成长性企业遴选。湖北省要高度重视高成长性企业培育，在全省范围内按照高成长性企业遴选标准进行摸底清查，尽快开展高成长性企业评选工作，并将东湖高新区培育"高成长性企业"

的系列政策措施及实践经验面向全省迅速推广。

——加强政策落实的监管,建立政策落实责任制。湖北省要把落实政策摆在与研究制定政策同等重要的位置,加大政策宣讲,积极推进"政策惠企"专项行动和"科技政策辅导员计划",帮助高成长性企业将各项优惠政策落实到位。同时,把企业对政策的知晓率纳入职能部门绩效考核目标,建立政策落实责任制,由专门机构督办检查现有政策的落实情况,接受企业投诉。

——加强政府部门间合作,强化政策协调性。湖北省要注重高成长性企业支持政策的系统性,改变"多头管理、政出多门"的状况,通过部门间良好协调衔接,整合当前比较零散的政策措施,制定更加实惠、精简、可操作、能够真正落实的系统性政策,并成立专门服务高成长性企业的部门具体统筹协调。

——为高成长性企业提供战略及管理咨询。湖北省要充分发挥新型智库支持高成长性企业发展的作用,扩大点对点战略咨询补助的实施范围,聘请国内外知名咨询公司,帮助高成长性企业理清发展战略、完善商业模式及调整管理布局,推动更多高成长性企业进入成熟稳定的成长阶段。

(二)创新融资服务,降低融资成本

湖北省要加快科技金融结合,激发各类金融资本的活力,着力解决高成长性企业融资渠道单一、抵押担保能力弱、政府专项资金覆盖面小及信息不对称等带来的融资难问题。

——鼓励金融机构推出"高成长性企业金融服务模式"。湖北省要整合各类金融机构与股权投资机构的力量,形成覆盖"初创期、成长期、扩张期"三个不同发展阶段的科技金融服务。面向初创期企业,提供投保贷业务、投资银行业务产品和一体化金融解决方案;面向成长期的企业,在审批机制中引入科技专家咨询,以专业标准合理评判科技资产的市场价值,加大知识产权质押的分量。

——强化风险投资对高成长性企业的支持。湖北省要通过建设创投

产业园，吸引国内外风投机构更多聚焦湖北，引导省内有条件的大企业开展风险投资；通过参股、跟投、担保等方式完善风险补偿机制，引导社会资本加大对创投企业的扶持。

——建立高成长性企业科技信贷"单独机制"。湖北省要引导金融机构面向高成长性企业建立"单独的客户准入条件、单独的产品开发、单独的系统设计、单独的审批流程、单独的专业人员配置、单独的服务价格、单独的贷款规模支持、单独的不良贷款容忍度"等机制，通过"单独机制"降低高成长性企业贷款成本。

——倾力帮助高成长性企业上市融资。湖北省要抓住"新三板"机遇，对现有高成长性企业进行梳理排队，培育上市梯次资源，完善上市协调机制，为优质高成长性企业提供上市全流程服务，全力支持企业挂牌"新三板"和湖北四板"科技板"。

——加快建设在线科技金融服务平台。湖北省要尽快搭建科技金融综合服务网络系统，集成银行、天使投资、风险投资、创业投资引导基金、中央财政参股新兴产业创投基金、科技小额贷款、融资担保等各类金融资源，通过在线科技金融服务网络为高成长性企业提供多层次、个性化、"一站式"的投融资咨询及对接服务。

——发展高成长性企业融资担保机构。湖北省要完善担保融资补偿管理办法，对科技融资担保机构进行信用评级，扩大科技融资担保机构的担保规模和担保能力，选择实力较强且信用记录良好的担保公司成立"高成长性企业互助基金"，联合对高成长性企业贷款进行共同担保。

——扩大知识产权质押贷款试点范围。湖北省可将知识产权质押手续办理权限下放到地市级，成立区域性的知识产权交易所，实现知识产权质押贷款就地办理，优化办理流程，精简交易办结时限。

——加速推广"科技创新券"制度。湖北省应迅速面向高成长性企业实施"科技创新券"制度，将财政科技奖补资金以"有价证券"的形式发放给高成长性企业，作为其购置研发设备或购买科研机构创新服务的权益凭证。

（三）净化市场环境，激发市场活力

湖北省要进一步转变政府职能实现简政放权，通过全面深化改革发挥市场配置资源的决定性作用，全面减少政府干预，进一步放宽市场准入，构建公平公正的行业规则和有利于公平竞争的市场环境。

——加大市场监督执法力度。湖北省要加大治理不正当市场竞争行为的执法力度，尤其在高成长性企业相对集中的新兴产业领域，在政府采购、项目招投标等方面给予各类企业平等机会，着力解决民营资本、中小企业进入某些垄断性行业面临的市场准入开放不够问题，防止出现违规成本低、守法成本高、新企业难以获益的不良现象。

——推进企业信用体系建设。湖北省要高度重视社会信用体系建设，利用大数据、云计算等新技术搜集整合分散在中国人民银行征信中心以及工商、法院、政府各专项资金执行部门和其他投融资机构的监管信用、涉诉信用、评级信用等信用信息，建立全省统一的高成长性企业信用信息采集、评定与发布系统，在省内遴选若干家权威信用评级机构，分期分批完成全省高成长性企业的信用评级。

——搭建O2O电商营销平台。湖北省要抓住"互联网+"带来的商业模式创新机遇，积极应对移动互联业务快速增长带来的市场营销变化，创建高成长性企业营销推广平台，包括开发产品选型、企业黄页、采购平台、在线商城、产业园区等服务内容，以突破供求信息不对称、营销资源不足等制约，更好地整合线下线上双重优势资源。

——扩大政府采购份额。湖北省要扩大政府采购高成长性企业自主创新产品的份额，拓宽政府采购范围，运用价格规制，培育高技术产品消费市场，利用O2O电商平台统计高成长性企业的重点产品，向省内政府采购用户集中推介。

——帮助企业"抱团出海"。湖北省要大力推进高成长性企业的海外拓展，推动企业适应国际贸易及国际化运营规则，鼓励企业开展国际认证和商标国际注册，支持企业承担国际性项目，通过引进国际商务机构、商会协会、产业组织建设高成长性企业的国际合作通道。

(四) 发展中介组织，完善社会服务

湖北省要着力创新社会管理方式，全面提高社会服务的数量和质量，不断降低社会服务的费用，针对不同发展阶段的高成长性企业提供个性化社会服务，建成覆盖高成长性企业发展全过程、全需求的社会服务体系。

——加强社会化中介服务组织管理。湖北省要倡导中介服务组织提供垂直化服务的理念，引导中介服务组织专注于将最擅长的服务做精做深做好；要成立专门的管理部门，降低准入门槛，对工商经济、公益慈善、社会福利、文体活动、生活服务类等中介服务组织，除法律规定必须先取得许可证的特殊组织外，可直接办理登记手续；支持规模较大、行业领先的中介服务组织形成品牌。

——加快公共技术服务平台建设。湖北省要引导优势产业集群或重点企业建立专为高成长性企业服务的公共技术支撑平台，为其提供研发、设计、试验、检测、新技术推广和技术培训等技术支撑服务；要加快建设产业技术创新战略联盟、"2011计划"协同创新中心等协同创新平台，引导高成长性企业广泛参与协同平台的信息共享、产品创新、联合采购、标准共制等活动。

——搭建科技服务版"天猫商城"。湖北省要整合科技服务机构的各类服务产品，仿照"天猫商城"的C2B模式，面向高成长性企业搭建G2B（政府-中介-企业）模式的新型科技服务平台，通过平台实现信息发布、挂牌公示、展示推介、在线展会、在线交易等科技服务。平台的运营、维护与技术支持，可以委托中国技术交易所，与之共用后台数据库。

——构建湖北省企业加速器网络。湖北省通过加强规划布局，整合现有企业加速器资源，将其升级为"湖北省企业加速网络"，进一步放大企业加速器功能，并向高成长性企业广泛推介加速网络中各加速器的专业优势、服务特点和入驻申请程序等信息，既提供内容丰富、形式灵活的物理空间，也提供高增值技术配套服务和前瞻性政策服务。

——推动行业协会发挥更大作用。湖北省可试点取消行业协会（商会）"一业一会"限制，允许行业协会（商会）吸收异地同行会员，支持行业协会在加强企业间合作交流、制定行业发展战略、市场信息共享、协调市场拓展、维护行业秩序等方面发挥更积极的作用。

——创办高成长性企业联合会。湖北省要创建高成长性企业联合会，搭建系列互动交流平台，围绕人力资源、团队管理、融资模式、成果转化等主题，定期举办企业沙龙开展员工交流活动，推动高成长性企业资源共享、协同发力、同兴共赢。

（五）健全人才机制，发挥人才优势

湖北省要进一步破除人才柔性流动的阻碍，改善使用人才、评估人才、培养人才、吸引人才的方式方法，为培养人才、引进人才、用好人才提供体制机制保障，充分释放湖北省科教人才优势，为高成长性企业提供更加充足的人力资本。

——加大海外高层次人才引进。湖北省要围绕国家"千人计划"、"万人计划"、省"百人计划"等，加大引进海外高层次创新人才及团队的工作力度，面向高成长性企业引进领军人才。同时，要鼓励有条件的高成长性企业到海外（境外）建设创新平台，通过海外（境外）平台吸引和"就地使用"海外高端人才。

——推进人才管理体制机制改革。湖北省要配合科技教育体制机制改革，采用新的人才管理制度，制定出台人才管理改革文件，推出人才引进和培养的创新举措。如简化"绿卡"办理程序、简化签证审批程序、扩大人力资源服务市场对外开放、鼓励外国人来鄂创业等。

——争取中关村试点政策尽快落地。湖北省要面向高成行性企业，率先落地实施中关村先行先试的特殊政策，特别是股权和分红激励、职工教育经费税前扣除、科技成果使用处置和收益管理改革、境外股权和返程投资等13项与人才制度改革密切相关的政策，更充分地调动科技创新人才的主动性、积极性与创造性。

（六）改善工作条件，加强生活配套

湖北省各级政府要认真回应高成长性企业对工作条件和生活空间的合理诉求，在高成长性企业相对集中的高新区和经开区尽快完善配套设施及服务，为高成长性企业营造宜居乐业的生活环境。

——努力提高物理空间品质。湖北省要尽可能满足大多数高成长性企业的物理空间诉求，让其既拥有办公室、厂房、实验室等多功能集中且相对独立的工作场所，又不远离创业根据地和智力密集区；要逐步提高物理空间的品质，满足高成长性企业对快速入驻、二次装修、施工服务、消防服务等的不同需求。

——加快完善配套设施服务。高成长性企业对配套设施的服务需求一般处在中端水平。湖北省要围绕高成长性企业员工需要，加快建设完善生活服务、生产服务、商务服务、公共绿地等配套设施，打造自然优美、生活舒适、环境宜人的"诗意的栖居"，形成集办公、研发、生产于一体的高技术产业发展环境。

（本报告为湖北省人民政府智力成果采购课题研究成果）

课题负责人：刘　钒　武汉大学发展研究院副教授、博士、博士后
课题组成员：李　光　武汉大学发展研究院院长、教授、博士生
　　　　　　　　　　导师
　　　　　　易晓波　武汉大学发展研究院副教授、博士
　　　　　　李明传　武汉大学发展研究院副教授、博士
　　　　　　刘远翔　武汉大学发展研究院博士、博士后

以集成创新不断提升湖北省文化产业竞争力

乔亚兰 李 光

从湖北省文化产业"十二五"规划指标完成情况及全国各省市竞相发展文化产业态势分析,湖北省"十三五"时期处于文化产业竞进提质的追赶和超越时期,加快文化产业发展的任务非常艰巨,必须通过强化集成创新不断提升文化产业综合实力及竞争力。

一、湖北省文化产业发展现状及存在的问题

在《湖北省国民经济和社会发展第十二个五年规划纲要》中,将"文化产业增加值占生产总值比重"作为湖北省经济社会发展的主要预期性指标之一,并确定这一省定指标的规划目标值为3.4%。《湖北省"十二五"时期文化改革发展规划纲要》提出:2015年全省文化产业增加值比2010年翻一番,占全省生产总值的比重明显提升,并成为全省重要支柱产业。《湖北省文化发展十二五规划》明确提出:2015年湖北省文化产业增加值占全省GDP比重达到6%左右,文化产业成为全省的支柱产业。在《湖北省文化产业发展战略规划(2014—2025)》中,提出2015年湖北省文化产业增加值占GDP比重约3.15%。

从湖北省"十二五"规划完成情况看,2015年文化产业增加值占GDP比重为2.74%,与《湖北省国民经济和社会发展第十二个五年规划纲要》规划目标值相差0.66%,也是湖北省"十二五"规划极少数未完成的预期指标之一。如果参照《湖北省文化发展十二五规划》预期值,2015年湖北省文化产业增加值实际完成不到目标值的46%;即

使按照"十三五"中期编制的《湖北省文化产业发展战略规划（2014—2025）》中已调低规划指标，2015年仍比预期目标值低0.41个百分点。相比之下，2015年我国文化产业增加值占GDP的比重为3.86%，湖北省文化产业增加值占生产总值比重明显低于全国平均水平，比全国平均水平低1.12个百分点。出现这种规划与实际完成值之间的明显差距，究其重要原因之一，是《湖北省文化发展十二五规划》和《湖北省文化产业发展战略规划（2014—2025）》的经济预期值，缺乏文化产业细分行业领域的经济预期值支撑。如《湖北省文化产业发展战略规划（2014—2025）》，是"根据战略发展需求，以高于我国文化产业年均增长率15%两个百分点即17%进行预估，2015年湖北省文化产业增加值将占到同期GDP的比重约3.15%。"除此之外，《湖北省文化产业发展战略规划（2014—2025）》缺乏文化产业细分行业领域的任何经济预期值支撑，从而使湖北省文化产业增加值占GDP比重的预期值失之虚化，并直接影响湖北省文化产业主导产业、重点产业和培育产业选择的科学性及严谨性。

从湖北省文化产业在全国及中部地区的地位看，尽管文化产业具有丰富的发展资源、巨大的发展空间和奋发竞进的雄厚基础，但目前必须面对文化产业发展总体处于中等偏后水平的现实。根据中国人民大学和文化部文化产业司联合发布的中国省市文化产业发展指数（2014），2014年湖北省文化产业综合指数在全国位居第23位，文化产业生产力指数位居第16位，文化产业影响力指数位居第23位，驱动力指数位居26位。显而易见，除了文化产业生产力指数全国排位居中，湖北省文化产业综合实力、影响力和产业环境在全国都处于中等偏后的位置，尤其是与北京、江苏、浙江、广东、上海、山东、辽宁、河北等省市存在较大差距，甚至落后于中部地区的湖南、江西和河南等省。2014年，中部地区的湖南省、江西省进入全国文化产业综合实力前十名。按照2015年11月发布的中国省市文化产业发展指数（2015），2015年上海首次超越北京位居全国文化产业综合实力第一，湖南省再次跻身全国文化产业综合实力前十名。不仅如此，湖南省文化产业的综合指数、生产力指数、影响力指数、驱动力指数全部进入全国前十名，这表明湖南省在文化产业整体实力及综合竞争力方面有了稳步提升。2015年，江西省、河南省在文化产业生产力指数方面也有突出表现，位居全国第七名和第八名，显示出强劲的发展态势。相比之下，尽管湖北省文化产业在2015年取得了明显的进步，但在全国总体处于中等偏后的状况没有根本改观，文化产业发展未取得预期的赶超突破。"十二五"期间，湖北省是中部地区唯一没有跻身过文化产业发展综合指数或生产力指数、影响力指数、驱动力指数全国前十名的省份；中部地区的湖南、江西、安徽、河南和山西，同期都有进入文化产业发展综合指数或生产力指数、影响力指数、驱动力指数全国前十名的经历。2016年5月新元智库发布《我国31省市文化产业资本力指数指标设计与研究报告》，将全国文化产业资本力发展水平划分为四个梯队，湖北省2015年以位居全国第19位处于第三梯队行列。尽管这些评价数据与现实之间会有误差，甚至可能没完全反映湖北省文化产业发展的业绩，但仍不失为研判湖北省文化产业发展状况的重要参考。这些评价数据表明，近年来我国各省市尤其是中部地区的湖南和江西等省，在文化产业发展上不遗余力且成效明显，对湖北省文化产业发展已形成明显的压力。

深入分析湖北省与我国文化产业发达地区的差距，尤其是以客观性、针对性、基础性、综合性、前沿性和前瞻性来剖析问题，主要有以下多个方面：一是湖北省文化产业发展热情高涨，但文化产业发展理念创新不够；二是湖北省文化产业发展社会需要迫切，但文化产业激励政策有效供给不够；三是湖北省文化资源相当可观，但转化为文化产业资源及其充分利用不够；四是湖北省科技创新能力强，但对文化产业创新发展支撑不够；五是湖北省文化产业发展区域不平衡，但武汉市文化产业发展的龙头作用发挥不够；六是湖北省文化产业相关行业成熟，但文化产业的跨界融合拓展不够；七是湖北省文化产业市场主体发展较快，但文化产业不同行业细分领域的领军企业明显不够；八是湖北省文化消费市场巨大，但文化产业提供的产品和服务不够；九是湖北省文化产业普通产品及服务较多，但文化创意产品及服务著名品牌不够；十是湖北省科技、教育、产业基础较好，但对世界新一轮科技革命和产业变革深刻影响文化产业发展关注不够。这些问题影响了湖北省"十二五"期间的文化产业发展，也是湖北省"十三五"期间实现文化产业赶超必须正视和解决的问题。

二、我国文化产业发展轨迹及全球视野

在2001年发布《中华人民共和国国民经济和社会发展第十个五年计划纲要》中，第一次使用"文化产业"概念并提出：完善文化产业政策，加强文化市场建设和管理，推动有关文化产业发展。在《中华人民共和国国民经济和社会发展第十一个五年规划纲要》中，将"积极发展文化产业"、"完善文化产业政策"作为重点工作。在《中华人民共和国国民经济和社会发展第十二个五年规划纲要》中，将"推动文化产业成为国民经济支柱性产业"作为重要任务；在《中华人民共和国国民经济和社会发展第十三个五年规划纲要》中明确提出：到2020年文化产业成为国民经济支柱性产业。从"十二五"规划"推动"文化产业发展，到"十三五"规划文化产业"成为"国民经济支柱性产业，表明文化产业在我国国民经济和社会发展中的战略地位及其重要作用。

从"十二五"期间我国文化产业增加值占GDP比重看，2011年为2.86%，2012年为3.48%，2013年为3.77%，2014年为3.76%，2015年达到3.86%。"十三五"时期是我国实施创新驱动发展战略、加快产业转型升级的关键时期，文化产业将发挥引领产业发展的先导性作用，并成为创新创业的动力。文化产业要成为国民经济支柱性产业，意味着文化产业增加值占GDP比重要达到5%。按照我国文化产业在"十二五"时期的发展速度，尤其是文化产业跨界融合、新一轮科技革命和产业变革对文化产业的重要影响，文化产业在"十三五"时期成为我国支柱性产业既面临机遇又面临挑战。从我国文化产业增加值占GDP的比重分析，"十三五"期间要达到5%的预期目标，每年需在2015年

基础上增加 1.14 个百分点，即年均增长 0.22 个百分点。在 2006 年至 2015 年 10 年间，2012 年和 2013 年的文化产业增加值占 GDP 的比重，分别比上年增加 0.60 个百分点和 0.25 个百分点，这表明我国实现年均增长 0.22 个百分点的预期目标尚有先例；但是，在其余大多数年份都只比上年增加 0.14 个百分点左右，这表明我国要完成文化产业增加值年均增长 0.22 个百分点的任务非常艰巨。

《湖北省国民经济和社会发展第十三个五年规划纲要》中提出"推动文化产业成为支柱产业"，表明湖北省"十三五"期间将努力加快文化产业发展。要使文化产业真正成为支柱产业，2020 年实现文化产业增加值占 GDP 比重 5% 的预期目标，湖北省在"十三五"期间平均每年要增加 0.45 个百分点，这显然比我国"十三五"期间年均增长 0.22 个百分点的难度更大、任务更艰巨。在这种背景下，文化产业很可能成为湖北省经济发展的关键性"短板"，能否如期成为支柱产业具有很大的不确定性，湖北省文化产业实现追赶和超越发展必须另辟蹊径。

在《中华人民共和国国民经济和社会发展第十三个五年规划纲要》中，第一次将文化产业范畴的数字创意纳入战略性新兴产业重点发展领域，支持数字创意产业发展壮大。《国家"十三五"战略性新兴产业发展规划》也将数字创意产业纳入战略性新兴产业重点领域，明确提出："促进数字创意产业蓬勃发展，创造引领新消费"，并将创新数字文化创意技术和装备、丰富数字文化创意内容和形式、提升设计服务创新水平、推进相关产业融合发展等作为"十三五"时期重点任务。《中共中央关于制定国民经济和社会发展第十三个五年规划的建议》中提出："支持战略性新兴产业发展"，"培育一批战略性产业"。毫无疑问，文化产业不仅是正在崛起的战略性新兴产业，而且是具有深远历史意义的战略性产业，具有不可逆转地加快发展趋势。《中华人民共和国国民经济和社会发展第十三个五年规划纲要》提出："加快发展现代文化产业"，"大力发展创意文化产业"。从文化产业的"现代"属性和"战略性新兴产业"属性来解读，所谓"现代"就是要以新一轮科技革命和产业变革的全球视野来谋划文化产业发展；所谓"战略性"就是要真正以遐思远眺、未雨绸缪的远见卓识来谋划文化产业发展。在《湖北省国民经济和社会发展第十三个五年规划纲要》中，也明确将文化产业范畴的"数字创意"作为战略性新兴产业的重点领域，并纳入"战略性新兴产业发展重点工程"，力求"实现重点领域突破发展"。

2004年，国家统计局第一次比较清晰地界定了文化产业，在文化产业十个门类中有七个是传媒，文化产业仍限定在狭义的文化范围之内。按照国家文化产业分类及统计范围，2004年我国文化产业增加值占GDP比重为1.94%。为适应我国文化产业发展的需要，2012年国家统计局经修订出台了《文化及相关产业分类（2012）》，其中特别提出了创意设计。2014年，国务院发布《关于推进创意和设计服务与相关产业融合发展的若干意见》，旨在进一步促进文化产业和相关产业的深度融合。伴随着互联网、物联网、大数据、人工智能等技术对产业跨界融合的深刻影响，我国文化产业范围及边界的拓展势在必行。

从全球范围看，经过多年的蓬勃发展，发展文化创意产业已从经济活动边缘进入经济活动核心，不仅成为不同国家和地区经济增长的重要引擎，而且已发展成为不同国家和地区政治、文化竞争的主导力量。尤其是在文化创意产业发达的国家和地区，文化创意产业早已成为国民经济的重要支柱产业。2015年12月，联合国教科文组织正式发布题为《文化时代：全球文化创意产业总览》的最新研究报告。这份由安永会计事务所完成的调研报告，以翔实的数据和图表阐明文化创意产业是全球经济的支柱产业，对世界经济和社会就业作出了巨大贡献。无论在发达国家还是在新兴市场经济体，文化创意产业都正在成为国家和地区经济的战略性资产。研究报告表明，2013年全球文化创意产业创收总额2.25万亿美元，占世界各国GDP总量的3%，超过了通信业（1.57万亿美元），为世界各国创造了2790万个就业岗位，占世界就业总人口的1%，超过欧洲、日本和美国汽车制造业就业人口之总和（2500万）。联合国教科文组织总干事伊琳娜·博科娃指出："无论对发达国家还是发展中国家，文化创意产业是国家经济的重要发动机，是发展最快的行业，影响价值创造、社会就业和出口贸易，为世界许多国家创建了美好的未来。"从世界文化创意产业发展趋势看,新一轮科技革命和产业变革蓄势待发,文化创意产业的朝阳产业、绿色产业和战略性支柱产业属性会更加凸显,将对人类社会和世界经济产生更加深远的重大影响。

三、我国上海、北京及湖南省文化产业发展动态

从上海、北京和湖南省的文化产业发展动态看,正在进一步发挥文化产业发展的引领和带动作用,从供给侧改革和需求侧改革两端同时发力,加快文化产业提质增效并向"高精尖"转型升级,不断强化文化产业的支柱产业地位,厚植文化产业的竞争优势。

2015年,上海市文化创意产业增加值占GDP比重达到12.1%,比2014年占GDP比重提高0.6个百分点,位居全国文化产业综合实力第一名。2016年,《上海市文化创意产业发展三年行动计划(2016—2018年)》正式开始实施,旨在"提升文化创意产业国际竞争力,进一步发挥文化创意产业在上海经济转型升级中的引领和带动作用"。这项计划提出上海市文化创意产业三个层次的发展目标:2018年底,上海形成结构更优化、特色更鲜明、布局更合理、优势更突出的文化创意产业集群,产业辐射带动效应更加强劲,产业增加值年均增速高于全市国内生产总值平均增速2~3个百分点;2018年底,上海文化创意产业增加值占全市GDP比重超过12.6%,为"十三五"期末占GDP比重超过13.0%奠定坚实基础;2018年底,上海建成十余个国家级文化创意产业基地、百余个市级文化创意产业园区、千余个文化创意楼宇和众创空间,形成互为补充的载体格局,培育50家国内外知名的文化创意企业和集团,构建30个专业实效的公共服务平台。为实现行动计划目标,上海围绕文化创意产业领域十大行业,进一步明确发展重点,开展分类引导,提升文化创意产业发展能级,并明确提出"文化艺术类产业原创力激发行动"、"创意设计类产业驱动力升级行动"、"时尚体验类产业吸引力增强行动"、"网络信息类产业竞争力提升行动"以及"咨询广告类产业影响力扩大行动"等五项主要任务。

2015年,北京市文化创意产业增加值占GDP比重达到13.4%,比2014年占GDP比重提高0.2个百分点,位居全国文化产业综合实力第二名。2015年,《北京市推进文化创意和设计服务与相关产业融合发展行动计划(2015—2020年)》开始实施。2015年12月30日,北京市质量技术监督局发布《文化创意及相关产业分类》(DB11/T763—2015)地方标准,对《文化创意产业分类》(DB11/T763—2010)地方标准进行修订,并于2016年4月1日开始实施。根据这一新标准,北京市制定了文化创意产业发展指导目录。2016年6月,《北京市文化创意产业发展指导目录(2016年版)》正式发布,这是北京市构建"高精尖"文化创意产业体系的一项重大创新举措,也标志着北京市文化创意产业转型发展、结构调整有了新的指南。作为全国首个省级文化产业发展指导目录,这份目录将北京文化创意产业各业态分为鼓励类、限制类和禁止类三个类别:鼓励类为拟重点发展的业态共44个,涵盖文化内容生产、传播渠道、生产服务等重点环节,还包括文化科技融合发展类业态、创意密集的高端服务类业态以及满足人民群众精神文化需求的公共文化类业态;限制类业态共58个,主要为文化批发零售类业态和部分文化制造类业态;禁止类业态共20个,主要为部分环境影响较大的文化制造类业态。值得关注的是,北京将部分劳动力密集的文化产品生产制作环节列入了禁止类,如动漫游戏的美术制作环节,主要是为了引导文化企业将劳动密集环节外包到周边地区,推动转移疏解文化创意产业低端业态和环节。在文化创意产业享受政府优惠政策方面,对于不同类别的业态区别对待:鼓励类业态将优先享受各项优惠政策;禁止类业态将不再享受优惠政策;限制类业态将在规定的区域内和条件下不享受优惠政策,而在限定区域和限定条件外则可享受相关优惠政策。按照《北京市文化创意产业提升规划(2014—2020年)》,2020年要构建起富有首都特色的文化创意产业体系,推动首都建设成为中国最具活力的文化创意名城、在世界上具有重大影响力的著名文化中心,其文化创意产业增加值占GDP比重将达到15%以上。

2015年,湖南省文化产业增加值占GDP比重达到5.9%,比

2014年占GDP比重提高0.3个百分点，再次进入全国文化产业发展第一方阵，位居全国文化产业综合实力第九名和中部地区第一名。按照《湖南省国民经济和社会发展第十二个五年规划纲要》，到2020年力争文化产业增加值占GDP比重将达到7%，努力将湖南省打造成具有国际影响的文化产业基地。《中共湖南省委关于制定湖南省国民经济和社会发展第十三个五年规划的建议》明确提出：文化产业"以进一步做强做优做大支柱产业为目标"，鼓励发展新型文化业态，构建现代文化产业体系和文化市场体系，丰富文化产品供给，扩大和引导文化消费，不断提高文化产业规模化、集约化、专业化水平，推动文化产业结构优化升级。在"十三五"规划中，湖南省明确了文化产业发展目标及其具体任务，并采取一系列改革与发展重要举措。如湖南省突出文化创意产业集聚区发展重点，加快马栏山创意集聚区建设。以湖南广播电视台为核心，以文化与高科技、互联网融合发展为路径，以生态型、集群化发展为特征，以政府引导、市场运营、芒果操盘、复合运作为模式，汇聚影视创意、策划、制作、动漫、卡通、游戏和技术、资本、电商、智能硬件等企业及人才，打造国内一流、国际知名的马栏山创意集聚区，提升长沙"世界媒体之都"品牌影响力，建设湖南文化强省新地标，力争到2020年集聚区创意产值超过1000亿元。不仅如此，湖南省在"十三五"期间将努力促进文化与科技、制造、农业、金融、旅游融合，鼓励传统业态实现线上线下融合，引导和扩大文化消费；积极发展湘菜、湘绣、湘瓷、湘茶、烟花等特色产业，推动地方文化产业差异化发展。

上海、北京和湖南省的文化产业发展，分别代表了我国及中部地区文化产业发展及其综合实力的最高水平，湖北省与之相比在目标、任务、行动等方面都存在着明显差距。这些省市大力发展文化产业的实践探索和创新经验，值得湖北省认真学习思考和研究借鉴，尤其是要通过强化集成创新，集国内外文化产业创新发展之大成，努力实现文化产业创新要素的优化配置，不断提高文化产业的产出效率和综合效益，加快提升湖北省文化产业创新能力和文化产业竞争力。

四、加快湖北省文化产业发展的对策建议

当今世界，新一轮科技革命和产业变革蓄势待发，我国各省市竞相发展文化产业的态势逼人。在《湖北省国民经济和社会发展第十三个五年规划纲要》中，尽管没有将"文化产业增加值占生产总值比重"作为经济社会发展预期性指标，但湖北省明确提出"提升文化产业核心竞争力"、"推动文化产业成为支柱产业"、"构建现代文化市场体系"的发展目标，将努力"促进文化产业创新发展"、"壮大文化市场主体"、"推动文化市场规范发展"。在"十三五"期间，湖北省必须针对文化产业发展现状和面向文化产业发展未来，在供给侧改革和需求侧改革两端同时发力，尤其是在文化产业发展的追赶和超越阶段，必须根据文化产业发展的阶段性特点，强化基于互联网、大数据的文化产业集成创新，采取一系列集成创新的重要举措，更自觉、更努力、更有效地加快文化产业发展。

（1）进一步认识文化产业的现代性和战略性新兴产业属性。充分认识文化产业在湖北省实施创新驱动发展战略、加快产业转型升级的先导性作用，确定文化产业在湖北省国民经济和社会发展中的战略地位，始终坚持发挥文化产业的战略性和战术性重要作用。湖北省要首先实现对文化产业发展的思想认识到位，以保证文化产业发展的顶层设计到位和文化产业发展的创新行动到位，真正以深化改革和集成创新不断提升文化产业竞争力。

（2）进一步从战略性产业和战略性新兴产业定位谋划湖北省大文化产业大发展。建议按照国内外发展趋势，认真审时度势，尽快将湖北省文化产业明确为文化创意产业，科学、合理、适时地深入拓展产业内涵和外延，并作为国民经济的战略性支柱产业来培育；建议借鉴北京市等地发展文化产业的经验，在国家文化产业标准指导下研究制定湖北省文化创意及相关产业分类地方标准，实事求是地反映文化产业发展成效。

（3）进一步以大文化产业发展理念整合湖北省科技、教育、文化、自然、产业、政策等资源。湖北省发展文化产业具有得天独厚的资源优势，必须基于湖北省文化产业发展战略考量，尽快破解导致资源利用效率低下的"碎片化"、"部门化"和"孤岛化"。建议增加政府文化产业政策有效供给，不断提高文化产业政策的精致性和精准性，实实在在加快推进文化产业发展资源整合，切切实实提高文化产业发展资源综合利用效率。

（4）进一步发挥科技和金融对湖北省文化产业发展的"双轮驱动"作用。湖北省是我国的科技重镇和中部地区的金融中心，具有促进文化产业发展的良好基础和有利条件。建议深入探索湖北省科技和金融驱动文化产业发展的机制、路径及突破口，形成政府和市场同向推拉合力，努力释放科技创新和金融创新的潜能，使科技和金融真正与文化产业有机融合，充分发挥科技、金融的重要作用，实现科技、金融和文化产业共同发展。

（5）进一步强化"文化+"和"互联网+"对湖北省文化产业跨界融合发展的重要作用。建议积极策划并实施《湖北省文化产业发展"文化+互联网+x"行动计划》，充分发挥"文化+"和"互联网+"对文化产业发展的协同增效功能，加快构建文化创意产品及其品牌体系；建议高度重视新科技革命和产业变革对文化产业发展的渗透，关注物联网、人工智能、大数据等技术突破及其对湖北省文化产业未来发展的深刻影响；建议大力推进文化与旅游、体育、健康、养老产业融合，充分发挥文化在"五大幸福产业"中的支撑作用。

（6）进一步推进文化产业发展与湖北省"万众创新、大众创业"紧密结合。湖北省创新创业资源丰富，具有万众创新、大众创业的良好基础和有利条件，能够为文化产业发展提供了无穷无尽的力量源泉。建议深入拓展文化产业内涵和外延，积极鼓励跨界、交叉和融合，注重文化产品生产领域和消费领域的创新创业并举，以聚集更多的文化产业创新创业人才，使湖北省文化产业成为草根创新创业者的乐土，成为天下创新创业英才近悦远来之地，成为培育文化产业优秀经营管理者的摇篮。

（7）进一步打造湖北省文化产业创新发展的公共服务平台体系。湖北省文化产业的大发展，既需要发挥市场配置资源的决定性作用，更需要政府发挥更好的作用。政府不仅要加强文化产业政策的有效供给，而且应不遗余力地加强文化产业发展的公共服务平台体系等基础性建设。建议切实推进文化与科技融合创新平台、文化产业创新创业公共服务平台、文化创意知识产权交易平台、文化产业发展融资平台等建设，尤其是加快国家级文化与科技融合示范基地平台建设。

（8）进一步整合和完善"湖北文化产业发展网"、"湖北文化产业网"综合功能。根据湖北省文化产业发展的迫切需要，建议借鉴美国联邦政府数据门户网站 www.Data.gov① 建设经验，不断整合和完善"湖北文化产业发展网"、"湖北文化产业网"综合功能，努力打造湖北省融文化产业交流、学习、创新于一体的多功能公共平台，真正使其成为一个便利的学习平台、权威的数据平台、开放的互动平台、有效的创新平台、知名的创业平台。

（9）进一步发挥龙头城市和领军企业对湖北省文化产业发展的重要作用。湖北省文化产业发展资源丰富且分布很广，但从产业资源优势和产业发展集中度来看，龙头城市武汉举足轻重。建议采取行之有效的激励措施加快武汉市文化产业发展，充分发挥龙头城市对湖北省文化产业支撑的关键作用。从湖北省文化产业链纵向延伸和横向拓展看，领军企业的影响带动作用十分重要，建议通过创造优越的市场环境和社会氛围，切实加强领军企业培育。

（10）进一步推动湖北省文化产业结构调整和优化升级。"十三五"期间，湖北省面临文化产业加快发展和产业结构调整升级双重任务。根据湖北省"十三五"经济社会发展规划，建议完善文化产业结构调整

---

① www.Data.gov 是美国联邦政府数据门户网站，网站首页自诩"美国政府开放数据之家"，并明确告知访问者："在这里会找到数据、工具和资源，并进行研究、开发网页和移动应用程序、设计可视化数据等。"2009 年 5 月 21 日 www.Data.gov 上线时仅向用户提供 47 个数据集，2016 年 6 月 19 日 www.Data.gov 已能向用户提供 183523 个数据集。

和优化升级方案,实施湖北省文化产业竞进提质三年行动计划;建议尽快研究制定湖北省文化产业发展指导目录,对文化产业发展鼓励类、限制类和禁止类业态进行硬约束;建议及时调整和完善《湖北省文化产业发展战略规划(2014—2025)》。

报告撰稿人: 乔亚兰　湖北艺术职业学院人文学院院长、副教授、博士

　　　　　　 李　光　武汉大学发展研究院院长、教授、博士生导师

创新方法在湖北省高新技术企业推广应用的进程及模式

王君华 刘国新

科技创新,方法先行。创新方法是科学思维、科学方法和科学工具的总称。近现代科学技术的发展历程表明,科学思维、方法和工具的创新已经成为科学技术发展与进步的重要动力,是科技跨越式发展的关键,也是中西方科学技术形成较大差距的重要原因。创新方法不仅是解决发明创造问题强有力的理论工具,还是加快创新进程、缩短产品研发时间、减少创新成本的有效手段,因此在区域内推广应用创新方法能有效地提升区域自主创新能力。

2008年,国家"四部委"联合启动创新方法推广应用工作,重点面向企业、科研机构和教育系统。湖北省于2009年启动创新方法工作,目前以推广应用"发明问题解决理论"TRIZ方法为主。据统计,应用这种方法可以增加80%~100%的专利数量并提高专利质量,可以提高60%~70%的新产品开发效率,并缩短50%的新产品上市时间。在充分借鉴和吸收国内外创新方法工作经验及做法的基础上,结合湖北省省情,探索出适合本省推广应用创新方法的工作体系,取得了显著成效。

推广应用创新方法,攻克和开发一批产业关键技术,形成一批拥有自主知识产权、核心竞争力的高新技术产品,对于落实科技部的要求,推进湖北省科技进步和自主创新具有重要意义。如何有效地推广TRIZ理论,使更多的企业从中受益,是我国政府部门非常关心的问题。迄今为止,国内有关区域创新方法推广应用模式领域的探讨仍然存在许多空白。本研究通过分析和总结在湖北省高新技术企业应用创新方法方面的经验,探讨在我国企业的推广应用模式。

一、创新方法在湖北省企业推广应用的进程及模式

(一)湖北省创新方法企业推广应用的阶段进程

"十二五"期间,湖北省创新方法工作以"创新方法试点省"为契机,根据中长期科技发展规划以及创新型省份建设目标,围绕"两圈一带"的战略部署,根据武汉城市圈的"两型社会"及东湖国家自主创新示范区建设的重大需求,对创新方法的推广应用进行了全面部署,提出了"试点应用(2009—2011年)→行业示范应用(2012—2013年)→全面推广(2014—2015年)"三阶段滚动发展目标,具体内容如表1所示。

表1　　　　湖北省创新方法推广应用的三阶段目标

阶段 内容		宣传培训阶段 (2009—2011年)	试点示范阶段 (2012—2013年)	全面推广阶段 (2014—2015年)
试点示范	试点企业	10家	28家	示范确立为典型
培训	培训基地	2个省级	3个省级	1个国家级,4个省级
	培训场次	专家讲座20场	专家讲座30场	专家讲座60场
	培训人数	直接培训8000人,间接培训8万人	直接培训1.5万人,间接培训10万人	直接培训50%以上适用人员,间接培训80%以上适用人员
TRIZ人才	TRIZ专家	3名	10名	20名
	TRIZ培训师(认证)	40名	100名	200名
	TRIZ应用人才	500名	1000名	2000名
	TRIZ创新团队	4个	8个	12个

续表

阶段 内容		宣传培训阶段 （2009—2011 年）	试点示范阶段 （2012—2013 年）	全面推广阶段 （2014—2015 年）
公共服务平台	功能	功能完善	功能全部实现	功能升级
	水平	企业界知名	省内知名	国内知名
	点击次数	5 千次	2 万次	5 万次
	重复访问率	达 20%	达 30%	达 40%
企业应用效果	专利申请	3 项	30 项	60 项
	创新试验样机	1 台	7 台	15 台
	应用企业比例	10%	20%	40%以上

（二）湖北省创新方法企业推广应用的三种模式

随着 TRIZ 理论推广应用工作的不断开展，在不同的战略阶段，战略目标和战略重点都有所不同，企业应用 TRIZ 理论的效率和水平、区域创新意识、创新环境都会随之变化。因此，在不同的战略阶段，应采用与之相适应的 TRIZ 理论推广应用模式。

1. 政府主导型推广模式

创新方法的推广应用是一项耗时费力且涉及面广的系统工程，尤其是要转变人的思维方式，全面提升企业管理人员和技术研发人员的创新意识和能力，构建辐射全省的企业创新方法推广应用体系，如果没有政府的引导和宏观调控，仅靠学术界的呼吁游说和企业界的单兵独斗，难以取得很好的效果。因此，湖北省在创新方法推广的前期，应借鉴其他省份的成功经验和本省的创新实际，发挥政府主导型推广模式的优势，保障创新方法理论的推广应用。

政府主导型是指在创新方法理论推广前期，政府应充分实现宏观调控职能，发挥主导作用，通过制定科技规划和政策等多种措施和手段，引导创新方法在企业、大学和科研机构的全面宣传、培训、推广和应用。

政府主导型推广模式适用于TRIZ理论的宣传普及阶段。在宣传普及阶段，湖北省内的企业、高校和科研机构对TRIZ理论知之甚少，对其具有的功能和潜力认识不足，缺乏推广应用的信心和动力，因此需要政府的强大力量，通过科技规划制定、政策倾斜、科研立项、组织培训等手段和方式，充分调动社会各界的积极性，让企业、高校和科研机构等主体参与到TRIZ理论的推广应用中来，形成"政府引导、多方参与"的TRIZ理论推广应用局面。

2. 试点示范型推广模式

试点示范型推广应用模式就是指"试点先行、典型示范"的模式，即在包括国内外著名TRIZ理论专家在内的专家咨询委员会指导下，根据湖北省的科技规划、科技创新和企业的实际情况，通过对重点行业领域和具备自主创新实力企业的比较和推荐，优选一批高新技术企业作为TRIZ理论的试点企业。随着试点企业创新工作的开展，再从中发展一批典型企业，总结经验，吸取教训，形成更符合企业实际推广应用模式TRIZ理论、经验和一般规律，为全面推广应用工作奠定重要基础。

试点示范型推广应用模式需要一批拥有丰富理论知识和实践经验的专家，这些专家可来源于国内外知名TRIZ理论专家和前期宣传培训阶段产生的"本土化"专家。专家团对自愿申请试点且审核通过的企业进行测评排序，优选出一批企业作为试点企业。在湖北省现有高新技术企业库中遴选的试点企业普遍重视科技创新，具有规模效益和良好信誉，能够有效推广应用和传播TRIZ理论等先进创新方法。在试点期间，专家应深入企业一线实地指导培训和跟踪服务，帮助试点企业一起解决生产中出现的技术问题，并提供思路和建议，鼓励企业创新符合自身实际的TRIZ理论管理实践模式。

试点示范型推广应用模式适用于TRIZ理论推广应用的试点示范阶段。通过对试点企业的重点支持和专家们的实地指导和跟踪服务，总结形成典型企业的成功经验和一般规律，辐射带动其他企业的发展，从而为TRIZ理论的全面推广和应用奠定基础。

3. 全面应用型推广模式

根据湖北省推广应用创新方法的战略规划，当推广应用 TRIZ 理论进入第三战略阶段即全面应用阶段时，在 TRIZ 理论宣传培训和试点示范的基础上，为实现湖北省完成该阶段的战略目标和战略安排，结合本省实际，在 TRIZ 理论全面应用阶段，应采取"平台支撑、标杆带动、全面推广应用"的全面应用型推广模式。

全面应用型推广模式是指以产业创新平台为支撑，以湖北省创新方法推广应用服务基地为依托，选择典型示范区域标杆预备企业为核心，建立起 R&D 联盟、产业技术创新联盟等多种形式的联盟，并在此基础上，以联盟为核心向周围辐射，带动相关的企业、高等院校、科研机构和中介机构等创新主体共同全面推广应用 TRIZ 理论的多层次、全方位的立体网络化推广模式。从而提高湖北省的自主创新能力，尽快实现建设自主创新型湖北省的战略目标。

全面应用型推广模式是以集"湖北省创新方法推广服务中心"、"湖北省科技创新方法研究会"、"湖北省 TRIZ 应用技术中心"和"湖北省高新技术企业发展促进会"于一体的湖北省创新方法推广应用"四位一体"服务基地为依托的。构建了集"湖北省创新方法推广服务网"、"CBT/TRIZ 在线学习系统"、"PRO/I 计算机辅助创新设计软件系统"的"一网两系统"创新方法公共服务平台。同时，不断加强创新方法专业化服务团队建设，开展创新方法宣传培训及辅导咨询，深入研究创新方法推广应用服务体系，基地创新方法研究能力和推广服务水平有效提升。

面向市州、高校以及企业三个层面，湖北省分类推进创新方法推广应用工作。在市州推广层面，形成了"17 个市州基本覆盖，武汉、宜昌、襄阳、荆州、十堰 5 大区域重点推进"的良好局面。在高校推广层面，依托湖北大学、湖北工业大学、武汉理工大学、华中农业大学、华中科技大学等高校开设专业课、选修课，将创新方法逐步纳入基础教育体系。在企业推广层面，遴选了一批高新技术企业进行重点培育，开展了为期 12 天 TRIZ 培训及 2 天管理创新培训；确定了 4 家区域示范备选企业，通过签订子项目协议、定制培训方案、现场协调指导，企业推广应用工作正稳步推进。

以培育和提升区域创新方法示范企业、国家标杆企业创新能力为着力点，结合湖北省"战略新兴产业培育、传统支柱产业升级"战略部署，在第二战略阶段面向全省高新技术企业开展试点、示范工作基础上，将应用示范工作重点向湖北省支柱产业延伸，选择特种工程设计行业、汽车先进制造业、装备先进制造业及新材料新能源领域等湖北省支柱产业开展创新方法应用示范工作，通过选一批有行业代表性和影响力的企业为行业试点企业，学习国家标杆企业和区域示范企业应用成效和创新体系建设模式，开展创新方法理论培训及带题应用指导培训，培养一批队伍，解决一批核心技术问题，培育一批示范企业，通过组建产业技术创新联盟或 R&D 联盟，促进湖北省支柱产业升级转型。

综上所述，湖北省 TRIZ 理论推广应用可划分为宣传培训、试点示范和全面应用三个战略阶段，对应各战略阶段不同的战略目标和战略重点，建议分别采用政府主导型、试点示范型和全面应用型的推广模式，通过"政府—专家—试点企业—产业标杆—产业技术联盟—产业—区域—全省"的创新方法路径，形成"由点成线，由线及面，由面及体"的推广应用态势，加快实现全面建设创新型湖北省的战略目标。

二、在高新技术企业中开展创新方法应用模式初探

湖北省是国家较早批复的创新方法试点省，在国家科技部和湖北省科技厅的指导下，由湖北省创新方法推广服务中心具体负责开展推广应用工作。湖北省创新方法工作践行政府引导与市场运作相结合，紧紧围绕企业展开重点，关注自身能力建设和运行机制建设，强化工作体系和标准建立、本土师资团队培养、试点示范企业培育和市场化机制探索，着眼于实现基地和企业自身的造血功能，推动创新方法工作由自上而下向自上而下和自下而上相结合，逐步实现市场化运作保证创新方法可持续发展。湖北省连续 3 次承担科技部创新方法工作专项，通过项目实施

培育了一支本土化的创新方法师资团队，提高了专业服务能力，初步探索出了适合湖北省的高新技术企业创新方法推广模式。

（一）湖北省高新技术产业发展态势

"十二五"以来，湖北省高新技术产业取得较快发展，优势和支柱产业竞争力显著提升，诞生了一批国内外领先的创新技术和成果，培育了一批高新技术企业，产业发展环境不断优化。

2014年，湖北省高新技术产业增加值达到4451亿元，同比增长14.8%。2015年前三季度，全省完成高新技术产业增加值3197.86亿元，同比增长9.6%。目前，全省已形成由光电子信息、新材料、先进制造、新能源与新能源汽车、高技术服务业、生物医药和节能环保等七大板块为主导的高技术产业体系。其中，光电子信息产业优势显著，光通信、地球空间信息、光纤光缆、新一代移动通信、物联网等领域为湖北省优势产业，光纤光缆生产规模全球第一，"武汉·中国光谷"在国内外的影响力不断提升。新材料产业规模位居中部地区第二，在高性能结构钢、有色金属材料、摩擦材料等领域形成较强竞争优势。新能源产业形成太阳能光伏、生物质能、智能电网等优势领域，光伏产能居全国前三。高新技术产业逐渐成为湖北省稳增长、调结构、转变发展方式的最主要驱动力。

（二）湖北省高新技术企业创新方法推广模式

湖北省以高新技术企业为母体，通过层层筛选，在全省范围内遴选137家企业作为创新方法试点预备企业，28家企业作为创新方法试点企业，8家企业作为创新方法示范企业。按照"试点预备企业理论导入→试点企业应用指导→示范企业重点培育"三层级、多阶段开展创新方法企业培训及推广，逐级收敛，稳步推进湖北省创新方法试点示范工作。

围绕企业技术创新需求迫切的高新技术企业，深入创新型企业，协助企业解决技术和管理难题，形成创新成果，是创新方法工作专项的主要任务。本期专项中，湖北省在全省开展创新方法市州宣讲，并在二期项目开展高新技术企业创新方法试点预备、试点的基础上，遴选了4家高新技术企业（非区域示范企业）作为重点试点、4家高新技术企业作为区域示范备选进行重点培育，稳步推进创新企业培育工作。（见图1）

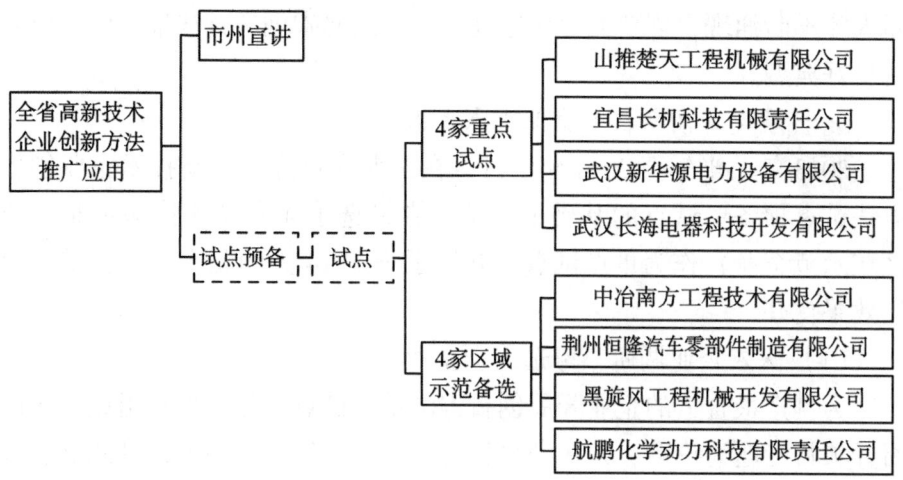

图1 湖北省高新技术企业创新方法工作推进步骤

1. 开展17市州高新技术企业普及培训

2014年4—6月，湖北省举行了22场"湖北省科技政策、科技创新方法企业行"大型宣讲培训活动。湖北省创新方法基地成员之一——湖北省高新技术企业发展促进会专家团队及基地创新方法师资对湖北省科技政策、创新方法、科技信息共享等进行了宣讲，覆盖全省17个市州，来自将近8000家高新技术企业、高新区科技企业、孵化器初创企业的负责人、工程师参加了培训，大家对创新方法理论有了初步认识并产生了比较浓厚的兴趣，这不仅为创新方法的推广赢得了企业决策层面的广泛支持，也为创新方法的深入推广应用奠定了坚实的基础。

2. 开展28家高新技术企业试点

28家试点企业、8家示范企业共164名研发骨干全程参加创新方法系统培训，116名获ITC创新工程师认证，89名获国家创新工程师认证；为企业解决技术难题148项，得到难题解决方案1449项，其中421项用于实际研发中；申报专利178项，其中发明专利47项（约占总专利数的32%），实用新型专利121项（89项已授权），外观设计专利10项（8项已授权）；完成样机研制13台；公开出版试点、示范企业创新方法应用案例集各一本。创新方法试点、示范工作的开展，使企业的创新人才不断涌现，创新能力快速提升，为湖北省创新方法推广应用树立了良好典型。

3. 开展4家高新技术企业重点试点

2013年下半年至2014年7月，在二期项目开展高新技术企业创新方法试点预备、试点的基础上，湖北省筛选了4家高新技术企业（非区域示范企业）作为重点试点，开展了为期14天的脱产培训，推广应用效果良好。

（1）深入企业调研，遴选培训企业。

为挑选最合适的企业开展创新方法重点试点工作，项目组成员多次召开项目专题讨论会，并在湖北省科技厅相关领导带领下，赴武汉、宜昌、荆州、十堰、荆门以及东湖高新区、襄阳高新区，对其中10余家重点高新技术企业开展逐一走访调研，获得了企业研发实力及对创新方法推广应用需求的第一手资料。调研过程中，项目组再次向各企业负责人进行创新方法宣讲和动员，进一步提高了企业负责人对开展创新方法工作重要性和必要性认识。

最终，项目组根据"积极性、适用性、可持续性"三个原则从这10家企业中确定了山推楚天工程机械有限公司、宜昌长机科技有限责任公司、武汉新华源电力设备有限公司、武汉长海电气科技开发有限公司等4家高新技术企业作为重点试点企业。

（2）组织创新方法培训，培养企业创新工程师。

针对4家重点试点企业，湖北省分4个阶段开展TRIZ理论培训、TRIZ带题应用培训、进驻企业答辩、管理创新培训等创新方法工作，为企业解决了一批技术难题，培养了一批创新工程师，推进了企业创新方法推广应用以及多种创新方法的有机融合工作。

第一阶段：5 天 TRIZ 理论培训。2013 年 11 月，湖北省举办了 5 天 TRIZ 理论培训，系统教授 TRIZ 基本方法、理论，4 家企业 33 名工程师参加为期 45 个学时的系统学习。培训结束，32 名学员通过结业考核，获得亿维讯创新工程师一级认证。

第二阶段：6 天 TRIZ 应用培训。在 5 天理论培训的基础上，2013 年 12 月，湖北省组织开展了 6 天 TRIZ 带题应用培训，指导学员应用 TRIZ 方法、工具开展自带急需解决的工程课题实战训练。

第三阶段：进驻企业答辩。在 3 个月的 TRIZ 理论消化吸收及实际应用验证之后，项目组组织专家团队分别进驻 4 家企业开展创新方法应用成果答辩工作，4 家企业的 24 名学员提交的 24 项工程技术问题取得了突破性进展，形成解决方案 373 项，24 名技术人员均通过答辩，拟申报专利 47 项，已申请专利 4 项，有效提升了企业自主创新能力。

第四阶段：2 天管理创新培训。继"5+7"天的技术创新培训后，2014 年 7 月湖北省又组织开展了 2 天的管理创新培训，教授工业工程、精益生产和六西格玛等理论知识，4 家企业 31 名学员参加培训并通过结业考试。

经过 4 个阶段的培训，湖北省为 4 家重点遴选的高新技术企业解决了一批工程难题，培养创新方法技术骨干 31 名，其中 31 人获得创新工程师一级认证资格，20 人获得二级认证资格。

（3）开展企业座谈及问卷调查，验收推广应用效果。

2014 年 4 月，项目组组织基地成员及亿维讯 TRIZ 专家一行 13 人前往 4 家企业，开展企业创新方法推广应用座谈，企业领导及参训工程师参与了座谈。重点对企业培训所带课题的后续验证、企业内训、企业内部推广应用进展、存在的问题及下一步工作打算进行了深入访谈；企业向考察组展示了应用创新方法设计的产品理论模型及改进的产品；TRIZ 专家针对参训学员课题的后续验证以及应用创新方法存在的难点进行了一一详细指导。同时向座谈企业发放专门调查问卷表——TRIZ 推广应用及协同创新体系建设情况调查，为湖北省进一步深化对企业的应用指导以及开展创新方法区域示范工作指明了方向。

4. 开展4家区域示范备选企业重点培育

2013年下半年及2014年上半年,在多次深入企业走访,考评企业前期建设成果基础上,兼顾企业积极性、企业规模、所属领域,遴选了4家国家区域示范备选企业进行重点培育,见表2。

表2　　　　　　　　　4家区域示范备选企业基本情况

企 业 名 称	规模	领域
中冶南方工程技术有限公司	大型	工程施工
荆州恒隆汽车零部件制造有限公司	大型	汽车零部件
湖北省航鹏化学动力科技有限公司	中型	航天动力
黑旋风工程机械开发有限公司	小型	环保机械

（1）组织企业签订子任务合同书。

在与4家示范区域示范备选企业签订子任务合同前,为使这4家企业更加明晰自身在项目中承担的角色及具体任务,项目组设计了湖北省创新方法应用推广与示范区域示范备选企业子项目建设方案书模版并下发通知,组织企业严格按照考核指标填报子任务方案书。经过多次与企业沟通,项目组最终在确定企业明确子任务建设目标、考核指标、主要建设内容与任务、推进方式与实施步骤及经费使用预算的基础上,分别赴4家企业与企业面对面签订子任务合同书。

（2）企业建立长效推广应用机制。

创新方法项目启动以来,企业先后搭建了创新方法工作组织架构,制定了创新方法工作制度及规划,以确保创新方法在企业长效推广应用。

4家区域示范备选企业分别制定了《创新方法推广应用工作规划及实施方案》、《创新团队管理办法》（含激励机制）。同时,成立了创新方法工作委员会,委员会下设创新方法工作推进小组,负责创新方法推广应用的日常事物及管理工作。推进小组组长由负责分管研发的副总经理担任,公司多个部门参与创新方法工作,部门"一把手"担任副组,同时成立部门创新方法工作推进小组，每个小组安排一位此前参加过创新方法系统培训的工程师（创新方法种子工程师）进行统筹和指导，部门内部自主开展创新推广，形成全公司上下联动，共同推进的良好局面（见图2）。

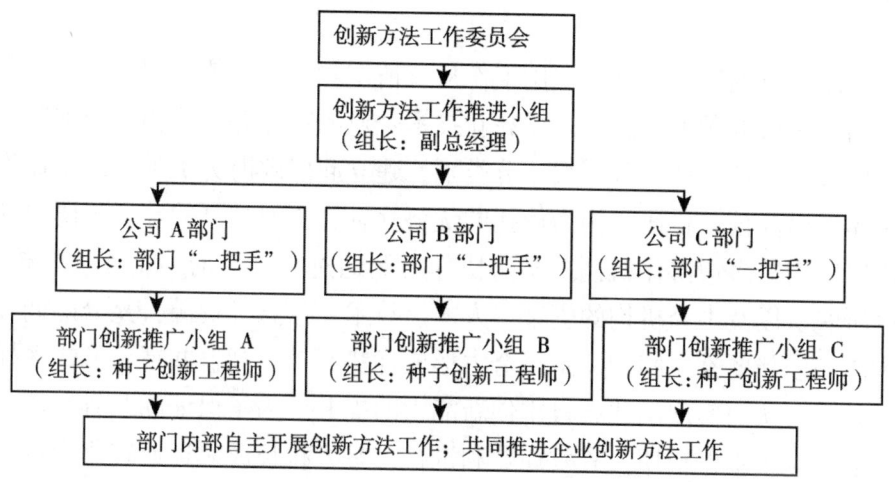

图2　区域示范备选企业创新方法工作组织架构

（3）领导亲临企业指导。

2014年7月，科技部条财司、21世纪议程管理中心领导专门针对湖北省4家区域示范备选企业进行座谈调研，主要就4家企业开展创新方法推广应用过程中子项目经费使用、企业创新团队培养、技术创新与管理创新有机融合、产出直接经济效益等具体工作进行了咨询指导，为湖北省创新方法区域示范工作指明了方向。

（4）企业积极开展内部推广培训。

根据子项目要求及企业自身需求，4家区域示范备选企业均积极开展了创新方法企业内部培训。自2013年10月至今，4家企业累计开展创新方法培训17次，培训课时87课时，参训人员574人次。

（5）企业开展系统培训。

在征集企业开展TRIZ培训具体需求及时间安排的基础上，项目组、企业、培训公司三方开展座谈讨论，最终 4 家企业根据企业自身特点及实际需要，优选培训方案，分别定制了培训计划："5+6+1 半天理论半天带题模式"、"5+4+3 先理论后带题模式"。

三、湖北省推广应用创新方法的保障措施

湖北省创新方法推广应用工作从省情实际出发，依据创新方法推广应用三阶段的发展思想，遵循高新技术企业的特点并实施相应的推广应用模式，有针对性、分层次、分类别，建立起以政府为引导，以企业为主体，以高校、科研机构为依托的优势互补、资源共享的政产学研协同推广应用的多边协作机制。多边协作机制通过整合政府、企业、高校、科研院所以及中介机构的资金、人才、技术、信息等资源，充分协调各主体和创新要素之间的关系，努力形成优势互补、利益共享、形式多样的局面，从而实现湖北省自主创新能力的提升。为了保证湖北省创新方法推广应用工作长期、有效地顺利进行，并将科技成果迅速转化为持续的生产力，还应建立以下几方面的配套体系。

（一）创造良好创新环境

良好创新环境无疑对于创新方法的推广应用具有有力的推动作用，政府应发挥宏观调控、组织协调的功能，为创新方法的推广应用与自主创新营造良好的创新环境和创新氛围。

1. 培养全民创新意识

政府要加强引导，培养全民的创新意识。第一，政府要对全民创新进行舆论引导，积极开展广泛的创新方法的教育活动和宣传活动。通过网络、报纸、电视台、广播等多种媒体及展览展示等形式，阐述宣传 TRIZ 理论等创新方法的对于湖北省科技创新发展的战略意义，树立推广由创新方法的成功典型案例，弘扬科学创新精神，激发全民的科技创新热情，从而为湖北省的创新方法的推广和自主创新的推动营造良好的社会创新氛围，创造积极的社会效益；第二，政府要引导全民将创新方

法与日常生产生活联系起来，让人们能在日常生产生活中积极地、主动地、有效地运用先进的创新方法，从而实现科技创新为经济社会发展服务、为人民群众服务，将科技创新与提高全民的科学文化素质紧密地结合起来；第三，政府要引导企业培养先进的创新理念。要让企业全体员工树立创新意识，让员工意识到并理解创新是个人、企业、社会乃至国家可持续发展的内在动力。要让企业员工自觉地运用科技创新意识指导技术创新活动，从而提高企业的自主创新能力。

2. 改革创新教育机制

改革创新教育机制，加强学生的创新思维和创新能力的培养，大力开展素质教育和创新教育，为创新方法的推广应用培养后备人才，提供后备力量。第一，推进创新思维教育工作的开展，着重培养学生的独立思考能力、实践能力和创新能力。组织专家和学者开发中小学生创新基础课程，广泛开展科学思维的基础性教育工作，积累中小学生素质教育改革经验，真正地做到创新从"娃娃"抓起。同时，在高校、大中专院校进一步开设创新方法、创新工具等各类创新课程，注重学生创新思维和科学精神的养成和实践，从而完善创新教育体系。第二，加强培养创新能力建设。各学校应注重学生创新能力的教学质量和教学改革，改善教学内容，突破传统教学模式的束缚，扭转传统评价标准，突出学生的实践能力和创新能力。开设专题讲座，开展创新竞赛，鼓励学生投入创新实践，培养学生的团队意识和创新精神。第三，开展创新方法应用实践。政府可与企业合作建设一批创新方法应用实习基地，实习基地不仅为学生锻炼动手能力、提高实践能力、激发创造能力提供了合适的平台，而且也为企业提供了发现优秀技术创新人才、储备后备人才和完善企业人才梯队的机遇，因此政府应鼓励号召并选拔一批优秀学生进入实习基地，参加进行 TRIZ 理论应用的创新实践活动。企业也可与高校、社会各界合作成立和发展技术创新学院，一方面有利于培养掌握基本科学理论和创新技术的技术创新人才，另一方面更有利于培养适合企业、产业和社会经济发展需要的实用性人才。

3. 加大财政科技投入

政府对创新方法推广应用的财政支持无疑增加了活力。政府一方面可设立运用于创新方法推广的专项基金，为创新方法的推广应用提供资金保障，另一方面引导企业加大研发投入，带动社会产业投资和科技融资。政府应建立财政科技投入追踪问效机制，提高经济经费使用效益，积极探索资本金注入、有偿使用、以奖代补等新型科技投入方式，从而有效地保障创新方法的全面推广应用。

4. 完善政策法规

从国外经验看，政府的引导和相关政策法规的支持对创新方法的推广应用具有很强的推动作用，完善的政策法规是实现创新方法推广应用长期、稳定、可持续的根本保障，因此，在创新方法推广应用过程中，湖北省应建立健全相关的创新方法的地方性法规，保障创新方法的推广、技术成果的研发和转化朝着规范化、制度化方面发展，以实现地方政府有法可依的目标。

（二）建设创新人才队伍

纵观发达国家推广应用 TRIZ 理论发展史，都是高度重视 TRIZ 人才的培养和人才队伍梯度建设，因为强大的创新方法人才队伍是推广应用创新方法的重要载体和重要保障。因此，湖北省在推广应用 TRIZ 理论的过程中，借鉴国外的先进经验，通过政府引导组织、高等院校和科研院所带动、企业参与应用的模式，形成高、中、低三级培训和应用体系，造就各层次的技术创新人才，完成 TRIZ 人才梯队建设，为 TRIZ 理论应用创新提供人才保障。

1. 培养和引进 TRIZ 人才

政府应通过多种渠道，运用多种方式培养和引进国内外 TRIZ 理论专家和人才，使其参与到企业的技术创新中，这不仅能帮助企业预测核心技术未来的发展方向和解决企业目前存在的创新难题，而且能够提高企业员工的创新素质，带动企业创新人才和创新团队的成长。对于引进的人才，所在政府应给予一定的科研启动资金，依托科技计划项目或自主研发项目，推动TRIZ理论在当地的传播和发展。

2. 壮大和优化TRIZ人才队伍

高等院校和企业在学习TRIZ理论和进行实践的同时，不仅应稳步提高从事TRIZ理论相关研究的规模，壮大TRIZ人才队伍，而且坚持创新型人才培养模式改革，开展高等院校、科研院所、重点企业联合培养TRIZ人才工作试点和双向挂职等活动，鼓励科研界和产业界的人才流动和交叉兼职。坚持建立和完善以企业为主体，学校教育和企业培养相结合的高层技术创新人才培养体系，不断优化TRIZ人才队伍。

3. 建立和完善TRIZ人才评价激励体系

TRIZ推广应用人才评价指标体系应以业绩和能力为重点，将对TRIZ理论方法掌握程度、应用水平和取得的自主创新成果等纳入评价指标体系中来，将评价结果与收入分配挂钩。TRIZ人才的激励应采用物质激励和精神激励相结合的方式。物质激励会为TRIZ人才提供坚实的后勤保障，让其专心致力于科研和技术创新，而授予重要的创新任务等精神激励方式将会满足TRIZ人才的精神需求，因此政府完善对科技人员的股权激励、职称评定、成果奖励、知识产权保护等政策，保护和鼓励优秀科技人才脱颖而出。

（三）完善各项服务体系

1. 完善多元化科技投融资体系

加强科技资源和金融资源结合，促进金融资本要素向科技型企业集聚。为解决科技型企业融资难问题，加快科技成果转化，湖北省应建立多元化科技投融资体系，拓展资金渠道，鼓励和吸引全社会闲散资金。政府可以通过建立专项基金或者制定减免税收的政策，鼓励企业将资金投向TRIZ理论研究和应用。同时，企业也可以通过建立创业投资基金、中小企业创新基金及证券市场等形式参与TRIZ理论的实践应用，从而建立起以政府为导向、企业为主体、社会力量及外资为后盾的TRIZ理论推广应用的多元化资金投入体系。

2. 发展科技中介服务平台

整合不同类型的科技中介服务主体组建推广应用 TRIZ 理论的多功能综合服务平台。培育和发展 TRIZ 推广应用的科技中介服务平台，要遵循政府推动与市场导向相结合、分类指导与重点扶持相结合、专业化分工与网络化协作相结合、创新发展与合理监管相结合的原则。科技企业孵化器要扩大孵化面积，强化孵化和配套服务功能。区域创新服务中心要围绕区域特色产业的发展，加强产学研合作，提高技术服务能力。技术转移、技术经纪、科技咨询、科技评估等中介机构要提高专业技术水平，建立丰富的 TRIZ 专家、成果、项目、信息资源库和覆盖面广、立体全方位的 TRIZ 服务网络。专利代理机构要拓展关于 TRIZ 服务领域，积极开展面向企业和科技人员的专利服务工作。创业风险投资机构增强创业投资决策和风险管理的能力，扩大运用 TRIZ 理论方法的创业投资规模。

3. 搭建信息服务和资源共享平台

为逐步实现 TRIZ 理论服务的组织网络化、功能社会化和服务产业化，湖北省既要搭建包含有大型科技数据库和重大科技需求信息库等数据库的 TRIZ 理论推广应用信息服务中心，各地区还要根据各地科技资源和产业优势，建立适合本地实际情况的 TRIZ 理论信息中心，加强各市分中心、基层服务推进站建设，完善工作体系。进一步开放信息服务和资源共享平台，健全平台建设与运行的绩效考核机制，通过政府补贴的方式，推动高校、科研机构的公共科技资源进一步面向社会开放，实现行业范围内的科技资源在信息平台内的转移，提高资源利用效率。

4. 建立知识产权保护长效机制

为保护企业成功应用 TRIZ 理论产生的自主创新成果，湖北省应在实施专利、技术标准和品牌战略的同时，建立起知识产权保护的长效机制。一是要完善法律法规，使得侵权成本大幅度提高，维权成本显著降低；二是要加强制度建设，包括完善知识产权保护状况评价制度、健全知识产权保护工作责任制和责任追究制度、完善督导检查和重大案件的督办制度；三是要加强执法能力建设。同时，将进一步推进知识产权文化建设，在全社会营造尊重知识、崇尚创新、诚信守法的社会氛围。

报告撰稿人： 王君华　湖北大学商学院教授、硕士生导师、博士
　　　　　　　刘国新　中共湖北大学委员会副书记、教授、博士生导师

东湖国家自主创新示范区未来推进创新驱动战略的目标与方向

钟书华 沈 婕 杨雅南

确定东湖国家自主创新示范区的建设目标，谋划中长期发展方向，应坚持"创新、协调、绿色、开放、共享"的发展理念，顺应国际上创新驱动发展的潮流，结合我国经济社会发展实际，系统分析，顶层设计，选择高水准目标，寻求能带动全局发展的战略方向。

一、推进高端技术创新，培育创新集群

东湖国家自主创新示范区是国家实施创新发展战略的重要决策部署，是湖北省"双轮"驱动发展的重要载体。2013年国家科技部宣布国家高新区开启"三次创业"，东湖国家自主创新示范区深入实施创新驱动发展战略，发展步入新的阶段。经济综合实力显著增强，形成以光电子信息、生物医药、节能环保、高端装备制造以及现代服务业为主导的"131"高新技术产业集群，高新技术产业主导型现代工业结构初步形成。出台《东湖国家自主创新示范区条例》为高新区先试先行提供法律保障，解决示范区发展过程中的体制机制问题。形成"创业苗圃+孵化器+加速器+产业园"的创业孵化体系，通过"大光谷"战略的加速实施，成为新经济增长极、高新技术产业聚集地、创新创业摇篮。东湖国家自主创新示范区在探索全面深化改革，加快政府职能转变，创新体制机制，推动政策先行先试，促进自主创新，发挥辐射带动作用等方面发挥重要作用，已成为我国依靠科技进步和技术创新推进经济社会发

展、走中国特色自主创新道路的一面旗帜，成为引领科学发展、创新发展和可持续发展的战略先导。

2015年中国经济转向新常态，实体经济面临巨大挑战和压力，全面实施《中国制造2025》和"互联网+"行动计划，注重供给侧结构性改革，要求更加注重提高供给质量和效率，注重科技含量高、质量好、附加值高的产品和服务，推动产业向中高端迈进，把发展推向"质量时代"、"效益时代"，推动社会生产力水平实现整体跃升。顺应经济新常态，东湖国家自主创新示范区肩负深化改革创新新的历史使命，要将科技创新、制度创新、文化创新相结合向高端创新转变。充分发挥国家自主创新示范区的示范作用，推动"中国制造"迈向"中国智造"，从高端创新中寻求突破。当前新一轮科技革命和产业变革正在孕育兴起，东湖国家自主创新示范区要成为具有全球影响力的科技创新中心，既要抢占新一轮科技和创新发展的制高点，引领和服务于前沿领域重大技术突破，需要在全球科技竞争中以引领和激发高水平创新为导向，实施高端创新发展战略，全面提升创新层级。

（一）高端技术创新内涵及其系统构成

高端技术创新是在市场经济条件下，将科技发展、市场互动、政府政策相结合，描述高端技术创新体系结构，探讨高阶市场中创新变化规律。通过高端技术创新理论和实践的系统归纳，推动发挥政府主导作用，从技术与市场的互动出发，拓展和提升经济和社会的科学技术接受能力、改进和应用能力，凭借技术的高势能奠定企业、产业和国家的竞争力基础。

1. 高端技术创新内涵

高端技术创新是指以国家创新制度为保障，为消费者提供具有显著高技术突破性、高创新独特性、高产品创新附加值及实用性为标准的产品，通过具有重大创新意义的商用技术扩展市场空间，推动技术向更高技术势能发展，推动市场向更高层次演变。

在创新内容上，高端技术创新从本质上是非连续和跳跃性的突破式发明，高端技术创新知识含量高、技术能力强，具有高附加值的高阶市场定位。主要体现在三方面。第一，技术高端。生产中知识、技术、智力密集度高，综合性强，需要多学科交叉、多领域互动、多技术融合，表现为知识交叉与技术集成的深度结合。第二，价值链高端，具有高附加值。表现为以高效益为目的，产品高质量、品牌高知名度、需求高吸引力，通过高技术的运用和品牌效应的增强，提高生产组织程度，进而促进劳动效率的提高。第三，产业链高端，占据产业链核心环节。表现为隐性知识比重增加，非嵌入编码知识的比重下降，其发展水平决定着产业链整体竞争力。

从产品层次上，高端技术创新具有顾客价值导向。高端技术创新定位于产品绩效为核心的高阶市场，消费者绩效评价标准的产生和合并不断地随着新技术和新价值的变化而变化。消费者购买高端技术创新产品并不是其价格比现有价格更加低廉，或者产品比现有产品更加优越，而是价值评价标准改变使得他们将其看作更加有价值的商品。高端技术创新以顾客为导向，在动态高阶创新细分市场中，保持企业与顾客密切的全程性互动，通过追踪、反馈等多元化沟通方式提高顾客需求响应度，统一研发、生产、消费过程，实现顾客定制化。

从创新主体能力上，高端技术创新中消费者绩效评价标准的产生和合并，要求企业必须遵循新标准才能在市场中生存。高端技术创新中的企业核心竞争力由企业技术创新能力、管理创新能力和品牌创新能力构成，在产品创新、流程创新、服务创新和商业模式创新等多层面进行创新策略选择。从创新环境上，高端技术创新要求包括政府在内的多重环境因素的支持和保障，多种多样的政治、制度和社会因素决定高端技术创新的供给和需求，为高端技术创新发展提供适宜发展环境。创新政策和政府行为对高端技术创新至关重要，高端技术创新需要政府尊重创新市场规律，在经济和社会中构造恰当的、经济性和非经济性激励机制保障高端技术创新发展。

2. 高端技术创新结构

创新经常根据创新特点和创新程度被分为不同的创新类型，已有的创新分类体系有助于理解特定创新过程、特点和作用。在创新功能方面，根据已有的创新类型，高端技术创新是技术基础、创新能力、创新过程、市场动力学多维基础上的创新分类。在技术基础维度，高端技术创新的知识和技术本质是突破式发明。突破式发明与现存技术相比极大不同，能够比现有产品更好地满足消费者的需求。突破式发明改变了核心的技术范式，并且产生新的技术系统，甚至新的产业。从市场动力学维度，高端技术创新市场和技术互动的基础是宏观发明。宏观发明解决了主要的技术瓶颈，并为新的创新提供机会，开辟新的未知领域和创新机制设计，通过作用于边际产品对经济产生影响。从创新过程和创新能力维度，高端技术创新市场附加值基础是高端破坏创新，是超过了消费者需求产品绩效的超量供给。持续创新采取高端侵入市场，新产品包含本质不同的核心技术，与产业中的前期产品相比，用创新的新组合替代满足消费者的需要，提供给更高端消费者。

　　高端技术创新实现具有两个基本驱动力，即高端技术创新通过新技术实现市场创造，高端消费者通过消费高端技术创新产品实现市场渗透和市场进化。高端技术创新具有两个动态，即市场渗透的动态过程，以及消费者创新接受能力的动态逻辑。通过两个方向的动态调整，在时间作用下实现"技术-市场"的正反馈强化。高端技术创新的市场渗透动态过程，即由高阶市场向各细分市场渗透。当高端技术创新产品在较高端市场占据优势后，进而通过持续创新和规模经济降低成本。企业通过投资和发展高端技术，实现和提高对主流技术替代的可能性，用技术扩展市场。

　　消费者创新接受能力的动态逻辑，即消费者可吸收的产品效用范围是一个动态调整过程，将以消费者价值评价为基础的高端技术创新产品绩效和高端产品成本赋予相同权重，消费者对高端技术创新产品绩效系数的敏感度更高。随着基期维持性创新所形成的基点，而不断向更高效能扩展，并且随着前期基点的形成，后期吸收能力范围会扩大，上限增长得更快，下限增长得稍慢。客观上就是消费者创新接受能力范围的扩大，意味着高端技术创新创造了更多的市场空间。高端技术创新的

"技术-市场"正反馈还需要考虑时间因素,需要技术孵化时间,进而完成市场进化。总之,创新产品功能和消费者创新接受能力之间的间断和不连续为高端技术创新提供了市场空间和发展机会。

(二)东湖国家自主创新示范区实施高端技术创新的战略意义

实施高端技术创新,聚焦创新规律,激发创新动力,实现新突破,展开新探索,是东湖国家自主创新示范区通过高端技术创新占领关键产业技术国际创新制高点的必然选择,是新常态下中国经济转型,推动整个创新系统升级,实现可持续创新的客观要求。

1. 实施高端技术创新有利于形成企业长期性、全局性、战略性核心竞争力

高端技术创新体现着科技发展和市场策略的有机融合。高端技术创新在高阶市场中,通过突破性、宏观性、颠覆性的科技创新,提供超越市场需求产品绩效的超量供给,在利基市场中既有市场规模支撑和高利润获利保障下,推动企业调整成本结构,引导企业引领和持续推进创新,形成科技发展和市场互动的双边正反馈创新机制,进而奠定企业内部创新能力升级和企业在价值网络中结构升级基础,实现企业高成长性,形成企业长期性、全局性和战略性的核心竞争力。

具体而言,高端技术创新重塑企业内部"资源—流程—价值观"组织管理架构,形成企业技术创新、管理创新的核心竞争力。企业创新组织能力受到资源、流程和价值观影响。高端技术创新为核心的资源分配、流程重组和创新理念对企业持续创新具有重要的正面导向作用。企业创新价值观是企业创新技术选择和创新资源组织的次序准则,以高端技术创新为核心的创新理念,要求企业跟踪科技发展速度和核心方向,确定产品特性,把握主流市场需求,分析高端技术创新技术扩散,预测创新收益,评估高阶市场潜力,运用顺向思维和反向思维追求创新的重大突破,并以重大创新突破重塑科技创新、市场收益、顾客效用对企业和产业的互动和影响。对于商业模式和流程重组,高端技术创新以洞察客户需求和价值主张为核心,寻求更具竞争力的价值创造和价值让渡方

式，以高端技术创新的品牌附加值重组资源投入转化为产出的过程和能力。高端技术创新为核心的资源分配，企业通过高端技术创新技术重塑与其他生产要素组合序列，并以资本市场思维对有形和无形资源进行重新组合。高端技术创新为核心的运营方式将企业技术创新能力、管理创新能力和品牌创新能力相结合，推动企业创新组织能力逐步呈现在企业创新组织文化层面上，进而形成企业高端技术创新核心驱动力。

在价值网络结构中，知识体系和知识结构决定了价值网络的结构演变，知识定位和知识分工决定了企业在价值网络中的发展地位。高端技术创新是突破性、宏观性、颠覆性的知识和技术创新，以高精尖知识和技术体系为主导整合企业价值网络。高端技术创新企业掌握知识和技术核心，凭借高端技术创新知识流和信息流提升其在价值网络中的层级，占据价值网络中的核心位置，主导价值网络的知识技术分工、产品价值整合和网络结构协同演化。以高端技术创新为驱动力，通过企业内部价值链重塑以及企业价值网络重组，实现在全球价值网络星系中中国企业成长和创新引领者目标的实现。

2. 实施高端技术创新推动具有国际竞争力创新集群的形成

从国际经验来看，创新集群是一个地区区域竞争力的基础，根据其自身独特的资源与比较优势，作为产业发展突破口，奠定地方创新发展在全国乃至全球的竞争优势。在中国产业集群面临升级压力和中央政府提出自主创新、建设创新型国家的战略的今天，中国产业集群已经进入到必须大力推进自主创新的新阶段。国家自主创新示范区的战略定位是着力研发和扩散国际领先科技成果的国家高技术产业发展极。高端技术创新以具有高端技术研发能力的科技创新企业为载体，奠定创新集群产业竞争力核心，高端技术创新企业形成的价值网络提供创新集群转型升级根本驱动力。高端技术创新的知识溢出、技术研发和扩散，以及企业创新合作所形成的有形和无形连接，培育创新集群内生性核心创新力。通过高端技术创新和创新集群的循环互动，在国家创新体系中，在全球竞争中，引领关键产业发展方向，形成创新集群国际竞争力。

具体而言，高端技术创新是创新集群中企业的首要资源、第一动力和核心资本，以高端技术创新为内核的企业，探索和引领核心技术和商业模式，通过在高阶市场的持续获利，推动创新集群由成本驱动向创新驱动转变。通过高端技术创新能力支撑，高端技术创新企业加速集聚，以新知识生产、新技术创造、新产品开发、新市场定位、新创新链构建为目标，形成高端技术创新企业价值网络。以高端技术创新价值链为主导，以突破式发明、颠覆式创新、知识技术密集型产业为内容，在高阶创新型产品市场中，进行资本、技术研发机构、企业家、创新人才、科技服务机构等组织的技术空间集聚，形成有效互动的企业创新协作网络。以开放式创新参与全球创新网络的协同发展，强化特色产业和优势产业的联动和协作效应，促进创新要素的优化配置，进一步推动在创新理念、制度、管理方面构建系统性的高端技术创新政策体系，打造最适宜高端技术创新市场化、专业化、国际化的创新集群平台，形成具有国际竞争力和影响力的创新集群。

3. 实施高端技术创新构成创新型国家技术经济基础

工业革命以来，各个国家的发展都是以高端技术创新引领产业发展方向，通过关键领域的技术突破，实现行业革命。历史中如贝西莫工艺、四冲程循环热机、五针式信息传送机、永磁发电机、阿司匹林等发明，引领了"充满奇迹年代"的来临。凭借技术的高势能实现技术垄断，获得发展优势。杰里米·里夫金在其著作《第三次工业革命：新经济模式如何改变世界》中指出，当前以互联网为核心的第三次工业革命正在推动整个社会经济发展模式的大变革。中国要实现崛起，需要实现高端技术创新。

中国式创新一直在欧美研究范式引领之下进行修正，随着中国与欧美技术差距的缩短，市场化技术时代的到来，要实现核心技术变革，实现关键链突破，实现技术垄断地位，需要依靠高端技术创新。麦肯锡全球研究所发布《中国创新的全球效应》报告和《华尔街日报》都指出，中国正由过去30多年中"汲取创新"向"领导式创新"转型。汤森路透知识产权与科技事业部在《开放的未来：2015全球创新报告》中，对全球12大技术领域创新状况进行深入分析后，指出中国初步具备全球创新领导者潜能。中国创新型国家建设是技术变迁和制度变迁相伴的过程，政府通过政策引领和支持，推动关键领域的技术突破，实现行业革命。凭借技术的高势能实现技术垄断，获得企业发展优势，进而解决短期就业，并保持国家长期竞争力。

高端技术创新根植于企业创新活动，依赖于企业之间的有效互动，更加依托于市场和制度。高端技术创新不仅仅是一种创新发展规律，其具有经济性的同时更具社会性。高端技术创新是一种创新理念，一种创新文化，一种创新资源分配的社会选择。高端技术创新重塑企业、产业、研究体系，甚至政府创新管理部门看待产业技术革新、创新成本、风险偏好和创新市场环境，以及解释其自身使命的角度和方式。高端技术创新与政策和社会环境互动中影响经济发展惯性，改变社会对高端技术创新产品和技术的接纳能力，促进社会对于高端技术创造力的包容性，进而给予高端技术创新者无形激励，有效改善高端技术创新与不确定性之间的关系，推动改变既有的、阻碍创新发展的社会惯性，突破经济和社会对创新的结构性约束。高端技术创新是世界性的，是超越国界、相互协作的结果，新一代信息技术有效实现和推动"发现效应"，促进创新技术信息的快速频繁互动和交流，思想的传递进一步激发高端技术创新的技术变革涌现，成为创新型国家建设的创新动力和源泉。

（三）东湖国家自主创新示范区实施高端技术创新的路径和策略

东湖国家自主创新示范区是创新引领区、新兴业态的策源地，更是新技术、新产品、新组织、新经济的孵育区，势必要在高端技术创新发展中先试先行，形成高端技术创新经验和发展模式，在新一轮改革创新中，以高端技术创新为支点，构建以政府引导为主体的高端技术创新成长与发展路径。

1. 实施高端技术创新的质量管理与品牌构建

企业是高端技术创新主体，高端技术创新动力源于市场需求，企业价值网络是高端技术创新发展的根本支撑。实施高端技术创新，根植于企业创新质量和创新能力，需打造创新品牌，实现技术标准化定制。东湖国家自主创新示范区高端技术创新要以创新型企业为先导，以开放式创新培育、带动、推进创新链上下游企业协同发展，形成东湖国家自主创新示范区在光电子信息产业、装备制造业、生物产业、环保节能产业、现代服务业五大产业中的核心竞争力。

东湖国家自主创新示范区有技术基础、创新经验、产业优势，有实力实现高端技术创新。创新型企业是实施高端技术创新的基础，是高端嵌入国际价值链和产业链分工的重要途径。东湖国家自主创新示范区具有坚实的技术基础和企业优势，以光电子信息产业为例，如长盈通"光子晶体保偏光纤"实现了军工领域特种光纤的技术替代，华工激光"多品种商用车顶盖-侧围激光搭接填丝焊接技术与生产线"打破了国际垄断，光迅科技"10G 光芯片"是国内唯一具备 10G/40G 光芯片自主研发能力，等等。东湖国家自主创新示范区光电子信息产业取得跨越式发展，在光传输领域已取得多项重大技术突破，已建成中国最大的光纤光缆制造基地、中国光通信领域重要研发基地。东湖国家自主创新示范区具有产业优势，具有创新经验。截至 2014 年，东湖国家自主创新示范区五大产业中，高新企业按产业占比最高接近 30%。具体而言，在光电子信息产业中占 29.6%，现代服务业中占 26.8%，高端装备制造产业中占 21.7%，生物产业中占 11.9%，环保节能产业中占 8.7%。东湖国家自主创新示范区现已形成了以光电子信息、生物医药、节能环保、高端装备制造以及现代服务业为主导的"131"高新技术产业集群。根据产业和管理需要，东湖国家自主创新示范区已经成立光谷生物城、未来科技城、光电子信息产业园、现代服务业园、智能制造产业园、中华科技产业园、光谷中心城等八大专业园区，明确各园区范围和发展定位，形成特色鲜明的产业格局。

在企业和产业层面，东湖国家自主创新示范区实施高端技术创新路径和策略，需进一步以高端技术创新企业主导产业布局，根据不同时期资源优势和产业技术前沿进行选择。短期创新资源对高端技术创新发展具有较强约束力，长期高端技术创新驱动机制将以高端技术创新网络优化为创新系统核心动力，从而避免高端技术创新技术钝化。因此，在企业和产业培育和布局上，高端技术创新要求东湖国家自主创新示范区以世界领先成果为核心，创新型企业为先导，打造创新品牌，着重创新质量和创新能力。具体而言，东湖国家自主创新示范区应进一步深入贯彻、落实和完善《关于鼓励高新技术企业认定的暂行办法》（武新管科创〔2014〕11号），进而有效评估、认证具有向产业链高端攀升潜质的创新型企业，通过政策引导和技术扶持等手段给予重点支撑。继续深入实施东湖新技术开发区"领军企业推进计划"，并着重进行招商企业的科技成果评级，将引进国际领先和培育本土创新相结合，推动高精尖成果产业化，提升整体核心竞争力。另外，以高端技术创新企业为主导，注重构建高端技术创新网络，超越企业边界从企业内部与外部发掘创新思想、组织创新人才，以企业间的研发合作与人才交流降低和分散创新风险。使高端核心企业在创新链纵向和横向层面上带动配套型中小企业创新商业模式，提供中小企业技术升级机会，同时利用中小企业活力，形成高端技术创新企业为主体，中小企业协同发展的优势产业链，促进形成和提升高端技术创新链中"武汉·中国光谷"品牌，以创新网络合力增强企业技术创新绩效。

2. 实施高端技术创新的组织协调和资源整合

高端技术创新不仅仅是一种创新战略和创新导向，更是一系列高效资源配置和资源整合的过程。东湖国家自主创新示范区要以促进高端技术创新的创新要素集聚为核心，依托于东湖国家自主创新示范区系统性创新体系的组织协调，依赖于企业、大学、科研院所、科技中介平台、知识密集型服务组织等专业机构之间的协同保障，运用高端技术创新企业间相互竞争与合作，以及东湖国家自主创新示范区创新系统内各要素间相互协同，实现东湖国家自主创新示范区高端技术创新体系的整体运行。

东湖国家自主创新示范区在推进示范区建设进程中，在把握创新人才优势，持续加强创新投入力度，加快技术创新平台建设，发展产业技术创新联盟，启动国家技术转移中部中心建设，深化科技金融融合等方面服务创新主体创新创业需求，实现多元创新主体良性互动，为高端要素集聚奠定坚实基础。具体而言，"光谷人才计划"实现高层次、国际化人才加速集聚。2014年东湖新技术开发区从业人员达到45万，其中科技人员占从业人员总数的28%。在《武汉东湖高新技术开发区"3551光谷人才计划"暂行办法》（武新管［2014］180号）指导下，累计引进国家"千人计划"230人。2014年科技项目内部支出320.5亿元，研究与实验发展经费支出207.3亿元。500多家金融机构和即溶服务机构集聚东湖新技术开发区，武汉金融超市累计为1723个项目完成融资69.79亿元。同时，2014年新增省级及以上技术创新平台26个，累计达501个。在东湖新技术开发区《关于加快产业技术创新联盟建设与发展的实施意见》（武新管科创［2014］19号）指导下，2014年累计拥有产业技术创新战略联盟43家，其中国家级产业技术创新战略联盟9家。同期国家技术转移中部中心落成，进一步推进技术转移服务体系市场化、专业化、集成化和高端化。

在组织协调和资源整合层面，东湖国家自主创新示范区实施高端技术创新路径和策略，需继续深入推进自由创新区建设，促进创新要素流动和转化，并依托关注科技与产业发展的高端技术创新智库，以高端技术创新智库为桥梁，重构创新共同体沟通和联系方式，实现战略性、前瞻性、长期的、预见性的高端技术创新组织和管理模式，提高创新体系协同效率，营造高端技术创新文化，提升东湖国家自主创新示范区创新发展能级，进而提升高端技术创新服务地方经济发展的能力、质量和实效，为中部崛起战略、长江经济带建设引航。具体而言，高端技术创新内涵和本质特征要求在创新体系中着重加强科技前沿预判力、产业变革趋势洞察力、全球创新价值链定位评估力，推动调整东湖国家自主创新示范区创新体系内创新资源配置方向、速度和规模。可依托高端技术创新智库，在东湖国家自主创新示范区构建横纵紧密联系的沟通网络，在发展空间层面集聚创新资源。高端技术创新智库具有专家力量和信息优势，可通过前瞻性洞察全球科技前沿和产业变革趋势，把握科技发展动向基础上展开专项调研，进行技术沟通和服务，满足企业高端技术创新技术发展方向和高端技术创新发展诉求，利用高端技术创新智库在企业高端科技创造力和产业竞争力鉴定、评估和咨询中的作用，形成对内整合、对外聚合的良性互动机制。以企业高端技术创新评价为导向，组织创新资源配置，引导科技人才储备和交流，提供高端技术改进路径，丰富创新治理内涵，引导高端产业前瞻布局。

3. 实施高端技术创新的管理优化和服务融合

东湖国家自主创新示范区实施高端技术创新的核心问题，即如何更好发挥市场机制的决定性作用，以创新政策和法规为依据，通过提供更优质、更高效的公共物品和公共服务，实现对企业高端技术创新技术、对市场高端技术创新需求的间接引导和干预，营造高端技术创新环境。

东湖国家自主创新示范区依据自身资源优势和产业发展特点，以打造政府服务和行政审批改革的"光谷样本"为目标，深入探索特色服务型政府改革，启动实施系列配套措施，以有效提升政府创新服务方式和水平。具体而言，战略与规划层面，颁布实施《东湖自主创新示范区总体规划（2010—2020年）》、《东湖国家自主创新示范区条例》，总结东湖国家自主创新示范区30年创新发展经验和成果，以立法引领东湖国家自主创新示范区改革创新先行先试；政策与机制设置层面，出台《促进东湖国家自主创新示范区科技成果转化体制机制创新若干意见》等一系列政策文件，深化高校院所科技成果"三权"改革，提升创新成果转化内生动力；行动举措层面，建立东湖国家自主创新示范区政府服务局，出台行政审批权力清单、内资准入负面清单、行政收费清单，最大限度减少审批权限，最大范围集中审批事项，引入ISO9000体系打造专业化服务团队，全面提升政务服务水平。

东湖国家自主创新示范区推进实施高端技术创新，在管理优化和服务融合层面，仍需针对不同阶段高新区创新战略总体规划颁布相应法律法规，注重示范区创新战略和创新规划的连续性和系统性，同时辅以系统性的政策设计和标准化的行动计划。通过创新战略、创新政策、创新服务为高端技术创新营造开放的高端技术创新生态环境。此外，东湖国家自主创新示范区还要以互联网创新治理思想推进实施高端技术创新，着重推动"互联网+"政府创新治理的跨界融合，充分运用大数据、云计算等现代信息技术提高东湖国家自主创新示范区创新服务水平。在现有"光谷云村"基础上，以大数据的思维、技术和能力对海量的高端技术创新需求数据，对各类结构化的企业、研究院所和技术转移服务机构等组织的高端技术创新技术信息，进行观察、清洗、归集、比对、分析、计算、挖掘和预测，实现高端技术创新的全程各主要环节创新政务服务体系的智能管理。进一步完善智慧政府云平台建设，重构高端技术创新主体参与高端技术创新合作治理机制，完善高端技术创新主体协调机制，建立弹性创新服务理念和创新管理体系。加强高端技术创新信息和数据的主动防护，对企业高端技术创新技术和需求数据资源进行智能防护，根据高端技术创新数据资源机密度等级，设置数据资源访问权限，建立高端技术创新技术信息保密区，建立高端技术创新数据库分级访问机制，实时进行云端存储的风险评估。以高端技术创新数据安全和信息共享为双轮，以大数据的思维、技术和应用加速东湖国家自主创新示范区高端技术创新治理，将高端技术创新管理与服务相融合实现"倍增"效应，以"智能化"重塑东湖国家自主创新示范区创新治理模式。

高端技术创新是具有高技术含量和高附加值的产业，通过高端技术创新知识和技术优势对市场进行重塑，对产业进行改造升级，是创新发展的高级阶段。东湖高新自主创新示范区应结合中部地区科技经济发展环境，充分利用现有创新管理经验和成果，发挥比较优势，在新一轮国际创新变革中，以高端技术创新为切入点和着力点，构建以政府引导为主体的高端技术创新成长与发展路径，从企业和市场出发，对高端技术创新激励政策进行再设计。东湖高新自主创新示范区通过实现高端研发、高端示范、高端制造，为中国经济社会的转型升级奠定坚实的科技基础和驱动力，以发展高端技术创新的紧迫感和责任感，对接国家发展战略布局，主动适应和引领中国经济发展的新常态。

二、推进优势创新，带动关联产业

新的科技和产业革命成为全球科技创新的重点。创新驱动发展已经成为我国经济发展的新引擎。立足区域特色，进行区域优势创新将成为国家经济的新增长点。一个地区的产业结构的有序变动能够推动经济增长，产业结构不应该平衡增长，应该按照"有效顺序"决定产业投资次序。换言之，选择区域优势领域，开展创新活动能够有效地带动关联产业发展，实现产业结构升级。

智慧专业化是一系列多样化改革过程，是通过选择能够聚集区域资源的新领域为生产结构改革提供路径。智慧专业化促使区域进行优势领域定位，发挥区域特色，同时避免区域间盲目模仿和复制以提高区域创新质量。在创新驱动和内生增长双轨动力推动下，智慧专业化理论为东湖国家自主创新示范区的优势创新提供了全新的研究视角。

（一）智慧专业化理论

自20世纪90年代以来，以OECD和UNCTAD为代表的国际区域性组织对创新政策制定给予了高度关注。"系统创新"、"产业集群"、"学习型区域"和"开放创新"等政策概念，都是创新研究理论在科技政策领域的成功转化。作为最新的科技政策潮流，智慧专业化为欧洲国家多层次政策制定提供了框架。智慧专业化战略适合不同地域创新示范区的发展要求，也能保持和国家整体政策协同一致。

1. 智慧专业化概念和特征

智慧专业化是优先发展区域内在国际市场上具有潜在竞争力，以及跨区域凝聚能力的经济产业和技术。智慧专业化的本质是特定的优势领域选择，即选择特定优势领域是为了实现知识性生产并且扩大其外溢作用，选择特定优势领域是为了通过源头创新实现区域差异化发展。2013年，OECD在《区域创新驱动发展：智慧专业化》的报告中，将智慧专业化定位为"区域经济发展产业和创新框架"。之后，OECD在出版的其他研究报告中，持续强调智慧专业化在区域技术研发和创新投资政策中对经济、科技和技术专业化的影响，以及对区域生产力和竞争力的提升作用。欧洲结构和投资基金则强调，优势领域的选择需要能够识别市场发展潜在机遇和市场自身优势，同时避免盲目复制和破碎化发展；从作用来看，智慧专业化有利于促进知识经济发展，引导区域创新，实现包容性增长，支持区域资源高效利用和向低碳经济转型，增加经济活力提供就业，通过高端创新强化地区凝聚力。

智慧专业化理论强调优势领域选择。智慧专业化通过选择优势领域促进经济发展，这种选择过程是通过企业家发现来完成。选择优势领域是智慧专业化实施的先决条件，但是优势领域的规模同样重要。最佳的优势发展领域规模是新技术能够最大程度得到应用，并且知识外溢作用能够覆盖相关区域。此外，优势领域间的关联性在区域智慧专业化实施方面具有凝聚作用，优势领域之间联系程度越紧密，彼此间相互学习的可能性和倾向性越高。因此产业聚集的规模效应能够得到实现。

智慧专业化战略从来不是"选冠军"的过程，而是一种基于合作的政策过程。OECD根据"区域创新分类计划"，将区域分为知识发达区、工业生产中心和经济落后区。这种类型划分使得区域政策制定更加具有针对性。根据经济地理学理论，智慧专业化战略特征和区域科技政策目标间具有内在一致性，其特征表现为地域内根植性、产业间相关性和区域间联络性特征。

2. 智慧专业化发展路径

智慧专业化从兴起到快速走向实践，是战略内生动力和外部需求共同作用的结果。智慧专业化理论的发展路径分为企业家发现（Entrepreneurial Discovery），政策支撑，产业聚集三个阶段。

第一，企业家发现。企业家发现反映了一个区域或国家从市场活动中进行研发和创新的能力，企业家发现能根据本地资源和生产能力进行区域研发和创新，进而有利于挖掘区域发展优势领域。从参与主体来看，企业家发现是涵盖股东、研究中心、大学、企业和其他所有参与创新活动的主体，进行区域内最具发展潜力领域开发的一个双向发现过程。企业家发现过程依靠企业家精神，发挥企业家知识，识别优势领域。企业家知识涵盖了对科学和技术的理解，对市场增长潜力评估、潜在竞争者识别，以及平衡创新活动投入和产出的能力，而这正是企业家发现作为智慧专业化战略基础的原因。

在技术创新持续发展的背景下，原始创新能够产生短期的垄断性优势，行业领先者进行企业家发现，经济主体的模仿进入活动促使市场价格向边际成本靠拢，从而产生产业聚集和规模效应，进而增加了社会效益。从负外部效应角度分析，企业家发现属于市场性活动，仍需要政府政策的调控和指导，建立激励机制鼓励和支持企业家发现。公共政策制定不能仅着眼于人才和基础设施等资源在数量上的增长，还需要促使区域内资源利用效率的提高和资源网络化发展，实现地方经济独特性增长。

第二，政策支撑。政策制定过程是复杂的。智慧专业化实施是一个双向迭代动态规划过程，即通过反复反馈进行政策适应性调整的发展过程。而这个迭代过程分为六个环节，即政府发现企业家发现行为；政府建立一系列的激励机制和辅助条件支持和引导企业家发现；政府进行监控和评估；政府宣传和指导潜在发展领域的成熟化；政府识别和强调可能性失败，指导市场主体理性模仿进入新领域；持续监控和再评价，尤其是要评价新领域失去政策支撑后持续独立发展的可能。

智慧专业化要适应区域科技政策的制定，而区域科技政策制定需要促进本土产业技术多样化发展，同时也要注意区域间的联系。基于智慧专业化战略区域政策制定可能面临挑战，如智慧专业化的特性使得政策设计者能够前瞻市场失灵，智慧专业化不可能"一套政策走天下"等。

第三，产业聚集。企业家发现和政策支撑最终会引发产业聚集，产生规模经济效应，最终导致经济结构革新。在智慧专业化的推动下，产业聚集主要经过四个发展阶段，即需求转化阶段、技术现代化阶段、多样化发展阶段和彻底创新阶段。

（二）东湖国家自主创新示范区优势创新领域分析

东湖新技术开发区成立于 1988 年，2009 年被国务院批准设立东湖国家自主创新示范区，2011 年被中组部和国务院国资委确定为中央企业集中建设人才基地。东湖国家自主创新示范区，经过 20 多年的发展，初步形成了以光电子信息产业为主导，生物、节能环保、高端装备制造、现代服务业争相发展的"131"产业格局。2014 年，东湖国家自主创新示范区实现总收入 8526 亿元，持续保持 30% 的增速。在国家科技部全国高新区排名中，园区综合实力连续两年位居全国第三，知识创造和技术创造能力稳居全国第二。东湖国家自主创新示范区已经成为武汉经济发展和城市现代化的创新创业高地和驱动引擎。目前，东湖国家自主创新示范区的专利数量达到 9533 项，自主研发创新成果达到 15 项，制订、修订国家标准累计超过 290 项，行业标准累计超过 300 项。在光通信、激光、集成电路、数控等领域的研发能力居国内外领先水平，成为东湖国家自主创新示范区科技创新的辐射点。

对比东湖国家自主创新示范区不同产业总收入的发展比例（见图1），光电子信息产业 2011 年到 2014 年的总收入始终以较大优势保持在领先水平，从 38.1% 增长到 43.1%；紧随其后的是现代服务业的快速发展，总收入所占比例由 16% 发展到 25.6%，显示出较强的发展势头；生物产业总收入比例显示出轻微波动，总体表现出较为稳定的发展态势；环保节能产业在 2013 年取得了突破式发展，总收入比例达到 21.1%；高端装备制造业虽表现出小幅度的发展减速，但在总体上任占有一定比重。

综上所述，东湖国家自主创新示范区应该集中资源在光电子信息领域、生物科技领域和现代服务领域开展优势创新，发展创新经济，引领产业聚集，提升区域竞争实力，最终成为国家级科技创新示范区。

1. 光电子信息领域

东湖国家自主创新示范区的光电子信息产业代表国家，成为全球光

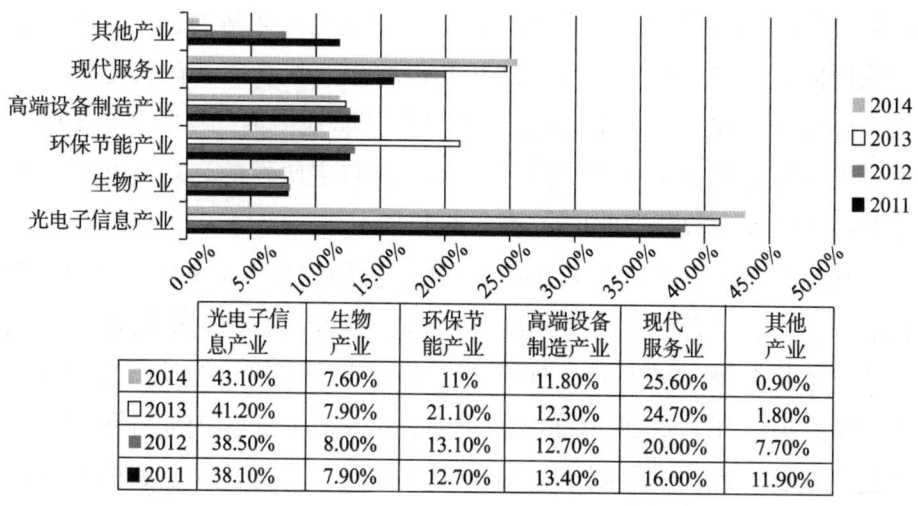

图 1 东湖国家自主创新示范区产业总收入比例随年度变化图

数据来源：2011—2014 年《东湖高新区创新发展报告》

电子产业竞争的主力军。目前，东湖国家自主创新示范区已建成我国最大的光纤光缆研发生产基地，我国最大的光电器件研发生产基地，我国最大的激光产业基地；其中光纤光缆生产规模全球第一，占据世界市场份额25%，国内市场的60%，年产光纤7000万千米；激光企业200多家，市场占有率连续11年超过50%；拥有我国光电子领域唯一的国家实验室——武汉光电国家实验室。良好产业发展基础为东湖国家自主创新示范区光电子信息领域提供了发展优势。

从技术创新方面，烽火科技是目前国内唯一集光通信领域三大战略技术于一体的科研与产业实体，掌握了大批光通信领域核心技术。例如，研制出中国第一根中空带隙光子晶体光纤，弯曲不敏感光纤技术水平全国第一和国内第一个实现棒纤装备自主化。科研基础和实力、科研成果转化率和效益居国内同行业中之首。长飞光纤公司光纤套管拉丝技术位于世界领先水平，光纤销售产量全球第一，拥有发明专利50余项。华工科技在激光技术及其应用领域代表国家实力，具有国际竞争力。旗下华工图像研发出国内外领先的激光全息技术、综合加密防伪技术和RFID技术，华工新高理则是国内最大的热敏电阻制造商，华工正源已建成国内最先进的批量有源器件和光模块生产线。武汉锐科是国内最大、全球有影响力的光纤激光器研发和生产基地，拥有发明专利19项，实用性新型专利18项和外观专利2项。其自主研发的高功率光纤激光器打破了国外少数公司的价格垄断和技术封锁。

从市场需求量和占有率方面，中国、美国和日本是全球范围内光纤预制棒生产和消费的主体。2011年以来，中国光纤预制棒需求量呈现出持续增长态势（见表1）。2011年、2012年分别同比增长了25.6%和29.9%，2013年则达到30.23%。目前，美国和日本国内光纤预制棒产能过剩问题严重，中国则连续多年成为全球最大的光纤预制棒消费市场，市场规模和潜力非常巨大。

表1　　　　　　　　　中国光纤预制棒需求量变化情况表

年份	2011	2012	2013
全球需求量（吨）	7449	8683	10128
中国需求量（吨）	3579	4648	6053
中国变化幅度	25.6%	29.9%	30.23%
所占比例	48.05%	53.53%	59.77%

数据来源：http://ww.autooo.net/classid119-id123817-1.html.

此外，根据光纤预制棒行业研究报告数据显示，长飞光纤成为中国最大的光纤预制棒、光纤及光缆供应商，市场份额分别为37%、25%和16%；全球最大的光纤预制棒供应商，全球市场份额为19%；全球第二大光纤和光缆供应商，全球市场份额分别为13%和8%。东湖国家自主创新示范区在光纤领域的优势尤为突出。

在经济收益方面，东湖新技术开发区创新发展报告数据显示，光电子信息产业总收入达到3678.6亿元,从2011年到2014年持续保持30%以上的增长幅度(见图2)。烽火科技作为代表性企业,其总资产也保持着显著增幅,从1008360万元发展为1543287万元,增长率为34.7%。企业净利润收入由44554万元上升为54017万元,增长率达到17.5%。这些数据体现出东湖国家自主创新示范区光电子信息产业蓬勃的发展态势。

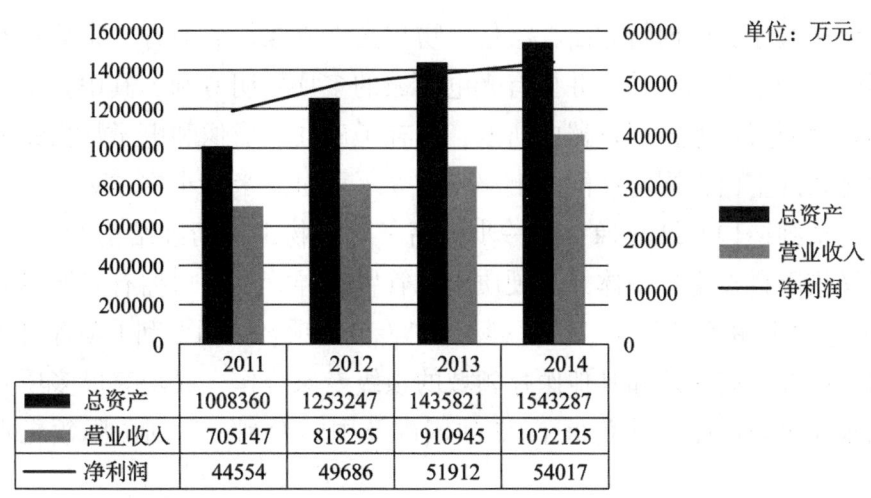

图2　2011—2014年烽火科技关键经济业绩

数据来源:烽火通信科技股份有限公司2014年度可持续发展报告

2. 生物科技领域

光谷生物园的生物产业形成了重点围绕生物医药、生物农业、医疗器械、生物制造、健康服务和生物能源六大领域,建设生物创新园、生物医药园、生物农业园、生物制造园、医疗器械园和医学健康园六个专业园区。拥有拜耳作物、中国农业发展集团、辉瑞、赛默飞世尔等代表性企业。在医药服务业态完善,生物农业育种技术提高等方面具有相对优势。

在新药制取方面,人福医药是湖北省第一家上市的民营高科技企业，研制出多款全球首创新药。作为湖北省资源最雄厚的医药工业龙头企业，人福医药重点致力于"麻醉镇痛和麻醉科用药"、"计划生育调节药"、"基因药"、"生物制品"、"特色植物药"和"中枢神经用药"六大发展方向的药物创新。武汉禾元生物拥有水稻胚乳细胞高效表达技术平台，以及与核心技术相关的多项专利技术，拥有技术力量雄厚的研发队伍和完备先进的蛋白纯化工艺研究设施，其全球首创的植物源重组人血清蛋白即将进入人体试验阶段。

在医疗器械创新方面，沃亿生物在光学成像领域拥有一系列具有国际领先水平的产品，并拥有光电领域的多项发明专利。其中显微光学切片断层成像系列仪器的研发，填补了磁共振成像和电子显微镜成像之间的空白，同时在国际上率先建立了可对厘米大小样本进行突起水平精细结构三维成像，进一步提高了对生物组织精细结构的研究。武汉佑康科技主打一体式软硬质输尿管肾镜导管。公司拥有发明专利3项、实用新型专利10项、国际PCT专利2项、美国专利1项等自主知识产权。同时还和其他医疗领域的顶级专家合作，成功完成多项微创医疗核心产品，并获得了22项国内及国际专利，达到国际领先水平。

3. 现代服务领域

东湖国家自主创新示范区光谷现代服务业园拥有武汉软件新城、东湖资本谷、中国宝谷、光谷资本大厦、武汉东湖新技术创业中心和光谷商圈六大专业园区。重点发展以商贸流通业，软件服务业为主导，金融总部和港口物流为辅的现代服务业。2010年至2012年，现代服务业的总收入迅速增长，从459.2亿元增长为1002.3亿元，各项经济指标都显出增长的趋势（见表2）。现代服务业的快速发展极大地刺激了东湖国家自主创新示范区经济发展。2014年，现代服务业收入突破2000亿元，同比增长34.9%，占东湖国家自主创新示范区总收入的25.6%（见表2）。

表2　　　　　　　　　　现代服务业主要经济指标

年份	2010	2011	2012
总收入（亿元）	459.2	609.4	1002.3
出口总额（亿美元）	1.7	3.4	3.9
利润总额（亿元）	15.8	26.2	36.6
实缴税收（亿元）	18.9	20.4	36.2

数据来源：http://ovmodern.gov.cn/index.php/Index-index.html

在产业聚集方面，武汉软件新城是一个高水平的服务外包企业聚集园区。致力于打造中国中部地区规模最大、最具国际化的软件与信息技术服务基地和创新创意产业聚集区。区域内聚集了知名服务外包企业，如HP、IMB、西门子和华为等；配套的金融后台服务机构以及研发创意及相关配套服务类企业。东湖新技术创业中心以服务中小企业和科技企业为目标，提供创业孵化器，促进科技成果商品化。25年来为中、小企业提供管理咨询、投融资策划、网络、培训、物业、餐饮、通信等各类服务。武汉东湖新技术创业中心首创性地尝试孵化器产业化新模式，通过联盟孵化，构建跨区域人才孵化培训中心和资源共享平台。

在网络构建方面，在"互联网+"大趋势的推动下，互联网产业跨界融合快速发展，新型服务形态不断涌现。"互联网+"制造改变了传统制造行业发展模式，"光谷云村"和"纺织云"等云建设得到广泛运用；互联网使得大数据手段应用前景广阔，"风语者"和"追风者"等软件技术水平国内领先；互联网对生活服务方式的改变，数字家庭产品、智能物业、智能医疗和智能家政等多元化社区服务相继产生；互联网对金融、交通和教育文化的改变也显著提高了区域经济的活力和多样性。

在资源服务方面，立足本地教育优势，依托中国地质大学，建立中国宝谷，实现具有国际地位的中国珠宝产业中枢的战略目标，从中部辐射全国，引领中国珠宝行业的发展。光谷商圈的发展，得益于"在武汉建立中国光谷"的重大规划方案。随着鲁巷老商圈的改造升级，世界城光谷步行街项目的进驻，光谷商圈得到跨越式发展。中影天河国际影城、CGV、大洋百货、苏宁电器、工贸家电、光谷书城等相继落户光谷地区，带活了相关产业发展，形成了丰富的商业业态，创造了无数个商业奇迹。

（三）东湖国家自主创新示范区优势创新的内容

智慧专业化理论的核心是建立区域科技创新、专业化培训同区域经济结构改革之间的有机联系。智慧专业化旨在激发区域多样化发展，刺激区域研发个性化，最终帮助不同地区找到独特的发展定位，进行区域优势创新。而区域创新能力具有地域差异性，区域本身经济结构和经济活力都会产生影响。

智慧专业化的目标是：不同的国家和地区应该根据自身区域优势，实施企业家发现，开展优势创新，发展知识经济，建立政策支撑，培养创新环境，引导产业聚集，实现区域经济结构的转型和发展。东湖国家自主创新示范区在创新驱动战略和开放先导战略的指导下，努力提高区域自主创新能力，提高区域开放合作水平，以改革开放先行区、创新驱动示范区、高端产业聚集区和依法治理引领区为发展目标。根据智慧专业化发展路径，东湖国家自主创新示范区优势创新的主要目标如下。

1. 形成以光电子信息为龙头的产业集群

从OECD高技术产业分类和美国ATP目录都反映出光电子技术和光电子信息产业在推动国家高新科技发展方面的重要作用。在参考OECD的高技术产业分类基础上，中国高技术产业（制造业）目录也将电子及通信设备制造业纳入其中（见表3）。东湖国家自主创新示范区优先发展光电子信息产业，符合国家高技术产业发展的需要，同时参照国际标准符合与国际接轨的需求。

表3　　　　　　　　　高技术领域和产业划分对照表

OECD 高技术产业目录	美国 ATP 目录	中国高技术产业（制造业）目录
1. 航天航空制造业 2. 计算机及办公设备制造业 3. 电子及通信设备制造业 4. 医药制造业 5. 专用科学仪器设备制造业 　科学仪器 6. 电气机械及设备制造业	1. 生物技术 2. 生命科学技术 3. 光电技术 4. 计算机与通信技术 5. 电子技术 6. 计算机集成制造技术 7. 材料设计技术 8. 航空航天技术 9. 武器技术 10. 核技术	1. 医药制造业 2. 航空、航天器及设备制造业 3. 电子及通信设备制造业 4. 计算机及办公设备制造业 5. 医疗仪器设备及仪器仪表制造业

数据来源：http://www.stats.gov.cn/tjsj/zxfb/201412/t20141216_653695.html

在持续技术创新背景下，新的发展机会需要被及时识别、理解和内化。产业集群始于企业家发现，经过行业内经济活动主体的模仿进入行为，形成产业聚集，从而产生规模效益，实现区域创新科技的规模化、链条化和网络化发展。以光电子信息为代表的高科技企业的发展，不仅提高了区域科技研发实力和技术成果转化能力，同时强化了知识经济本土化的外溢作用。这种外溢作用在发挥区域地理优势，以及资源储量的经济活动中表现得更为明显。

东湖国家自主创新示范区光电子信息产业已经形成了分工明晰，上下游产品配套健全的产业链格局。光电子技术作为突破带动型高新技术，具有极强的产业关联度、较高的影响力系数和突出的经济带动作用。将光电子信息领域作为优势创新领域，是区域开展企业家发现活动的源头，将会刺激区域智慧专业化的实践，提高区域自主创新能力和区域间产业联动能力。

2. 形成具有技术创新能力的创新集群

技术创新的发展具有阶段性，与一个国家或地区所处的经济环境、社会环境，尤其是科技环境密切相关。美国和德国都注重加大对科技研发、人才培养和政府支持等方面的投入，以提高本国的技术创新能力。以市场导向进行技术创新的日本，主要通过模仿创新，进行跟进式研发，提高本国的技术水平。国家的技术创新模式，需要适合其经济发展状况和技术发展阶段，注重企业家发现的市场引导和探索作用。

技术创新是一个动态的变化过程，企业在进行技术创新的过程中，由于内外因素、技术研发周期、技术改良规模和层次、市场需求度等因素的变化，最终影响对经济发展的贡献作用。智慧专业化理论所强调的"定制化"发展，对于建设多维度、多层次和多模块的技术创新集群具有指导作用。换言之，在产业链上处于不同发展规模和阶段的企业，可以根据自身的研发实力、主打产品特色、内部研发能力、外部研发环境，结合技术创新的发展规律和路径，因地制宜、因时而动，选取最适合的创新模式，开展技术创新活动，获得最大的技术创新成果转换效益。

东湖国家自主创新示范区通过合作创新，缩短研发周期、降低科技创新成本、减少投资风险、打破技术壁垒、共享创新成果，拓宽技术应用范围，打造具有技术创新能力的创新集群，实现合作各方的互惠共赢。智慧专业化理论提倡依托地区资源优势，通过一系列发展过程，形成具有地区特色的核心竞争力。东湖国家自主创新示范区坐拥丰富的教育资源和科研院所，创新人才和专业人才供应充分。企业间通过建立战略联盟，以技术标准为准绳共同参与制定或修改国内标准，提高示范区企业在国内市场上的话语权；企业内部的研发机构和人员同高校院所展开多方面合作，进一步健全科技成果诞生-孵化-成长-规模化发展的创新模式，提高示范区的自主创新能力。

3. 形成具有优势创新环境的国家示范区

东湖国家自主创新示范区以"大众创业、万众创新"为发展方向，打造光谷光电子信息产业园、光谷生物城、武汉未来科技城、东湖综合保税区、光谷职能制造产业园、光谷现代服务业园、光谷中华中科技产业园和光谷中心城八大园区，优化创新创业投资环境，建设生态宜居科技新城。

建设"资本特区",不断开展科技服务创新。东湖国家自主创新示范区拥有包括"萌芽贷"、"投保贷"、"集合贷"、知识产权质押贷款、股权质押贷款等多种创新型科技金融产品。作为全国第一批新三板扩大试点的园区之一,东湖国家自主创新示范区内经营发展的上市公司有34家,新三板挂牌企业56家,9家交易所累计交易金融5000亿元,16家科技支行成为全国高新区中最密集的代表示范区,风投机构320家。通过引进国内外金融机构,建设多元化的投融资体系,为示范区开展优势创新提供坚实的金融保障。

建设"人才特区",建立高层次人才体系。人才,尤其是高科技人才是推动区域经济发展的重要资源。东湖国家自主创新示范区打造"3551光谷人才计划",投入人才基金近10亿元。示范区内汇集了2000多家海内外人才团队,硕士以上学历的从业者逐年增加;拥有华中科技大学等42所高等院校和56个国家及省部级科研院所。主导的"青桐"计划,每年投入5000万元帮扶大学生创业。

建设"光谷文化",打造光谷品牌。以校园文化、院所文化、企业文化、外来文化和制度文化为内涵的光谷文化建设,立足光谷特色,激发区域创新创业激情,发展区域优势创新能力,实现区域智慧专业化的示范带头作用。在区域特色化发展的同时,注重外向型经济的发展,构建开放型经济格局,增加光谷品牌的区域影响力。

(四)东湖国家自主创新示范区优势创新的制度与政策支持

智慧专业化理论立足区域优势,从资源优势、政策环境、制度建设等多方面发展区域优势创新。区域产业聚集和经济发展离不开制度和政策支持。学校及科研院所依靠财政投入、校企合作离不开政策保障和引导、企业设立和经营需要稳定和积极的政策环境。区域优势创新的制度和政策规划从以下三个方面展开(见图3)。

1. 政府引导企业家发现

知识经济环境中企业家精神发掘了经济个体活动的附加值,例如,

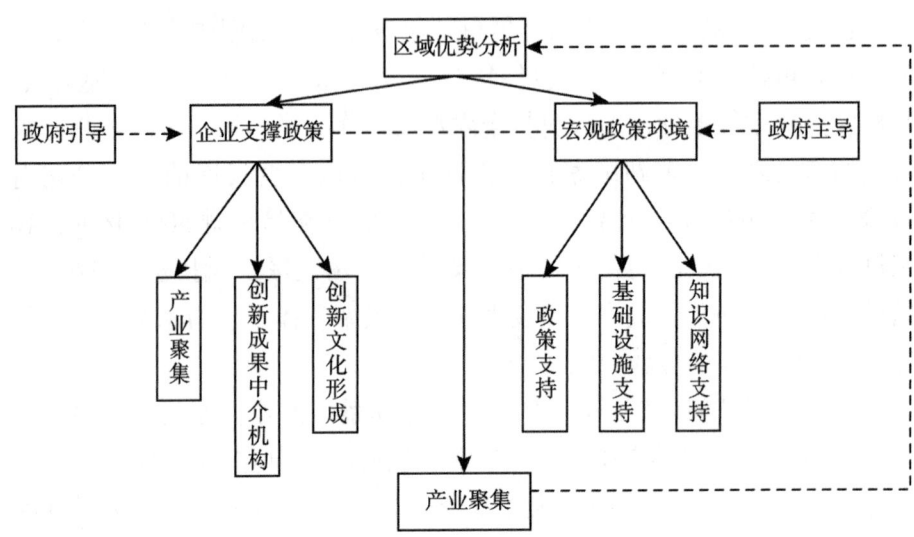

图 3 区域优势创新政策规划流程图

知识的外溢作用、互联网的补充作用和相对优势等。但企业家发现中信息的不确定性、风险性和不对称性需要一个跨区域、多维度的政策机制来整合信息资源和提供发展平台。原始技术创新能带来短期的垄断收益，但是随着研发周期缩短、技术替代频率提高等技术创新负外部效应的影响，需要建立激励机制和政策支持鼓励和引导企业家发现。东湖国家自主创新示范区为保护改革现行企业、激励创新跟随企业，出台了《东湖国家自主创新示范区条例》，不仅固化了示范区改革发展的经验，也为示范区未来成为国家乃至国际科技创新示范区提供了法律保障。

在引导产业聚集方面，东湖国家自主创新示范区围绕产业发展需求，支持示范区企业开展优势创新活动和制定创新发展战略，鼓励引进国内外先进核心技术、产业链关键技术和龙头企业入驻。按照产业关联度、产业集约度制定科技政策，识别和引导企业家发现，监督和评估创新活动，支持和引导产业聚集。

在技术成功转化方面，东湖国家自主创新示范区鼓励企业积极探索新型产业发展模式，建立新型产业技术研究机构，激励企业和高等院校、科研院所开展合作开发、委托研发、技术许可、技术转让和技术入股等丰富的产学研用合作，建立产业技术创新联盟；示范区同时设立专项资金，支持科技企业孵化器和加速器的建设，缩短科技成果转化的申报周期，提高科技成果的市场占有率和经济效益。

在创新文化建设方面，东湖国家自主创新示范区以制度创新为核心，先后开展了行政审批与服务、科技创新、科技金融和扩大开放等四个方面的政策改革。同时，系统清理各类政策并建立"126"政策法规体系，尤其是针对创新创业、产业发展、资本、人才、知识产权、开发开放构建六大类政策。为培养示范区创新文化提供系统、全面、高效和科学的制度和支持政策。

2. 政府主导政策环境建设

稳定、积极和高效的政策环境，有利于提高区域招商引资能力和区域内企业自主创新的能动性。区域创新需要政府发挥主导作用，开展支持型财政政策建设，补充性基础设施建设和区域资源网络化建设。

东湖国家自主创新示范区努力打造成熟系统的金融环境支持区域优势创新。不仅大力开展风投建设，打造"天使光谷"开展创新创业风险投资活动，而且发展多样化金融服务政策，设立创业投资和产业发展引导资金。通过在示范区建立科技型中小企业融资风险担保补偿机制，进行多类型、多层次企业建设，同时加强对金融活动的监督和管理工作，建立金融业务风险防范联动机制。

以开放合作为发展目标，东湖国家自主创新示范区积极推行贸易投资自由化和便利化，打造国际化、规范化和法制化的商业经营环境，建设具有示范作用的内陆自贸区。在发展完备的基础设施建设的同时，建立平等准入机制，吸引各类投资者参与，同时不断提高航运服务、文化服务和社会服务质量；示范区发布光谷"创业十条"、"黄金十条"、建设三大特区、开展工研院"三化"改革、进行众创空间构建，为区域优势创新提供优渥的政策环境。

在"互联网+"的浪潮下，东湖国家自主创新示范区积极开展社会公共服务网络化发展，提高区域优势创新活动效率；鼓励企业在引进技术"再吸收"的基础上，积极"走出去"建设海外研发、生产基地和销售网络；同时，示范区推行与其他国家和地区科技园区展开交流，推动人才流动、协同创新和产业合作；鼓励与其他地区和城市建立战略联盟，构建跨区域资源流动，发展物联网，通过资源网络化发展提升区域科技创新能力，实现产业优化升级。

3. 产业集群实现区域优势创新

创新是科技产业集群的突出特征，也是科技产业集群发展的核心动力。立足区域优势，发展创新经济，建设产业集群是智慧专业化理论在东湖国家自主创新示范区的实际运用。产业集群的形成具有明显的地理特征，必然与区域创新系统密切相关。区域优势创新离不开区域网络的各个节点，即政府、高校、科研院所、企业等主体共同参与。产业聚集是区域发挥协同增效功能的突出典范，是区域创新网络和创新环境有机叠加培育的经济引擎。

东湖国家自主创新示范区通过倡导产业特色化和高端化发展，依托"武汉·光谷"品牌，按照关联功能集中、产业集聚和土地集约利用的原则，建设以光电子信息为主导，生物医药、新能源和新材料、节能环保、高端制造等战略产业集群，实现构建具有核心竞争力和比较优势的产业体系，优化区域创新环境，促进现代服务行业升级，建设辐射区域广泛的国家示范区，打造具有国际先进水平的创新产业集群。

三、推进共享创新，激发社会活力

共享创新是一种指专门面向广大社会成员的创新模式，强调吸引更多的社会成员参与创新，享受创新带来的收益。共享创新的理论背景是中国共产党十八届五中全会提出的"创新发展"和"共享发展"理念，以及21世纪初叶国际上兴起的包容性创新理论。共享创新重视人的价值关怀，遵从经济市场规律；创新主体既是"道德人"，也是"理性人"。

(一) 东湖国家自主创新示范区实施共享创新的战略意义

实施共享创新，是东湖国家自主创新示范区履行社会责任的客观要求，也是东湖国家自主创新示范区发展内在发展的必然选择，更是当代科技园区演进的新趋势。

1. 实施共享创新是东湖国家自主创新示范区服从国家意志的政策需要

《中共中央关于制定国民经济和社会发展第十三个五年计划规划的建议》明确指出"必须把发展基点放在创新上"，塑造更多依靠创新驱动、更多发挥先发优势的引领型发展；按照人人参与、人人尽力、人人享有的要求，注重机会公平，实现全体人民共同迈入全面小康社会。作为国家级特殊行政区域，东湖国家自主创新示范区应当自觉贯彻国家意志，将创新发展和共享发展融入创新驱动发展战略中。而共享创新是创新、共享理念与创新驱动发展战略的天然对接，是将中央政策在东湖国家自主创新示范区"落地"的规划保障。

具体而言，就是要通过共享创新，解决通信、交通、供水供气等公众关心的最现实问题，提高公共服务质量，让更多人享用现代化基础设施。通过共享创新，让东湖国家自主创新示范区带动比邻落后区域发展；发挥科技的优势，实现农特产品的深加工、精加工，形成特色产业，最终缓解和消除贫困。通过共享创新，让更多的普通青年人享有创新机会，创造更多的就业机会，建立面向全社会的创新创业服务平台。通过共享创新，培育更多的小微科技型企业，并在投融资和税收方面给予扶持，让创业者尽快获得创新创业收益。通过共享创新，支持生物医药科技型企业快速发展，开发更多的新产品、新医疗技术和医疗服务，为"健康中国"做出科技贡献。通过共享创新，开发新技术、新服务，为食品加工、储存、运输安全提供科技支撑，为清除有害有毒食品提供高效、便捷的检测手段。

2. 实施共享创新是东湖国家自主创新示范区配合国家供给侧改革的行动需要

2016年1月26日召开的中央财经领导小组第十二次会议上，习近平总书记指出,要把思想认识统一到党中央关于推进供给侧结构性改革的决策部署上来。供给侧结构性改革的目标是调整经济结构,实现资源的优化配置,提高经济增长的质量。

在供给侧结构性改革中,共享创新可发挥独特的作用。当前我国经济的下行压力,有世界经济不景气的外部原因,更有传统经济增长模式难以持续的内部原因。近年来我国的经济发展表明,投资、消费、出口对经济拉动的边际效用越来越低。因此,只能从劳动力、土地、资本、创新要素中寻求经济增长动力。我国人力资源丰富,通过技术培训形成一代高素质的职业技术工人,就可能在产业结构的中高端形成新的人口红利。我国是一个世界级消费市场,当前社会需求不旺不是缺乏购买能力,而是缺乏购买欲望,原因是我国经济供需错配。社会需要的产品缺乏供给,而国内企业提供的产品社会又不需要,导致社会购买力偏好国际市场。显然,要解决供需错配问题只能通过创新。其中,在大众消费领域实施共享创新,为社会生产大量更精致、更舒适、更美观、更实用、更智能的生活用品,必将激发社会的消费欲望;同时,开发更多现代化的健康、文化、旅游、体育等商业服务形式,唤起社会的消费热情,既提高公众的生活品质,又拉动经济增长。同时,大众消费领域共享创新的产品和服务,配合劳动力成本相对较低的技术熟练工人,能使我国在大众消费领域形成新的国际产业竞争优势,为我国经济长期稳定发展奠定基础。

3. 实施共享创新是东湖国家自主创新示范区保持创新活力的内在需要

科技园区的发展动力是创新。美国硅谷的经验表明,科技园区发展的根本动力源于众多个体的创新活动,然后通过园区孵化,产生科技型小微企业。随着小微科技型企业的成长壮大,最后形成苹果、惠普这样的大公司,形成竞争性优势产业。

东湖国家自主创新示范区是国家高新区的升级版。自1991年被国务院批准成立以来,东湖新技术开发区始终坚持创新先导,促进产业发展。东湖新技术开发区创办了国内第一家企业孵化器，探索出科技成果转化的"四级跳"模式，即科技成果在高校产生，成果在高校周边孵化，孵化企业在大学科技园成长，再到专业科技产业园规模发展。2009年国务院批复开始建设东湖国家自主创新示范区，标志着东湖国家自主创新示范区推动创新发展的社会责任更重了。这就需要东湖国家自主创新示范区在"四级跳"模式基础上，继续探索新的创新模式。东湖国家自主创新示范区有42所高校，80多万在校大学生，每年有20多万大学生毕业。这些大学毕业生为社会补充了高素质的人力资源，但也为政府带来就业的巨大压力。因此，在东湖国家自主创新示范区实施充满人文关怀的共享创新，重点支持大学生为主体的"草根创新"，在缓解就业压力的同时，还可大批量培育小微科技型企业，并通过孵化-加速机制产生若干大企业。共享创新让大学生切身体会到知识的力量，认识科学技术的应用价值，进而更加尊重科学；可明晰个人价值的实现，必须通过满足社会（用户）需求才能实现；可感受到创新创业的艰难，了解当下中国的实际，从而形成求真务实的心理品格，有助于形成健康向上的世界观、人生观和价值观。

（二）个体层次的共享创新

在东湖国家自主创新示范区，当前正在推进的"双创"（大众创新、万众创业）活动是一种具有中国特色个体层次的共享创新实践。"双创"的价值指向是：将所有的人视为潜在的创新创业者，让更多的人参与创新创业，给予公平的发展机会，共享创新创业的收益。作为参与人数规模最多的个体共享创新，东湖国家自主创新示范区的"双创"活动还处于探索起步期，需要不断地总结经验、完善机制、引领方向。

1. 提升创新服务水平

具体而言，应进一步开展创新教育和培训，鼓励高校对理工科专业学生设置创新创业课题，鼓励社区和社会组织建立创新创业教育培育中心，为创新创业者提供知识支持。应为"双创"活动提供优良的基础设施，加快建设以光谷资本大厦为核心，以光谷步行街及周边区域为扩展的"光谷创客街区";为大众创业、草根创业提供低成本、便利化、开放式、全要素的工作空间、网络空间、资源空间。应搭建多样化的创新创业公共服务平台,持续举办"光谷青桐会",支持各种创新创业论坛、创新创业讲座、创业大赛、青年创客营等活动和赛事。鼓励高校和社会组织提供公益性创新创业咨询服务,形成路演不断、赛事不断地创新创业氛围,培植和营造创新创业土壤和生态。应强化小政府、大社会的服务理念。应解放思想、深化改革,减少部分政策、制度对创新创业的制约;降低金融业准入门槛,将民间金融内如合法化和规范化程序,鼓励民间金融参与"双创"活动。

2. 提高"双创"项目质量

影响创新创业成功的因素主要有技术、资金和市场需求。创新创业的技术难度高带来了项目的高风险,技术难度低意味着进入门槛低,容易被竞争者学习和超越。创新创业主要依靠风险投资,只有具有爆发式增长的项目才能得到风险投资的关注;市场需求不确定性最大,创新创业的产品和服务只有进入市场,获得市场的认可才算最后成功。

目前,东湖国家自主创新示范区创新创业普遍存在的问题是:多数创新创业项目质量不高,难以得到投资者和市场的认可。其原因是一些创新创业者过去长期接受应试教育,趋同性思维强,差异性思维弱,不熟悉社会,视野不开阔,导致创新创业项目构想缺乏可行性。要解决这一问题,可构建一个多方参与的治理机制。由政府购买服务方式或给予部分补贴,通过高校、公司或社会组织对创新创业者进行"一对一"的项目辅导,修改项目方案,提高项目质量;也可通过公益论坛方式,组织风险投资和创新创业者对话交流,将投资者的项目质量标准传递给创新创业者。另外,可组织专家学者编写具有针对性、实用性、可读性的创新创业普及读本,在全社会普及创新创业知识。

3. 完善"双创"项目监管

在东湖国家自主创新示范区,"双创"项目资金来源有风险投资、湖北省科技厅(简称科技厅)、东湖国家自主创新示范区管委会(简称管委会)和自筹。其中,自筹的比例较小。风险投资对"双创"项目有一套成熟的监管程序和方法，一般是直接派人进入项目（公司）参与监管，或委托专门的投后项目管理公司进行监管。科技厅和管委会对"双创"项目则以中期检查和项目验收形式进行监管。

完善"双创"项目监管，可帮助创新创业者提升公司创新管理能力，有助于项目的正常推进，及时发现问题、解决问题；同时，保证项目投资发挥效用。当前，"双创"项目管理应主要关注两方面。一是对拟申报进入孵化器的项目进行测评。有的申报者不熟悉孵化器准入标准和管理机构偏好，可能因项目方案的个别问题不能进入孵化器。通过测评，发现问题，在专家指导下修改项目方案，使优秀项目不至于落选。同时，由于项目请者数量多，测评可初步淘汰一部分差的项目，减少孵化器评审压力。二是对政府资助的项目进行常态化监理。科技厅和管委会每年资助"双创"项目数百项，每个项目仅一次中期检查难以达到监理效果。若进行常态监理，但工作量巨大，管理机构难以胜任。因此，可考虑以购买服务方式，委托第三方对项目进行常态监理；也可聘请退休的高校教师、国企高工等以"自愿者"身份代表管理机构进行常态监理。

4. 加强"双创"项目引导

由于创新创业者专业背景不同，从事的开发项目千差万别，这就需要将"双创"项目与政府发展政策对接。其中，风险投资选择的项目重点是能否与市场对接。对政府拟资助项目，应根据国家、湖北省和东湖国家自主创新示范区"十三五"发展战略规划，选择性重点支持。

具体而言，在项目技术水平和可行性达到基本要求的前提下，可按项目行业领域、重点方向与政府"十三五"发展战略规划的对接程度，分为"完全对接"、"紧密对接"和"一般对接"，相应的项目资助强度也分为三等。"完全对接"的项目全部资助，资助强度一等；"紧密对接"的大部分资助，资助强度二等；"一般对接"的，资助强度三等。另外，也可将"对接程度"设计成连续分布的精细化量表，与此对应也将资助强度精细化。由评审专家根据"对接程度"量表打分，然后根据得分确定相应的资助强度。对一些涉及国防、航空航天、海洋工程等高科技项目，尽管近期市场效益不明显，但这些项目关系到国家安全或长远利益，支持这些项目属于"国家职责"，政府应当资助。所有政府资助项目都有一个底线，即项目自身具备市场生存能力，政府资助只具有辅助性质。

对"双创"项目引导的理想状态是：与市场对接程度高的项目，由风险投资资助；与政府政策对接程度高的项目，由政府资助。

（三）企业层次的共享创新

在东湖国家自主创新示范区，企业共享创新更多表现为以高技术成果产业化为主，兼顾扩大就业，增加员工收入的技术创新和管理制度创新。推动企业共享创新的关键是吸引创新资源在企业集聚，拓展企业的创新空间，构建适宜企业创新的外部环境。

1. 共享创新项目的内在选择

在市场经济中，任何企业创新都带来新的产品、新的服务，制造了新的需求使社会消费更加丰富多彩。如 4G 通信技术和智能手机的出现，方便了人与人的交往，丰富了人们的文化生活，同时形成了庞大的智能手机市场。因此，理论上讲，任何企业创新都包含"共享"成分，属于广义的"共享创新"。在现实中，凡是创新活跃的企业，业绩突出，聘用的员工数量呈增长态势。员工收入稳定增加，都符合共享发展的要求。

但是，广义的"共享创新"概念隐含两个逻辑问题。第一个问题是"共享创新"只能相对于其他创新类型而成立，如果所有企业创新都属于"共享创新"，则"共享创新"概念就没有存在必要。第二个问题是即使都是企业的"共享创新"，在同一企业，不同的"共享创新"项目绩效差别很大。有的项目赢利多，有的赢利少；有的项目新增岗位多，有的项目反而减少了岗位。显然，按"更多人参与创新、更多人分享创新成果"的价值标准，可以定量测度企业创新项目"共享发展"的差异性。在评价操作时，广义的企业"共享创新"已经还原为具体的"共享发展"差异比较。

因此，在企业规划与管理中，不可能严格区分哪些项目属于"共享创新"，哪些不属于"共享创新"。相反，只能识别哪些项目离"共享发展"标准更近。假定企业员工收入与企业业绩增长正相关，于是可得到两个"共享发展"的内在评价指标，一个是新增岗位数，另一个是员工收入增长率，可根据两个评价指标选择离"共享发展"标准更近的创新项目。

2. 共享创新项目的外在选择

共享创新项目的内在指标体现了企业的业绩水平，是企业应对市场竞争和可持续发展的基础。但在"更多人分享创新成果"的价值内涵中，"更多人"的范围包含了企业员工在内的广大社会成员。显然，判断企业共享创新项目不仅需要内在的企业指标，而且更需要外在的社会指标。对企业而言，外在指标是企业应当履行的社会责任，也是"共享发展"的应有之义。

企业共享创新项目有两个关键的外在指标。第一个指标是"受益面"。所谓"受益面"，是指项目完成后，受益社会群体的大小。假定有多个风能发电工程项目，且通过了技术经济和环保论证，但受投资限制，只能选择一个项目。这时，可在项目之间进行比较，选择受益面最大的项目。受益面又分为现实受益面和潜在受益面，经济受益面和区域受益面。因此，受益面分析应与区域社会发展规划对接，统筹兼顾，综合判断。第二个指标是"敏感性"。所谓"敏感性"，是指项目对改善社会群体生存和生活状态程度。一般地，医疗卫生领域的项目敏感性很高，因为所有社会群体都可能从项目中受益。另外，有关抗灾救灾的创新项目敏感性也很高。项目的敏感性分析较为复杂，涉及的因素较多。例如，有两个新药开发项目，分别用于治流感和治肝硬化。如果从患者群体看，显然患流感的多于得肝硬化的。但进一步分析，目前治流感的药物很多，且效果可以；而治肝硬化没有特效药。显然，这时的项目敏感性分析重点不是患者群体，而是满足受益群体需要的迫切程度。同样都是特效药，治流感的特效药可以替代，而治肝硬化的没有。因此，从治病救人的人道高度评价，治肝硬化新药的敏感性最高。

在东湖国家自主创新示范区，小微科技型企业具有草根性，是最为活跃和最具经济发展潜力的群体。在我国经济发展处于新常态背景下，小微科技型企业的成长发展直接关系到东湖国家自主创新示范区高新技术产业发展，关系产业结构向高端升级的速度和质量。正如2014年12月召开的中央经济工作会议指出，新兴产业、服务业、小微企业作用更凸显，生产小型化、智能化、专业化将成产业组织新特征。

在共享创新方面，小微科技型企业具有独特的优势：①创新投入较低，创新通常不涉及技术范式的根本性变革和生产模式的重组，而只是个别技术的完善或某一点改进。因此不需要大的投资甚至不需要投资。这种极低的投资门槛特别适合青年人创业。②创新周期短，迫于生存压力，小微科技型企业的创新活动一般选择技术难度低、研发周期短的应用领域，以尽快取得成果，进入市场获得利润。③创新活动直接面向市场，满足客户需求。小微科技型企业奉行消费者为中心，以客户需求引导规划、设计。④创新活动主要依赖人的智力资源。小微科技型企业主要分布在IT行业，其中包括电子游戏，电子商务平台、应用软件等。这类小微科技型企业所需设备主要是电脑和办公桌，成本非常低；创新活动具有"人+电脑"特征。小微科技型企业是天然的青年人企业，青年人的兴趣爱好、知识背景和创新才能在这里得到充分发挥。

当前，小微科技型企业存在的发展问题是信息不完善，缺乏相关信息公开渠道，难以从商业银行得到长期贷款，税负较重。这需要政府部门强化公共服务基础设施建设，制定激励扶持政策，加快小微科技型企业发展。

（四）产业层次的共享创新

分析产业层次的共享创新，实质是如何根据"更多人参与，更多人受益"价值标准，明确共享创新的重点领域。

1. 共享创新目标领域选择

近年来，东湖国家自主创新示范区创新经济发展迅速，形成了光电子信息产业、生物产业、环保节能产业、高端装备产业、现代服务业等五大优势产业。东湖国家自主创新示范区产业层次的共享创新重点领域选择，可采用渐次逼近方法确定。具体而言，是分三次不断缩小范围，最后锁定目标。①"在地化"，也称本土化。在东湖国家自主创新示范区，"在地化"是指共享创新依托的产业分布在东湖国家自主创新示范区。尽管在产业创新网络中，有的组织和机构可能分布在东湖国家自主创新示范区之外，但只要共享创新的主体在东湖国家自主创新示范区，仍属于"在地化"。②有限性。东湖国家自主创新示范区除了五大优势产业外，还有若干发展水平一般的其他产业。应根据东湖国家自主创新示范区产业发展的基础与水平、人力资源构成、创新服务体系等，选择有限产业推进共享创新。这方面，可设计一套评价指标体系，评价每一产业共享创新适宜性，选择分值高的产业为目标产业。另外，也可用SWOT分析方法锁定目标产业。③目标领域。在产业内部，不可能在所有领域推进共享创新。应根据具体实际，选择某些目标领域推进共享创新。目标领域的选择同样可用科学评价方法和SWOT分析方法。在东湖国家自主创新示范区，目标领域所在产业可能是优势产业，也可能是一般产业。有的优势产业技术水平高，投资大，不适合共享创新；有的一般产业，技术难度低，投资少，适合共享创新。

需要指出的是，技术在不断进步，市场及社会也在不断发展。同样，共享创新的内容与评价也在变化，之前锁定的共享创新目标领域只有数年的"合理性"周期。

2. 目标领域"互联网+"

在当代，以物联网、云计算、大数据为代表的新一代信息技术正在迅速发展，新成果不断，应用空间不断扩展。建立在物联网、云计算、大数据基础上的"互联网+"催生了新兴产业的发展，推动了传统产业升级，深刻地改变了人类的生产和生活方式。

在东湖国家自主创新示范区，最适合共享创新的目标领域是"互联网+"。

目前，东湖国家自主创新示范区"互联网+"正处于爆炸式增长，涌现出"互联网+商务"、"互联网+金融"、"互联网+交通"、"互联网+

能源"、"互联网+制造"、"互联网+环保"等新型服务业态。其中一些项目处于国内领先水平。如全国首个集成并提供国内外公共采购需求的全球公共采购交易服务中心，全国首个交通运输企业安全生产标准化云服务平台，亚洲最大的在线综合激光加工连锁服务平台，整合全国纺织行业信息的全国首个"纺织云"等。在东湖国家自主创新示范区，随着"互联网+医疗服务"、"互联网+教育与文化传媒"、"互联网+生活服务"等新型业态的快速成长，正改善人们的生活方式，提升生活品质，共享创新的效益越来越明显。其中，"居民健康一卡通"储存了患者个人基本健康情况、历次就诊记录、诊断结果等信息，可在武汉17家市属医院通用；东湖明珠智慧社区示范项目采用全套数字家庭产品，依托智慧社区综合关洛平台为社区提供智能购物、智能物业、智能家政、智能医疗等多元化社区服务。另外，在东湖国家自主创新示范区，"互联网+"是理工科大学生创新创业较为集中的领域，其间，涌现了以手机App"恋爱笔记"为代表一批成功项目，产生了广受社会赞誉的"华科男现象"。

3. 其他领域

在世界银行倡导下，近年来，世界各国加强政策措施，鼓励企业通过技术和商业模式创新来满足低收入人群的需求。其中创新活动涉及的行业或领域有：汽车行业的Nano汽车，售价2200美元；电信行业的无线城域网技术，售价10卢比/时；能源领域的太阳能面板，售价10美元/年；金融领域的"4C支持"等。从国际经验看，创新主要集在电信、医疗健康和能源等领域，目的是为广大低收入人群提供价格更便宜、使用更方便的用品，或提供公益服务。

东湖国家自主创新示范区可借鉴国际经验，支持企业开发更便宜、更方便、更简单的产品或提供更细致、更周到的服务。在东湖国家自主创新示范区，"互联网+"是产业层次共享创新的目标领域，但在其他领域的项目层次，仍可根据市场需求和技术可能，选择性进行共享创新。

具体而言，可构建两种共享创新项目运行机制。一种是"自上而下",是指政府根据广大低收入群体的生活状态,通过激励政策、项目指南、政府采购等推动共享创新;企业充分挖掘广大低收入群体的现实需求和潜在需求,针对低收入群体这一新市场环境,调整工艺流程、重新设定产品价位,开发出低收入群体可负担、可接受的创新产品和服务。"自上而下"的共享创新重视低收入群体的市场特征,强调适用技术的选择、改进和普及。另一种是"自上而下",是指低收入群体直接参与创新活动,尽管失败率高,但其中也包含个别成功项目,这些项目成果进一步技术提升,可应用到中高端市场;或受到大企业关注,被高价收购,或受到政府重视,予以政策支持。"自上而下"的共享创新关注普罗大众的现实生活,具有低投入、低技术的特征。

(五) 区域层次的共享创新

在国家政策和省市政府的支持下,东湖国家自主创新示范区科技、经济和社会发展水平远远高于毗邻区(县);换言之,东湖国家自主创新示范区的毗邻区(县)是相对落后区域。因此,发挥东湖国家自主创新示范区的创新溢出效应,带动毗邻区(县)发展,让这些区(县)的民众直接或间接参与东湖国家自主创新示范区的创新活动,享受创新的成就。显然,这是一种更宏观、更宽泛的共享创新。

1. 与毗邻区(县)的战略合作

东湖国家自主创新示范区可以与毗邻区(县)建立一种长期战略合作关系。这种关系既有合作共赢成分,也有东湖国家自主创新示范区对毗邻区(县)的关注与支持,体现东湖国家自主创新示范区的社会责任和人文情怀。东湖国家自主创新示范区与毗邻区(县)战略合作应先易后难、从初步合作到深入合作,从局部合作到整体协同发展,不断探索,循序推进。

当前,东湖国家自主创新示范区与毗邻区(县)可在三个方面进行战略合作。①构建东湖国家自主创新示范区与毗邻区(县)的"管委会-区(县)会商"机制。会商机制的功能是为东湖国家自主创新示范区与毗邻区（县）确定战略合作框架，寻求战略合共识。管委会与区（县）政府主管每年会商一次，介绍双方发展情况，洽谈合作意向，解决区际问题。管委会与区（县）政府设专职岗位专门负责会商事宜。②毗邻区（县）与东湖国家自主创新示范区发展规划对接。东湖国家自主创新示范区定期向毗邻区（县）通报发展战略和发展规划。让毗邻区（县）根据自己的实际，从东湖国家自主创新示范区的发展中寻求本区（县）的发展机遇，积极参与东湖国家自主创新示范区的发展，分享东湖国家自主创新示范区的发展成就。同时，东湖国家自主创新示范区在选择发展区域合作伙伴时，应优先关注毗邻区（县）。③基础设施和生态合作。经过多年的快速发展，东湖国家自主创新示范区土地资源日趋紧张，在水、电、路等基础设施建设方面出现了一些新问题；同时，由于自然生态系统具有跨区域关联性，东湖国家自主创新示范区的自然环境保护有赖于毗邻区（县）自然环境的改善。因此，可通过东湖国家自主创新示范区与毗邻区（县）的优势互补，进行战略合作，补上东湖国家自主创新示范区发展短板，也为毗邻区（县）带来新的投资机遇。

2. 与毗邻区（县）的组织合作

东湖国家自主创新示范区是我国创新活动最活跃的区域之一。在当代，高新技术的开发与产业化需要相应的开放性、扩展性创新网络支撑，需要构建多层次、多类型的战略联盟。在东湖国家自主创新示范区未来发展中，加强与毗邻区（县）的组织合作，有利于促进东湖国家自主创新示范区创新网络和战略联盟升级，同时也是贯穿中央政府"创新发展"、"共享发展"政策的行动表现。

东湖国家自主创新示范区与毗邻区（县）的组织合作主要包括战略联盟和创新服务延伸两部分。

在战略联盟方面，东湖国家自主创新示范区应支持、鼓励大企业在毗邻区（县）寻求战略合作者，支持、鼓励毗邻区（县）企业加入东湖国家自主创新示范区的产业链，支持、鼓励高校和科研院所与毗邻区（县）建立产学研联盟。同时，东湖国家自主创新示范区可组织企业家、专家和学者"智力支持"毗邻区（县）发展，重点帮助毗邻区（县）针对市场价值链和商业环境，应采用的资源动员手段。区域发展的核心是区域企业发展，因此，应帮助毗邻区（县）企业重新审视商业模式，将东湖国家自主创新示范区成功企业的商业模式推介给的毗邻区（县）企业，推动企业管理创新。

在创新服务延伸方面，东湖国家自主创新示范区具有强大的企业孵化-加速能力，但受地域限制，企业孵化能力没有充分释放。而在毗邻区（县），有大量的创新创业项目亟待孵化，当地却缺乏足够的企业孵化能力，这种企业孵化的区域落差对东湖国家自主创新示范区和毗邻区（县）都是一种发展机遇。可通过双方主管部门会商，构建东湖国家自主创新示范区创新服务延伸到毗邻区（县）的合作机制。由东湖国家自主创新示范区负责毗邻区（县）的企业孵化，并按合作共赢原则，合理分担孵化成本，共享发展效益。

3. 与毗邻区（县）的小区域协管

东湖国家自主创新示范区管理团队经验丰富，管理水平高，管理业绩突出。东湖国家自主创新示范区作为我国最早的国家级高新区和自主创新示范区，在国内外享有很高声誉。东湖国家自主创新示范区可以发挥区域创新的管理优势和品牌声誉，与毗邻区（县）合作，推进与毗邻区（县）的经济和社会发展。当前，东湖国家自主创新示范区与毗邻区（县）可在小区域协管方面进行合作。

过去，东湖国家自主创新示范区曾对毗邻区（县）的一些小区域进行托管。东湖国家自主创新示范区每年按比例递增补偿毗邻区（县）的托管区域的财政收入，托管区域划入东湖国家自主创新示范区。托管有利于解决东湖国家自主创新示范区发展空间不足问题，带动了托管区域经济的快速增长。但托管涉及政府行政区域变更、难度大，范围有限。鉴于此，可在托管与"不管"之间采取一种难度小、范围较大的协管合作。所谓协管，就是在不变更原有行政区域和财政收入方式的前提下，由东湖国家自主创新示范区对毗邻区（县）的协管区域进行"科技园区式"管理。协管区域在东湖国家自主创新示范区的管理下，可集聚创新资源，直接或间接享受某些优惠政策，推进创新活动，并日益"科技园区化"。所以协管的实质是东湖国家自主创新示范区按自己的标准，帮助毗邻区（县）建设科技园区、管理科技园区。与内地省市对西藏、新疆的对口支援类似，协管是东湖国家自主创新示范区对毗邻区（县）的管理服务支持，体现了东湖国家自主创新示范区的社会责任。

东湖国家自主创新示范区在发展过程中得到了武汉市、湖北省和国家的大力扶持，在国家全面建成小康社会进程中，应充分发挥其独特的管理优势，反哺国家与社会，与毗邻区（县）协调发展、共享发展。

四、推进生态创新，实现绿色发展

环境保护和可持续发展的历程可以追溯到20世纪60年代，学者们对生态创新内涵的理解也在不断深化。"环境技术"、"绿色创新"、"环境创新"和"可持续创新"等术语都曾经是生态创新的代名词。纵观生态创新发展历史，生态化实践基本上经历了末端治理创新、生产过程创新、产品服务创新和系统化生态创新四个阶段。不论哪个阶段，生态创新这一概念得到了越来越多的关注。

1996年，Fussler和James首次提出了生态创新的概念，1997年将其定义为"显著减少环境影响并能给顾客和企业增值的新产品和工艺"①。欧盟随后意识到生态创新对于区域竞争力的显著影响，于2007年设立生态创新专题（Measruing Eco-innovation，MEI）。MEI将生态创新定义为"组织机构对新产品、生产过程、服务、管理或经营方法的生产、采用或开发行为，这些行为能够有效地在整个生命周期内降低环

---

① Fussler C, James P. A breakthrough discipline for innovation and sustainability [M]. London: Pitman Publishing, 1996.

境风险、污染和资源使用过程中产生的负面效应"。① 2010年，OECD在《产业中的生态创新：实现绿色增长》报告中，进一步将生态创新定义为"新的或显著改善的产品或服务、生产过程、市场方法、组织结构和制度安排的创造或实施行为，这些行为不管是有意还是无意，与其他替代方案相比都能够带来环境的改善"。② 奥斯陆手册进一步丰富了生态创新的内涵，认为生态创新还应该包括创新方法在别的企业中的采用和扩散行为。③ 欧盟环境行动方案在此基础上，将针对污染物的末端治理也纳入到生态创新的范畴内。④

从创新过程角度看，生态创新与一般性创新都包含研究、开发、生产、传播等环节，是由技术、组织和制度变革共同组成的系统。但是生态创新具有显著特征，即：双重外部性、技术推动性、市场拉动性以及制度的推拉性。所谓双重外部性，是指生态创新不仅具有创新本身具备的外部性，同时还拥有环境属性带来的外部性。而技术推动性，是指生态技术变革对于生态创新尤其是生产过程创新和产品生态化的显著推动作用。公众环保诉求和消费者需求产生市场拉动作用，对于生态创新的运用和扩散具有影响。在创新研发阶段，技术的推动作用占主导地位，在创新的扩散阶段，市场的拉动作用更为突出。但是环境的外部性，使得生态创新不论是在研发阶段还是扩散阶段，都需要环境制度发挥其推拉的双重作用，这也是生态创新和一般创新的显著不同。

（一）东湖国家自主创新示范区生态创新的重要意义

东湖国家自主创新示范区山水资源丰富，规划面积 518 平方公里，山体水体面积占 28%，生态用地占 55%，区内自然环境优越，气候宜

---

① Arundel A, Kemp R. Measuring eco-innovation [J]. 2009.

② OECD (Organisation for Economic Co-operation and Development). Eco-Innovation in Industry: Enabling Green Growth [J]. 2009.

③ Oslo M. Guidelines for collecting and interpreting innovation data [J]. 2005.

④ Horbach J. Determinants of environmental innovation—new evidence from German panel data sources [J]. Research policy, 2008, 37 (1): 163-173.

人，交通便利。东湖国家自主创新示范区实施生态创新有利于推进区域可持续发展，实现区域经济绿色增长和生态文明建设，建设"美丽中国"，实现"人业城和谐共生、产商居功能均衡、天地园绿色节能"的区域发展目标。

1. 有利于形成生态宜居的光谷新城

1987年，联合国世界环境与发展会议首次提出了可持续发展概念，2009年的哥本哈根气候大会再次强调了可持续发展的重要性。绿色增长成为世界各国追逐的政治目标，而环境保护和生态和谐发展则是所有企业不可推卸的社会责任。生态创新适用于所有产业，并且是良性循环的复合式创新。生态创新不是单纯追求经济效益，而是以经济效益、环境效益和社会效益的有机联合为追求目标，它是技术、制度和观念的统一体。其核心是通过生态技术创新，环境制度创新和生态观念革新，提高资源利用效率、促使末端治理技术提高，从而减少环境污染，提高企业经营的生态资本运转，增加自然资源转为经济产出的有效性。其最终目的是通过宣传和践行生态创新，使环境保护和技术革新成为现代经济发展的内生动力，从而实现环境、生态和社会共同的可持续发展。

东湖国家自主创新示范区开展生态创新，注重发展专业园区和城市功能区配套建设，通过合理布局绿地结构、优化城市景观效果、推进生态绿地建设、保护区域生态系统健康，实现产业园区和城市生活区有机融合，生态建设布局合理、从而提高示范区的生态环境。从资源禀赋角度分析，示范区发展生态创新有利于充分发挥区域山水自然资源的优势，通过加强建设城市整体空间景观管控，融合区域创新创业特征，打造生态宜居的光谷新城。

2. 有利于打造功能均衡的投资新区

面对严重的环境问题、能源短缺问题和全球经济竞争日益激烈的现状，进行产业发展模式变革已经成为共识。而各区域产业生态化则是探索区域经济发展与环境保护的有效形式。区域生态创新主要包括自然生态系统健康和社会经济系统健康，两者的有机结合和协调发展才能有效改善人类生活环境。生态创新的主要作用在于促使环境收益良性提高，如能够满足未来生活的需要、减少或避免在生产全过程中的废物排放、减少资源的过度使用以及减少或避免环境的破坏。而社会经济系统健康离不开自然生态系统健康，良好的生态环境有利于实现产业的循环发展和区域经济的绿色增长，在提高区域经济活力和生机的同时，增加区域招商引资的能力。

实现东湖国家自主创新示范区生态创新，有利于打造功能均衡、环境宜人、服务高效和生态友好的投资新区。通过科学合理的道路规划，建设铁路、公路、水运和轨道交通等多样化的综合立体基础设施，形成功能明确、层次分明、智能高效的城市交通脉络，有利于提高示范区基础设施的服务能力；同时，示范区开展社会生态创新，有利于建设合理的教育资源分布、高标准的医疗卫生资源、多极化的养老服务管理体系、健全丰富的社区文化生活，进而促使示范区公共服务水平的提高；开展生态创新，推进社会治理创新，有利于增加公共服务购买力度，提高社会自治组织的能动性，按照国际标准建设综合服务型、生态友好型的国际社区则能够进一步吸引跨国公司的入驻和国际人才的引进。

3. 有利于建设生态协调的产业园区

开展生态创新，建设生态产业园是发展区域循环经济的主要路径。生态产业园强调产业链相关企业与园区内相关组织、社会利益相关者和谐共生，提高企业间协同增效的能力。东湖国家自主创新示范区积极推行"一区多园"模式，实现区域间联动发展，为示范区开展生态创新奠定了良好的生态发展空间。通过城市生活配套设施的建设，促使大学校区、科学园区和城市社区的有机融合，实现经济协调发展。

东湖国家自主创新示范区通过合理规划城市土地用地，编制完善的生态、交通和公共服务设施等专项规划，为示范区实施生态创新提供良好的发展基础。示范区实施生态创新有利于推进八大园区差异化发展，通过不同的园区发展定位实现产业园区特色鲜明、错位发展、优势聚焦、资源共享、布局和谐的生态发展目标。同时，产业园区开展生态创新，有利于强化园区内企业开展绿色生产的意识，促使东湖国家自主创新示范区八大产业园区加强生产过程创新，注重污染治理，促使园区经济绿色增长。建设生态协调的产业园区离不开政府的指导和支持,实施生态创新有利于政府合理规划土地、开展山体修复工作和水系治理工作,深度推进低碳园区试点建设,节能减排,集约生产,实现园区可持续发展。

(二)东湖国家自主创新示范区生态创新的战略框架

生态创新按照不同的分类标准,具有不同的分类体系。按照对象分类,生态创新包括技术创新、市场创新、组织创新、制度创新和社会创新。按照创新强度分类,可以划分为渐进式生态创新和突破式生态创新。按照等级分类,生态创新可以分为涵盖生产过程创新、家庭创新和产品创新的微观生态创新,涵盖组织创新、商业模式创新和社会创新的中观生态创新,以及涵盖社会创新、制度创新和系统创新的宏观生态创新。

东湖国家自主创新示范区大力发展环保产业,如图4所示,从整体来看,东湖国家自主创新示范区的环保节能产业总收入虽然在2013年增长幅度变缓,但2011年至2014年总收入一直稳步上升。2014年环保产业实现总收入934.8亿元,同比增长18.4%。在烟气治理、固废处理和新能源等领域具有领先优势。在环保范式和生态创新分类研究的基础上,东湖国家自主创新示范区生态创新应该建立以产品和生产过程的生态创新、组织和行业的生态创新,以及制度和文化的生态创新为核心的战略框架。

1. 产品与生产过程的生态创新

产品的生态创新大部分属于突破式生态创新,通过政策创新、组织与技术协同创新,新的产品和市场的开发,促使产品在生命周期内效用最大化。大量的产品生态创新会促使企业内部生产过程的生态化,进而实现生产过程生态创新。

生态过程的生态创新属于渐进式生态创新,主要通过新工艺技术的开发、生产过程集成优化、管理模式创新等途径实现清洁生产、废物循环的生产全过程控制。企业是生态创新的主体,是企业提高竞争力的主

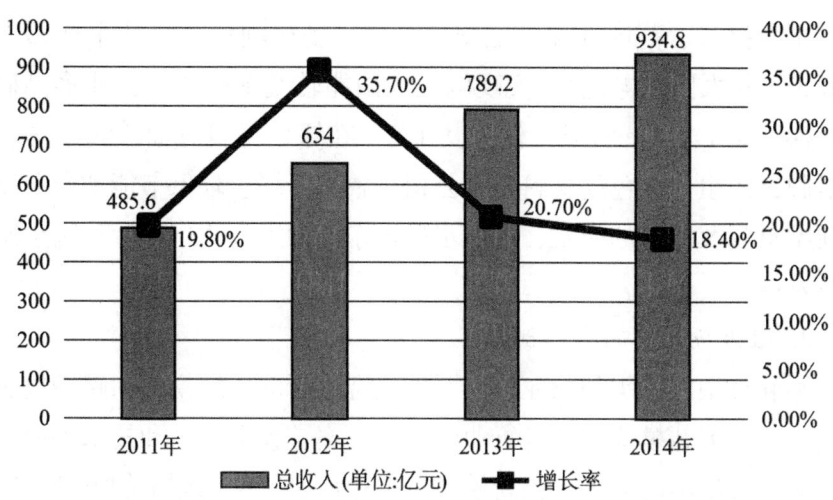

图4 2011—2014年东湖国家自主创新示范区环保节能产业总收入与增长情况
数据来源：东湖新技术开发区创新发展报告2014

要动力。生态创新的双重外部性使得企业在开展生态生产时需要环境规制。换言之，企业缺乏或者刻意回避对环境问题的预测和评估，从而忽视生态创新巨大的发展潜力，而环境管制可以迫使和激励企业意识到生态发展的循环效益，从而促使区域绿色生产能力的提高，建立区域绿色市场发展绿色经济。

东湖国家自主创新示范区在大气污染防治方面开展多元化发展，天虹仪表实验室通过对臭氧标准、臭氧发射器等校准，采用美国环保署的校准方法设计，将控制器与PC端链接，在烟气脱硫领域取得显著成果。武汉纺织大学研制出全球最细的可用于PM2.5防护的纱线，也是在产品生态创新方面的突出成就。同时，示范区在固体废弃物处理方面国内领先，垃圾处理技术不断取得新突破。景弘环保在国内首次引进的火焰兵热解气化垃圾发电技术在处理垃圾过程中，不仅不产生飞灰等二级污染物，而且生育残留物可循环利用。路德科技的泥浆脱水固结一体化处理系统可将污泥分离成清水和泥饼，并能够络合、钝化和固封污泥中的重金属，实现生产过程生态创新。示范区注重新能源的多元化发展，不断提升示范区环保节能服务能力。圣德利科技投建全球领先的"CIGS薄膜太阳能电池"，实现电池太阳能转换率21.7%，比多晶硅电视转换率高1.3%，而成本仅为其1/2。在绿色材料方面，武汉华轩联合塔牌集团组建绿色新材料合资公司，致力于绿色环保节能和资源循环的新型材料及装备的研发，进一步推进东湖国家自主创新示范区生态创新的发展。

2. 组织与行业的生态创新

不同类型的组织和行业，其开展生态创新的发展模式和路径也有所不同。行业创新模式由于各行业的创新速率、投资强度和技术扩散速度不同而呈现出不同的生态创新模式。一般而言，生态创新的类型与组织技术成熟度关系密切，对于粗放型生产的组织来说，规制排放变量是环境技术的主要动力。而对于产业链下游企业来说，环保意识和社会责任意识则更为重要。有研究表明，组织技术成熟度、技术变化和绩效与减排技术、工艺和产品的变化密切相关[1]。

企业组织生态创新能力，指的是企业采用污染防治方案、环境管理和审计体系、链管理等组织方法和管理系统，处理产品生产所带来环境问题的能力。企业的组织生态创新能力主要体现在三方面。①企业一般商业活动的环保化。如企业制定环境战略，或采用环境管理体系等。②企业工作场所的环境改善。如工作场所环境责任及决策权力的优化分配，或员工环保意识及绩效的提高等。③与其他企业及公共机构，在促进生态创新上关系的维持。如企业采用绿色链管理方式，或建立生态创新的公私合作关系等。组织生态创新能力可促使企业形成自身的绿色特质，并能聚集、整合和管理企业内部资源，最终达到增进环保效益的目标。

---

① Jaffe A B, Newell R G, Stavins R N. Technological change and the environment [J]. Handbook of environmental economics, 2003, 1: 461-516.

在新常态的发展阶段，新一轮的技术革新和产业变革为行业和组织开展生态创新提供了新的发展路径。东湖国家自主创新示范区按照"突出特色、把握趋势、推进融合、培育生态"的思路，有利于促进企业、行业的技术革新，开展生态生产。按照"互联网+"的产业生态发展理念，推进光电子信息产业不断提高行业生态创新能力，提供行业生态创新平台，推进生物健康、智能装备、环保节能以及现代服务业四大战略产品的协同增效发展。

3. 制度与文化的生态创新

党的十八大强调生态文明建设在社会发展中的重要地位，并将其融入生产和生活的全过程，以科学发展观为指导，打造"美丽中国"蓝图，实现经济绿色增长和社会可持续发展。党的十八届三中全会进一步强调要建立生态文明制度，将环保纳入到政府工作考核。由此可见，"中国梦"需要通过生态文明建设来实现。不仅如此，中国梦的实现还包括经济发展和社会和谐等多个目标。开展生态创新，尤其是在制度和文化层面进行生态创新，能够促进社会可持续发展，最终实现和谐社会和美丽中国的远大目标。

转变经济发展方式成为我国经济可持续发展的内在要求。东湖国家自主创新示范区要走绿色增长之路、创新驱动之路和内生增长之路。在制度生态创新方面，东湖国家自主创新示范区需要以建设具有国际影响力的创新创业中心为目标，切实完善顶层设计的全面性、系统性、前瞻性和可操作性。强化区域政策统筹规划的能力，完善区域协调发展的能力，通过编制完善的城市总体规划发展基础设施建设，以长远、高效和系统的观念，制定环保规划，加强规划执行，同时建立严格的监督反馈机制。

环境问题本身的外部性，使得利益相关者的范畴较大。广大人民群众对环境保护和生活质量的关注和要求日益提高，随着雾霾等环境问题日益突出，越来越多的人注重城市发展的生态性。良好的群众关注基础，使得东湖国家自主创新示范区拥有坚实的生态文化创新基础。推行低碳生活方式，保护好湖泊生态环境、山体保护和修护以及提高城市街区的绿化面积，切实打造宜居生态的高新示范区。

（三）东湖国家自主创新示范区生态创新的环境目标

建设可持续发展社会的主要目标，是持续创造物质财富和促进社会经济繁荣发展，保护自然，建设有利于人类发展的社会条件。生态创新的前提是尊重自然发展的客观规律，以及遵循经济发展的客观规律，是在双重规律的指导下开展的经济技术创新活动。一方面促成了可持续制造和高端制造的发展，另一方面实现了保护生态环境的目的。

国际能源总署（IEA）2007年预测，在最优政策方案的指导下，全球与能源相关的二氧化碳排放含量到2030年将增加25%。如何大幅削减温室气体排放，应对气候变化，是困扰全球的一个问题。在中国，随着工业化和城镇化的快速发展，中国的环境形势是局部有所改善，总体依然严峻，全国污染物排放总量远超环境容量，能源消费量不断增长，城市大气灰霾现象突出，汽车尾气、重金属、电子废物等污染问题日益凸显。环境问题已严重威胁人民的身体健康及公共安全。

面对严峻的发展形势和迫切的社会需要，东湖国家自主创新示范区致力于发展成为生态宜居创新示范区，力图形成良好的生态经济环境、构建和谐绿色的生产环境和打造宜居的区域生活环境，从而实现区域经济的可持续发展。

1. 形成良好的生态经济环境

东湖国家自主创新示范区严守生态底线，凸显示范区山水相依的良好资源优势。推行低碳循环深化和消费方式，开展生态文明建设，建设环境优美的绿色光谷示范区，以光电子信息产业的防污治理为代表，例如，烽火科技和长飞光纤在工业"三废"方面的处理（见表4），突出了示范区开展生态创新，制定环境管制，有利于实现建设良好生态经济环境的目标。

表4 长飞光纤光缆股份有限公司和烽火科技股份有限公司工业"三废"处理对比表

	工业"三废"	主要污染物	处理方式	最终流向	评价结果
长飞光纤光缆股份有限公司	废气	氯气	二级碱液吸收法	通过35m高排气筒排放	符合GB16297—1996《大气污染物综合排放标准》中二级标准限值
		氟化物及氮氧化物	喷淋吸收法	通过20m高排气筒排放	
		颗粒物、氯化氢	除尘器处理颗粒物二级碱液吸收法	通过20m高排气筒排放	
	废气	生产废水	污水处理站物化处理	龙王嘴污水处理厂	符合GB8978—1996《污水综合排放标准》中三级标准限值
		生活废水	填埋式处理生化法		
	噪声	机械、设备	减震、隔音		1#-7#昼、夜测试值均达标
烽火科技股份股份有限公司	废气	氯气、氯化氢、颗粒物	碱性中和吸收塔吸收	20m排气筒高空排放	符合GB16297—1996《大气污染物综合排放标准》中二级标准限值
	废水	光纤厂生活、生产废水	污水处理设施	汤逊湖污水处理厂	符合GB8978—1996《污水综合排放标准》中三级标准限值
		制造及线缆厂生活废水	化粪池处理		
	噪声	风机、冷却塔	隔音、距离衰减		1#-14#昼、夜测试值均达标

数据来源：长飞光纤光缆股份有限公司2015年排污申报登记检测报告，烽火科技股份有限公司2015年排污申报登记检测报告。

2. 构建和谐绿色的生产环境

为提高人们的生活质量，防止生态环境继续恶化，消费者、企业和政府必须对不恰当的生产和消费模式做出改变。生态创新有助于企业形成更优化的环境管理战略和系统。更多集成化、系统化的环境问题解决方式，将使企业更好地识别和监控环境影响，促进环境表现的改善。生态创新是对气候变化、能源安全等紧迫性全球挑战的有力回应。我国经济发展起步晚，工业污染严重，更应吸取发达国家发展的经验。通过大力推进生态创新，摒弃先发展、后治理的老路，形成生态和经济相协调的发展。

东湖国家自主创新示范区通过八大园区错位发展，建设光谷生物城成为世界一流的生物产业园，武汉未来科技城成为高端创新要素聚集的"自由创新区"核心区，东湖综保区成为总部外向性经济活跃的内陆自贸区，光谷光电子产业园成为国内领先的光电子信息产业研发创新基地，光谷现代服务员成为信息服务业聚集的重要引擎，光谷中心城成为具有国际吸引力的城市功能中心，光谷智能制造产业园成为国内一流的高端制造聚集区，中华科技园建设成为具有全国影响力的华人华侨创新创业平台。打造"一区多园"和"园中园"的发展模式，加强产业联动和区域辐射带动作用，建设绿色和谐、高效循环的生产环境。

3. 打造宜居的区域生活环境

快速发展的社会经济，使 GDP 得到了迅猛的增长，四通八达的交通、高楼林立的城市建设一方面提高了人们的生活效率，丰富了人们的生活内容，但是高频率的技术革新也为人们掠取自然资源提供了手段。人们对资源的不断索取和开发超过了自然的自身负荷能力，原有生态环境的破坏，使得环境问题、气候问题和生态问题日益严重。雾霾、干旱、水资源污染、物种多样性降低等问题已经成为了人们日常生活的常态。当越来越多的人"逃离"城市，经济可持续发展问题应该得到重视。面对这样的发展现状，区域可持续发展理论、循环经济理论、清洁生产理论和低碳经济理论应运而生。而生态创新是这些理论的综合体，通过生产过程创新实现组织创新，进而影响行业创新，通过政策和制度产生环保规制，进而实现自然资源和能源利用得到最合理化发展，通过宣传低能耗、低排放和低污染的生产和生活创新实现生态文化创新。

东湖国家自主创新示范区构建创新创业生态体系，通过巩固产业技术研究院、产业联盟和孵化器等创新平台探索区域技术创新的新路径；通过加快众创空间的建设，提高区域土地规划和空间利用的有效性，为区域发展生态创新提供空间基础；通过建设创客街区，建立展示、融资、孵化、创业联邦和社区五大核心功能为一体的全功能创业孵化生态圈，吸引优质人才的聚集发展；通过实施光谷"青桐"计划，定期举办青桐汇，借助创业平台的构建打造充满生机和生态的生活园区。在园区和社区融合建设方面，大力推进产城融合建设，实现产业和城市建设配套开展，和谐共生，打造宜居的区域生活环境。

（四）东湖国家自主创新示范区生态创新的政策支撑

以生态创新为发展目标，欧盟在"欧洲2020"战略框架下，提出了一系列旨在加速欧盟成员国生态创新进程的政策体系（见图5）。欧盟生态创新战略主要包括生态创新行动计划（EcoAP）、环境技术行动计划（ETAP）、环境技术认证（ETV）、生态管理和审核计划（EMAS）以及创新联盟（IU）计划。[①]

生态创新行动计划旨在促进各成员国生态创新的进程，对市场需求、供给政策、行业政策和金融服务等方面做出了具体的规划；而环境技术行动计划则是立足于，推动欧洲整体的生态创新实践和环保技术的市场化应用，从而提高欧洲整体的国际竞争力；环境技术认证目标是打造一个第三方认证平台，对当前生态创新各领域的新技术性能以及预期效益进行评估，并向技术购买者出具认证报告，提高技术市场化效率；生态管理和审核计划是一个面向企业和其他社会组织，资源参加评估、报告和改善各自环保表现的一种管理工具，通过加强企业间相互竞争和相互监督，提高企业形象；创新联盟作为"欧盟2020"战略的核心子计划，以实现欧洲经济智能、可持续和包容性增长。在欧盟生态创新政策体系的基础上，东湖国家自主创新示范区生态创新的政策支撑可以从

---

① 邓翔，瞿小松，路征．欧盟生态创新政策及对我国的经验启示［J］．甘肃社会科学，2014（1）：194-198．

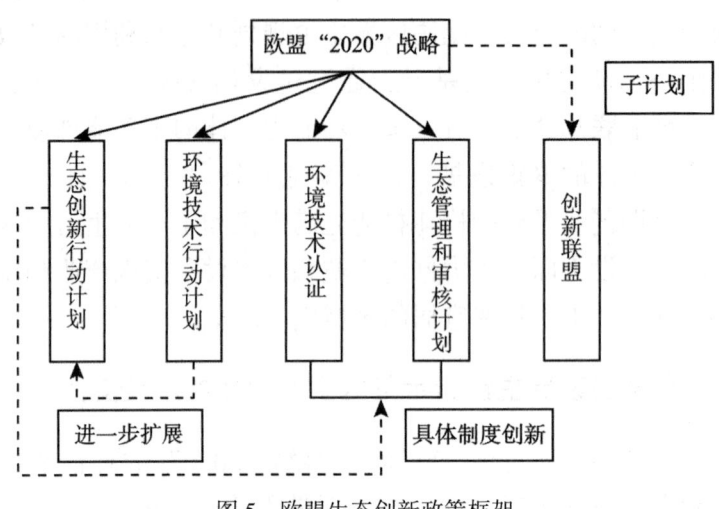

图 5　欧盟生态创新政策框架

以下四个方面展开。

1. 鼓励生态技术开发实现产品生态创新

生态技术开发成果具有公共物品特征，导致企业进行技术研发的动力不足。政府作为引导者，应该在鼓励生态技术开发方面起到主导作用，政府应该对生态技术研发活动提供足够和恰当的政策支持。

在鼓励生态技术开发方面，高校人才是最具投资价值的资源。政府在高等教育领域的创新政策，应该致力于知识增长及应用和人才的培养。东湖国家自主创新示范区拥有丰富的人才资源，通过"人才特区"打造"3551光谷人才计划"，建立创新创业型人才发展规划，建立人才信息平台。政府可以启动专项教育计划，通过设立跨学科研究所、提供奖学金、建立创业孵化机构、促进产学研的有机结合，鼓励学生从事生态技术研究，还可以鼓励社会培训机构提供生态行业发展的技术培训，为示范区开展生态技术研发提供人力资源需求。

通过绿色融资、税收减免、交易许可证等经济手段的运用，对于激励企业开展生态技术创新具有显著作用。东湖国家自主创新示范区可以制定税收减免政策,鼓励企业开展生态技术研发,例如,对于企业用于生态技术的投资实行税收抵扣政策;对于企业或者高校生态技术的成果转让,实施转让过程手续费减免,转让收益可按一定比例由项目完成人获得;还可以根据企业生态技术研发产生的环境收益高低,给予不同比例的税收优惠政策;还可以建立环保基金会或者绿色风投基金,缓解组织融资难的问题。

设立生态技术研发专项,支持独立研发能力较低的企业开展生态技术创新,示范区通过设立专项资金,支持科技企业孵化器和加速器的发展,为技术创新主体提供融资、市场推广等方面的服务。同时在生态技术推广方面,通过制定相应的污染防治措施,督促企业开展生态技术创新,建立生态目录,加快企业生态技术成果的推广,引导投资方向。

2. 生态化生产实现生产过程生态创新

政府出台政策支持企业实现生态化生产,既能提高企业的竞争力,也能保护生态环境。在市场环境下,政府出台补贴和税收减免政策,可以对企业从事绿色生产的负外部性进行一定的补贴,从而促使企业实现生产过程的生态创新。财政政策部分的倾斜,还需要辅助一定的监督管理机制。企业环境管理体系的使用,将成为企业组织创新的重要内容。

东湖国家自主创新示范区通过建立严格的生态环境保护,资源节约利用,生态损害赔偿和责任追究制度,为企业提供了系统的政策指引,为企业开展节能高效生产提供了政策框架。例如,东湖国家自主创新示范区制定产业优先发展目录,重点支持低能耗、低排放企业的发展,鼓励企业实现清洁生产;同时完善环保红线,排污许可管理及总量监管、规划和建设项目环境影响评价等制度,引导和支持企业节约资源,生态生产。从社会公众的角度看,企业生态化生态还有利于提高社会认可度和企业形象。

3. 构建生态创新战略实现组织生态创新

企业个体的产品生态创新和生产过程生态创新不能产生协同增效的效果，改变行业发展模式，建立生态创新战略，开展组织生态创新是实现社会经济生态化发展的主要路径。东湖国家自主创新示范区开展生态创新，可以建立环保标识体系和环境技术认证方案，有利于形成行业绿色生产规范，实现组织生态创新。环保标识作为一项软政策工具，应该涵盖广泛的产品族群，包括汽车尾气排放、家用电器、清洁用品、建筑材料、家具等各方面，有利于政府对整个产品周期进行全方位的评估和监管。技术认证方案的出台，有利于减少技术购买者的购买风险，提高生态技术的市场交易效率，促进生态技术的推广。

东湖国家自主创新示范区可以通过实施绿色公共采购计划，实现区域生态创新。很多环保产品由于研发周期长、投资规模大、投资回报慢和市场认知度低等问题，并没有得到很好的经济收益。而绿色公共采购计划的实施，一方面可以维持生态产品和服务的有效需求，另一方面有利于解决企业开展生态生产的结构性失败。东湖国家自主创新示范区实施绿色采购计划，将进一步提高示范区提供公共服务和产品的质量。

4. 提高绿色消费意识实现系统生态创新

消费意识决定消费行为。生态创新的实施需要每一位社会成员消费行为的改变，而建立绿色消费意识离不开政府政策的引导。东湖国家自主创新示范区拥有大量优质的高等教育资源和系统的教育体系，具有开展公众绿色消费教育的良好基础。东湖国家自主创新示范区可以通过针对绿色消费的培训和宣传，引导公众的消费偏好，提升绿色消费意识；通过绿色消费教育，帮助公众认识绿色产品，减少一次性用品的消耗。

绿色消费不仅体现在绿色消费行为，还体现在资源回收意识的加强。资源回收利用政策是影响组织进行生态创新政策的重要因素。为了进一步推进和规范资源分类回收效率，在产业链上游方面，东湖国家自主创新示范区不断完善资源回收、加工和利用技术的提高。例如,可以建立便捷的分类回收站、区域性的集散市场,建设详细的回收利用环境污染控制技术和再生资源加工基地等①。在产业链下游方面,通过社区宣传等方式提高公众进行垃圾分类和资源循环使用的意识,通过提高产品生命周期内的高效使用实现资源回收利用。

开展绿色公共采购政策,使生态化生产的企业得到了良好的激励。政府还可以通过绿色消费补贴刺激和引导企业、其他社会团体以及消费个体参与绿色消费。例如,购买新能源汽车的消费者可以获得政府的节能补贴,或者政府通过补助或贷款的方式,资助购买可再生能源设备等。改变公众的消费意识、增加生态创新产品及服务的社会总需求、提高企业绿色生产的积极性,最终实现示范区的系统化生态创新。

报告撰稿人: 钟书华　华中科技大学公共管理学院教授、博士生导师

沈　婕　华中科技大学公共管理学院博士研究生

杨雅南　湖北经济学院财政与公共管理学院讲师、博士

---

① 张韵,钟书华. 我国生态创新政策体系的价值取向及构成 [J]. 科技与管理, 2015, 17 (4): 37-41.

东湖国家自主创新示范区创新驱动战略的改革举措

武汉大学发展研究院课题组

2009年，武汉东湖新技术开发区被国务院批复为国家自主创新示范区。近年来，东湖国家自主创新示范区为完成国家赋予的重要战略使命，加快推进"全球影响力的创新创业中心"建设，努力实现三步走的"中国光谷梦"，在实践探索中坚持创新驱动战略的顶层设计及可操作性，并采取一系列创新驱动发展的改革举措。

一、全面优化创新驱动战略社会环境

实施创新驱动战略需要优化社会环境，东湖国家自主创新示范区进行了长期的实践探索和创新。

（一）不断争取中央、省市政府支持

东湖国家自主创新示范区实施创新驱动战略得力于从中央到地方各级政府及部门持之以恒的大力支持，国务院暨有关部委、湖北省、武汉市陆续出台了大量优惠政策，中央及省市领导长期予以直接指导。1988年，东湖新技术开发区还处在谋划创建阶段，武汉市人民政府印发了《关于加快建设东湖新技术开发区的若干试行规定》以及实施方案，在新（高）技术和新兴产业发展、新（高）技术企业享受优惠政策等方面予以支持举措。1991年3月，国务院正式批准建设武汉东湖新技术开发区等26个国家高新技术产业开发区，中共武汉市委、市人民政府随即在6月出台《关于加快东湖新技术开发区建设和发展的意见》及9

项配套政策，形成支持新（高）技术产业发展和企业发展的政策体系。1994年，湖北省人大常委会批准实施《武汉东湖新技术开发区条例》，明确了东湖开发区的地位、作用、任务、优惠政策、管理体制、管委会的职责，为东湖开发区的发展提供法律支撑。2009年12月，国务院批复同意支持东湖开发区建设国家自主创新示范区，这是继中关村之后全国第二个国家自主创新示范区，东湖开发区的发展由此上升为国家战略。2010年2月，中共武汉市委、市人民政府作出《关于全力推进武汉东湖国家自主创新示范区建设的决定》，要求举全市之力建设东湖国家自主创新示范区。同年3月，中共湖北省委、省人民政府出台《关于加快东湖国家自主创新示范区建设的若干意见》，对东湖国家自主创新示范区建设提出明确要求。2010—2011年，武汉市先后出台9项文件以加快东湖国家自主创新示范区建设，内容涉及强化企业技术创新主体地位、推进自主创新产品政府采购、高级人才个人所得税奖、企业股权激励试点、企业信用体系建设、创业投资企业发展等方方面面。此后，东湖国家自主创新示范区的政策环境不断改善，创新驱动发展战略的实施日益深入。

  湖北省、武汉市支持东湖国家自主创新示范区建设的各项重要决策和优惠政策，基本上是由相应的领导小组作出。东湖国家自主创新示范区的行政管理体制，遵循"省市共管、以市为主"的原则，领导小组是东湖开发区建设发展的领导决策机构。1988年，武汉市人民政府成立东湖新技术开发区指导委员会，1991年成立以市为主、省市共管的武汉东湖新技术开发区领导小组。2009年12月东湖开发区获批建设国家自主创新示范区，2010年1月先后成立湖北省建设东湖国家自主创新示范区领导小组、武汉市建设东湖国家自主创新示范区领导小组，分别由当时的湖北省省长李鸿忠、武汉市市长阮成发任省市领导小组的组长，对支持和服务东湖国家自主创新示范区创新驱动发展工作进行研究、决策和部署。2010年3月，国务院还特别成立了东湖新技术产业开发区建设国家自主创新示范区部际协调小组，协调国家有关部门在职责范围内支持东湖国家自主创新示范区建设，落实相关政策措施，研究解决创新驱动发展中的制度等问题。近年来，亲临东湖国家自主创新示范区指导工作的中央及省市领导不计其数，仅中共湖北省委书记李鸿忠就莅临 20 多次。

为突出建设重点、提高工作效率、避免任务虚化，湖北省、武汉市先后联合成立了武汉国家光电子信息产业基地领导小组、湖北省生物产业发展暨武汉国家生物产业基地建设领导小组、湖北省国家地球空间信息武汉产业化基地建设领导小组、武汉未来科技城建设工作协调小组、先行先试工作领导小组等。这些针对性极强的领导小组和协调小组，为东湖国家自主创新示范区体制机制创新、产业发展、基地和园区建设发展及时作出决策，把中央及省市的方针政策贯彻落实到具体的发展实践中。

（二）不断推进改革创新先行先试

东湖开发区作为国家自主创新示范区，肩负着国家创新驱动发展先行先试的战略使命，不断推进改革创新需要政策支撑。2010 年后，东湖国家自主创新示范区在国家有关部委和省市支持下，按照国务院批复精神，积极开展先行先试的试点工作，研究出台各项试点政策。据统计，仅 2010—2013 年上半年，密集出台东湖国家自主创新示范区建设先行先试政策共 59 项，其中综合类 4 项，财政税收试点政策 5 项，科技成果转化试点政策 2 项，股权激励试点政策 2 项，人才支持试点政策 5 项，科技金融试点政策 25 项，孵化器（加速器）及产业技术联盟试点政策 4 项，工商管理试点政策 2 项，知识产权试点政策 2 项，产业发展试点政策 6 项，企业支持试点政策 2 项。

2012 年 9 月，武汉市人民政府出台了《关于促进东湖国家自主创新示范区科技成果转化体制机制的若干意见》（以下简称《意见》），着眼于鼓励科技人员留岗创业、开展国有知识产权管理制度改革、建设新型产业技术研究院、科技企业登记与发展、"瞪羚企业"发展、设立股权激励代持专项资金、发展天使投资于风险投资、科技企业孵化器与加速器发展、非公领域科技人员职称判定等制约科技成果转化的关键环节，作出具体政策规定，激发各类创新主体创新创业活力。该《意见》被武汉地区高校、科研院所及高新技术企业称之为"黄金十条"，全面激发了高校院所科技成果转化的积极性，武汉大学、华中科技大学、武汉理工大学、中南民族大学、江汉大学等高校出台新政策，在支持教师创业、科技成果转化等方面取得较大突破。2013年，东湖国家自主创新示范区在原政策框架下，新增支持企业以及校企建立研发机构、每年最高可补贴1000万元科研经费和实行"光谷绿卡"制度等6条政策，并进一步出台《促进东湖国家自主创新示范区科技成果转体制机制创新的若干意见实施导则》，以深入贯彻落实"黄金十条"。

2014年，东湖国家自主创新示范区制订《东湖开发区先行先试实施方案》及《先行先试工作清单》、《先期启动工作清单》，从行政审批与服务、科技创新与产业发展、科技金融、扩大开放等四个方面着手，拟实施12类改革举措、97项具体工作事项，全面推进先行先试工作。2014年东湖国家自主创新示范区实施42项启动事项，形成制度性成果38项。先行先试工作以体制机制和制度创新为核心，以东湖国家自主创新示范区和自贸区"两区叠加"为抓手，实施创新驱动和开放驱动"两轮驱动"战略。在东湖国家自主创新示范区内，进一步开展行政管理、科技创新、金融创新等体制改革的先行先试。在东湖综合保税区内，实施贸易便利化、投资自由化等相关行业准入的改革和先行先试。具体而言，东湖国家自主创新示范区的先行先试，就是深化行政管理体制改革，打造体制创新区；深化科技体制改革，建设创新创业区；深化科技金融改革，打造产业区；深化对外开放，打造改革开放先行区。

（三）不断进行"特区"建设实践探索

东湖国家自主创新示范区在创新驱动发展先行先试中，充分发挥发展"特区"的重要探索功能和典型示范作用。

一是打造"人才特区"。2009年2月，遵循中央、省委人才发展战略，武汉市委、市政府决定在东湖开发区建设"人才特区"，并实施"3551人才计划"，力争用3年时间，在光电子信息、生物、环保节能、高端装备制造、现代服务业等五大产业，引进和培养 50 名左右掌握国际领先技术、引领产业发展的科技领军人才，1000 名左右在新兴产业领域从事科技创新、成果转化的高层次人才。2012 年，为加快构筑武汉国际性人才高地，发挥东湖国家自主创新示范区人才特区的引领示范作用，打造与国际接轨的"人才特区"，东湖国家自主创新示范区决定延伸和拓展"3551 人才计划"，深入实施"3551 光谷人才计划"，进一步加大政策支持力度，优化支持方式，拓展引才领域，为人才特区建设提供更完善的激励、服务、生活保障等措施，使人才特区建设长期化、常态化。2014 年，进一步修订出台《武汉东湖新技术开发区"3551 光谷人才计划"暂行办法》，设立 1 亿元光谷人才投资基金，探索建立"无偿资助+股权投资"的人才资助方式。到 2014 年年底，东湖国家自主创新示范区累计国家"千人计划"创业类人才 35 人，湖北省"百人计划"133 人，"3551 光谷人才计划"772 人（团队）。

二是打造"资本特区"。2011 年，湖北省提出把东湖国家自主创新示范区打造成为试验股权资本化、智力资本化的"资本特区"。到 2013 年，东湖国家自主创新示范区按追求全国最优原则，先后制定出台了 15 项科技金融服务专项政策，并得到省市政府（省 2 项、市 9 项）金融专项政策支持，形成了东湖国家自主创新示范区 26 项科技金融创新政策支撑服务体系。2015 年，武汉城市圈成为全国首个科技金融改革创新试验区，《武汉城市圈科技金融改革创新专项方案》支持武汉东湖国家自主创新示范区建设"资本特区"，努力为我国深化科技金融改革创新及金融服务实体经济探索可复制、可推广的新模式和新路径。

三是打造"创新特区"。2015 年 9 月，东湖国家自主创新示范区正式提出三步走的"中国光谷梦"，确定以自由创新为主线，以大众创业、万众创新为主攻方向，以"互联网+"为重要手段，努力建设有全球影响力的创新创业中心。"自由创新区"是光谷创新改革五大计划之一，主要集聚高端研发、战略性新兴产业以及海内外高层次人才的未来科技城，将被打造成"创新特区"，成为光谷面向未来的创新引擎。"创新特区"主要围绕人才、技术、资本、产业和环境等五方面建设，实施"光谷合伙人"、"光谷众创"、成果转化畅通工程等多项重点计划，以技术转化自由、人才流动自由、资本融通自由、环境宽松自由为目标，给予高端人才、技术研发和创新创业最大的自由度，形成独树一帜的创新生态系统，积蓄光谷最核心的竞争力，助推光谷成为有全球影响力的创新创业中心。

（四）不断在学习中实现自我超越

东湖国家自主创新示范区在实施创新驱动发展战略中，始终坚持全面开放，以全球视野博采他人所长，各项重要政策的制定与优化，充分吸取中关村、张江、深圳、硅谷等国内外先进园区的经验，努力在学习、实践中实现自我超越。2014年东湖国家自主创新示范区启动先行先试工作，就是学习借鉴了上海自贸区经验的结果；《东湖国家自主创新示范区关于建设创业光谷的若干意见》（又称"创业十条"）也借鉴了美国、以色列、德国等国家及国内促进创新创业的先进经验。

从硅谷、以色列等地区经验来看，良好的创业生态系统应该具备以下几个方面：一是大学生、科技人员、大企业员工、海归、连续创业者等多元化创业主体；二是综合孵化器、专业孵化器、创新型孵化器、互联网在线创业平台等创业平台；三是资本（特别是天使投资）、技术、信息等各类创业要素；四是各种正式和非正式的、市场自发和政府组织的、线上和线下的创业服务；五是政策、文化等创业环境。针对创业环境存在的差距和短板，东湖国家自主创新示范区着力解决新创企业不足、创业能级有待提高、创业服务能力需要加强、创业风险保障机制亟待完善等问题。

《东湖国家自主创新示范区关于建设创业光谷的若干意见》以激发释放创业资源和潜力为目标，从优化服务、完善平台、繁荣主体、丰富要素、营造环境五个方面统筹考虑，重在打造独具特色、富有活力的光谷创业生态；坚持需求导向，针对创业活动不同阶段的个性化特点，围绕制约创业者和初创企业的"双敏感"（交通、房租）、"四难办"（地难借、楼难进、网难用、人难聚）等突出问题进行政策设计；在支持方式上主要采用后补助和参股基金等方式，引导撬动社会资本，提高财政资金使用效益；强调可操作性，明确对象，细化标准，减少政策执行自由裁量。为保持政策标准的衔接和执行的统一，对创业的人才、金融等支持政策，在相关政策中已有支持的内容不再重复。

（五）不断强化依法依规科学发展

2015年1月15日，湖北省第十二届人民代表大会常务委员会第十三次会议表决通过《东湖国家自主创新示范区条例》，并于当年3月1日正式实施。这是一部保障、促进、引领东湖国家自主创新示范区发展的"基本法"，为东湖国家自主创新示范区跨越式发展奠定了坚实基础，具有重要的里程碑意义。

多少年来，东湖国家自主创新示范区在体制机制创新、科技创新、金融创新、软硬环境创新以及营造鼓励创新、宽容失败的文化氛围等方面，进行了不懈的努力和探索。《东湖国家自主创新示范区条例》将实践探索及创新的成果上升为法规，为东湖国家自主创新示范区创新驱动发展先行先试提供了可持续、更坚实的制度保障和原动力。

1994年，武汉市人大常委会审议通过并经省人大常委会批准颁布实施了《武汉东湖新技术开发区条例》，使东湖开发区成为全国较早具有地方立法保障的高新区之一。经过20年的建设和发展，建区初期出台的老条例已不适应创新驱动发展的实践，在区域范围界定、管理职能配置、优惠政策、服务体系、运行规则等方面，逐渐显现出滞后和不相适应的问题。2009年12月，国务院批复同意支持武汉东湖新技术开发区建设国家自主创新示范区；五年之后，省人大常委会制定出台了《东湖国家自主创新示范区条例》，即是对五年来示范区改革发展各方面经验的梳理和固化，更是在充分吸收国家对示范区的各项政策措施基础上，进一步解放思想，通过法规形式，明确了东湖国家自主创新示范区进一步发展的制度、方针、路线和原则。

《东湖国家自主创新示范区条例》以解放思想、增强活力为出发点和落脚点，坚持问题导向、需求导向，切实解决东湖国家自主创新示范区改革发展遇到的实际问题，突出务实管用、以用为要；坚持"无违无禁即可"，鼓励东湖国家自主创新示范区改革创新、先行先试，增强立法的张力和前瞻性；坚持"明确简政、彻底放权"，"倾其所有、一步到位"，最大限度地给予东湖国家自主创新示范区政策支持，通过立法引领、推动东湖国家自主创新示范区改革发展。

二、高水平集聚全球创新创业资源

实施创新驱动发展战略需要高水平集聚全球创新创业资源，东湖国家自主创新示范区进行了长期的实践探索和创新。

（一）切实打造创新型企业快速培育体系

一是推进领军企业发展。2011年8月，东湖国家自主创新示范区发布《武汉东湖新技术开发区促进"领军企业"快速发展的实施意见》及实施细则，争取5年内培育1~2家年营业收入过1000亿元、3~5家过500亿元、20家过100亿元的大型企业。入选"领军企业推进计划"的东湖国家自主创新示范区企业需要同时满足：主营业务属于光电子信息、生物、环保节能、高端装备制造、高技术服务等产业领域；具有一定规模，成长速度快；技术创新能力强；核心管理团队优秀，品牌知名度高等条件。根据入选企业的个性化特点和需求，东湖国家自主创新示范区实施"一企一策"。针对入选企业的体制机制改革、重大技术创新、跨区域并购、大规模融资、开拓国际市场等重大问题，东湖国家自主创新示范区抽调相关部门负责人，组成"领军企业服务小组"，与企业一起商定发展方案，根据企业需求帮助解决问题。2011年8月，东湖国家自主创新示范区发布《武汉东湖新技术开发区促进"领军企业"快速发展的实施意见》及实施细则，明确领军企业实施动态化管理，公开遴选，一年一认定。2014年，东湖国家自主创新示范区收入过100亿元企业总数达11家，过10亿元企业72家。20家领军企业实现总收入1706.5亿元，占园区总收入比重超过20%，领军企业成为引领区域经济发展的核心力量。

二是加强"瞪羚企业"培育。东湖国家自主创新示范区于2011年启动"瞪羚企业"认定培育工作，对于符合五大产业（光电子信息、生物、环保节能、高端装备制造、现代服务业）发展方向，具有"专、特、精、新"特点，且成长性好的中小科技企业，在银行贷款贴息、咨询业务费用补贴、拓展发展空间、自主创新建设等方面予以大力支持。2015年5月，东湖国家自主创新示范区印发《武汉东湖新技术开发区瞪羚企业认定及培育办法》，进一步明确"瞪羚企业"实施动态化管理，公开遴选，一年一认定，一年一授牌。2014年，东湖国家自主创新示范区206家企业被认定为"瞪羚企业"，2015年又认定238家企业为"瞪羚企业"。事实表明，"瞪羚企业"已成为东湖国家自主创新示范区产业发展的重要动力，"瞪羚企业"近两年收入平均增速超过40%，高于全区整体水平10个百分点。2014年，东湖国家自主创新示范区有6家"瞪羚企业"入选"2014德勤-中国高成长50强"。

从全国排位看，东湖国家自主创新示范区高新技术企业数量进入全国高新区第一方阵。2014年，东湖国家自主创新示范区累计认定高新技术企业828家，国家技术先进型服务企业31家，软件企业668家，服务外包企业234家。东湖国家自主创新示范区已成为我国重要的高新技术产业创新创业基地。

（二）切实健全高层次人才聚集培养体系

一是大力实施"光谷人才计划"。东湖国家自主创新示范区延伸和拓展"3551人才计划"，实施"3551光谷人才计划"。围绕高新技术产业发展需要，以企业为主体，用全球视野和创新思维，引进培养掌握国际领先技术的领军人才、在新兴产业领域内从事科技创新创业的高层次人才、优秀企业家以及企业管理人才。创新建立高层次人才择优资助资金递增机制，入选"光谷人才计划"的高层次人才给予100万~600万元资金资助；对具有世界一流水平的高层次人才创新团队最高可给予1亿元资金资助。

二是加强海外引才工作联络站建设。东湖国家自主创新示范区依托驻外机构、华人社团和企业，在美、英、德等发达国家和我国港、澳、台地区留学人才集中的城市，累计建立8个东湖国家自主创新示范区海外引才工作联络站，加强与海外留学人员的联系和沟通，发布人才智力资源需求信息，掌握留学人员回国工作创业的意愿，为海外高层次人才提供政策咨询和接洽服务，使海外引才工作常态化。

三是建设国际化的人才资源市场。东湖国家自主创新示范区发挥光谷人才服务中心功能，通过市场化运作，定期组织东湖国家自主创新示范区内知名企业赴海内外引进高层次人才，搭建高层次人才引进、人才培训、人力资源外包和人才派遣的人才服务平台。建设优化"光谷人才网"，打造国际化的人才交流信息平台，分产业类别建立海外高层次人才和企业人才需求的数据库。采用与国内外知名人才中介机构、猎头公司合资与合作的模式，建立光谷猎头等人才中介服务公司，积极为高层次人才创新创业配备市场、金融、管理、法律等方面的团队，全方位为东湖国家自主创新示范区企业提供人力资源服务。

四是充分发挥企业引才主体作用。东湖国家自主创新示范区建设以企业为主体的"光谷人才基地"，以才引才，以才聚才，以政策为杠杆，通过重点企业引领带动，形成企业聚集高端人才的示范效应。对积极引进高层次人才的东湖国家自主创新示范区企业，在同等条件下可优先承担武汉市区科技专项，武汉市财政按引进高层次人才的类别给予资金奖励。

五是加快培育国际化人才。东湖国家自主创新示范区积极鼓励国内外科技型企业、高等院校、科研院所、知名实验室设立地区总部或研发机构，鼓励有实力的企业在境外智力密集区设立研发机构，提升东湖国家自主创新示范区整合利用全球研发人才资源的能力。积极支持国际学术机构、产业组织在东湖国家自主创新示范区搭建人才交流合作平台，选送优秀青年人才到跨国企业、高等院校、研究机构学习锻炼，培养一批真正具有国际视野、通晓国际规则、掌握先进技术和管理理念的领军人才。

经过多年努力，东湖国家自主创新示范区在高层次人才引进培育方面取得明显成效。截至 2014 年年底，东湖国家自主创新示范区从业人员达 45 万人，其中科技活动人员 12.6 万人，占从业人员总数的 28.0%，博士学历从业人员总数达到 7206 人，硕士学历从业人员总数达到 33792 人。东湖国家自主创新示范区累计入选国家"千人计划"创业类人才 230 人，入选湖北省"百人计划"133 人，入选"3551 光谷人才计划"772 人（团队）。其中，"3551 光谷人才计划"外籍人士占比超过 1/4，且 70% 以上具有海外工作经历或留学背景。目前，东湖国家自主创新示范区正在加快建设国际创新创业人才聚集区。

（三）切实完善企业为主体的技术创新体系

为打造我国高新技术产业相关领域抢占世界制高点的前沿阵地，东湖国家自主创新示范区不断完善以企业为主体的技术创新体系，加快建设我国重要的技术创新中心。

东湖国家自主创新示范区积极支持高等院校、科研院所和企业按照市场化机制建立新型产业技术研究机构，完善科技成果转化、产业化体制机制。支持企业与高等院校、科研院所采取委托研发、技术许可、技术转让、技术入股以及共建研发机构等形式，深入开展产学研用合作。东湖国家自主创新示范区积极支持企业联合高等院校、科研院所和其他创新主体组建产业技术创新联盟，符合条件的产业技术创新联盟可以申请登记为法人。

东湖国家自主创新示范区积极推进科技成果转化，明确高等院校、科研院所等事业单位的科技成果可以自主处置，科技主管部门和资产管理部门不再审批和备案；高等院校、科研院所等事业单位应当可以与项目完成人约定项目所产生的科技成果的使用权、处置权及收益分配比例；科技成果形成后一年内未实施转化的，在所有权不变的前提下，项目完成人书面告知单位后，可以自主实施转化，转化收益中至少 70% 归项目完成人所有；高等院校、科研院所在东湖国家自主创新示范区转化科技成果的，按照实现的技术交易额给予一定比例的奖励。

东湖国家自主创新示范区积极实施知识产权战略，设立知识产权专项资金，鼓励和支持知识产权的创造、运用、保护和管理；鼓励建设知识产权联盟和专利池，实现知识产权合作；建设有区域特色的知识产权交易市场，支持知识产权服务机构开展知识产权咨询、代理、评估、质押融资和托管运营等服务；支持创新主体实施标准战略，主导或者参与制定地方标准、行业标准、国家标准和国际标准，鼓励成立标准联盟，开展与国际、国内标准化组织的战略合作，推进技术标准的产业化应用。

东湖国家自主创新示范区积极支持企业、高等院校、科研院所、产业技术创新联盟以及个人，按照国家规定申报和承担国内外重大科技项目，对重大专项按照相应比例予以配套资金支持。东湖国家自主创新示范区企业、高等院校、科研院所承担财政性资金资助的科技项目，按照国家规定的比例在项目经费中列支间接费用，用于支付项目实施过程中发生的管理、协调、监督、激励等费用。

2014年，东湖国家自主创新示范区已建立武汉生物技术研究院、武汉新能源研究院、武汉光电工业技术研究院、武汉智能装备工业技术研究院、武汉导航与位置服务工业技术研究院、国家（湖北）海洋工程装备研究院、武汉地质资源环境工业技术研究院、武汉遥感与空间信息技术工业技术研究院等8家新型研究机构，加快探索"市场化运作、企业化管理、专业化服务"模式，有5家已完成法人注册。2014年，东湖国家自主创新示范区产业技术创新战略联盟加联盟总数达43家，其中国家级联盟达9家，有24家联盟注册为法人。这些联盟在2014年牵头或组织成员单位参与各类科技项目50多项，组织各类产业技术交流活动300余场，有效促进了东湖国家自主创新示范区的产业技术创新。

（四）切实构建多层次多元化投融资体系

2010年，东湖国家自主创新示范区推进科技金融改革试点，出台5项科技金融创新配套政策。2011年，东湖国家自主创新示范区加大科技金融创新力度，编制《打造东湖资本特区行动方案》，并出台 11 项配套政策。2014 年，《东湖国家自主创新示范区打造资本特区的暂行办法》正式实施。近年来，东湖国家自主创新示范区大力引进国内外金融机构，设立各类要素交易所，努力构建多层次多元化投融资体系和金融市场，通过加快建设"资本特区"，为创新驱动发展提供更好的金融服务。

东湖国家自主创新示范区积极鼓励国内外市场主体设立风险投资机构，开展创新创业风险投资活动。东湖国家自主创新示范区设立创业投资和产业发展引导资金，采取阶段参股、跟进投资、风险补助等多种方式，引导和发展创业投资。东湖国家自主创新示范区支持设立私募股权基金、证券机构、保险机构、信托机构及其分支机构，开展股权投资、并购等相关业务。鼓励各类资本发起设立科技投融资平台，参与东湖国家自主创新示范区的创业投资。

东湖国家自主创新示范区积极支持企业在国内外证券市场公开发行股票、债券；积极支持企业通过发行中小企业集合债券、集合票据、私募券、短期融资券等方式进行融资；积极支持企业在国家中小企业股份转让系统和区域股权交易市场挂牌，开展股份转让、融资和并购。

东湖国家自主创新示范区积极鼓励银行金融机构设立分支机构，开展股权质押和知识产权质押贷款等科技金融服务；积极支持发展金融信托、期货投资、融资租赁、融资担保、小额贷款、商业保理等各类金融机构，为企业创新创业提供金融服务；积极鼓励保险机构创新保险产品及服务，分散创新创业风险；积极鼓励各类金融机构开展产品创新和跨业合作；积极支持民营资本进入金融领域；积极探索发展互联网金融等新型金融业态和服务，推动科技金融创新。

东湖国家自主创新示范区积极探索科技型中小企业融资风险担保补偿机制，设立专项资金，为金融机构开展针对科技型中小企业的信用贷款、信用保险、股权质押、知识产权质押、创业投资等业务，提供风险担保补偿。

经过多年努力，东湖国家自主创新示范区在构建多层次多元化投融资体系方面取得明显成效。一是各类金融机构及金融服务机构聚集。2014年，东湖国家自主创新示范区科技贷款专营机构总数达16家，成为全国科技贷款专营机构最密集的区域之一。截至2014年年底，东湖国家自主创新示范区集聚各类金融机构及金融服务机构500多家。二是科技金融产品与服务不断创新。2014年，东湖国家自主创新示范区引导金融机构开展知识产权质押、信用贷款、保证保险贷款等创新性融资260多亿元，发放"集合贷"20多亿元，发放"萌芽贷"3000万元，开展保证保险业务74笔1.62亿元。截至2014年年底，东湖国家自主创新示范区政府引导基金累计出资5.2亿元，引导设立22家子基金，资本规模达到42.23亿元，放大倍数近十倍。三是区域要素交易市场不断健全。2014年，东湖国家自主创新示范区区域要素交易市场达到8家，其中武汉金融资产交易所交易产品达20个，交易额突破4000亿元；湖北碳排放权交易中心启动运营，碳配额交易总量达到483万吨，占全国碳市场的47%，全国排名第一。四是上市企业数量不断增加。截至2014年年底，东湖国家自主创新示范区上市企业达34家，新三板挂牌企业达49家，武汉股权托管交易中心挂牌企业达351家；启动全国区域股权交易市场首个"科技板"，首批展示企业100家。目前，东湖国家自主创新示范区股权投资及管理机构超过家，注册资本总量超过260亿元，累计投资企业近300家，投资总额超过200亿元。

三、全方位构建创新创业生态系统

创新创业是发展的动力之源，创新创业生态环境举足轻重。东湖国家自主创新示范区全面深化创新创业体制机制改革，不断优化创新创业环境，持续完善创新创业链，努力营造创新创业要素与环境集聚耦合、裂变反应、共生共赢的生态系统，着力建设有全球影响力的创新创业中心。

（一）不断激发创新创业主体活力

东湖国家自主创新示范区在统筹国家、湖北省、武汉市科技创新资助奖励政策的基础上，切实加强科技创新投入。通过设立科学技术研究与开发专项资金，重点支持关键和共性应用技术研发、重大成果转化及产业化、新兴产业示范应用及解决影响地方经济社会发展重要问题等方面的科技创新项目；通过制定《科技创新券实施办法（试行）》，建立面向中小企业的科技创新券制度，每年发放创新券面值达5000万元，支持企业专利购买、技术检测、委托研发、技术咨询、管理咨询、财务及法律服务等科技创新服务活动；通过设立"光谷科技创新奖"，加大科技创新奖励力度，扩大覆盖面，激发、引导和支持以企业为主体的科技创新活力。从2010年到2014年，东湖国家自主创新示范区企业年实施科技项目总数从10131项增加到12589项；科技项目内部支出从125.1亿元增加到320.5亿元，年均增长率达26.5%；研究与试验发展经费支出从78.7亿元增加到207.3亿元，年均增长率为27.4%。

2012年出台的《关于促进东湖国家自主创新示范区科技成果转化体制机制创新若干意见》曾明确提出：在汉高校、科研院所知识产权1年内未实施转化的，在成果所有权不变更的前提下，成果完成人或者团队可自主实施成果转化；转化收益中至少70%归成果完成人或者团队所有；对高校、科研院所建设的新型产业技术研究院，前2年每年最高可给予2000万元的运营经费支持；对获批的国家级企业研发机构，最高可给予200万元的一次性奖励，等等。这些措施力度空前，影响巨大，被外界誉为"黄金十条"。在"黄金十条"的带动下，各高校和科研院所也纷纷出台新政策，支持教师和科研人员创业，加快科技成果转化。2010年至2014年，东湖国家自主创新示范区认定等级技术合同数和合同金额连年递增，合同数从831件激增至6732件，合同金额从21.1亿元增加至119.1亿元。

东湖国家自主创新示范区发布了《关于深化人才特区建设的意见》、《关于推进科技人员创业的实施意见》等系列文件，并在借鉴美国、以色列、德国等促进创新创业先进经验的基础上，紧密结合自身实际情况，于2014年出台了《东湖国家自主创新示范区关于建设创业光谷的若干意见》（又称"创业十条"）。"创业十条"简化了企业登记注册手续，加大了对新型创业孵化器、大学生创业实践、技术转移转化机构等的支持力度，消除了高校教师及科研人员创业或到企业兼职的制度障碍，建立了创业风险援助机制，光谷创业活力加速释放，大学生、科研人员、海外归国人员、大企业衍生创业者等多元化创业主体加速汇聚。2014年东湖国家自主创新示范区新增市场主体9855家，同比增长62.3%；新增注册资本量496亿元，同比增长156.0%；新注册企业5596家，同比增长43.1%，其中科技型企业4293家，占新注册企业数量的76.7%；平均每个工作日注册企业数从2012年的9家增加到2014年的22家。

（二）不断推进创新创业平台建设

东湖国家自主创新示范区高度重视公共技术创新平台建设，早在2011年已建设湖北软件开发与测试公共服务平台、武汉国家生物产业基地生物医药技术服务平台、武汉动漫公共技术服务平台、集成电路设计公共服务平台、数字通信设备公共技术开发平台、光电子信息公共技术服务平台、检疫检测公共服务技术平台、高档数控系统关键共性技术创新平台等26家公共技术创新平台，对创新创业起到了良好的支撑与推动作用。在"十二五"期间，东湖国家自主创新示范区进一步加快推进公共创新平台建设，先后建成武汉生物技术研究院药物筛选平台、武汉药品医疗器械检验所、光谷地球空间信息产业CMMI公共服务支撑平台、现代服务业10+1专家服务联盟、集成电路IP交易中心、EDA公共技术服务、光谷生物城诊断试剂公共服务平台、SMT贴片研发测试服务平台等一批公共技术平台。这些公共技术平台进一步体现了开放性、专业性、先进性、针对性、共享性等特点，能够更好地适应东湖国家自主创新示范区创新创业发展的需要。

东湖国家自主创新示范区大力实施知识产权战略，制定了《关于加强知识产权工作的若干意见》，加强知识产权创造、运用、保护和管理水平，对专利申请、标准创制、知识产权服务机构等给予重点扶持和专项奖励，不断探索以知识产权保护激励创新创业的新途径。国家知识产权局专利审查协作湖北中心、国家高新技术产业标准化示范区、全国首家光通信行业国家专利导航产业发展试验区先后落户东湖国家自主创新示范区。从2010年到2014年，东湖国家自主创新示范区专利申请和获得专利授权数大幅增加，专利申请数从5303件增加到14557件，专利授权数从3985件增加到9533件。东湖国家自主创新示范区积极推进国家标准化示范区建设，通过实施"技术专利化、专利标准化、标准市场化"战略，探索形成"科研—标准—产业"协同推进的"光谷模式"。到2014年底，东湖国家自主创新示范区企业累计制修订国际标准12项、国家标准290多项、行业标准300多项。

东湖国家自主创新示范区积极适应创新创业全球化浪潮，加快构建跨境创新创业平台，努力深入推进与美国硅谷、比利时、以色列等地区合作，促进企业和科研机构、创业服务机构与全球创新资源链接，促进人才、技术、资本、信息等要素双向流动。东湖国家自主创新示范区深入开展中国光谷与美国硅谷的"双谷"合作交流，在硅谷设立了首个驻外联络处；举办了中美"双谷"合作恳谈会；启动了"美国硅谷-中国光谷"合作示范园建设计划；召开了"双谷"市长圆桌会议，共同发布了《双谷宣言》，就加强"双谷"之间人员交流与合作、建立信息共享机制、创造国际合作环境、协同推进知识产权保护、促进共同研究项目等方面达成了共识。东湖国家自主创新示范区还与比利时、以色列、法国等国合作共建一批国际创新创业平台，中比高科技孵化园、中以国际生物农业科技企业加速器、中美科技园、中法生物中心等正在抓紧建设。东湖国家自主创新示范区还启动俄罗斯绿城开发区、土耳其爱琴海自贸区等园区的战略合作。

（三）不断完善创新创业服务体系

东湖国家自主创新示范区不断加强技术转移服务平台建设，先后建成华中科技大学国家技术转移中心、武汉光谷联合产权交易所、武汉科技成果转化服务中心、武汉大学技术转移中心、湖北技术交易所、华中农业大学农村建设研究院、武汉光谷新药孵化公共服务平台有限公司等8家国家级技术转移服务机构。2014年，国家技术转移中部中心获国家科技部批准落户东湖国家自主创新示范区，成为我国布局建设的第五个国家级技术转移中心。这个中心以培育技术转移中介机构、促进知识产权资本化、创新科技金融服务、激发创新创业活力等为重点，加快技术转移服务体系市场化、专业化、集成化和高端化，旨在促进中部乃至全国技术市场的快速发展。

  东湖国家自主创新示范区作为中国第一个科技企业孵化器的诞生地，不断探索和创新科技企业孵化器发展的新途径。通过制定了《科技企业孵化器（加速器）建设管理若干规定》、《关于促进科技企业孵化器建设与发展的实施办法》等文件，大力推进市场化、专业化、集成化、网络化的创业孵化服务体系建设，鼓励多元化新型孵化器发展。在原有科技企业孵化器、大学科技园、留学生创业园的基础上，东湖国家自主创新示范区培育了创业咖啡、东科创星、腾讯武汉创业基地、武汉创客空间等一批创新型孵化器，探索了"主题创业活动+开放式平台"、"开放式平台+天使投资"、"免费创业辅导+天使投资"、"互联网开放平台"、"线上线下社区+交互设计开发"等新型创业孵化模式，为创业企业提供低成本、便利化、全要素的开放式综合服务平台。到2014年底，区内共有45家孵化器（加速器），其中国家级孵化器25家，有14家新型孵化器纳入国家级科技企业孵化器管理服务体系，探索形成"天使投资+创新孵化+专业服务"的新型创业孵化模式；孵化总面积达355万平方米，创业特区面积为20000平方米；在孵企业3200家，接纳大学生创业团队400个，累计毕业企业2860家。

  东湖国家自主创新示范区作为中央部委高校密集区，具有极其丰富的大学生创新创业资源。通过出台《关于实施"青桐"计划的暂行办法》，东湖国家自主创新示范区设立5000万元创业专项资金，大力资助大学生创新创业，并联合武汉市科技局、创业家传媒及新兴孵化器联合创办"光谷青桐汇",以聚集企业家、天使投资人、媒体、技术专家等不同领域的精英人群,为创业青年营造一个真实、自由、开放、创新、有效的交流平台。2014年,光谷"青桐三部曲"(实施"青桐计划"、举办"青桐汇"、创办"青桐学院")深入推进,开展了"青桐计划进校园"、"青桐微路演"、"青桐梦想家"等系列活动,多元化创业者大量涌现,商业模式创新活跃。经过多年实践探索与创新,"光谷青桐汇"已成为创业项目价值"倍增神器"和全国创业界、创投界的知名品牌,仅2014年就推介项目150个,路演项目达60个,成功融资项目32个,获得5.07亿元融资金额,参与投资机构达90家。

(四) 不断加强创新创业金融支撑

东湖国家自主创新示范区制定《打造东湖资本特区行动方案》,推进建设光谷资本大厦、光谷金融港和环官桥湖"资本谷",以优惠政策吸引各类金融机构入驻,大力推进金融产品和服务创新,着力打造"资本特区"。到2014年底,东湖国家自主创新示范区在区内集聚各类金融机构及金融服务机构500多家;集聚股权投资类机构320家,注册资本总量达262亿元;集聚科技贷款专营机构16家,成为全国科技贷款专营机构最密集的区域之一,全年创新性融资总量超过260亿元,并获批成为全国首批小微企业信用体系建设实验区。科技金融产品与服务不断创新,东湖国家自主创新示范区引导金融机构开展知识产品质押、信用贷款、保证保险贷款等创新性融资,开发"集合贷"、"萌芽贷"等新金融产品。东湖国家自主创新示范区出台《贷款保证保险实施细则》,科技保险试点深入推进,金融机构累计为企业提供科技保险超过200亿元。东湖国家自主创新示范区开放式金融服务平台建设不断加强,武汉金融超市、科技金融服务中心、科技金融服务协会等金融中介服务平台功能日益健全。

东湖国家自主创新示范区不断加强区域要素交易市场建设,促进各种要素资源的自由流转。到2014年年底,东湖国家自主创新示范区已经聚集了武汉光谷联合产权交易所、武汉股权托管交易中心、湖北华中文化产权交易所、武汉农畜产品交易所、武汉金融资产交易所、武汉知识产权交易所、武汉城市矿产交易所、湖北碳排放权交易中心等8家要素交易市场。各交易市场不断创新交易产品，探索交易服务新模式。武汉光谷联合产权交易所探索形成了集科技成果交易、科技成果推介、科技投融资、科技咨询服务等于一体的综合性产权交易服务模式；武汉金融资产交易所交易产品达20个，年交易量突破4000亿元，业务规模、交易产品种类等综合指标居全国前列；湖北碳排放权交易中心碳配额交易总量达483万吨，占全国碳市场的47%，全国排名第一。

东湖国家自主创新示范区统筹财政资金，广泛吸引金融、投资机构和社会资本，分门别类设立各种引导子基金，增加创投资本供给，重点支持创新创业处于种子期、起步期的项目和企业。截至2014年年底，东湖国家自主创新示范区政府投资引导基金累计出资5.2亿元，引导设立武汉东湖创新创业投资基金有限公司、武汉东湖百兴创业投资中心、武汉光谷生物产业高端人才创业投资有限公司、武汉光谷高新成长创业投资合伙企业、湖北科创天使投资有限公司、武汉光谷产业投资基金有限公司等22家子基金，资本规模达42.23亿元。2015年，由东湖国家自主创新示范区参与的湖北集成电路产业投资基金正式成立，基金规模达300亿元，是目前湖北省内最大的产业投资基金。

（五）不断优化创新创业生态环境

东湖国家自主创新示范区为进一步优化创新创业生态环境，系统清理各类政策，整合形成"一个条例、两个体系、六类政策"的"126法规政策体系"，即以《东湖国家自主创新示范区条例》为法律保障，形成法规和政策两大体系，构建创新创业、产业发展、资本、人才、知识产权、开放开发等六大类政策。东湖国家自主创新示范区积极借鉴上海自贸区经验，大胆先行先试，以制度创新为核心，制定了《东湖高新区先行先试实施方案》及《先行先试工作清单》、《先期启动工作清单》等文件，实施行政审批与服务、科技创新、科技金融和扩大开发四方面42项先期启动事项，形成制度性成果38项，初步建立了与国际投资贸易通行规则相衔接的基本制度框架。

东湖国家自主创新示范区积极向国家、湖北省、武汉市争取优惠政策，大胆先行先试，先后获批多项试点改革：获批试行研究开发经费加计扣除、职工教育经费税前扣除、股权激励个人所得税分期缴纳等3项财税政策，以及营业税改增值税试点改革；获批中央级事业单位科技成果使用、处置和收益管理改革试点；获批有限合伙创投企业所得税优惠、非独占许可使用权转让所得税减免优惠、中小高新技术企业个人所得税分期缴纳3项财税政策试点；获批外商投资企业外汇资本金意愿结汇、跨国公司外汇资金集中运行管理2项试点。湖北省、武汉市政府制定《关于贯彻落实国务院关于东湖国家自主创新示范区发展规划纲要批复的实施意见》等多项政策，在财税、人才、科技金融、工商政策、政府采购等方面不断加大对东湖国家自主创新示范区的支持力度。

东湖国家自主创新示范区深入推进管理体制改革，优化和精简管委会内设机构，实施全员聘用制改革，理顺管委会部门、园区办、街道办职能职责，实施"园区服务企业、街道服务群众、机关服务基层"的"三条线"管理；出台《进一步优化投资发展环境的八项公开承诺》，变"行政管理"为"公共服务"，减少行政审批事项，缩短审批时间，企业进入示范区实施"零收费"，提供全过程贴身服务；出台内资准入负面清单，禁止投资领域缩减至17项，深化商事登记制度改革，前置审批事项仅保留11项，改革力度居全国前列，服务型政府建设不断提速；建立人才创新创业超市，整合政府、社会、企业等各方服务资源，实行"一楼式办公、一窗式受理、一站式服务、一网式运行"工作机制，通过创业扶持、项目对接、成果交易、活动交流等方式支持人才创新创业。2015年，东湖国家自主创新示范区已实现30%的商事登记业务在政务中心当场办理，以前需要3个工作日办理的商务事项现只需大约20分钟。

东湖国家自主创新示范区不断培育和发扬以"敢于冒险、鼓励创新、崇尚成功、宽容失败"为精髓的"光谷文化"，努力锻造光谷创新创业的软实力。改革是"光谷文化"发展的持久动力，东湖国家自主创新示范区勇于进行自我革命，与时俱进深化改革创新，并以立法手段为改革者和创新者保驾护航。创新创业文化是"光谷文化"发展的集中体现，通过打造大众创业、万众创新的生态环境，创新创业正在成为一种生活方式、一种人生追求、一种社会时尚；干事文化是"光谷文化"发展的重要内容，通过着力营造"人人想干事、能干事、干成事"的社会氛围，干事者在光谷大有用武之地；开放合作文化是"光谷文化"链接全球的重要途径，通过培育超前性创新思维和包容性创新文化，促进多元的文化思想在光谷碰撞交融，不断为"光谷文化"注入了新的活力，增强"光谷文化"的自信、自觉和自豪。

四、加快推进特色高新技术产业发展

东湖国家自主创新示范区依托多年打造的"中国光谷"品牌，以改革创新为动力，以光电子信息、生物、环保节能、高端装备制造等高新技术产业发展为重点，着力提升产业自主创新能力，营造优良的产业发展环境，加快经济发展方式转变和经济结构转型升级，成为引领带动区域创新发展的重要引擎。

（一）切实壮大高新技术产业集群

东湖国家自主创新示范区制定了《东湖国家自主创新示范区产业发展规划（2011—2020年）》，明确提出要打造世界级光电子信息产业创新集群，加快发展生物、环保节能、高端装备制造三大战略产业，突破性发展以新一代信息技术为基础的现代服务业。为切实加快推进战略性新兴产业发展，东湖国家自主创新示范区又陆续颁布了《关于加快光电子信息产业发展若干意见》、《加快发展光电子信息产业实施方案》、《关于促进生物健康产业发展的实施意见》、《鼓励地球空间信息及应用服务产业发展的实施意见》、《关于进一步加快软件和信息服务业发展的若干政策》等配套政策，设立主导产业发展专项资金，加快高端人才、龙头企业的培育引进，大力推进重大项目建设，主导产业集群快速发展，规模日益壮大，实力不断增强。

从2011年到2014年，东湖国家自主创新示范区光电子信息产业总收入从1450.3亿元增长到3678.6亿元，规模增长超过2.5倍，年平均增长率达36.38%，支柱性产业地位更加凸显。从发展态势看，集成电路与新兴显示产业加速布局，国家集成电路产业基地建设日新月异；地球空间信息产业"走出去"步伐加快，北斗产业行业应用与示范深入推进；移动互联产业培育成效显著，龙头企业产能不断扩大……"中国光谷"光电子信息产业已成为我国最大、具有世界影响力的产业集群。从2011年到2014年，东湖国家自主创新示范区生物产业总收入从302.1亿元增长到651.4亿元，增幅在2倍以上，年平均增长率达29.19%；一批国内外知名医疗器械企业入驻光谷生物城；医药服务业态创新活跃，服务模式日益多样化；生物农业产业化进程加快。从2011年到2014年，东湖国家自主创新示范区环保节能产业总收入从485.6亿元增长到934.8亿元，增幅近2倍，年平均增长率达24.4%；大气污染防治领域竞争优势持续增强，烟气治理、固废处理、新能源等领域发展迅速；固体废弃物处理国内领先，垃圾处理技术取得新突破；新能源多元化发展，环保节能服务稳步推进。从2011年到2014年，东湖国家自主创新示范区高端装备制造产业从508.9亿元增长到1005.3亿元，增幅近2倍，年平均增长率达25.47%；制造业与互联网加速融合，产业逐步向智能化、绿色化、服务化方向发展；智能装备产业加速发展，3D打印与工业机器人创新成果不断涌现；智能电网产业稳步发展，国际战略加速布局；交通运输装备加速布局，新能源汽车产业发展迅速。从2011年到2014年，东湖国家自主创新示范区现代服务业从609.4亿元增长到2179.0亿元，增幅达3.6倍，年平均增长率达52.92%；移动互联网、云计算、大数据、物联网等互联网产业与示范区优势产业跨界融合速度不断加快，涌现出电子商务、互联网金融、智慧交通、在线教育、智慧能源等一批新兴业态；文化与科技融合日益紧密，数字内容产业加速崛起。

（二）切实推进高新技术产业集聚融合

东湖国家自主创新示范区按照"主导产业集聚化、产业园区专业化"的发展思路，出台引导和促进产业集聚发展的政策措施，深化产业园区管理体制和运行机制调整，加强专业化园区建设，推动产业集聚发展。为整合资源加快产业集聚，东湖国家自主创新示范区出台了《关于调整产业园区管理体制和运行机制的意见》，将示范区重新划分八大产业园区，明确了各产业园区的功能定位、发展方向与目标。光谷光电子信息产业园规划面积82.38平方公里，发展定位为东湖国家自主创新示范区首个万亿级产业园区、中部地区最大的集成电路产业聚集区、全国最大光通信与激光产业基地，新规划的光谷集成电路产业园、移动互联信息服务产业带等正加紧建设。光谷生物城规划面积25.90平方公里，是东湖国家自主创新示范区以"千亿产业"思路建设的第二个国家级产业基地，重点发展生物医药、生物农业、生物制造、生物能源、医疗器械和健康服务，目前生物创新园、生物医药园、生物农业园、医疗器械园、医学健康园、中新（武汉）生物园等六大园区格局基本成型。武汉未来科技城规划面积66.80平方公里，重点培育光电子、新能源环保、地球空间信息等高端研发集群，打造新兴产业策源地。武汉东湖综合保税区规划面积6.11平方公里，重点建设大宗商品贸易基地、进口消费品及跨境电商基地，发展成为中部外向型经济发展平台，打造千亿级自贸园区。光谷现代服务业园规划面积78.17平方公里，着力建设中部地区最大软件和信息服务业基地、文化创意产业集聚区、中部科技金融创新中心及新兴服务业高地，形成5000亿元产业规模。光谷智能制造产业园规划面积24.68平方公里，重点建设全球最大的中小尺寸面板基地、智能制造产业基地、大数据及云计算产业基地和港口物流基地，打造5000亿级产业园区。光谷中心城规划面积36.15平方公里，以建设大光谷地区城市功能核心载体为目标，积极布局总部经济、商务金融、管理咨询和商业娱乐等产业，打造千亿级园区。光谷中华科技产业园规划面积217.66平方公里，重点发展文化和科技融合服务、生态旅游服务、国际商事商务服务、通用航空服务等产业,建设全球华人华侨高端人才创业平台。

东湖国家自主创新示范区制定了《实施国家战略性新兴产业集聚发展试点项目及资金管理实施细则》,加强专项资金引导、试点项目建设和绩效考核管理,并以产业基地建设为牵引,促进战略性新兴产业集聚发展。东湖国家自主创新示范区光电器件及激光产业、生物诊疗制剂及服务产业被纳入国家战略性新兴产业区域集聚发展试点,地球空间信息及应用服务产业获批国家首批创新型产业集群试点。到2014年底,共建成20家国家级产业基地,其中6家产业化基地通过科技部复核,武汉国家光电子高新技术产业化基地、武汉国家现代服务业地球空间信息产业化基地获评A类基地。

(三) 切实提升高新技术产业创新能力

东湖国家自主创新示范区全面实施创新驱动与开放先导"双轮"战略,持续推进产业技术研究院、技术创新平台和产业技术创新战略联盟建设,大力支持企业建立研发机构,开展技术创新和科研联合攻关,不断提升产业自主创新能力。东湖国家自主创新示范区以组建新型产业技术研究院为切入点,瞄准产业技术创新前沿,全面推动"政产学研用"协同创新,促进科技成果产业化。到2014年底,东湖国家自主创新示范区已组建武汉生物技术研究院、武汉新能源研究院、武汉光电工业技术研究院、武汉智能装备工业技术研究院等8家产业技术研究院。新型产业技术研究院是集共性技术研发、中试熟化对接、高端产业孵化等于一体的创新创业平台,实行"市场化运作、企业化管理、专业化服务",通过产业联盟、产业链布局、国际合作等方式吸引高端人才、科技创新成果和创业企业,累计转化科技成果达1亿元,成功孵化出沃亿生物、尚赛光电、中地水石等一批高技术企业。东湖国家自主创新示范区不断推进技术创新平台建设,省级以上(含省级)技术创新平台持续增加。到2014年底,省级以上(含省级)技术创新平台达501个,其中国家级技术创新平台为216个。东湖国家自主创新示范区出台《关于加快产业技术创新联盟建设与发展的实施意见》，支持以企业为主体组建产业技术联盟，开展协同创新、互利互惠、抱团发展。到2014年底，东湖国家自主创新示范区产业技术创新联盟总数达43家，其中国家级产业技术创新联盟有9家。

东湖国家自主创新示范区积极鼓励和支持企业承担、参与国家、湖北省、武汉市重大科研项目、技术攻关项目和产业化项目，产业研发能力和技术水平不断提高。东湖国家自主创新示范区光电子信息产业技术创新优势进一步增强，光纤光缆、光器件、激光代表了国内最高水平；由武汉邮电科学研究院牵头承担的国家973项目"超高速超大容量超长距离光传输研究"通过验收，入选"2014年中国十大科技进展"。东湖国家自主创新示范区生物产业技术创新能力不断提升，在科技部2014年全国108家生物产业园区排名中，光谷生物城综合实力跃居全国第二，可持续竞争力居全国第一。东湖国家自主创新示范区环保节能技术创新取得新进展，天虹仪表建成国内首个企业臭氧标准实验室，中钢天澄承建全球单体规模最大球团脱硫工程。东湖国家自主创新示范区高端装备制造产业创新成果不断涌现，华中数控研发出新一代云数控系统，三环集团"转向节闭式锻造工艺"在第八届国际发明展览会上获得金奖，奋进电力自主研制出FRP型智能工业机器人。东湖国家自主创新示范区现代服务业技术创新与商业模式技术相互衬托，移动互联网、云计算、大数据、物联网等互联网产业与示范区优势产业跨界融合加速，新业态不断涌现。

从2011年到2014年，东湖国家自主创新示范区共获得国家级科学技术奖61项，省级科学技术奖121项。在国家科技部全国高新区2013年、2014年排名中，东湖国家自主创新示范区综合实力连续两年居全国第三位，知识创造和技术创新能力位居第二位。在同济大学2014年482家国家级产业园区可持续发展竞争力综合排名中，东湖国家自主创新示范区从2013年的第六位跃升至第四位。目前，东湖国家自主创新示范区正在努力建设具有世界影响力的高新技术产业策源地。

(四) 切实支持高新技术企业健康发展

东湖国家自主创新示范区实施"一企一策抓领军、培育壮大促瞪羚、创新创业育小微"战略，统筹推进区域内大中小企业协调发展。东湖国家自主创新示范区制定了《〈促进"领军企业"快速发展的实施意见〉》、《〈促进"领军企业"快速发展的实施意见〉实施细则》，深入实施"领军企业推进计划"，建立领军企业"直通车"制度，实施"一企一策"支持策略，加大资金、研发和政策扶持力度，首批遴选了邮科院、长飞光纤、凯迪控股、中冶南方、华工科技、武汉新芯等20家领军企业。领军企业发展不断提速，成为引领区域创新型产业集群的核心力量。到2014年底，东湖国家自主创新示范区20家领军企业实现总收入1706.5亿元，占园区总收入比重超过20%；新增收入过100亿元企业3家，总数达11家；新增收入过10亿企业11家，总数达72家。如长飞光纤蝉联2014"全球光纤光缆最具竞争力企业10强"第二名、"中国光纤光缆最具竞争力企业10强"第一名。

为了进一步促进高成长性科技企业发展，东湖国家自主创新示范区制定了《武汉东湖新技术开发区瞪羚企业认定及培育办法》，实施"瞪羚企业培育计划"，对入选的瞪羚企业在贷款、融资、创新平台建设、发展空间拓展等方面给予专项支持，并对"瞪羚企业"实施动态化管理，公开遴选，一年一认定，一年一授牌。2011年到2015年，"瞪羚企业"的培育和支持力度不断加大，先后遴选认定了30家、102家、161家、206家、215家拥有核心技术、增长速度快、发展前景好的"瞪羚企业"。这些"瞪羚企业"年收入平均增速超过40%，高于全区整体水平10个百分点；这些"瞪羚企业"成为园区科技创新的领跑者，科技活动经费投入逐年加大，专利申请和授权数大幅提升；多家"瞪羚企业"入选"德勤高科技、高成长中国50强"，成为东湖国家自主创新示范区新兴产业发展的生力军和上市的后备军。

东湖国家自主创新示范区大力加强高新技术企业的培育和认定，制定了《关于鼓励高新技术企业认定的暂行办法》，对高新技术企业在税收减免、注册登记、人才引进、科技成果转化等方面实行多项优惠政策，高新技术企业数量快速增长。2011年到2014年，新增的高新技术企业分别为72家、125家、190家和157家，到2014年底，高新技术企业累计达828家，占湖北省高新企业总数的1/3，进入全国高新区第一方阵。

东湖国家自主创新示范区高度重视企业上市工作，不断强化对企业上市提供配套服务、政策支持和专项奖励。到2014年底，东湖国家自主创新示范区上市企业达34家，其中境内26家，境外8家；新三板挂牌企业达49家；武汉股权托管交易中心挂牌企业达351家。

(五) 切实加强高新技术产业园区建设

东湖国家自主创新示范区坚持规划先行、以产兴城、以城促产，开展了综合性、专项和多层次的规划编制，构建了科学完善的规划体系，为产业园区建设提供了政策保障。东湖国家自主创新示范区大力推进产城融合，按照"专业平台、专业规划、专项支持"的建设思路，推进产业园区生产、生活、生态的有机统一与和谐发展。产业园区的基础设施建设不断加快，功能性、枢纽型、网格化的基础设施体系正在形成，教育、医疗、商业等综合配套能力不断提升，东湖国家自主创新示范区加速向产城融合、特色鲜明的科技新城转变，正在努力打造全球创新创业人才宜居宜业的理想之地。

东湖国家自主创新示范区加快推进产城融合，进一步提升产业园区的城市综合功能。东湖国家自主创新示范区编制完成了《2014—2016年学校建设规划》，加快园区配套学校建设，并与广州优联、英国剑桥教育集团等机构合作办学；东湖国家自主创新示范区积极健全医疗卫生服务体系，湖北省人民医院东院、武汉市三医院光谷院区先后投入运营，光谷同济医院、湖北省妇幼保健院光谷院区建设有序推进；东湖国家自主创新示范区加快商务商业服务设施建设，一批商业街区先后开街，一批便民超市陆续开业，一批高档星级酒店正式营运；东湖国家自主创新示范区加快产业园区交通路网建设，对外交通大格局和区内立体交通格局逐渐形成，重点市政工程建设进展顺利，多条道路改扩建顺利完成，地铁、有轨电车等轨道交通项目加速实施；东湖国家自主创新示范区深入推进生态文明建设，编制完成《山体保护规划（2014—2020年）》，山体恢复和湖泊保护取得新进展，绿道和生态隔离带加快建设，"绿色路网、绿色板块、绿色建筑、绿色社区"工程加紧推进，产业园区环境得到持续改善。

东湖国家自主创新示范区积极深化区域合作，与武汉市洪山区、江夏区共同推进"大光谷"板块一体化发展，围绕建设"世界光谷"这一目标，统一规划布局、统一适用示范区政策、统一领导协调机制，实现城乡一体化、基础设施一体化、产业布局一体化和生态建设一体化，产业园区建设协同进一步增强，产业发展空间得到极大拓展。东湖国家自主创新示范区积极推进产业园区开放合作发展，通过产业协作、平台共享、技术输出、管理模式输出等方式，共建"中国光谷"园外园。截至2014年底，在湖北省内共建"中国光谷"园外园24个。东湖国家自主创新示范区"一区多园"试点平稳推进，武汉市江岸区科技产业园（黄埔科技园、岱家山科技创业城）、江汉互联网服务产业园（江汉区的江汉经济开发区、华中互联网金融产业基地）、洪山南湖创意产业园、东西湖海峡高新园、江夏庙山园等5个产业园区首批入选，在税收、人才、金融、知识产权等相关政策上享受与东湖国家自主创新示范区同等待遇，并纳入东湖国家自主创新示范区统筹管理。

2015年，东湖国家自主创新示范区制定了《建设"有全球影响力创新创业中心"总体行动计划》，提出了建设"国际化创新创业要素集聚地、世界性新兴产业策源地、引领创新文化新高地、全球宜居宜业理想之地"的宏伟目标，与之配套的《自由创新区实施方案》、《"光联万物"实施方案》、《智慧光谷实施方案》、《建设生态宜居光谷新城实施方案》、《互联网+实施方案》等5个具体方案陆续出台，创新创业、产业发展、科技金融、知识产权、人才支持、开放合作等6大类政策体系全面实施。

  课题负责人：李 光 武汉大学发展研究院院长、教授、博士生导师
  课题组成员：易晓波 武汉大学发展研究院副教授、博士
        胡甲刚 武汉大学发展研究院副院长、博士

福建省三明市公立医院改革对湖北的启示

张欲晓 傅昌 姚业楠

医改是一项世界级难题,推进公立医院综合改革是医改工作的关键环节。国务院批转国家发展改革委《关于2016年深化经济体制改革重点工作的意见》(国发〔2016〕21号),指出在部分综合医改试点省推广福建省三明市的做法和经验。湖北省委省政府高度重视深化医药卫生体制改革工作,经过多年实践探索已取得了重大阶段性成就,县级公立医院综合改革全面推开,城市公立医院综合改革试点又有新进展,医改工作已经涉入深水区。福建省三明市公立医院改革成效明显①②③,医生年薪制、药品采购配送"两票制"、三医联动等经验做法,受到国务院的充分肯定,要求各地学习借鉴。因此,将课题组总结的三明市公立医院综合改革的"三阶段"、"四政策模块"核心要点予以介绍④,结合湖北省县级人民医院与县级中医院情况,探讨福建省三明市公立医院改革经验对湖北的启示,供相关部门决策参考。

---

① 王忠海,毛宗福,李滔,杜文娟. 药品集中采购政策改革试点效果评析——以福建省三明市为例[J]. 中国卫生政策研究,2015,8(1):21-26.

② 刘静,毛宗福. 福建省三明市公立医院改革阶段性评价与分析[J]. 中华医院管理杂志,2015,31(5):325-329.

③ 刘静,毛宗福. 三明市公立医院改革前后医保控费效果分析[J]. 中国卫生经济,2015,34(8):35-38.

④ 李京,毛宗福,李滔,周子力. 我国公立医院药品采购工作的政策群评析——以S.市药品采购政策为例[J]. 武汉大学学报(哲学社会科学版),2015,68(4):134-137.

一、"三明模式"的实现路径

福建省三明市公立医院综合改革被誉为"三明模式"。该模式是从整治药品利益链开始，以医药改革为切入点，通过协调推动"医药、医保和医疗"联动，降低医疗成本，提高医保基金使用效益，保障医药卫生体制改革可持续发展。我国现实背景下的药价虚高是一个复杂问题，不可一蹴而就。福建省三明市市委、市政府为解决药价虚高、药费负担重、减少医保基金浪费等问题，根据"为用而采、去除灰色、价格真实"的原则，循序渐进、分步实施。依据其政策开发轨迹与相关事件节点，可以划分三个阶段。

第一阶段：以福建省三明市人民政府《关于努力降低医疗成本提高"三险"资金运行使用效益的专题会议纪要》（明政文［2012］11号）为标志，开发系列政策，强化全市药品集中采购领导小组工作，理顺职能，规范用药目录和医疗行为，在药品销售使用终端，形成统一市场；开展重点药品跟踪监控，备案采购制度，治理医疗领域商业贿赂等。

第二阶段：以福建省三明市人民政府《关于县级以上医院实施药品零差率销售改革的通知》（明政文［2013］22号）为标志，利用公立医院药品零差率销售政策的契机，出台了一系列文件，调整利益机制，使药品不再成为医院的创收来源而是运行成本，切断医院、医生和药品收入之间的经济利益关系，增强公立医院参与集中采购的主动性，调动医院和医务人员降低药品虚高价格、促进合理用药的积极性。

第三阶段：以福建省三明市人民政府《关于进一步深化公立医疗机构药品采购改革专题会议的纪要》（明政文［2013］53号）为标志，集中出台了全市公立医疗机构（含医保定点医疗机构）药品集中采购、配送、结算政策，并建立和完善了一批规范性操作文件；实施多种采购方式，医疗机构在低于全市统一采购价10%的基础上，允许自行采购。

自2012年年初至2014年6月，福建省三明市政府遵循"渐进法则"，通过利益机制导向，最终顺利施行全市公立医院药品集中采购、统一配送和结算工作；巧妙运用"倒逼机制"，先将全市医保做大做强，通过医保支付方式改革、处方药品限量、控制医院药占比等措施，给医院施加强大的外部压力，增加医院降低药品价格、节约医药成本的动力；科学应用政策损益-补偿规律，对于取消药品加成政策所带来的"损失"，同步调整医疗服务性收费标准，加大各级政府财政投入，保障医院和医务人员利益；因势利导，改革公立医院评价与医务人员薪酬绩效考核体系，引导医院和医务人员让药品回归治病功能的自觉性。从制度上改变了公立医院长期依赖"瓦片（基建投资）、铁片（检验设备）和药片（药品加成和回扣）"生存发展的利益驱动机制，引导医院发展转型，走医疗技术服务质量内涵发展之路。

二、"三明模式"政策群模块

面对医改这项世界级难题，福建省三明市政府采取"组合拳"方式，构建了包括集中采购工作支撑政策系统、公立医院收入调整政策系统、行为规范政策系统、激励与监管政策系统等四个模块的政策群，各政策模块具有特定的功能，相互支撑，互为一体，共同发挥综合效应作用，推进医改朝向政府期待的方向行进。

第一，加强组织领导，健全集中采购工作支撑体系。我国30年改革经验说明，任何一项改革，强有力的组织领导与工作体系是关键。这一政策模块的主要内涵是理顺关系，要求市县两级医改领导小组要切实加强对药品采购改革的领导，建立与公立医院药品集中采购相适应的管理体系。具体包括三明市政府授权一位政府领导分管统筹全市医药、医疗和医保工作，并担任三明市药品集中采购领导小组组长；发挥医保机构在药品集中采购工作中的特殊作用，将市医保中心增补为药品采购领导小组成员单位，实现"三保"机构合并，市县垂直管理，并设立药品配送内设机构，负责三明市公立医院（医保定点医疗机构）药品配送工作；县级以上公立医院成立以院长为组长的药品采购领导小组，药品采购主管权上划三明市卫生行政部门；药品集中采购领导小组职能由单纯、狭义的采购工作扩大到采购、配送和使用监管，集中采购范围由单一的药品扩大到医疗耗材和试剂。

为了兼顾各类医院临床用药需要，首先，在扩大集中采购药物目录的基础上，严格执行"一品两规、两票制"，实行"量价挂钩、招采合一"；其次，采取了备案采购、议价采购、邀标采购等多种国际通用方式；最后，允许医疗机构自行采购低于竞价10%的药品和耗材。

第二，破除以药补医，构建公立医院经济补偿新模式。公益性不等同于福利性，市场经济下，公益性也要尊重价值规律。我国公立医院医疗服务价格长期偏低，采取以药补医政策，通过药品加成补偿医院经济运营，这种做法严重扭曲了价值规律。药品的劳动与创造主要集中在研发、生产和流通环节，医院只是药品销售终端，垄断性15%顺价加成已经超出医药产生、流通行业的平均利润，极度不合理；医院作为医疗服务机构，其核心价值主要体现在医疗服务和医疗技术方面，其价格应该充分体现价值。这一模块的主要政策包括公立医院全部执行药品、耗材零差率销售，同步调整医疗技术服务性收费标准（包括就诊项目、护理项目、治疗项目和手术项目等。其中，第一批调价项目88项，第二批调价项目435项），理顺价格体系，消化药品加成差价收入的87%（以2011年医院药品顺价收入为基准，执行情况已经超过这一比例），按属地原则政府财政补助消化10%，由医院加强内部管理消化3%，建立了公立医院经济运行补偿新机制。

通过合理调整医疗服务性项目收费标准，保障了公立医院、医务人员的正当利益，优化了公立医院收入结构，从制度上努力使药品不再成为医院、医生的收入来源，增强了公立医院降低药品虚高价格的动力和提高医疗技术水平和医疗服务质量的积极性，初步遏制了医疗费用持续过快增长势头。

第三，增强医保推力作用，建立医院、医生与药企行为规范。长期以来，一直以为以药补医政策是医院、医生偏好"高价药"的根本原因，然而，从一些取消药品加成政策试点地区来看，并没有很好解决上述问题。其深层次原因是医药企业、医药代表的不法商业贿赂（药品暗扣），在缺乏有效的医疗和医药行为规范前提下，很容易诱导医院和医生使用"高价药"和开具"大处方"。对于医药企业、医疗机构和医保机构而言，唯有医保机构既希望看好病，又希望降低药费。为此，三明市政府通过把医疗保障基金管理中心做大做强，使之有足够能力牵制医疗机构和医药企业，建立行为规范。这一模块的主要政策，按照"合理检查、合理用药、合理收费，防制过度治疗，提高服务质量"原则，加强对医药企业、医疗机构、定点零售药店和医生行为监督管理，将医院药占比、检查费占比、高值耗材占比、目录外药品比例、基本药物使用比例、抗菌药物合理应用等规定在合理范围，要求处方必须使用药品通用名称，单张处方用药限量、限费等；对于违规医药企业建立黑名单制度，取消该生产（配送）企业所有药品在三明市公立医疗机构的供货资格。

在实践总结基础上三明市政府于 2014 年先后出台《三明市城镇职工基本医疗保险定点零售药店管理试行办法》、《三明市基本医疗保障定点医疗机构管理试行办法》等规范性文件，建立定点零售药店规范性管理办法，强调医疗机构合理检查、合理治疗、合理用药、合理收费行为。同时，医保机构通过介入药品集中采购、配送与结算，进一步切断医药企业与医疗机构和医生的行为联系；通过多种医保支付方式改革，迫使医院自觉控制"高价药"和"大处方"的行为。

第四，强化激励与惩处，创建考评与薪酬绩效新导向。公立医院药品采购改革，如果没有医院和医务人员的积极参与、积极响应，难以取得成功，已经成为共识。为了配合公立医院集中采购工作改革，在开展"努力降低医疗成本、全心全意服务百姓"大比拼活动，让"合理检查、合理用药，努力降低医疗费用"深入人心的基础上，三明市政府巧妙运用了"胡萝卜加大棒"的经济学原理。

首先，强化惩处约束机制，建立医务人员安全预防制度，纪检监察和纠风部门大力介入，先后出台 3 份文件，要求药品生产企业、经营配送企业、医疗机构及医务人员廉洁从业行为；将药品价格纳入院务公开制度重要内容，严格处方管理；对医务人员接受行贿（回扣）的，视情节轻重，暂停或吊销其执业证书；对有医务人员接受行贿（回扣）的医保定点医疗机构，暂停财政拨款补助，对涉及违规费用不予结算；对有院领导或医务人员接受行贿（回扣）被追究刑事责任且影响恶劣的，追究医疗机构主要领导责任，药品回扣与院长绩效直接挂钩。

其次，破除公立医院市场化背景下建立的传统考评、绩效与薪酬机制，创建体现公立医院公益性和医疗技术服务劳动价值的考评、考核新体系，努力导向和激励实现"三个回归"（公立医院回归公益性质、医生回归看病角色、药品回归治病功能）。主要内涵包括院长代表政府对公立医院行使管理职责，建立以公立医院公益性为考评基础的高薪制（高出当地政府与事业单位负责人的薪酬水平），院长薪酬由政府按照年度考核、发放，促使院长角色转变，促进医院走内涵式发展之路；通过院长年薪水平与医院工资总额挂钩的方式，降低医院和医务人员"创收"动力，促使医务人员专心于医疗技术服务，努力看好病；劳酬分配向一线医疗技术人员倾斜，医疗服务性收入大部分用于医生、技师、临床药师薪资，提高人力资本支出水平，更好地体现医疗技术服务劳动价值。无论是对医院、院长还是医生的考评考核，始终将医院运行效率、服务质量、合理用药、合理检查等纳入医评价体系之中，鼓励医生使用质优价廉的药品，提高医疗技术水平和质量，降低患者医药费用负担。

三、湖北省县级公立医院基本情况

2014年，湖北省64个县（市）（包括神农架林区、天门市、仙桃市和潜江市）户籍人口约4150万，GDP约1.2万亿元，分别占湖北省的71.6%、44.4%。按照省政府2014年县域经济分类，其中，一类县（市）7个、二类28个、三类29个（包括神农架林区）。经济地区平均为106.4万人、73.1万人、48.2万人，各类地区户籍人口及农村人口占比基本稳定；GDP合计为1.2万亿元，一、二、三类经济地区分别为428.5亿元、220.1亿元、93.6亿元，三年年均增幅为11.9%、10.8%、12.4%。县级人民医院（第一医院或中心医院）64家，县级中医院60家（江陵、来凤、鹤峰、恩施市尚无县级中医院）。

（一）县级人民医院基本情况

1. 卫生资源

（1）机构人员。2014年，湖北省64个县的县级人民医院实际在编人数合计为3.0万人，三年年均增幅为2.7%；在岗职工人数合计为4.8万人，年均增幅为6.7%。一、二、三类经济地区实际在编人数平均为748.1人、795.0人、374.5人，年均增幅为6.6%、2.5%、0.8%；在岗职工人数平均为1157.1人、756.5人、623.8人，年均增幅为6.4%、5.9%、7.7%。县级人民医院在岗职工人数占县域卫生机构人员数的比例分别为21.6%、24.3%、30.7%。

2012—2014年，各类地区医护比均有不同程度改善，湖北省县级人民医院医护比从1∶1.51上升到1∶1.62。其中，一类地区从1∶1.64上升到1∶1.75，二类地区从1∶1.55上升到1∶1.67，三类地区从1∶1.51上升到1∶1.62。医护比指标趋好，向湖北省卫生计生委要求的1∶2的合理配置靠近。

（2）床位。2014年，湖北省64个县的县级人民医院实际开放床位数合计为4.7万张，三年年均增幅为14.8%。一、二、三类经济地区平均为946.0张、739.0张、663.0张，三年年均增幅为19.6%、11.6%、16.7%。2012—2014年，实际开放床位数的增速高于注册护士的增速，湖北省县级人民医院护床比从1∶2.03上升到1∶2.21，其中，一类地区从1∶1.43上升到1∶1.72，二类地区从1∶2.09上升到1∶2.17，三类地区从1∶2.15上升到1∶2.40。2014年，一、二、三类经济地区县级人民医院实际开放床位数占县域的比例分别为28.9%、30.0%、33.6%。

（3）设备。2014年，湖北省64个县的县级人民医院万元以上设备数合计为3.3万台，三年年均增幅为17.4%，一、二、三类经济地区平均为873.4台、518.8台、462.0台,三年年均增幅为21.1%、15.4%、16.7%。

(4) 资产。2014年,湖北省64个县的县级人民医院总资产合计为208.6亿元,负债总数为97.5亿元(资产负债率为46.7%),非流动资产为35.5亿元(非流动资产负债率为17.0%)。一、二、三类经济地区县级人民医院平均总资产为6.1亿元、3.2亿元、2.6亿元;平均负债分别为3.3亿元、1.4亿元、1.2亿元,资产负债率为54.3%、44.0%、46.5%;非流动资产分别为1.4亿元、0.4亿元、0.5亿元,非流动资产负债率为22.4%、13.8%、18.7%。

2. 医疗服务

(1) 门急诊人次数。2014年,湖北省64个县的县级人民医院门急诊人次数合计为2119.1万人次,三年年均增幅为7.3%。一、二、三类经济地区平均为57.0万人次、33.0万人次、26.9万人次,三年年均增幅为12.5%、3.3%、9.6%。2014年,一、二、三类经济地区县级人民医院门急诊人次数占县域的比例分别为12.4%、12.3%、14.1%。

(2) 出院人数。2014年,湖北省64个县的县级人民医院出院人数合计为195.8万人次,三年年均增幅为11.3%。一、二、三类经济地区平均为4.5万人次、3.1万人次、2.8万人次,三年年均增幅为11.3%、10.3%、12.6%。2014年,一、二、三类经济地区县级人民医院出院人数占县域的比例分别为41.3%、35.2%、41.2%。

3. 医疗服务收入

(1) 医疗服务收入。2014年,湖北省64个县的县级人民医院医疗服务收入合计为136.1亿元。其中,门急诊收入合计为35.0亿元,三年年均增幅为15.5%,检查收入合计10.3亿元,检验收入3.7亿元,药品收入13.4亿元。住院收入合计为101.1亿元,三年年均增幅为19.2%,检查收入合计9.2亿元,检验收入11.9亿元,药品收入33.2亿元。次均门急诊费为165.1元,次均住院费为5163.5元,见表1。

表1　湖北省2014年县级人民医院院均门诊和住院收入（万元）

项目	分区	挂号	诊查	检查	检验	治疗	手术	卫生材料	药品	护理	其他	合计
门诊收入	一类县	156.1	403.6	2901.0	1195.3	951.4	233.3	232.9	4365.8	—	228.8	10668.0
	二类县	40.3	140.1	1697.3	606.6	609.1	88.5	141.8	2051.7	—	243.1	5618.3
	三类县	45.4	84.0	1228.5	393.0	465.9	35.1	106.7	1555.8	—	108.7	4023.1
住院收入	一类县	—	—	2237.5	3300.3	5620.7	2050.2	3533.3	9704.5	403.3	—	28797.5
	二类县	—	—	1486.1	1753.3	2874.7	1235.6	1527.4	5051.6	261.0	—	15396.3
	三类县	—	—	1201.3	1628.5	2522.3	1139.9	1052.5	4222.9	267.1	—	13093.2

从表1看出，一、二、三类经济地区县级人民医院平均门急诊服务收入为10668.0万元、5618.3万元、4023.1万元，三年年均增幅为15.7%、13.8%、17.7%。2014年，一、二、三类经济地区县级人民医院门急诊收入占县域的比例分别为20.8%、26.0%、31.9%。平均住院收入为28797.5万元、15396.3万元、13093.2万元，三年年均增幅为19.1%、18.4%、20.2%。2014年，一、二、三类经济地区县级人民医院住院收入占县域的比例分别为65.1%、54.5%、66.5%。

从服务项目看，门诊收入和住院收入构成中，药品费用占比最高（门诊约占48%，住院约占33%）。门诊收入中，检查、药品费用合计接近70%，可见门诊诊疗依然以药品、检查为主。近3年来，门诊收入中诊查费、手术费和卫生材料费增幅最快。住院收入服务项目中，除了药品费用占33%外，治疗费用占比也较高约为19%，近3年检查费、检验费和卫生材料费增幅最大。

（2）医疗收入与医保。2014年，64个县的县级人民医院来自三大医保收入共计66.2亿元（职工医保12.6亿元、城镇居民医保7.5亿元、新农合收入46.2亿元），占整个医疗收入的48.6%。一、二、三类经济地区县级人民医院来自三大医保收入平均为3.9亿、1.0亿元、0.9亿元，占县人民医院平均医疗收入的52.0%、45.6%、54.1%。

（二）县级人民医院效率及影响因素

1. 效率评价

根据DEA方法的指标选择应满足数量、代表性、可得性、稳定性和独立性的要求。结合文献，本次县级人民医院服务效率评价指标确定为：投入的候选指标包括职工总数（X_1）、实际开放床位数（X_2）、固定资产总值（X_3）、支出总额（X_4）；产出的候选指标包括门急诊总人次数（Y_1）、出院人数（Y_2）、收入总额（Y_3）。评价结果如表2所示，2012—2014年湖北省县级人民医院的年均综合效率呈现逐年下降趋势，由2012年的0.912下降为2014年的0.898。2012—2014年总体有效医院数分别为20（31.3%）、16（25.0%）、16（25.0%），2014年明显非总体有效医院数量最多,为13家。

表2　2012—2014年湖北省64家县级人民医院CRS综合效率得分

效率值	2012	2013	2014
1	20	16	16
0.8~1	35	39	35
<0.8	9	9	13
平均综合技术效率	0.912	0.899	0.898

2. 效率影响因素

医院效率影响因素分析中,医院外部因素包括地区经济水平、农村居民人均纯收入;医院内部因素包括职工总人数、实际开放病床数、病床使用率、平均住院日、固定资产总值、资产负债率、人均门诊费用、人均住院费用、药品收入占业务收入的百分比、门急诊人次数、职工年均收入。经Tobit回归模型分析结果见表3。湖北省县级人民医院的服务效率与职工总数、平均住院日、固定资产总额、资产负债率负相关;与农村居民人均纯收入、实际开发病床数、病床使用率和门急诊人次正相关。

表3　2012—2014年湖北省县级人民医院效率影响因素

因素	系数	标准误	Z值	P值
地区经济水平	0.000003	0.000002	1.363298	0.1728
农村居民人均纯收入	0.285390	0.084625	3.372405	0.0007
职工总数	-0.000245	0.000042	-5.841213	0.0000
实际开放病床数	0.000100	0.000033	3.052256	0.0023
病床使用率	0.002179	0.000335	6.502198	0.0000
平均住院日	-0.028306	0.003936	-7.191558	0.0000
固定资产总值	-0.000001	0.000001	-2.141740	0.0322

续表

因素	系数	标准误	Z值	P值
资产负债率	-0.078662	0.030518	-2.577566	0.0099
人均门诊费用	-0.000098	0.000139	-0.702490	0.4824
人均住院费用	-0.000011	0.000007	-1.451775	0.1466
药占比	0.006318	0.104454	0.060486	0.9518
门急诊人次数	0.004512	0.000613	7.365582	0.0000
职工年均收入	-0.002059	0.004567	-0.450886	0.6521
常数	0.975277	0.062303	15.653890	0.0000

（三）县级中医院基本情况

1. 卫生资源

（1）机构人员。2014年，湖北省64个县的县级中医院实际在编人数合计为1.1万人，三年年均增幅为1.3%，基本保持稳定；在岗职工人数合计为2.0万人，三年年均增幅为8.0%，实际在编人数占在岗职工比例三年内从63%下降至56%。一、二、三类经济地区实际在编人数平均为246.3人、211.3人、147.2人，三年年均增幅为0.6%、3.1%、-1.1%；在岗职工人数平均为426.3人、347.9人、279.3人，三年年均增幅为10.0%、6.8%、8.7%，县域卫生机构人员数的比例分别为8.0%、11.2%、13.7%。三类经济地区实际在编人数出现了负增长，而在岗职工人数则保持较快的增长速度。

2012—2014年，湖北省县级中医院医护比从1∶1.27上升到1∶1.38。其中，一类地区从1∶1.14上升到1∶1.32，二类地区从1∶1.23上升到1∶1.35，三类地区从1∶1.37上升到1∶1.45。各类地区医护比均有不同程度改善，医护比指标趋好，但与湖北省卫生计生委要求的1∶2的合理配置有所差距。

（2）床位与设备。2014年，湖北省64个县的县级中医院实际开放床位数合计为1.9万张，三年年均增幅为14.9%。一、二、三类经济地区平均为 368.7 张、308.3 张、302.4 张,三年年均增幅为 14.1%、11.6%、19.1%,占县域实际开放床位数的比例分别为 11.3%、12.5%、15.3%。2012—2014 年,湖北省县级中医院护床比从 1∶2.36 上升到 1∶2.51,其中,一类地区从 1∶2.33 上升到 1∶2.30,二类地区从 1∶2.24 上升到 1∶2.29,三类地区从 1∶2.37 上升到 1∶2.73。

2014 年,湖北省 64 个县的县级中医院万元以上设备数合计为 1.0 万台,三年年均增幅为 15.2%,一、二、三类经济地区平均为 231.3 台、182.7 台、154.9 台,三年年均增幅为 7.7%、10.1%、27.8%。

县级中医院床位与设备增速高于在岗职工数的增速,从增幅看,三类地区高于一、二类地区,地区差距在缩小。实际开放床位数的增速高于注册护士的增速,护床比呈上升趋势,三类地区每护士负担床位数高于一、二类地区。各类地区万元以上设备台数,第一类地区是第三类地区的 1.4 倍左右。

(3) 资产。2014 年,湖北省 64 个县的县级中医院总资产合计为 55.7 亿元,负债总数为 25.9 亿元(资产负债率为 46.4%),非流动资产为 8.6 亿元(非流动资产负债率为 33.4%)。一、二、三类经济地区县级中医院平均总资产为 1.3 亿元、1.0 亿元、0.8 亿元;平均负债分别为 15.3 亿元、20.3 亿元、25.9 亿元,资产负债率为 55.1%、43.5%、47.5%;非流动资产 5.1 亿元、6.2 亿元、8.6 亿元,非流动资产负债率为 22.5%、11.5%、18.6%。

2. 医疗服务

(1) 门急诊人次数。2014 年,湖北省 64 个县的县级中医院门急诊人次数合计为 810.1 万人次,三年年均增幅为 11.2%。一、二、三类经济地区县级中医院门急诊人次数平均为 14.9 万人次、14.6 万人次、12.4 万人次,三年年均增幅为 10.1%、10.8%、12.5%,占县域的比例分别为 3.2%、5.3%、6.5%。

(2) 出院人数。2014 年,湖北省 64 个县的县级中医院出院人数合计为 67.0 万人次,三年年均增幅为 13.9%。一、二、三类经济地区县级中医院出院人数平均为1.3万人次、1.2万人次、1.1万人次,三年年均增幅为16.4%、10.6%、17.2%,占县域的比例分别为11.9%、13.6%、16.2%。

3. 医疗服务收入

(1) 医疗业务收入。2014年,湖北省64个县的县级中医院医疗服务收入合计为37.6亿元。其中,门急诊收入合计为10.7亿元,三年年均增幅为20.5%,合计检查收入1.9亿元,检验收入0.7亿元,药品收入5.0亿元。住院收入合计为26.9亿元,三年年均增幅为19.8%,合计检查收入2.2亿元,检验收入2.7亿元,药品收入8.8亿元,见表4。次均门急诊费为131.9元,次均住院费为4010.2元,见表4。

从表4看出,一、二、三类经济地区县级中医院平均门急诊收入为2778.3万元、1997.5万元、1271.0万元,三年年均增幅为27.6%、18.0%、20.5%,占县域的比例分别为5.4%、9.2%、10.1%。平均住院收入为5683.8万元、4601.4万元、4142.9万元,三年年均增幅为23.7%、17.0%、21.6%,占县域的比例分别为12.8%、16.3%、21.1%。

从服务项目看,门诊收入和住院收入构成中,药品费用占比最高(门诊约占51%,住院约占37%)。门诊收入中,药品和检查费用占比合计70%左右,与人民医院相似。近3年门诊收入中的诊查费和卫生材料费增幅最大。住院收入服务项目中,药品、治疗、检验占比位列收入比重前三。近3年住院收入终检查费、检验费和卫生材料费增幅最大。

(2) 医疗收入与医保。2014年,64个县的县级中医院医疗收入合计为37.6亿元,其中来自城镇职工医保、城镇居民医保和新农合收入分别为4.4亿元、2.6亿元、13.3亿元,共计20.3亿元,占整个医疗收入的54.0%。一、二、三类经济地区县级中医院来自三大医保收入平均为4226.5万元、3562.8万元、3179.1万元,占县中医院平均医疗收入的49.9%、54.0%、58.7%。

表4　湖北省2014年县级中医院平均门诊收入情况（万元）

项目	分区	挂号	诊查	检查	检验	治疗	手术	卫生材料	药品	护理	其他	合计
门诊收入	一类县	12.2	83.0	592.6	199.0	253.0	29.6	92.6	1452.1	—	131.1	2778.3
	二类县	18.2	37.6	385.8	159.2	228.9	19.0	27.3	1076.3	—	75.8	1997.5
	三类县	8.7	20.2	249.1	92.3	133.3	19.0	40.4	613.4	—	94.5	1271.0
住院收入	一类县	—	—	426.6	650.0	773.1	507.8	166.3	2274.9	167.42	—	5683.8
	二类县	—	—	389.9	479.1	1137.1	396.7	291.8	1635.2	135.97	—	4601.4
	三类县	—	—	419.7	476.8	755.8	295.2	232.2	1494.0	91.39	—	4142.9

(四) 县级中医院效率及影响因素

根据 DEA 方法的指标选择应满足数量、代表性、可得性、稳定性和独立性的要求。结合文献，本次县级中医院服务效率评价指标确定为：投入的候选指标包括职工总数（X_1）、实际开放床位数（X_2）固定资产总值（X_3）、支出总额（X_4）；产出的候选指标包括门急诊总人次数（Y_1）、出院人数（Y_2）、收入总额（Y_3）。评价结果如表5所示，2012—2014 年湖北省县级公立中医院的年均综合效率分别为 0.829、0.858 和 0.870，呈逐年上升趋势，但上升速度较慢。2012—2014 年湖北省县级公立中医院总体有效医院数量逐年增加，由 14 家（23.72%）增加到 19 家（32.20%）。

表5　2012—2014 年 59 家县级中医院 CRS 综合效率得分

效率值	2012	2013	2014
1	14	16	19
0.8~1	17	19	22
<0.8	28	24	18
平均综合技术效率	0.829	0.858	0.870

在医院效率影响因素分析中，医院外部因素包括地区经济水平、农村居民人均纯收入、人均财政补助比例；医院内部因素包括职工总人数、实际开放病床数、病床使用率、平均住院日、固定资产总值、资产负债率、人均门诊费用、人均住院费用、药品收入占业务收入的百分比、门急诊人次数、职工年均收入。经 Tobit 回归模型分析结果见表6。湖北省县级中医院的综合效率与固定资产总额、平均住院日和资产负债率负相关；与农村居民人均纯收入、人均财政补助、病床使用率和门急诊人次正相关。

表6　　　　2012—2014年湖北省县级中医院效率影响因素

因素	系数	标准误	Z值	P值
地区经济水平	0.020584	0.017267	1.192094	0.2332
农村居民人均纯收入	0.000009	0.000004	2.180014	0.0293
人均财政补助	0.010822	0.003217	3.363643	0.0008
职工总数	0.000034	0.000163	0.211084	0.8328
实际开放病床数	-0.000135	0.000123	-1.094806	0.2736
病床使用率	0.001761	0.000545	3.231084	0.0012
平均住院日	-0.022694	0.004247	-5.344002	0.0000
固定资产总额	-0.000016	0.000004	-3.653346	0.0003
资产负债率	-0.091056	0.037800	-2.408868	0.0160
人均门诊费用	0.000012	0.000217	0.057374	0.9542
人均住院费用	0.000013	0.000013	0.946496	0.3439
药占比	0.100486	0.101537	0.989642	0.3223
门急诊人次	0.011614	0.001984	5.854904	0.0000
职工收入	-0.011890	0.008084	-1.470943	0.1413
常数	0.731311	0.105162	6.954138	0.0000

(五) 县级公立医院访谈

根据本轮县级公立医院综合改革的主要目标，围绕建立医院运行新机制（包括破除以药养医机制、理顺服务价格）、完善药品供应保障制度、改革医保支付制度、建立符合行业特点的人事薪酬制度、加强上下联动、明确县级公立医院功能定位等内容，对6家县级公立医院院长进行了访谈，以上目标落实情况归纳如下。

1. 公立医院新运行机制建立

(1) 破除以药补医机制进展。在药品零加成政策执行方面，第一批试点医院宜城、红安县人民医院已于2012年9月10日起执行药品零差价政策，2014年药占比均控制在35%左右。截至2015年5月，红安县人民医院药品零差价让利3139万元,药占比由2011年底40.7%下降到32.5%;第二批试点汉川市、沙洋县人民医院,已于2014年10月30日起取消药品加成,执行医疗服务价格调整政策,截至2015年5月,两家医院药占比控制在30%左右。一些医院还通过安装"反大处方"软件等信息化手段,切断医生与药商之间的隐形利益链,以巩固破除以药补医成果。

(2)理顺服务价格情况。第一批试点医院从2012年9月10日起,提高诊疗费(在原收费标准的基础上,门诊诊疗费提高11元、住院诊疗费提高33元),价格上调的部分由基本医疗保险基金进行支付。根据2014年湖北省物价局、省卫生计生委、省财政厅、省人社厅联合发布的新一轮医疗服务价格调整通知,各试点医院于2014年10月30日起对医疗服务价格进行调整。

第一批试点医院均反映医疗服务价格调整后不能达到药品加成收入的80%。宜城市、红安县人民医院反映第一轮"门诊诊查费提高11元、住院诊查费提高33元"的价格政策,实际只能弥补药物加成收入的45%;第二批试点医院汉川市、沙洋县人民医院于2014年10月30日起对医疗服务价格进行调整,截至2015年6月,汉川市实际调增项目1095项,调减项目769项,价格调整后只能弥补药品加成的50%,同时反映政府按照规定进行的药物加成弥补的20%也尚未到位。问题集中在以下两个方面。

第一,医疗服务项目价格调增项目有些无法开展、价格基数低。由于县级医院设备、技术的历史条件限制,一些价格调增的项目无法开展,如部分高风险的心血管外科手术。能够开展的项目,如一些基本护理项目,价格基数低(如排痰、灌肠)、劳动强度大,其价格上调率产生的收入增量较小,对医务人员开展一些医疗服务的积极性有一定影响。

第二,价格经过调增、调减后的收益不能有效补偿药品零加成。价格调减项目价格基数较高,如大型设备检查费曾是县级医院收入的重要来源,调减后对医院收入影响较大。

2. 药品供应保障制度落实

（1）降低药品和高值医用耗材费用情况。第一批试点医院红安县人民医院基药销售额占比50%，第二批试点医院沙洋县人民医院销售占比30%。药品供应所反映的主要问题有：①招采的部分药品价格远远高于之前的价格或药店的价格，如临床使用广泛的地高辛片，之前医院定价8元一盒，现招投平台上定价140元一盒，病患面临着较之以往更昂贵的药物费用负担；②湖北省高值医用耗材平台尚未建立（2015年底已建立），各医院现仍自行采购卫生耗材及进行相应的成本控制。

（2）药品配送管理情况。少数招投目录上的药品并无实际配送。赤壁市人民医院和汉川市人民医院反映有个别临床需求较大的低价药（如催产素、氯胺酮），虽出现在招投目录上，但并不实际配送。一些价格高，疗效好，有临床需求的药又未纳入招投目录，为满足患者实际需要，医院对此类药物需从其他公司购买后再转手配送给医院，无法通过采购平台操作。

3. 医保支付制度改革

在医保支付现状方面，据沙洋县人民医院介绍，三大医保支付占县医院总收入65%左右，其中新农合占比略高于城镇居民、职工保险。各试点及非试点医院均参照2014年10月《湖北省关于开展分级诊疗试点的指导意见》，主动进行支付方式改革，实施单病种付费、城镇职工医保和城镇居民医保的定额包干、新农合的总额预付等各种支付方式，多数县级医院城镇职工医保和城镇居民医保实行定额包干。截至2015年6月，沙洋县人民医院有11个病种实施单病种付费，赤壁市人民医院已经有100多个单病种实现按病种付费。

4. 人事薪酬制度改革

（1）编制管理与人事制度现状。6个县级公立医院均已实行了编制备案制，并建立起了动态的调整机制，在岗位聘用、收入分配等方面，对编制内外人员统筹考虑，按照国家规定推进了养老保险制度在全院的覆盖率。宜城市于2013年在全国各人才市场、医学院招收博硕士人才，并鼓励市直医疗机构提供包括安家费在内的优惠政策招聘优秀本、硕、博人才，经试用考核合格，并在规定期限内取得相应资质者立即入编。但试点医院均反映，优秀人才引进依旧困难，整体学历层次较低。部分医院招聘要求二本以上的本科生，甚至降低到三本，但还是难以吸引人才；"5+3"规培生及研究生引进难度更大，洪湖市人民医院现尚无硕士及以上学历医务人员。

（2）合理确定人员薪酬水平。各试点医院都已建立了较为科学的医护人员绩效考核制度，自主进行收入分配，基本做到多劳多得，优绩优酬，重点向临床和公共卫生一线、业务骨干和有突出贡献的人倾斜，合理拉开差距，并且严禁向医务人员设立创收指标，同时将工作质量、患者满意度纳入医生评价指标之中。宜城人民医院将绩效奖励与学科激励相结合，绩效工资向高风险科室、学科带头人倾斜，倾斜系数达2%；汉川市人民医院等将医生个人收入药占比情况纳入奖惩考核之中，一旦踩线绩效工资立即清零，同时开展三年一周期的"中青年人才计划"，对任期内医务人员的科研能力、影响力进行评分，在定编定岗原则下，实行末位淘汰制。

5. 上下联动情况

（1）转诊率控制情况。各县医院普遍反映受新农合政策影响，向上级省、市医院转诊率明显下降。红安县人民医院推行"先诊疗、后付费"的住院诊疗服务模式，对新农合住院患者，实行免交住院押金，出院一次性结算等方式减轻病人住院中的经济压力，促进"看病不出县"，已有20000例新农合患者受益于该诊疗模式，顺利入院治疗、出院。各县医院向下级转诊情况普遍较少。

（2）医联体建设情况。各试点县都组建了不同形式的医疗集团和医联体，并采取了促进分级诊疗实现的具体措施：第一批试点医院宜城市人民医院、宜城县中医院于2010年完成合并3家乡镇卫生院成立医疗集团，旨在让群众"小病到乡镇卫生院，大病到大医院"；红安县中医院院长到各集团所属乡镇卫生院分发县中医院各科室主任联系方式，鼓励乡镇卫生院与各科主任联系；作为第二批试点及分级诊疗试点医院，汉川市人民医院已于2013年与省人民医院建立托管平台，邀请人民医院主任及专家到院指导、坐诊以及手术,增强病患就地医治的信心。

四、"三明模式"对湖北深化医改的启示

与兄弟省市相比,湖北省县域医疗资源相对丰富,县级公立医院体系完备,规模较大,且县级公立医院资源与服务能力持续提升;县级公立医院综合改革条件成熟且各地具有不同程度和不同方面的尝试。但是也发现不同经济发展地区之间,以及同类型经济地区内部,县级公立医院发展和服务能力不平衡,甚至差异巨大;县级人民医院与县级中医院规模、资源、服务能力、运行特征等方面存在本质差异。

与此同时,县级人民医院效率持续下降,县级中医院上升。其中,县级中医院的综合效率与固定资产总额、平均住院日和资产负债率负相关,与农村居民人均纯收入、人均财政补助、病床使用率和门急诊人次正相关;县级人民医院的效率与职工总数、平均住院日、固定资产总额、资产负债率负相关,与农村居民人均纯收入、实际开发病床数、病床使用率和门急诊人次正相关。

福建省三明市政府主导,从政策上调整公立医院收入结构,改革考评与绩效利益导向,理顺关系,规范医疗和医药行为,从治理"高价药"、"大处方"的浪费中索要"改革红利",效果明显。结合福建省三明市公立医院改革经验,针对湖北情况,主要有以下几点启示。

第一,坚持顶层设计。各级党委、政府主要领导必须高度重视,相关部门密切配合,目标明确,认识高度一致;注重改革的顶层设计,不仅"三医联动",还发挥了"上下联动"的作用,形成合力,建立相互关联、相互衔接的公立医院改革政策群;以破除医药补医机制为重点,从药品集中采购、降低药价虚高、规范医疗行为着手,分步实施,小步快进;通过外加推力,内加压力,调整公立医院内部管理和运行机制,迫使公立医院回归公益性本质,医疗卫生工作者回归"白衣天使"的本能。

第二,坚持分类指导。必须兼顾县域经济社会发展水平,关注县人民医院与县中医院本质特征上的区别,留有余地,鼓励不同地区、不同类型公立医院,结合当地实际和自身特点,创造性执行国家关于全面推开县级公立医院综合改革的精神,不搞"一刀切";认真总结湖北省已经开展的第一、二批县级公立医院综合改革试点单位经验,完善县级公立医院综合改革实施方案。

第三,坚持问题导向。正如习总书记所言:改革是由问题倒逼而产生,又在不断解决问题中而深化。福建省三明市医改恰好印证了这一论断,其改革的真正动力,是医保基金连年严重"出险",地方政府又无财力兜底,迫使决策者们下决心,从政策和制度层面解决医药费用持续过快增长的问题。

第四,坚持循序渐进。其中,福建省三明市公立医院改革第一阶段主要政策文件,虽然没有直接涉及药品采购具体工作,但为开展公立医院药品采购改革,治理药价虚高及大处方进行了铺垫,营造了良好氛围;第二阶段主要采取"疏与堵"结合策略,运用市场机制、通过政府主导"建机制,堵浪费,调结构,增效益",平衡了医保、医院和医生的各方利益,增加公立医院药品集中采购工作的外部推力和内部动力,减少了制度上的阻力;第三阶段也就是最后一个阶段,建立起以市地为组织单位,公立医院药品集中采购、配送、结算和使用监管工作政策。围绕总体目标,三个阶段所制定的政策环环相扣,形成可操作的政策路径。

第五,坚持"三医联动"。福建省三明市政府通过构建4个政策模块,形成公立医院综合改革政策群,致使医药、医保和医疗"三医联动"。其一,政策模块之间彼此协调、方向一致,既有硬性指标,也有软性措施,包括经济指标、宣传发动和诫勉谈话等;其二,政策调整指向,重在理顺关系,使之责、权、利紧密结合。例如,通过"小步快进"方式,利用价格杠杆,提高医疗技术服务收费标准,体现医院、医务人员劳动价值,取消药品、耗材加成,降低大型仪器设备检查、化验收费价格;再如,通过绩效薪酬考核机制改革,使院长、医院和医务人员行为目标与政府改革方向一致，自觉规范医疗行为，控制不合理费用，提升医疗服务质量和工作效率。

第六，探索第三方绩效评价制度。从效率、成本、临床质量、病人满意度、公平性等多个维度评价各项公立医院改革改革政策对医院综合绩效的影响，并形成县医院之间可以相互学习的机制，从而可持续地改进综合绩效。

课题负责人： 毛宗福　武汉大学公共卫生学院院长、武汉大学全球健康研究中心主任、教授、博士生导师

报告撰稿人： 张欲晓　傅昌　姚业楠

武汉市战略性新兴产业发展"十三五"规划

武汉大学发展研究院课题组

培育和发展战略性新兴产业，高起点构建现代产业体系，加快形成新的经济增长点，抢占未来经济和科技制高点，对武汉市实现创新驱动转型发展目标具有重大战略意义。为贯彻落实市委、市政府"系统推进全面创新改革试验、加快建设具有全球影响力的产业创新中心"的战略部署，加快武汉市战略性新兴产业发展，根据《中共武汉市委关于制定全市国民经济和社会发展第十三个五年规划的建议》、《武汉市国民经济和社会发展第十三个五年规划纲要》和《武汉2049远景发展战略》等文件精神，特制定《武汉市战略性新兴产业发展"十三五"规划》。

一、发展现状和面临形势

未来五年，仍是武汉加快发展的黄金机遇期，必须准确把握国内外发展环境和条件的深刻变化，积极适应把握引领经济发展新常态，立足新阶段新问题，牢牢把握发展机遇，锐意进取，克难攻坚，全力推进我市战略性新兴产业发展迈上新台阶。

（一）发展现状

"十二五"期间，我市战略性新兴产业各领域快速健康发展，规模持续稳定增长，产业技术水平不断提升，正在逐渐成为调结构、转方式、惠民生的重要力量。

1. 产业整体发展态势良好

"十二五"期间,我市深入实施"工业强市"战略和"工业倍增计划"计划,2013年全市规模以上工业总产值突破1万亿元,2014年地区生产总值迈上1万亿元新平台。2014年,全市规模以上工业战略性新兴产业产值增长25.3%,高于规模以上工业产值13个百分点,占全市工业比重14.7%,占比提高1.6个百分点;2015年规模以上工业中战略性新兴产业产值增长9.8%,高于规模以上工业产值3个百分点,占全市工业比重15%。战略性新兴产业对全市经济平稳较快发展发挥了引领作用。

2. 产业集群发展格局基本形成

"十二五"期间,我市生物诊疗制剂及服务产业、光电子器件及激光产业被国家发改委列为国家区域战略性新兴产业集聚发展试点,地球空间信息及应用服务创新型产业集群被科技部列为全国首批10家创新型产业集群试点之一。以东湖国家创新示范区为核心,全市集成电路、新型显示等新一代信息技术核心基础产业集群初具规模,生物产业集群、高端装备制造产业集群、新材料产业集群等基本成型。

3. 产业创新能力不断提升

"十二五"期间,我市先后组建了武汉生物技术研究院等10个新型工业技术研究院,以及若干个产业技术创新战略联盟,在战略性新兴产业领域突破了一批关键核心技术,形成了一批重大科技成果、重要技术标准和重点技术产品。仅新一代信息技术产业领域就拥有国家级实验室、研究中心和技术中心18个,光纤光缆、光电器件、光传输的研发实力处于全国先进水平。东湖自主创新示范区在全国高新区综合排名上升到第3位,知识创造和技术创新能力排名上升到第2位。

4. 优势产业发展地位突出

我市战略性新兴产业发展门类比较齐全,新一代信息技术产业优势明显、地位突出。2014年全市规模以上工业战略性新兴产业总产值中,新一代信息技术产业比重达41.49%。而在七大战略性新兴产业门类内部,下一代信息网络、高效节能、生物医药、智能制造装备、生物质能、先进结构材料等产业细分领域，发展优势地位非常突出。

5. 产业发展环境更加优越

"十二五"期间，我市获批国家全面创新改革试验区和国家创新型城市试点，推进实施了一系列改革试点任务，创新创业和战略性新兴产业发展环境进一步优化。深入实施"自主创新能力提升计划"，研究制定支持创新"1+9"政策，在全国率先开展科技金融改革创新试验，率先全面推出科技成果使用权、处置权和收益权等改革；制定实施《东湖自主创新示范区条例》，东湖国家自主创新示范区建设取得新突破；制定发布权力清单、程序清单、责任清单，政府职能加快转变。

"十二五"期间，我市战略性新兴产业发展卓有成绩，但依然存在一些不足。一是产业核心企业发展不够，辐射带动作用不强，集群效应不明显。二是自主创新能力提升不够，在战略性新兴产业的核心技术、关键零部件和关键原材料方面仍处于追赶阶段。三是体制机制改革创新不够，一些关键环节和重点领域改革滞后、创新不足。四是市场导向作用发挥不够，政府与市场关系有待进一步理顺。五是产业人才队伍建设不够，人才流失现象比较严重，高端领军人才缺乏。解决破除上述内外因素的制约，释放战略性新兴产业发展巨大潜能，是我市"十三五"的重要任务。

（二）面临形势

"十三五"时期，将是武汉市率先全面建成小康社会决胜阶段，系统推进全面创新改革的攻坚期，实现创新驱动发展的突破期，面对国际国内经济科技和战略性新兴产业发展新形势，武汉市战略性新兴产业发展机遇与挑战交织并存。

1. 战略性新兴产业发展全球竞争日益激烈

世界经济虽然仍处于深度调整期，但主要发达国家及新兴经济体围绕培育和发展战略性新兴产业、抢占经济科技未来制高点，展开激烈角逐。美国的国家创新战略，"欧盟2020战略"，日本的新经济增长战略，韩国的新增长动力规划及发展战略，都以推动战略性新兴产业加速发展为目的。印度、俄罗斯、巴西等新兴经济体也努力通过科技进步、技术创新和政策支持，有选择、有步骤、有计划地推动战略性新兴产业发展。

2. 战略性新兴产业发展呈现新特征新趋势

21世纪以来，随着技术不断突破和市场日趋成熟，以学科交叉和多点突破为引领，以低碳增长为目标，战略性新兴产业发展呈现新特征、新趋势。一是集群突破与加速扩散成为战略性新兴产业技术演进趋势；二是智能化、绿色化和泛在化成为战略性新兴产业的基本属性；三是商业模式创新成为战略性新兴技术产业化的重要驱动；四是要素市场全球化成为战略性新兴产业发展的重要特征；五是集群发展成为战略性新兴产业的主要模式。

3. 国家战略对新兴产业发展提出的新要求

党的十八大报告明确提出实施创新驱动发展战略，将积极推动战略性新兴产业发展，作为推进经济结构战略性调整、加快传统产业转型升级、促进经济持续健康发展的一个重要举措。国家先后颁布系列文件大力支持和推动战略性新兴产业发展战略，2015年又进一步设立总规模达400亿元的国家新兴产业创业投资引导基金，孵化和培育面向未来的新兴产业。2015年，党和国家还就深化体制机制改革、2025实现制造强国战略目标、推进"互联网+"行动、促进大数据发展、推进大众创业万众创新等相继出台多项文件和政策，为战略性新兴产业发展创造了良好的宏观政策环境，同时也对战略性新兴产业发展提出了新要求、新目标。

4. 区域发展亟须战略性新兴产业的加快发展

从武汉城市圈"两型"社会建设，到东湖国家自主创新示范区建设，再到国家创新型城市试点建设，层层叠加的国家战略迫切需要武汉市加快战略性新兴产业发展。2015年，我市获批国家全面创新改革试验区，要"加快建设具有全球影响力的产业创新中心"，而"做大做强以光电子信息、生命健康、智能制造为代表的战略性新兴产业"，就是全面创新改革试验建设的"主战场"。同时，各省市纷纷出台强有力的地方性支持政策，围绕战略性新兴产业展开激烈竞争，但也产生了产业发展同构化、技术空心化、产品低端化以及某些领域产能过剩等突出现象。如何准确把握战略性新兴产业发展的新特征、新趋势，参与全球产业链、价值链、创新链的重构，抢占战略性新兴产业发展制高点，应对来自兄弟省市的发展压力，解决和避免发展中出现的各种问题，是我市"十三五"期间战略性新兴产业发展的重要课题。

二、指导思想、发展原则及主要目标

（一）指导思想

全面贯彻落实十八大及历次全会精神，牢固树立创新、协调、绿色、开放、共享的发展理念，主动适应、积极引领经济发展新常态，顺应新科技革命、新产业革命的时代潮流，紧紧把握国家系统推进全面创新改革试验、建设国家创新型城市等重大历史机遇，以创新驱动加快战略性新兴产业发展为目标，以科技创新为核心，以融合创新为路径，以破除体制机制障碍为重点，秉持"竞进提质、升级增效、以质为帅、量质兼取"工作方针，围绕产业链部署创新链、配置资源链、强化人才链、完善政策链，大力推进大众创业、万众创新，全面释放创新创业活力，聚焦发展新一代信息技术、生命健康、智能制造等优势产业集群，培育发展新材料、新能源、节能环保、数字创意等成长型产业，布局发展新能源汽车、航空航天等前瞻性产业，促进战略性新兴产业发展壮大为先导性、支柱性产业，打造经济社会发展新引擎，实现新旧发展动力转换。

（二）发展原则

坚持以新发展理念引领我市战略性新兴产业发展。创新、协调、绿色、开放、共享的新发展理念，是"十三五"乃至更长时期我国发展思路、发展方向、发展着力点的集中体现，必须贯穿于我市"十三五"

战略性新兴产业发展的各领域各环节。坚持走创新驱动发展道路，把创新作为引领发展的第一动力，强化科技创新在战略性新兴产业发展中的核心地位和引领作用，统筹推进理论创新、制度创新、文化创新等各方面创新，加快供给侧结构性改革，强化需求侧政策引导，破解发展难题，厚植发展优势。坚持融合发展，全面推动战略性新兴产业之间、战略性新兴产业与传统产业之间、战略性新兴产业与经济社会各领域之间的融合创新，促进若干新兴领域发展壮大并成为先导产业和支柱产业，持续引领我市产业中高端发展和经济社会高质量发展。

1. 市场主导和政府引导相结合

既要充分发挥市场在促进创新资源配置与集成中的决定性作用，强化企业主体地位，激发企业活力和创新力；又要积极转变政府职能、更好地发挥政府作用，加强战略研究和规划引导，完善政策激励，创造良好环境。

2. 重点突破和整体推进相结合

既要坚持"有所为、有所不为"，对潜力大、基础好的产业制定发展路线图和阶段性目标，整合集中优势资源实现率先发展，实现产业重点领域跨越发展；又要统筹规划，系统布局，合理部署战略性新兴产业及其配套产业的分工与重组，加快推动战略性新兴产业整体水平提升。

3. 自主培育和开放引进相结合

既要立足自主创新掌握一批关键核心技术，发展具有我市"区域个性"的战略性新兴产业特色领域；又要积极参与全球产业链、供应链、价值链重构，充分利用全球创新资源，融入世界产业分工和价值链，通过技术集成高端化承接国内外产业转移。

4. 适度超前和平稳发展相结合

既要加强对战略性新兴产业的科学评价和评估，提升产业技术预见水平，加强颠覆性技术和替代性技术的创新与运用，适度超前决策，及早布局，引领经济发展新常态；又要坚持稳中求进工作总基调，着力提高发展质量和效益，促进战略性新兴产业平稳健康、可持续发展。

5. 龙头带动和集群成长相结合

既要培育优势领域做强一批大企业,发挥龙头企业"关键的少数"作用;又要通过大众创业、万众创新形成创业经济,引导小微企业和"瞪羚企业"围绕龙头企业实现集聚式发展,巩固完善战略性新兴产业集群。

6. 占领高端和推动转型相结合

既要提升原始创新和集成创新能力,加强核心部件研发和高端产品开发,培养高附加值产业链,占领全球新兴产业发展的制高点;又要发挥先进技术改造提升传统产业的作用,推动工业化和信息化深度融合,推动生产型制造向服务型制造转变,积极构建绿色制造体系,实现武汉市产业整体提质增效升级。

(三) 主要目标

实施"战略性新兴产业倍增计划",以重大技术突破和重大发展需求为基础,促进新兴科技与新兴产业深度融合,加快建设成为战略性新兴产业创新发展策源地、传统产业向中高端转型升级示范区,打造具有全球影响力的新一代信息技术产业创新基地、全国重要的生命健康产业中心、国内重要的智能制造产业创新基地,充分发挥战略性新兴产业对我市建设国家先进制造业中心、国家创新型城市及全球影响力的产业创新中心的支撑作用。

1. 产业综合实力显著增强

战略性新兴产业规模化、高端化、集约化发展,以战略性新兴产业为支柱的产业体系基本建成,产业发展总体迈进中高端。到2020年,全市战略性新兴产业总产值达到16800亿元以上;规模以上工业企业完成战略性新兴产业工业总产值4800亿元,年均增长20%左右,占全市规模以上工业总产值的比重在20%以上;全市战略性新兴产业增加值占地区生产总值的比重在20%以上。

2. 产业创新能力大幅提升

新技术、新产业、新业态蓬勃发展,企业重大科技成果集成、转化能力大幅提高，掌握一批具有主导地位的关键核心技术，建成一批具有国际先进水平的创新平台，发明专利质量数量和技术标准水平大幅提升，战略性新兴产业重要骨干企业研发投入占销售收入的比重达到4%以上。一批关键核心技术跻身国际先进水平，具有自主知识产权的技术、产品和服务的国际市场份额大幅提高，在部分领域成为全球重要的研发制造基地。

3. 产业智能化绿色化发展加快

基本实现新型工业化，先进制造业强市地位进一步巩固；工业化和信息化深度融合迈上新台阶，战略性新兴产业整体素质大幅提升，数字化、网络化、智能化取得明显进展。重点行业单位工业增加值能耗、物耗及污染物排放明显下降。企业研发、生产、管理、服务的智能化、绿色化水平全面提升。

4. 产业组织结构更加合理

壮大一批龙头骨干企业，培育一批高新技术企业，扶持一批专精特新、创新能力强的中小微企业，建设若干专业园区和特色基地，形成一批产业链完整、辐射带动作用强的战略性新兴产业集群。涌现一批掌握核心关键技术、拥有自主品牌、开展高层次分工合作的国际化企业，形成多个具有国际竞争力跨国企业集团，在全球产业分工和价值链中的地位明显提升。

5. 产业引领带动作用明显

战略性新兴产业对全市产业发展转型升级、结构优化、节能减排、提高人民健康水平、增加就业等的带动作用明显提高。新一代信息技术、生命健康、智能制造等产业成为国民经济支柱产业，新材料、新能源、节能环保、数字创意、新能源汽车、航空航天等产业成为国民经济先导产业。

6. 产业创新环境更加优化

全面创新改革卓有成效，在政府职能转变、市场公平竞争、知识产权、科技成果转化、金融创新、人才培养和激励、开放创新、科技管理创新等重点领域及关键环节的改革取得重大突破。以企业为主体的产业技术创新体系更加健全，以市场为导向的产业协同创新体系更加完善。创新创业政策体系和服务体系更加健全完善，形成一批有效满足大众创新创业需求、专业化服务能力较强的众创空间等新型创新创业服务平台。

三、聚焦发展优势产业集群

立足战略性产业发展既有基础，巩固扩大产业点优势，填平补强产业链优势，聚焦发展新一代信息技术、生命健康、智能制造等优势产业集群，加快形成一批支柱性产业，打造区域经济转型升级新引擎。

（一）新一代信息技术产业

1. 发展趋势

自《"十二五"国家战略性新兴产业发展规划》发布以来，新一代信息技术领域的"宽带中国工程"、"高性能集成电路工程"、"新型平板显示工程"、"物联网和云计算工程"、"信息惠民工程"等5项重大工程项目均取得了明显效果，新一代信息技术涉及的下一代信息网络、电子核心基础、高端软件和新兴信息服务等三大产业实现了较好发展，产业结构调整不断深化和加速。在"十三五"期间，我国经济新常态的大环境下，随着"信息化与工业化深度融合"、"互联网+"、"中国制造2025"等一系列国家战略的推进，由新一代信息技术推动形成以互联网为核心的新平台，将不断催生大数据、云计算、物联网、移动互联网等新的应用模式，将不断推进信息技术与传统产业的加速融合。快速发展的智能制造将为新一代信息技术产业带来新的巨大发展空间。

2. 发展目标

"十三五"期间，需巩固提升新一代信息技术产业的核心基础，着力推动物联网、光电子、集成电路、云计算、大数据、移动互联网的研发与示范应用，大力提升以软件与网络增值服务为重点的信息服务能力，打造区域性信息服务及服务外包基地，在关键技术、示范应用和公共平台建设等方面取得明显进展,形成一批具有国际影响力的龙头企业和一批极具创新能力的重点骨干企业,在光通信、激光、地球空间信息及应用服务等特色领域形成一批具有全球竞争力的品牌产品,打造光电子国家制造业创新中心,建设具有国际影响力的新一代信息技术产业创新基地。

到2020年,新一代信息技术产业实现总产值6000亿元,培育年销售收入过1000亿元的企业达到1~2家,过500亿元的企业达到3~4家,过100亿元的企业达到6家以上,过10亿元的企业达到100家以上,过1亿元的企业达到400家以上,上市企业超过30家。

3. 空间布局

"十三五"期间,主要依托东湖国家自主创新示范区,重点建设光电子产业园、武汉未来科技城、光谷软件园、光谷激光产业园、武汉软件新城、地球空间信息产业园、卫星产业国际创新园以及东湖高新区智能制造产业园等专业化园区,积极在江夏区、蔡甸区、黄陂区等地的专业园区培育发展新一代信息技术产业,不断完善和优化武汉市新一代信息技术产业的空间布局和产业链条。

4. 重点领域

巩固提升光纤光电子、新一代移动通信、新型显示、地球空间信息等优势领域,重点布局移动互联、集成电路、物联网、全光网络、量子通信等新兴领域,着力突破光通信、新一代移动通信、集成电路、新型显示与照明、移动互联、大数据与云计算等领域的核心关键技术,加快大容量存储、新型智能终端、新型路由交换、新一代基站、超大容量光纤传输、超强超快激光等新一代信息技术设备的研发与制造。

(1) 高性能集成电路。重点突破存储器及其高速接口技术、嵌入式存储器工艺技术、微处理器(CPU)和微控制器(MCU)技术、DSP技术、电源管理技术、高端逻辑与射频集成电路工艺技术、高压集成电路工艺技术、MEMS以及智能传感器技术、3D封装等关键基础技术,推进下一代存储器MRAM、3D-NandFlash、计算型存储器CDRAM与嵌入式NORFlash的设计、工艺技术开发与产业化。推动BGA、

MCM、CSP、SIP以及3D封装等先进封装材料、封装技术研发和产业化。

（2）光通信。在光纤光缆方面，重点研发接入用光纤预制棒、光纤光缆，超低损耗、大有效面积的新一代长距传输光纤光缆，努力缩小在制棒技术和生产规模上与美、日等国的差距，进一步掌握规模化生产的核心技术，注重提升设备国产化率。在光电器件方面，应对400GE需求，突破25Gbps乃至50Gbps的光电器件技术，突破和掌握硅光子、InP等光集成技术，提升设计和工艺能力。在光通信设备方面，突破通信网络核心IC技术和400G、1T等高速大容量光传输技术，掌握TWDM-PON等下一代光接入技术，形成有国际竞争力的产品，扩大市场份额。

（3）激光。以激光成套装备企业为龙头，以激光材料、光电器件、激光器等中小型激光生产企业群为支撑，拓展各类激光加工、激光医疗设备、激光测量仪器、激光显示设备、激光3D打印机、激光文化设备和军用激光等应用，形成有层次的激光产业链。重点攻克1千瓦~10千瓦高功率、高亮度半导体激光器、光纤激光器、碟片激光器和射频激励二氧化碳激光器的产业化技术，突破50瓦~100瓦皮秒激光器、飞秒激光器和紫外激光器关键技术，重视激光装备核心光学器件和系统集成核心部件的研究开发。

（4）新一代移动通信及下一代互联网。重点研究新一代移动通信和下一代互联网泛在、智能、绿色、安全、平滑演进等共性核心技术，突破产业发展的核心技术，形成重要的产业技术标准。建设新一代移动通信成套设备产业化基地和下一代互联网公共技术平台，涵盖下一代互联网核心路由交换设备、融合接入设备、终端设备、移动SG/4G/LTE基站及覆盖系统、WLAN、基站天线等。加强新一代移动通信和下一代互联网基础网络建设，面向我国2020年单用户100Mbps接入能力这一核心指标，启动"宽带武汉"工程，规模推进FTTH，新建区域全面推进超FTTH建设。启动国家级互联网骨干直联点工程，形成新的华中地区互联网核心。开展5G移动通信技术研究，启动4G/LTE网络建设及应用示范工程，完成下一代互联网示范城市网络改造及应用示范。

（5）新型显示。积极向新一代显示技术布局，重点研发高性能TFT-LCD显示技术、新型有机发光显示材料及器件（OLED）、柔性显示材料及显示器件、3D显示技术及相关产品和激光显示（LPD）等关键技术以及其他芯片及显示技术；加快推进 LCOS 激光电视及投影显示产品产业化。

（6）光照明。加快发展超高亮度大功率 LED 芯片、高效绿光芯片，使产业化白光 LED 器件的光效达到国际同期先进水平（150~200 lm/W），LED 光源/灯具光效达到 130 lm/W，白光 OLED 器件光效率达到 90 lm/W，OLED 照明灯具光效达到 80 lm/W。使半导体照明、创新应用、智能化照明系统及解决方案开发等达到世界先进水平或国内领先水平。

（7）移动互联网。强化以应用为牵引的网络融合的创新及实施。加速以宽带、融合、安全、泛在为特征的下一代信息网络建设，实现信息基础设施城乡全覆盖局面，突破后 4G 和 5G 无线通信、近场通信、全光网和未来网络关键技术等新一代网络核心关键技术，推进移动互联网络技术创新、以移动互联网为基础的新兴应用拓展和新型网络建设的互动结合，积极发展具有武汉特色的移动互联网应用示范工程，大力发展移动互联网产业中的移动终端、移动支付、移动视频、移动音乐、移动游戏等，扩大移动互联网对社会生活的支撑和影响力。

（8）物联网。以智慧城市建设为契机，突破一批物联网关键技术，带动物联网产业集聚和产业链延伸。推动地球空间信息和光通信领域切入物联网的感知与传输环节，重点发展物联网感知技术及产品、物联网异构网络统一通信技术及产品、物联网传输综合解决方案、数据智能处理方案等，带动物联网产业集聚和产业链延伸。

（9）大数据与云计算。加快实施"黄鹤白云"计划，建立中部地区的云存储中心和云服务中心，大力推进数字家庭、数字城市、数字医疗等一批数字化民生工程，整合和掌控大数据资源，建立和发展数据挖掘与分析、数据交易与数据服务新型行业，通过云计算和大数据技术应用的发展培育新的商业模式。

5. 建设任务

大力支持重点企业加快发展,强力推进国家存储器产业基地建设,加快建设显示面板、红外传感器、光通信芯片等重大项目,策划建设云计算、大数据等产业基地,引进系统集成电路设计、6~8英寸芯片、基板玻璃、触摸屏、LTPS、OLED、智能平板电视等一批重点项目,形成拥有独立自主知识产权的光电子全产业链和产业集群。

(二) 生命健康产业

1. 发展趋势

生命健康产业现已经成为全球竞争的重点领域。2013年国务院发布《国务院关于促进健康服务业发展的若干意见》,明确指出将大力推进健康服务产业发展。随着新兴技术尤其是"互联网+"与大健康产业相互渗透融合、技术和商业模式不断创新突破,新产品、新业态和新模式层出不穷,生命健康产业将迎来蓬勃发展的新机遇。近年来,国内许多地区竞相开展生命健康产业的战略布局,积极抢占发展先机。预计到2020年,我国生命健康产业产值将达到8万亿元,占GDP的比重达到10%。城乡居民健康需求的持续提升,将为生命健康产业的快速发展提供有力支撑。

2. 发展目标

"十三五"期间,重点围绕针对重大疾病的药物、医疗器械和个性化治疗创新方向,布局生物制品、生物医学工程、精准与智慧医疗等产业链、创新链,全力打造生物医药、生物医学工程、生物制造、生物农业、生物服务、现代健康服务等生物与健康产业集群,促进生命健康产业高端化、规范化、国际化、规模化发展,推动生物产业全面参与国际竞争,重点领域上下游配套及协调发展态势明显,建设世界知名、国内一流的生命健康产业创新基地。

到2020年,生命健康产业实现产值3000亿元,培育年销售收入过500亿元的企业达到2~4家,过100亿元的企业达到15家以上,过10

亿元的企业达到30家以上，聚集各类生物企业3000家。

3. 空间布局

"十三五"期间，主要依托东湖国家自主创新示范区和东西湖区打造产业集群，以武汉经济技术开发区、江夏区、新洲区、武汉化工区等地专业园区为重要辅助，积极发展生命健康产业的细分领域，并在全市范围内大力推进现代健康服务。

4. 重点领域

重点布局生物医药、生物医学工程、精准与智慧医疗、医疗器械、生物农业、生物制造、生物服务、现代健康服务等产业细分领域，加快推动基因测序、干细胞与再生医学、分子靶向治疗、仿生科技等技术大规模应用，超前布局生命、信息、纳米等科技的融合创新领域。

(1) 生物医药。在化学药领域方面，重点开展先导化合物的研发、药品生产工艺和处方核定的研发、新药的临床研究及临床前研究和大品种药物的二次开发，鼓励通过消化、吸收再创新，提升各项工艺技术。在现代中药领域方面，重点开展中药复方等药效物质基础及制备方法、中药主要有效成分的作用机理研究，中药制备和生产新工艺研究，开展先进药物制剂及相关关键技术研究，提高中药行业标准化水平。在生物药领域方面，重点支持新结构、新靶点、新机制的创新药物研发，尤其是基于新靶标或多靶标的创新药物，以及新结构、新机制的创新药物、分子靶向治疗药物的研究。

(2) 生物与生物医学工程。重点发展高端医学影像、显微光学生物成像、激光手术和临床监护设备。围绕疾病预防、临床诊断、疗效评价、治疗后诊断等需求，开发高通量、高精度和体外诊断仪器、试剂和系统。推动3D体外培养技术、再生医学和组织工程与生物技术的融合，促进新型医用材料的研制和产业化。

(3) 精准与智慧医疗。在个性化医疗健康领域，重点推进高端个体化诊疗技术的发展，打造标准化、个体化医疗研究服务中心；重点推进先进互联网技术及营销模式对传统医疗服务融合与应用。

(4) 生物农业。全面构建农业生物基因、细胞、酶（蛋白质）三大工程技术体系，重点培育植物、动物和微生物三大农业生物技术产业。着重发展农业生物基因资源高效发掘技术、高效农业生物育种技术、动植物品种设计、生物肥料、生物药品辅料、生物农药、生物兽药、生物鱼药等技术的产品研发与技术应用，推动产业化发展。

（5）生物制造。在生物基产品领域，重点支持发酵生产氨基酸及其衍生物的产业化关键技术和"酶法多肽"产业基地建设，重点支持利用真菌或细菌生产食品级花生四烯酸（ARA）和微藻二十二碳六烯酸（DHA）的生产项目及利用基因工程改造细菌生产番茄红素等保健品、药品和生物基产品的产业化。在生物酶制剂领域，重点支持纺织酶、食品酶等新型酶制剂的产业化技术，促进新型酶制剂在传统制造业的应用。

（6）生物服务。在生物信息领域，重点培育临床基因检测与生物信息分析，支持蛋白三维结构分析技术在生物医药研发领域的应用；在合同研发和委托制造领域，发展新药研发服务，推进抗体药物大规模生产服务基地建设；在公共技术服务领域，重点扶持企业在基因检测和细胞治疗新技术方面的开发和应用。

（7）现代健康服务。在医疗服务方面，重点发展生物信息产业及高端健康服务产业，以武汉市内国家级品牌医院与医疗服务机构为重要基础，通过国际合作，重点推进智慧医疗、个体化治疗与检验、医疗云计算建设，着重发展器官移植、心血管疾病、口腔疾病等专科治疗技术的研发与应用服务；在健康管理服务方面，大力发展现代化医疗服务机构的建设与运营，重点发展个性化健康产品的研发与生产，推进发展生物信息产业及高端健康服务产业；在健康养老服务方面，积极探索养医护相结合的服务模式，推进各级养老机构与医疗机构、社区卫生服务中心的有机联合，开展养老服务共性技术和产品的研究及应用。

5. 建设任务

加快发展针对重大疾病的药物和医疗器械新产品，推进湖北智慧医疗健康产业基地、基因测序仪生产基地、植物源重组蛋白药物生产基地、武汉友芝友肿瘤治疗性双靶向抗体药物产业化基地、武汉健民集团生物医药产品研发生产基地、湖北天济药业中药饮片生产基地、中国医药集团与法国赛诺菲巴斯德公司疫苗生产基地、湖北凌晟药业头孢菌素药物产业化基地、海特科技园、喜康（武汉）生物医药模块化大分子药物生产基地、鼎盛联创酵母蛋白培养基地、博雅干细胞研发基地、疫苗和中枢神经系统药物生产基地、人体组织替代研发基地、重大新药研发基地、高精端医疗诊断设备研发基地、武汉光谷生物医药产业园等重点项目的建设。

（三）智能制造产业

1. 产业趋势

智能制造代表着未来先进制造业的发展方向，在世界范围受到广泛重视，多国政府均将此列入国家发展计划，大力推动实施。我国对智能制造相关技术的研究，起步与国际基本同步，但是产业化进程一直比较滞后，与工业制造业发展的结合不太紧密。"十二五"中期以来，随着国家把智能制造作为进一步推进两化深度融合的切入点，围绕智能装备、工业软件等发展重点，面向传统产业改造升级和战略性新兴产业发展需求，推出了一系列的战略部署，智能制造已成为未来十年我国制造业转型升级发展的新方向。

2. 发展目标

"十三五"期间，充分利用国家新型工业化产业示范基地、综合性国家高技术产业基地等政策优势，重点围绕新一代信息技术与制造技术深度融合的创新方向，布局高档数控机床、机器人、增材制造、智能汽车等产业链、创新链，大力发展智能制造技术、智能制造装备、智能制造产品和智能制造服务，持续扩大智能制造业的产业规模，显著提高智能制造关键配套系统与设备的研发能力、关键零部件与基础件制造能力和先进装备重点产业智能化率，打造一批具有自主知识产权的智能制造品牌，建成国内重要的智能制造产业创新基地。

到2020年，智能制造产业产值达到4000亿元，新增国家级创新平台4~5个，骨干企业研发经费投入占销售收入比例超过5%，培育一批在国内外有较大影响力的智能制造企业和具有竞争优势的"专、精、特、新"专业化生产企业，建成若干创新能力强、特色鲜明的智能制造集聚区。

3. 空间布局

"十三五"期间，以东湖国家自主创新示范区、武汉经济技术开发区等为主要依托，集中力量建设光谷智能制造产业园，并在新洲区发展机电装备制造，在江夏区发展机械装备制造，在黄陂区发展临空装备制造，在青山区发展船舶装备制造，不断拓展智能装备制造产业的发展空间。

4. 重点领域

以提高装备制造自主创新能力和企业核心竞争力为重点，促进数控机床、数字控制、工业机器人、智能仪器仪表、增材制造等智能制造装备研发和推广，发展智能控制系统、数控切削装备、数控成型装备、汽车零部件加工装备、电子制造装备等关键技术与工艺，加强新型传感技术、模块化与嵌入式控制系统设计技术、先进控制与优化技术、系统协同技术等智能关键技术、智能共性技术的研发与应用，进一步提升制造过程的数字化、柔性化及系统集成水平，为实现制造装备和制造过程的智能化提供技术支撑。

（1）智能机床与基础制造装备。以国家重大需求、与战略安全相关的制造行业为对象，重点研制若干类自动化基础好、智能化要求迫切的制造装备。在推进大型制造装备企业发展智能型装备的同时，支持若干专业化科技型企业开展数控机床的智能化改造。重点发展数控机床与数控精密加工、数控功能部件设计制造、数控装备关键系统及零部件制造、智能控制系统与智能机器人等领域，大力开展制造工艺优化研究，开发智能传感器及传感器网络系统、适合制造装备的智能数控系统、智能控制软件等，逐步研发智能仪表、精密仪器、精密传动装置、伺服控制机构、液气密元件及系统等智能测控装置并实现产业化。

（2）工业机器人。通过引进、消化、吸收国外机器人产品的先进制造技术和生产工艺，积极发展国产工业机器人，形成工业机器人关节减速器、伺服电机、机器人控制系统等核心关键部件的可靠、批量化生产能力，提高关键零部件的性能指标（包括精度、平均无故障时间等）。发展工业机器人自动化生产线、流程工业的核心工艺和成套装备，以汽车、机械制造、船舶、飞机、工程机械、军工、日用家电等行业工业机器人为牵引，围绕机械加工配套的机器人，重点攻克控制器、减速机、伺服与电机等核心部件的共性技术，重点解决工业机器人自动化生产线与核心部件的设计工艺、可靠性、测试标准等问题，积极推动汽车、电子、军工、物流、医药、危险品制造等行业工业机器人的应用示范。

（3）3D打印。研究新的制造3D打印机的创新原理、方法及其相关支撑技术，包括新材料、新器件（激光器）、智能控制、设计软件、网络数据库、新成形原理、新的设备工艺、巨型结构增材制造、微纳增材制造、太空环境制造等。建立3D打印产业化基地，研究原创性技术、共性技术与标准，以重大工程和行业应用为牵引推动产业化，在飞机机身整体制造、航空发动机及控制系统设计制造、个性化组织器官替代物制造、汽车（包括汽车发动机）快速研制等四个方面加速推进3D打印工程化应用。研究3D打印技术与传统制造技术的结合和工艺优化。逐步推进3D打印的市场化服务，重点发展3D打印在航空航天、生物医疗等领域的高端应用，以及3D打印在个性化消费产品、文化创意产业等领域的广泛应用。建立3D打印技术服务网络，形成产品设计、原材料、关键元器件、装备、工业应用等完整的产业链条，形成以互联网技术为依托的"云制造"模式。

（4）智能控制软件。加强对共性智能技术、算法、软件架构、软件平台、软件系统、嵌入式系统、大型复杂装备系统仿真的研发，积极探索计算机集成制造系统（CIMS）、精益生产（LP）、智能制造系统（IMS）、敏捷制造系统（AMS）、生物制造系统（BMS）、虚拟制造系统（VMS）等先进制造理念与制造模式，提高制造业信息化的综合集成和协同应用水平。通过智能控制软件的预测、判定和自适应调整功能，为装备制造企业提供智能工艺优化。在重点工业行业逐步推进智能制造单元、智能生产线、智能工厂的建设，支持提供生产过程控制、生产环境检测、制造供应链跟踪、远程诊断管理、产品全生命周期监测、产品安全等环节实时在线服务。

（5）智能网联汽车。突破与沉淀一批智能汽车关键与核心技术，带动汽车制造、宽带移动通信、移动互联网、北斗定位、地理信息等相关产业的技术发展，推动智能汽车新产品与新技术的实验验证与成果转化，形成一批拥有核心技术与行业影响力的智能汽车、智慧交通龙头企业，带动上下游千亿以上规模产业良性发展，逐步建成国际一流的智能网联汽车创新试验示范区。

5. 建设任务

重点发展智能机器人、高端数控机床、增材制造、智能汽车等领域，力争在汉建设智能汽车国家级制造业创新中心、国家海洋工程装备研制生产基地、深海装备创新平台、智能机器人国家研究中心等。重点开展智能控制系统、精密减速机、伺服驱动器和电机、控制器、桥梁设计及装备制造等领域核心关键技术攻关，促进工业机器人、高档数控系统、新能源汽车整车集成及关键零部件、智能网联汽车、无人驾驶汽车、智能生产线、深海勘探、钻井装备、通用飞机、支线客机、无人机、智能家居、智能船舶、智能输变电等产品产业化应用。

依托优势企业，紧扣关键工序智能化、关键岗位机器人替代、生产过程智能优化控制、供应链优化，建设重点领域智能工厂、数字化车间。支持智能制造企业加快开发智能产品和自主可控的智能装备，支持大中型传统制造企业加快在智能家居、智能汽车、智能船舶、无人机等产业领域的布局；推动建立智能制造标准体系、信息安全保障系统和智能制造网络系统平台，打造全国重要的智能装备研发制造企业集群。

四、培育发展成长型产业

瞄准技术前沿，把握产业变革方向，围绕重点领域，培育发展新材料、新能源、节能环保和数字创意等产业，形成一批新的经济增长点。

（一）新材料产业

1. 发展趋势

"十二五"期间，新材料产业快速发展，骨干企业迅速成长，产业规模逐步壮大。到2015年，我国新材料产业规模达到2万亿元总产值。目前，我国新材料产业已经初步呈现出集群分布特征，正形成以东部地区为主要聚集区域，中、西部地区基于原有产业技术与自身资源优势迅速发展的空间格局。东部是创新型材料的主要发源地，承担着我国新材料的研发与制造的功能；中、西部新材料产业发展则是以传统材料的改进与升级为主，中部地区主要以原材料工业为基础发展，西部地区则更多的依托丰富的资源优势发展其新材料产业。在"十二五"末期，已初步建立起具有一定自主创新能力、规模效应较大、产业配套齐全的新材料产业体系。到2020年，新材料产业将成为国民经济的先导产业，主要产品能够满足国民经济和国防建设的诉求。

2. 发展目标

"十三五"期间，积极培育壮大新材料产业，在新材料重点领域实现新突破和新发展，为提升重点产业和新兴产业的竞争能力发挥基础性支持与引导作用。到2020年，新材料产业实现产值1000亿元。

3. 空间布局

"十三五"期间，以武汉化工区为主要依托，以江夏区、新洲区为重要辅助，在高端金属结构材料、新型轻合金材料、高性能复合材料，纳米材料、抗污材料、智能材料、超导材料等细分产业领域延伸产业链条，优化产业空间布局。

4. 重点领域

重点发展高端金属结构材料、新型轻合金材料、高性能复合材料，纳米材料、抗污材料、智能材料、超导材料等前沿新材料的研发和产业化。

（1）高品质特种钢材料。重点研发和生产：核电用、超超临界火电用、高性能汽车用及高速铁路用特种钢；高品质不锈钢、高性能工模具用钢，耐腐蚀及耐高温、高压高强钢及高性能工程用钢；铁基高温合金铸件、特殊钢铸件、高强度低温和超低温用可焊接铸钢件；特殊品种高级无缝管等。

（2）高性能合金材料。重点研发和生产：高精度合金管、棒、线型材，高强高导电子产品用金属压延材料，高强度合金锻件；医用合金材料，医用合金器件；大规格特种合金锻件、铸件等。

（3）高性能纤维复合材料。重点研发和生产：高性能碳纤维及其复合材料，碳/碳复合材料；高强玻璃纤维、连续玄武岩纤维、陶瓷纤维、石墨纤维等无机非金属高性能纤维；芳纶、超高分子量聚乙烯纤维及其复合材料；芳砜纶纤维、聚苯硫醚纤维、聚四氟乙烯纤维、聚酰亚胺纤维、酚醛纤维、高吸水性纤维等。

（4）表面功能材料。重点研发和生产：功能型涂料、新型涂层材料、环保型防腐涂料、环保型高性能工业涂料、高温陶瓷涂敷材料、高档汽车用金属颜料、水性重防腐涂料、耐高温抗强碱涂料、防火阻燃涂料、磁性热敏涂层材料、自清洁涂层材料、医用生物活性陶瓷涂层等。

（5）新型膜材料。重点研发和生产：生物功能和仿生分离膜材料、质子膜材料、离子交换膜、功能高分子膜材料、均相系列荷垫膜、聚烯烃类微滤膜、液体脱气膜、汽液相分离膜、膜内转印用膜、氯碱用膜材料、无机分离催化膜材料、反渗透膜材料、陶瓷分离膜材料、渗透气化和蒸汽渗透分离膜材料等。

（6）生态环境材料。重点研发和生产：基于生物材料和环境降解材料技术的乳酸及聚乳酸生物可降解材料、淀粉基生物塑料、秸秆生物塑料等。

（7）新型能源材料。重点研发和生产：锂离子电池材料、镍氢电池材料、燃料电池材料、储能电池材料、超级电容器材料、随机信息存储材料等。

5. 建设任务

重点支持金属新材料、冶金工程技术与装备、高速特种钢生产基地建设，加快推进陶氏化学华中业务中心、PPG 化学汽车高性能涂料研发中心、深圳光华伟业化工基地、中国钢研集团特种钢华中生产基地、ET低碳改进性高分子材料及其制品产业化基地、武汉"膜"技术生产基地等项目建设进程。重点引进石墨烯与碳纤维、生物新材料、新能源材料等项目。

(二) 新能源产业

1. 产业趋势

国际新能源产业发展的总体方向是绿色、低碳、高效、低耗、安全。风力发电、太阳能光伏发电、太阳能光热利用、生物质能源等细分产业领域呈现快速发展态势。预计到2020年,全球能源供应2/3来自新能源,太阳能发电增速将超过风能。受经济结构、能源结构以及环境约束,新能源在我国能源发电中所占比例还很低,这使得我国对于新能源产业的发展更为迫切。随着国家系列强有力的扶持政策引导和推动,我国可再生能源的政策调整蓄势待发,为中国新能源产业在"十三五"时期的发展带来了新的机遇。

2. 发展目标

"十三五"期间,在提升传统能源清洁利用水平的基础上,把握全球新能源产业发展趋势,重点发展新能源技术与装备,风电、核电、页岩气开采核心零部件及装备配套能力达到国内领先水平,形成以武汉为核心、以"武汉城市圈"为依托、辐射全国、具有鲜明特色和较强影响力的新能源产业聚集区和特色产业基地。到2020年,新能源产业产值达到1000亿元。

3. 空间布局

"十三五"期间,以东湖国家自主创新示范区、武汉经济开发区、吴家山经济技术开发区等国家级开发区为主要依托,以武汉化工区、武汉新港为重要辅助,不断拓展新能源产业发展空间。

4. 重点领域

瞄准新能源产业链高端环节及发展方向,以可再生能源发电及应用为核心,重点发展太阳能、风能、氢能、生物质能、核电技术等新能源细分产业领域，同步发展核电服务、储能和动力电池等。

（1）太阳能光伏发电。以光伏为主导，以太阳能光热发电和热利用为补充，在新型电池研发、太阳能高温利用、太阳能光热发电、多种光伏系统集成、太阳能建筑一体化等领域取得技术突破。重点研发太阳能光伏发电新材料、新一代太阳能电池、太阳能热发电和储热技术、太阳能热多元化利用技术、风光储互补技术、太阳能利用装备生产新工艺、太阳能光伏电池高效转换技术及设备、光伏电池组件成本控制关键技术等前沿技术，打造从硅材料、硅片、太阳能电池（组件）到太阳能建筑一体化系统、太阳能离网或并网发电系统的完整产业链，拓展太阳能光热发电聚合物锂离子电池、薄膜太阳能技术应用领域。

（2）风电。加快风电机组整机研发，提高发电机、叶片、塔筒、齿轮箱、轴承等关键零部件技术水平和制造能力，重点实现国测风电整机、云鹤风电的齿轮增速箱、凌久高科电控系统、武船塔筒等关键项目的技术突破。发展兆瓦级以上风力发电控制系统、风力发电设备、风电机组整机等新型风机装备，提升风电产业配套能力和风电装备整体制造能力，不断增强风电设备研发和制造在全国的地位和优势。

（3）核电。抓住中广核集团建设湖北核电有限公司武汉基地的机遇，支持武船、武锅、东方电气（武汉）核设备、471厂、武重等相关企业提升核电装备配套能力，加快核电配套设施建设，打造中国核动力运行技术研究和服务基地。

（4）生物质能。加快生物质锅炉发电机组、烟气处理、关键部件的研发与制造，加大生物质能产品的应用推广；研发生物质生产燃料集成、废渣气化发电供热、废渣裂解炼制生物质油、沼气合成柴油等生物质能源一体化的系统集成方案。

（5）氢能。积极布局和研发氢能技术，依托中国地质大学（武汉）及相关企业，加快推进氢能技术产业化，打造氢燃料电池研发和应用基地，构筑氢能汽车全产业链，培育具有规模经济效益的氢能产业集群。

（6）智能电网。围绕电网信息化、数字化、自动化和互动化，加快数字化变电站、电力储能、电能质量监测与治理、分布式电源接入系统、用户端智能配电网、智能电器及电表、特高压成套输变电设备的研发与产业化。

5. 建设任务

重点支持圣德利薄膜太阳能电池研发生产基地建设，继续支持相关企业积极开展太阳能电池、光伏发电技术产品的研发和制造，进一步推动光伏及太阳能发电形成更明显的市场优势，推动光伏应用系统研发走在全国前列。着力打造燃料电池、生物质能、太阳能光伏全产业链体系，大力提升风电、核电、页岩气开采核心部件及整套装备的生产制造能力。

（三）节能环保产业

1. 发展趋势

发展绿色经济已成为当今世界发展的重要趋势和全球共识。节能环保产业作为绿色产业的重要组成部分，是我国重点培育的战略性新兴产业，也是21世纪最具发展潜力之一的产业。经过"十二五"期间的发展，我国节能环保产业已拥有一批较为成熟的常规节能环保技术和装备，部分关键、共性技术已经产业化。2015年底，我国环保产业总产值达到4.5亿万元，增加值占国内生产总值的2%左右，并且培育起来一批具有国际竞争力的节能环保大型企业集团，吸纳就业能力显著增强。总体来看，我国节能环保产业技术装备正在不断升级，并已初步形成了门类较为齐全的产业体系，具备大规模快速发展的条件，具有巨大的发展潜力与市场发展空间。

2. 发展目标

"十三五"期间，适应绿色发展、循环发展、低碳发展新需求，努力推进产品与技术高端化、企业总承包运营一体化、设备制造与环保节能服务融合发展，形成较为完善的节能环保产业链。到2020年，节能环保产业实现产值1000亿元。

3. 空间布局

"十三五"期间，以青山区为主要依托，发展环境监测技术与装备、新型环境友好材料产品，在全市范围内推广水污染防治与循环利用、大气污染防治与相关综合利用、固体废弃物回收处理与综合利用、新兴环保节能服务。

4. 重点领域

重点发展水污染防治与循环利用、大气污染防治与相关综合利用、固体废弃物回收处理与综合利用、环境监测技术与装备、新型环境友好材料与产品、新兴环保节能服务业等细分产业领域。

（1）水污染防治。重点研发和生产：凝结水精处理再生单元锥体树脂分离技术、电去离子净水技术与设备、STCC污水处理及深度净化一体化技术与设备、高温印染废水回用一体化处理技术与设备等。

（2）大气污染防治。重点研发和生产：高性能除尘技术设备、燃煤烟气脱硫脱硝技术及设备、煤炭提质加工清洁利用技术与装备等。着重发展拥有国际领先技术水平的干法、湿法烟气脱硫技术。

（3）固体废弃物综合利用。重点研发和生产：煤矸石、粉煤灰、脱硫石膏、磷石膏、化工废渣、冶炼废渣、尾矿等废弃物的二次利用产品；废弃物综合利用技术和装备；固体废物生产水泥、新型墙体建材、绿色环保材料与包装产品等。

（4）环境监测技术与装备。重点研发和生产以环境空气质量自动检测技术、微流红外气体传感技术为基础的环境监测装备等。

（5）新兴环保节能服务业。重点发展环保热电、清洁能源、高效能源传输等技术研发与装备制造；以中钢集团武汉安全环保研究院、中国五环工程有限公司为主导，综合推进环保技术、投资、管理、信息、监测、风险评估与环境影响评价等节能与环境服务。

5. 建设任务

重点支持污水治理基地、绿色环保材料及包装基地、青山节能环保产业基地、东湖烟气脱硫基地、光谷绿色动力节能环保产业园等环保产业板块的建设与发展。综合推进环保技术、投资、管理、信息、监测、风险评估与环境影响评价、治理等节能与环境服务平台的建设与运行。

(四) 数字创意产业

1. 发展趋势

数字创意产业是数字技术与文化创意、设计服务融合创新发展起来的新型产业。文化创意和设计服务产业具有高知识性、高增值性和低能耗、低污染等特征，是发展创新型经济、促进经济结构调整和发展方式转变、加快实现由"中国制造"向"中国创造"转变的重要途径。"十二五"以来，国家大力推进文化科技融合发展，推动传统文化产业转型升级，培育国民经济新的增长点。在新技术浪潮下，文化内容的生产与信息技术、数字网络技术对接，衍生出一系列新业态。数字创意产业以科技为支撑，以创意为灵魂，以跨界融合为方向，内涵不断丰富，外延不断拓展。其创新、融合、开放的产业特征，决定了数字创意产业具有无限宽广的发展前景。

2. 发展目标

以数字技术推动文化创意与设计服务等产业创新发展，促进数字创意向相关产业融合渗透，数字创意的先导产业作用更加强化，与相关产业全方位、深层次、宽领域的融合发展，形成文化引领、技术先进、链条完整的数字创意产业发展格局。到2020年，数字创意产业实现产值300亿元。

3. 空间布局

以东湖国家自主创新示范区、武汉经济技术开发区为核心，以中心城区为主体，以新城区、风景区为依托，建设数字文化创意与设计服务产业集群。东湖自主创新示范区开发区、武汉经济技术开发区重点发展数字创意文化技术装备产业集群，中心城区重点发展创意设计、数字传媒、数字出版、数字演艺、数字会展等产业，新城区、风景区重点发展数字文化旅游等产业。

4. 重点领域

重点发展数字文化创意技术和装备的研发与生产，推动数字文化创意内容与形式的融合创新，加强内容和装备的协同创新，提升设计服务创新水平，推进相关产业融合发展。

（1）数字文化创意技术和装备。在创作生产技术装备领域，加大空间和情感感知等基础技术的研发力度，加快虚拟现实、增强现实、交互娱乐引擎开发、文化资源数字化处理、互动影视等核心技术的创新发展，加强大数据、物联网、人工智能等技术在数字创意生产领域的创新应用和产业化。在传播服务技术装备领域，重点研发具有自主知识产权的超感影院、混合现实娱乐等的配套装备和平台，大力研发数字艺术呈现技术，提升艺术展演展陈数字化、智能化和网络化水平，支持文物保护装备产业化及示范运用。研究制定关键技术标准，加快构建技术标准体系。

（2）数字文化内容与形式。在优秀文化资源的创造性转化方面，鼓励对艺术品、文物、非物质文化遗产等进行数字化转化和开发；依托湖北、武汉地方特色文化，加强现代设计与传统工艺的对接，创造具有鲜明区域特点的数字创意内容产品；提高图书馆、美术馆、文化馆、体验馆、博物馆、文化遗产地的数字化智能化水平，带动公共文化资源和数字技术融合发展。在当代数字创意内容的创作方面，加强数字创意产品原创能力建设，强化高新技术支撑文化产品创作力度，加快出版发行、影视制作、演艺娱乐、艺术品、文化会展等行业的数字化进程，提高动漫游戏、数字音乐、网络文学、网络视频、在线演出等文化品位和市场价值；鼓励多业联动的创意开发模式，提高不同内容形式之间的融合程度和转换效率，努力形成具有国内国际影响力的数字创意品牌。

（3）创意设计服务。推进设计创新成为现代制造业、服务业、城乡建设、环境生态等领域的核心能力。在工业设计方面，提升武汉市"设计之城"的定位，筹划建设武汉国家工业设计中心，设立武汉工业设计研究院，鼓励企业设计工业设计中心；推动工业设计与企业管理深度融合，鼓励工业设计机构整合全产业链，转化工业设计创新成果；制定和推广工业设计行业标准，建立工业设计人才和机构数据库、供需对接平台以及双创服务平台。提高城乡规划、建筑设计、景观设计和装饰设计水平，促进创意设计在智慧城市、社区公共服务、公共艺术等领域的融合应用，提升人居生活质量。

(4) 相关产业融合发展。推动数字创意在电子商务、社交网络、教育服务、旅游、农业、医疗、展览展示、地理信息、公共管理等各领域的应用，培育更多新产品新服务和多向交互融合的新型业态，形成数字创意产业无边界渗透格局。

5. 建设任务

深入推进东湖国家级文化和科技融合示范基地建设，加大力度推动数字文化创意产业技术装备创新，打造国家数字文化创意技术装备产业基地；加快发展数字传媒产业，大力发展网络出版、手机出版、云出版等新业态；大力发展创意设计产业，支持设计创意与工业、时尚、建筑、城市规划等融合发展。深度应用数字创意领域最新创新成果，对武汉市历史文化建筑、街区、名镇、名村、考古遗址以及"汉派"文化等优秀文化资源进行数字化转化和开发。构建数字创意产业与武汉市"文化五城"建设相互促进、融合发展的良性关系。

五、布局发展前瞻性产业

着眼于未来5~10年全球产业发展前沿，选准突破口，推进新型技术和新兴产品的研发突破和产业化应用，抢占发展制高点；加强前瞻布局，加快发展新能源汽车和航空航天等产业，打造未来发展新优势。

(一) 新能源汽车产业

1. 产业趋势

汽车产业是国民经济的重要支柱产业，今后较长一段时期我国汽车需求量仍将持续增长，由此带来的能源紧张和环境污染问题将更加突出。发展新能源汽车已经成为促进汽车产业转型升级、推动绿色发展、培育新的经济增长点的重要举措。近年来，我国混合动力汽车、纯电动汽车、燃料电池汽车等三类新能源汽车的发展增长较快；在对新能源汽车性能有决定性影响的零部件领域取得重要进展，基础技术方面已接近国际先进水平。其中混合动力汽车正处于由产业导入向快速发展过渡的时期，需重点发展；纯电动汽车正处于由产业萌芽到产业导入的过渡时期，要积极培育；燃料电池汽车正处于产业萌芽期，需要在未来较长时间内加大力度进行基础技术研发和储备。

2. 发展目标

"十三五"期间，实现新能源汽车产业的规模化发展，较大提升新能源汽车产业整体技术创新水平，建成我国重要的新能源乘用车研发生产基地和车用动力电池生产制造基地。到2020年，新能源汽车产业产值达到200亿元；培育3~4家混合动力、纯电动和燃料电池整车及关键零部件产业化重点企业；进一步推动插电式混合动力汽车产业化和纯电动汽车运营示范化。

3. 空间布局

"十三五"期间，以武汉经济技术开发区、汉南区、江夏区为主要依托，重点提升新能源汽车和智能汽车产业创新能力，在大汉阳地区建设智能化交通基础设施平台，以示范应用引领新能源汽车汽车产业创新。

4. 重点领域

重点发展混合动力汽车和纯电动汽车产业化技术及市场化应用，对燃料电池汽车关键技术进行攻关和储备。特别是应加大混合动力汽车优势产品的示范应用力度，大力推进新能源整车、新能源汽车动力总成及零部件、动力电池产业、智能网联汽车等领域的研发与生产。

（1）新能源整车。围绕新能源汽车控制系统、动力系统、电控系统、信息系统等方面，开展原创性科技成果研发和技术标准制定，加快建立先进的乘用车整车设计与开发流程。重点支持骨干整车企业开发小型纯电动乘用车、紧凑型纯电动乘用车、插电式混合动力乘用车共用车型平台，混合动力商用车动力系统共性平台以及先进汽车节能技术研发和产品平台，推动混合动力客车产业化、纯客车产业化、电驱动环卫车产业化、电驱动工程作业类专用汽车产业化和电驱动特定用途专用车产业化。

（2）新能源汽车动力总成及零部件。突破新能源汽车的驱动电机及其控制系统、TRE涡轮增程发电系统、专用底盘、电驱动机械式自动变速器、电动助力转向系统、电动汽车整车控制器等动力及关键零部件技术研发，推动电机及其驱动控制系统产业化、电驱动机械式自动变速器产业化、电动汽车整车控制器产业化和动力系统集成产业化。

（3）动力电池产业。以提高电池性能与寿命、降低燃料电池成本为目标，实施锂电升级工程，突破新能源汽车动力电池的系列核心技术，推进新型动力锂电池关键技术研究与产业化、电池成组技术攻关及产业化、锂电池动力电池管理系统研发及产业化。突破充电设施制约瓶颈，在全市中心城区分批建立适应不同动力需求的新能源汽车能源供应站，健全新能源汽车应用基础服务平台，加快建成适度超前的充电基础设施体系。

5. 建设任务

依托武汉新能源汽车工业技术研究院、武汉理工大学、东风汽车公司、湖北省节能与新能源汽车产业技术创新战略联盟等骨干力量，重点建设东风雷诺一期、东风本田三厂、通用汽车二期、比亚迪新能源汽车基地、南京金龙新能源汽车及核心零部件生产基地等项目；积极引进中国一汽、上海大众、三菱、中国兵器、乐行天下等新能源汽车项目，并积极联合长沙、南昌等长江中游城市打造世界级的新能源汽车产业集群。

（二）航空航天产业

1. 发展趋势

当今世界，空间技术与航天科技的民用化水平已成为体现一个国家的综合国力与当代科技水平的重要标志。随着我国经济实力的持续增强以及科研技术水平的不断提高，空间运载服务、探索能力也在不断提升。以中国航天科技集团公司为龙头的航天工业，也正在将过去自产自销的封闭模式变成更具效率的市场化社会采购模式，使更多高技术民营企业的进入成为可能。不仅如此,随着国家低空空域改革试点及推广,也为通用航空产业的发展铺平了政策道路。

2. 发展目标

"十三五"期间,加快推进以商业航天为主导的国家航天产业基地和武汉国家卫星国际创新园建设,努力打造国际知名、国内领先的航天产业名城。

到2020年,实现航空航天产业产值达到300亿元,其中航空工业总产值达到30亿元;航空运营业、航空服务业及航空关联产业总产值达到120亿元;培育规模以上航天及相关企业150家。

3. 空间布局

"十三五"期间,以新洲区阳逻商业航天城为核心区,以航天科工集团第四研究院武汉院区(东西湖区)、东湖新技术开发区国家地球空间信息化产业基地、武汉经济技术开发区通用航空及卫星产业园为支撑,培育发展北斗导航、航天遥感、新型运载火箭、多类型卫星载荷及平台、航天固体运载器、通用航空装备、地面装备及制造、卫星发射及应用服务等产业领域。

4. 重点领域

优先发展新型运载火箭及发射服务、卫星平台及载荷、空间信息应用、地面及终端设备制造等领域的关键技术及相关主导产业,带动和辐射上下游产业发展。培育壮大自主可控信息技术、智能制造、新材料、新能源等航空航天相关基础产业,为航空航天核心产业发展提供支持和配套,并在商业航空航天项目牵引下创造新的更大价值。积极拓展延伸大数据、智慧产业、激光产业等关联技术在商业航空航天核心产业领域的同步发展,形成相互促进、协同增长的良好局面。

(1)空间基础设施。重点研发和生产:航天器系统、运载火箭、火箭发动机、先进运载火箭部组件、先进卫星平台及有效载荷、先进卫星分系统部组件产品、航天器测控地面站、移动测控设备以及航天器空间环境模拟系统;基于自主数据源的高速全交换式卫星遥感地面接收系统，基于网格架构的卫星遥感数据处理及存储系统，面向服务的卫星遥感数据分发系统，遥感卫星地面标校系统和增强系统，导航卫星地面监测站以及导航信号增强系统等。

（2）卫星应用系统。重点研发和生产：基于北斗导航卫星系统应用为基础的遥感数据服务、导航应用与位置服务、地理信息系统软件开发、三维数据获取、移动道路测量、智能道路路面检测、大型工程变形监测等。

（3）民用飞机制造。重点研发和生产：干线飞机、新型支线飞机、新型通用飞机、新型直升机、无人驾驶飞机等飞行器整机及其关键零部件、专用装备等。

（4）航空航天设备及系统制造。重点研发和生产：民用航空航天机载设备及系统、机载任务设备及系统、空中交通管制设备及系统、地面支持设备及系统等。

（5）航空航天新能源。重点研发和生产新型LNG液体燃料火箭发动机关键技术及产品。

（6）航空航天新新材料。重点研发和生产：树脂基复合材料、C-C复合材料、碳纤维、芳纶纤维、金属基复合材料、陶瓷基复合材料、气凝胶复合材料、隐身材料、石墨烯材料等。

（7）航空维修及服务。重点发展航空维修、航空再制造、航空技术服务、航空运营支持等服务。

5. 建设任务

大力推进武汉国家卫星产业国际创新园、国家级航空航天产业基地（商业航天技术创新创业园区）、国家地球空间信息产业化基地等重大项目和基础工程建设。重点支持武中航工业特种飞行器研发生产基地、通航南屏产业园飞机制造中心、波音飞机总装厂、凌云汉莎飞机维修基地、三江航天新洲基地等关键基地的建设与运行。加快低轨宽带卫星、低轨窄带卫星、空间信息应用及车联网、船联网、工程机械联网等卫星应用服务体系项目的建设布局。

六、保障措施

"十三五"期间,实现战略性新兴产业发展目标,必须进一步推进全方位改革创新,简政放权,深化融合,扩大开放,优化政策链、创新链、资金链和人才链,强化组织实施机制,健全战略性新兴产业发展保障体系。

(一)深化体制机制改革

——加快法治政府与服务型政府建设进程。以系统推进全面创新改革试验为契机,严格依法行政,简政放权,创新政府管理方式,探索"小政府、大社会"、"小机构、大服务"管理体制改革试点;加快制定政府权力清单和责任清单,最大限度地简化审批程序,深入推进跨部门串并联组合审批改革;加快智慧政务建设,实施精准服务企业工程,实现数据开放共享与互联互通,提高行政服务效能;建立高层次战略性新兴产业政企对话咨询机制,加强促进战略性新兴产业发展的相关法规、政策、措施等研究、制定和实施,在重点领域、关键环节上实现突破,形成全面推动战略性新兴产业发展的制度与措施。

——加强公共服务平台建设。加强人力资源、技能培训、技术研发、管理咨询、市场推广、检验检测、计量认证等公共服务平台的市场化整合,提升综合服务能力与水平;着力建设与战略性新兴产业发展密切相关的科技与金融服务平台,完善专业化共性技术服务、信息技术服务、技术转让服务、节能环保服务、服务外包、融资租赁、保险担保、资产管理等服务体系;加快推进事业单位改革,将从事技术研发、生产经营服务的事业单位转制为公共服务机构,优化政府购买服务机制。

——优化产业发展市场环境。充分发挥市场在资源配置中的决定性作用,简化初创企业监管程序,探索事中事后监管模式;完善市场准入、价格机制和退出机制,维护公平竞争、自主发展的市场环境,形成统一开放、竞争有序的现代市场体系;建立高效的知识产权保护与评估交易机制，加强区域技术、金融、人才市场建设，促进战略性新兴产业市场要素自由流动；建立健全企业信用动态评价、守信激励和失信惩戒机制，依法保护企业家财产权和创新收益；加强战略性新兴产业行业协会建设，完善行业监管与自律机制。

（二）健全产业创新体系

——完善以企业为主体的产业技术创新机制。进一步强化企业技术创新主体地位，深化供给侧改革，大力支持企业创建研发机构，促进创新要素向企业集聚，激发企业技术创新内生动力，全面提升供给创新质量；引导企业加大创新投入，推进科研项目经费后补助、后奖励工作，扩大科技创新券的发放对象、使用范围及发行规模，引导中小科技型企业向高校、科研院所和中介机构购买服务，开展产学研深度合作；鼓励企业参与和主持制定产品国际标准与行业标准，支持企业承担中央、省级科技重大专项，市级产业导向类科研项目主要由企业牵头组织实施；实施制造智能化提升工程，大力支持企业充分利用云计算、物联网、大数据等现代信息技术，深入推进互联网与战略性新兴产业的跨界融合与集成创新，提升产业技术持续创新能力。

——健全以市场为导向的产学研协同创新体系。推动政府职能从研发管理向创新服务转变，进一步强化需求侧政策引导，健全科技创新资源开放共享制度，构建覆盖创新全链条的科技服务体系；大力推动高校、科研院所与战略性新兴产业骨干企业的联动融合，构建创新利益共同体，打造战略性新兴产业特色、新兴领域发展策源地，加快建设国家级、省级基础研究和产业创新基地等各类科技创新平台，形成引领新兴产业发展的辐射源；大力发展工研院等新型协同创新技术研发机构，完善研发机构市场化、企业化运作机制，加强公共开发、数据共享、网络服务等产业共性技术支撑平台与技术交易平台建设，深化科技成果收益分配机制改革，建立健全财政性科技成果强制转化制度；完善知识产权保护制度，建立战略性新兴产业知识产权申请绿色通道以及针对新技术、新业态、新模式的知识产权快速跟踪反应机制，完善知识产权快速维权机制，健全知识产权侵权查处常态机制，加强专利联盟、专利池和技术标准联盟建设。

——大力推进产业创新集群建设。以东湖国家自主创新示范区、经济开发区及各城区工业园区等为主要载体，优化战略性新兴产业布局，推动战略性新兴产业高度集聚发展；鼓励优势产业集群在新兴产业重点细分领域取得定价权、标准权等国际话语权，在核心、关键、共性和前沿技术上取得突破；构建知识集群与产业集群协同发展的运行机制，加快产业技术创新战略联盟建设，形成有效协同的战略性新兴产业创新网络；深入实施领军企业计划、科技"小巨人"计划和科技型中小企业成长路线图计划，推进企业联合、并购、重组，发挥战略性新兴产业领军企业的龙头作用，形成互补共生、协调发展格局，打造具有综合竞争优势、特色鲜明、创新能力强、大中小企业协同发展的战略性新兴产业创新集群和特色产业链。

——不断优化创新创业社会环境。完善促进大众创业万众创新的政策和法律体系，大力推进大众创业万众创新示范基地建设，积极培育和集聚各类创新主体；深入推进实施"青桐计划"，健全创新创业服务体系，充分释放大众创业万众创新活力；健全创业企业培育孵化体系，加快新型创业孵化载体建设，加大众创、众包、众扶、众筹支撑平台建设力度，构建普惠性创新创业支持政策体系；培育和厚植鼓励创新、宽容失败、崇尚成功的创新创业文化，优化创新创业生态，塑造工匠精神，培育战略性新兴产业发展新动力。

（三）加强财税金融支持

— 加大财政支持力度。进一步加大战略性新兴产业发展的财政资金投入，创新支持模式，着力推进重大产业创新工程、重大创新成果产业化、重大应用示范工程、创新能力建设工程和公共技术服务平台建设等；扩大战略性新兴产业发展引导资金规模，发挥财政资金杠杆放大效应，带动社会资金投入，重点支持重大项目建设、重点企业发展、产业基地建设、技术创新能力提升等；加大对战略性新兴产业产品的政府采购支持力度，完善价格补贴政策和技术与产品创新的支持机制，促进新技术、新产品的推广应用。

——完善税收优惠政策。进一步落实国家在战略性新兴产业、高新技术企业、新产品新技术研发、节能环保、创新创业等方面的税收优惠政策，优化促进战略性新兴产业发展的地方税优惠政策；推广研究开发经费加计扣除、职工教育经费税前扣除、股权激励个人所得税分期缴纳、非独占许可使用权转让所得税减免优惠、中小高新技术企业个人所得税分期缴纳等税收优惠试点政策；深入推进营业税改增值税改革。

——健全金融支持体系。引导金融机构建立适应战略性新兴产业特点的信贷管理和贷款审批制度，创新科技金融产品，重点加大对战略性新兴产业发展的金融支持力度；支持融资性担保体系建设，大力发展科技保险市场，完善企业信用担保体系，健全科技信贷贴息和风险补偿机制；建立战略性新兴产业投融资信息服务平台，完善科技金融对接服务机制，推动建立促进战略性新兴产业发展的金融合作联盟；优化战略性新兴产业重点企业上市培育机制，完善企业上市融资政策支持体系。

（四）优化人才队伍结构

——加强产业高端人才引进和培育。深入实施"城市合伙人计划"，持续推进"黄鹤英才计划"、"光谷3551人才计划"、"高端人才聚集工程"、"黄鹤特支计划"、"创新岗位特聘专家计划"、"科技创新领军人才"、"科技创新团队计划"等各项人才计划，积极引进培育和引进战略性新兴产业急需的高层次领军人才和各类创新人才；以武汉未来科技城、工业技术研究院和武汉地区高校、科研院所等为载体，进一步加强创新人才培养基地建设，为战略性新兴产业发展集聚和培育优秀人才。

——创新产业人才培养模式。组织实施战略性新兴产业人才培养专项计划，推进专业技术人才、经营管理人才和职业技能人才的分类培养；促进战略性新兴产业相关学科专业建设，加强战略性新兴产业人才需求的科学预测，实现市场需求与培养体系的有效衔接；鼓励高等院校、职业院校、培训机构与企业开展定向、定岗、订单式、在线人才培养和技能培训，引导企业积极参与人才培养过程，探索建立校企联合培养人才新机制，加快实训基地建设，选拔各类优秀人才到国外学习培训。

——完善产业人才激励机制。健全战略性新兴产业人才配套激励政策，聚集一批高层次创新创业人才；加强人力资源市场建设，创新人力资源服务体系，促进人力资源优化配置；加快完善人才公共服务体系，健全科研机构、高校与企业科技创新人才的双向流动激励机制；进一步完善人才柔性流动政策，创新企业院士专家工作站、博士后工作站、科技特派员等科技人员服务企业的有效方式；完善科技人员创业股权激励机制，深化人才评价制度改革，对于服务企业贡献突出的科技人员，采取优先晋升等鼓励措施。

（五）促进开放协同发展

——引领区域发展。发挥武汉市在武汉城市圈战略性新兴产业发展的引领作用，协调圈域内战略性新兴产业发展规划，推进产业优化布局，构建分工协作、有效衔接、共同发展的一体化战略性新兴产业体系；完善长江中游城市群会商协调发展机制，积极推进战略性新兴产业跨区域分工协同、错位发展，建设区域性科技创新平台与产学研科技创新链，健全技术、人才、资金等要素跨区域自由流动和优化配置机制；推进长江经济带开发开放，推动战略性新兴产业协同合作、联动发展；积极融入"一带一路"，加强与"一带一路"沿线国家的经贸往来与投资合作。

——推进开放协作。健全战略性新兴产业国际交流与合作体系，促进要素跨国有序流动、资源高效配置、市场深度融合，建立政府、企业、投资机构、科研机构等高效协同的国际化合作网络；放宽战略性新兴产业市场准入限制，建立外商投资准入前国民待遇加负面清单管理机制；深度融入战略性新兴产业全球产业链、价值链与创新链，鼓励和吸引跨国公司、国际高校院所、国际科技组织在汉设立研发中心、分支机构，组建跨境跨地区的产学研联盟；推进实施战略性新兴产业"走出去"战略，鼓励企业拓展海外市场、跨国并购和在国外设立研发中心、产业园区，加快推进国际技术转移服务机构和平台建设。

——落实重大项目。实施"战略性新兴产业倍增计划"，积极开展对世界500强公司、跨国公司相关投资趋势研究，跟踪分析国内外战略性新兴产业龙头企业发展动态，谋划一批重大招商引资项目；创新招商方式，落实优惠政策，完善配套措施，优化国际营商环境，积极争取战略性新兴产业重大项目落户武汉，按照"策划一批、准备一批、建设一批、竣工一批"的要求，梯度推进重大项目工作；建立健全重大项目建设推进协调机制，探索建立战略性新兴产业重大项目对口联系服务制度，加快重大项目落地投产，发挥重大项目带动辐射作用。

（六）强化组织实施机制

——健全组织体系。充分发挥新兴产业体系和创新体系建设委员会的统筹协调作用，深入研究战略性新兴产业发展全局性工作，协调解决战略性新兴产业发展中的重大问题；设立战略性新兴产业发展专家咨询委员会，为战略性新兴产业决策提供智力支持；建立战略性新兴产业部门间联席会议制度，统筹协调战略性新兴产业发展政策、工作计划和举措，各区、开发区成立相应战略性新兴产业推进机构，强化规划落实与协调服务。

——完善实施机制。制定战略性新兴产业年度发展目标任务，明确部门职责和工作分工，落实责任主体，健全督促检查机制；建立战略性新兴产业分类统计、监测、分析和发布制度，及时掌握战略性新兴产业发展动态和趋势，探索实时应对机制；完善战略性新兴产业发展绩效评估机制，将战略性新兴产业发展绩效纳入相关政府部门目标责任制考核内容；建立中期评估机制，委托第三方机构开展战略性新兴产业发展中期评估。

——加强规划宣传。充分利用传统和新兴媒体，采取多种形式宣传战略性新兴产业规划有关内容和实施进展情况，形成有利于规划实施的舆论氛围，充分调动全社会积极性，加强规划的有效实施和社会监督。

武汉大学发展研究院
课题负责人：李　光　武汉大学发展研究院院长、教授、博士生导师
课题组成员：易晓波　胡甲刚　刘　钒　刘远翔
武汉市发展和改革委员会
课题组成员：张文胜　甘望铭　毕　玮

武汉市电视问政的实践探索及理论创新

曾婧婧　龚启慧

政府回应是政府在公共管理中对民众提出的诉求和问题做出迅速答复的行为。随着互联技术的发展，新媒体的涌入，为政府回应提供了新的载体与新的挑战。电视问政是一种典型的政府回应，需要在较短时间内，对公众反映的问题做出表态和应答，兼具政治性、政策性、技巧性与专业性的特点。近几年，全国各地掀起一股强劲的电视问政旋风，其中武汉广播电视总台的《电视问政》广受业界关注。自2011年开始，伴随着武汉治庸问责的深入，武汉电视问政已经走过整整五个年头，取得了良好效果和社会反响，是创新政府管理方式的有益尝试。

一、武汉市电视问政的发展历程

2011年初，针对发展软环境不优与干部队伍中存在的庸懒散问题，武汉市掀起了"治庸问责风暴"。中共武汉市委、市政府通过市长专线、行风连线网、行政投诉中心、信访局和新闻媒体征集市民投诉、意见与建议，筛选出十个突出问题。为促进问题整改，市委、市政府责成负有管理责任的部门单位，通过新闻媒体向市民公开承诺整改的目标、措施与期限，并决定通过"电视问政"监督问责。

2011年11月22—25日，4位市委、市政府领导和14位区长、局长走进直播厅，接受市民代表的问政。面对问政短片反映的突出问题以及现场观众的质询，被问政官员感受到了压力，表情凝重、头上冒汗，表现出种种不适应。但是，在被问政后，相关部门官员以负责任的态度积极采取行动,处理相关问题。曝光的20多个突出问题迅速解决,涉及制度、体制、机制方面的问题被列为市委、市政府深化改革、建章立制的重点。政府通过《电视问政》这一平台,对公众反映的问题及时、直接回应,并承诺整改,得到广大市民的认可。因此,武汉市委、市政府将电视问政由原定的每年一次改为每年两次,即"期中考"与"期末考"。电视问政致力于以改革精神、改革的思路、改革的措施,推动全市突出问题整改。坚持群众路线、问题导向、客观真实、重在建设、兼顾平衡的原则,着力搭建四个平台:一是党的群众路线教育实践活动效果的检验平台;二是市委、市政府治庸问责的平台;三是政府、媒体、市民真诚沟通和解决问题的平台;四是汇集民意、集中民智、聚集民力、参政议政谋政资政助政的平台。可以说,武汉市"电视问政"取得了空前成效。

2011年以来,武汉市共举办40场电视问政,聚焦承诺整改突出问题50个,有近100位承诺单位的党政"一把手"走进演播室接受问政。五年来,武汉市电视问政曝光具体问题552个,查处率达100%,保证了100%的回复率,其中90%以上的问题都得到了有效解决。在电视问政中,被问责的干部达760人;通过电视问政,已建立规章制度60多项。在解决具体问题、深入调查问责相关责任人的同时,被问责整改的单位还提出了长效整改意见,防止类似问题再次发生。

武汉市电视问政经过五年的实践探索,不仅实现网络直播,2013年还加入了微博互动环节,2014年更是开发出"掌上武汉"APP,可以手机观看《电视问政》直播并进行互动评论。同时,武汉市还将电视问政的观众测评结果,纳入干部年度绩效管理目标体系。2015年武汉电视问政的"期末考"新增全媒体互动环节,邀请中央及省市媒体代表现场爆料,并通过新媒体平台,实时与场内外观众、媒体互动。武汉市电视问政在发展过程中不断创新形式、拓展内容。

五年来,越来越多的武汉市民积极参与到电视问政中,爆料、监督、提供消息、提出建议;官员们也将其作为发现问题、监督工作的有效渠道,认真解答市民质疑,找出工作中的漏洞,不断整改。电视问政这一富有武汉特色的问政方式，已经成为新闻参政议政的重要手段，也成为武汉广播电视总台精心培育打造的一个知名品牌，受到社会各界广泛赞誉。

二、武汉市电视问政的示范意义

问政是一种典型的政府即时回应，政府官员需要在较短时间内，对公众反映的问题做出表态和应答。它以电视为传播载体，公众可就自己关心的问题对政府官员进行监督和问责，并得到有效政府回应。武汉市电视问政以电视访谈直播的形式，以武汉市每年十个突出问题为问政内容，以党政领导干部为问政对象，以市民群众为问政主体。经过不断探索与完善，电视问政这一创新的政府回应形式对于促进公众政治参与、创新政府管理方式以及创建服务型政府等具有重要的示范意义。

（一）扩大公众政治参与，实现官民良性互动

政治参与是公民直接或间接地以各种方式对与其利益相关的政治活动施加影响的活动。公众是城市的主人，是城市治理活动的主要参与者，南京大学社会学院梁莹教授指出"一个善治的政府必须是公众积极参与的政府，也必须是回应性强的政府"。随着社会的发展和进步，公众参与到公共事务管理中的积极性逐渐提高，越来越多的履行自己的权利和义务，通过各种渠道表达自己的政治利益诉求。政府也一直致力于保障公众政治参与权利，从十六大报告提出"扩大公民有序的政治参与"到十七大报告提出的"从各个层次、各个领域扩大公民有序政治参与"，再到十八大报告提出的"以扩大有序参与、推进信息公开、加强议事协商、强化权力监督为重点，拓宽范围和途径，丰富内容和形式，保障人民享有更多更切实的民主权利"，都体现了政府对于公众政治参与的重视。武汉市《电视问政》自开办之初，一直坚持"百姓参与、百姓评说、百姓监督"的理念，在权威性、公信力、舆论先导以及多媒体互动等方面都发挥着优势，其公民性、有序性以及契合善治理

念等都极大地显现出公众的参与性。通过《电视问政》为官民搭建了一个直接对话的平台，围绕城市治理问题，以直播形式现场问政，畅通了公众参与渠道、创新了政府回应方式，实现了政府、公众与媒体之间的良性互动。

（二）创新行政管理方式，提高政府行政效率

党的十八届三中全会强调，"必须切实转变政府职能，深化行政体制改革，创新行政管理方式，增强政府公信力和执行力，建设法治政府和服务型政府"。近年来，武汉市政府加大简政放权力度，深化行政体制改革，积极探索创新政府行政管理方式，加快转变政府职能，提高行政效率，以实施有效的政府治理。通过致力于建设行为规范、运转协调、公正透明、廉洁高效的行政管理体制，建立行政管理高效的政府，以更好地实现执政为民的目标，而政府回应能力的建设是转变政府职能的重要内容。随着社会的发展，政府回应在不同的时代条件下具有不同的传播载体和内容，相应地政府回应形式也具有不同特点。我国对于政府回应进行了积极探索，体现在公示制度、听证制度、政务公开等方面，但在实施过程中面临着信息公开滞后、透明性不足、渠道不畅通等缺陷，影响了政府与公众之间的良性互动。电视问政是近年产生的新型政府回应形式，是基于传统回应方式的改良，是政府为适应新的时代条件而发展的一种回应形式。政府即时回应信息可以利用电视媒介进行传播，政府官员在现场面对面地接受公众的问政，对于问政短片反映的问题迅速回应并承诺整改，对于公众提出的问题也要做出及时、科学、有效的回复，这种方式充分调动了公众的积极性，加强了公众对政府的监督，有效规避了传统回应方式中公众参与性不强、信息反馈的延时性等不足，提高了政府的行政效率。

（三）增强官员责任意识，助推服务型政府建设

美国学者格罗弗·斯塔林提出："公共管理责任的基本理念之一是回应。回应是指组织对公众提出的政策变化这一要求作出迅速反应，也

可以说是政府对公众所提出的要求作出超越普通反应的行为。"中国人民大学公共管理学院张成福教授则提出：政府责任是指政府能够积极地对公众的需求做出回应，并采取积极的措施，公正、有效率地实现公众的需求和利益。政府的责任意味着政府的社会回应，这与政府职能转型息息相关。政府职能是政府进行行政管理活动的出发点和落脚点，是国家管理公共事务的基础。目前，在政府深化行政体制改革的过程中，核心和重点就是转变政府职能。政府官员是政府职能行使的主要承担者，是政府管理活动的代言人，良好的官民关系体现着政府行政管理的有效性。因此，政府官员责任意识的培养对良好政府形象的塑造和政府公信力的提升具有重要意义。武汉市电视问政这一政府回应形式，作为群众监督、媒体监督的有效结合点，在问政现场犀利辛辣的提问中，倒逼官员认清自身的不足，在与公众进行互动的过程中，逐渐调整自己看问题与处理问题的方式和方法，自觉接受公众的监督，增强自身的责任意识和服务意识，依法行政，真正做到"权为民所授，权为民所用"。电视问政在转变行政理念、扩大公民参与、监督依法行政等方面促进政府职能的转变，有利于推动规范化服务型政府的形成。

三、武汉市电视问政中政府回应特点解读

政府即时回应的水平将影响公众对政府官员的信任度，同时也提高了公众参与政治生活的积极性，有利于政府与公众之间的双向沟通，并最终促进服务型政府的创建。通过对武汉市《电视问政》节目进行研究，试图从回应目的、回应主体、回应客体、回应方式以及回应价值五个维度对地方政府即时回应的特点进行分析和解读。

武汉市政府官员在电视问政过程中面对曝光的问题，承认自身的不足与职能缺位，承诺对这些问题进行整改，并且秉承着"治本"的理念致力于构建长效机制，体现出了较强的服务意识、责任意识，在回应过程中态度诚恳、敢于承诺，履行工作职能的同时也在电视问政过程中做到了真实回应。武汉市政府在电视问政中，回应导向是为构建服务型

政府；回应目的是提高官员的责任意识和服务意识，矫正回应态度，同时提高回应能力；回应方式是依照程序，依法行政，不断提高决策的科学性；回应主体是以政府官方发言人为主，同时政府内部多个部门进行协调配合；回应客体是以民生问题的解决为主，发挥公众的监督作用，避免政府职能的缺位（见图1）。

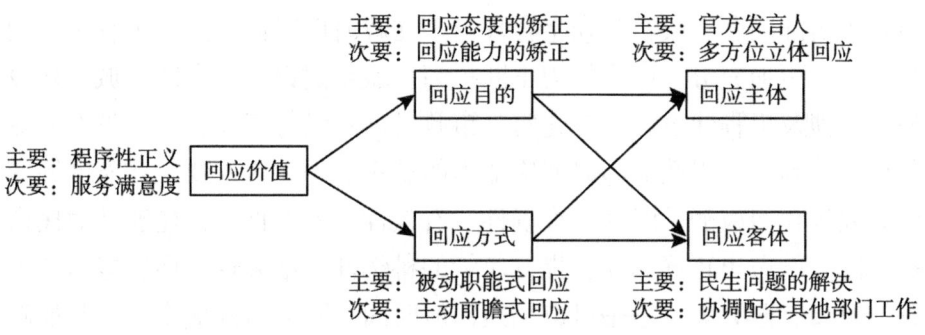

图1　政府即时回应特点解读模型

（一）回应目的：以自我矫正为主，兼顾公众诉求的满足

1. 回应态度的矫正：正视现实，兑现承诺

政府即时回应过程本质上就是官民互动的过程，在互动的过程中政府充分听取民众的意见和建议，从而对政府的管理和服务行为、政策制定与执行做出调整与矫正。武汉市治庸问责办主办《电视问政》节目的目的就是考察与评价各部门年初的承诺兑现情况，曝光一些关乎民生的重大问题。在节目中，接受问政的官员表现出尴尬、冒冷汗、说话含糊等情况，但官员观看节目视频短片中曝光的情况后大部分都正视问题并解释原因，再次承诺采取有效的解决措施。政府即时回应的态度由被动回应向正面应对转变，对作为顾客和消费者的特定民众所表达的特殊偏好和利益诉求做出有效及时反应并加以满足，其回应态度的矫正体现的是责任意识和服务意识，不仅对自身工作的不足坦诚以对，还对问题出现的原因进行分析，并承诺采取有效措施予以解决，满足了公共利益

的需求。

2. 回应能力的矫正：专业判断，做出决策

在武汉市《电视问政》节目前期，被问政的官员对视频短片中曝光的问题情况不太了解，在被主持人和观众代表问责时显得准备不足。但随着武汉市治庸问责工作的进行和电视问政的开展，越来越多的官员开始深入基层，了解公众需求，听取公众表达真实意愿，带领专家工作组解决实际问题，改善公众生存环境。在政府即时回应过程中官员们的准备工作更加充分，回应能力不断提高。城乡建设委员会统筹城乡建设规划，涉及工程建设、房屋建筑、市政设施建设等工作，对官员的专业化需求较高，所以政府即时回应能力的矫正显得尤为重要。政府的回应能力表现在回应的及时性、准确性、有效性、实用性上，能够针对民众提出的问题做出正确判断，提升决策的科学性、准确性。回应能力的提升的意义有两方面：一是可以缩短回应时间、降低行政成本；二是能够树立良好的政府形象，提升政府公信力。

（二）回应主体：以官方发言人回应为主，强化多方立体回应

通常意义上的政府即时回应主体是政府本身以及体制内的公职人员，但是我国现阶段的政府即时回应主体多为官方发言人，即各部门、单位的负责人。虽然官方发言人的回应可信度更强，但民众在日常生活中接触得最多的公职人员显然是基层的行政服务人员。基于回应的时效性，民众有需求时更希望能听到及时的、面对面的回应。从事基层服务的公职人员回应意识相对缺乏，政府应当以官方发言人回应为主要范式，强化多方立体回应。同时应将回应机制常态化，在公众有所求的时候能够及时有所应答。在武汉市《电视问政》节目中，可以发现参与问政的嘉宾都是各部门单位的主要领导，他们处于部门单位的核心地位，有能力对电视问政所曝光的问题负责，能够起到问政的效果。以武汉市城乡建设委员会的被问政官员为例，在武汉市《电视问政》节目中城乡建设委员会的被问政次数，城建委主任上场次数达10次，副主任上场次数3次，总工程师上场次数1次，因此我们可以发现在问政的

回应中仍以主要领导为主。

(三) 回应客体：以解决民生问题为主，兼顾配合其他部门工作

民生问题是人类社会生存发展的基本问题，也是治国理政的根本问题。民生问题与公众利益密切相关，本质是民主问题，其有效解决有助于加速我国民主进程，对于服务型政府的创建具有重要意义。因此，政府即时回应以民生问题的解决为主要目标。在此前提下，政府对于公众的利益诉求的回应必须及时、科学、有效。公众之所以会对政府提出诉求，是因为自身利益受损或权利得不到实现，究其根源是民生问题。民生问题具有广泛性、层次性和差异性，一个部门的力量难以持衡，需要高效的多部门协调配合才可以将政府的管理和服务覆盖到民生问题的各个方面，从而促进民生问题有效解决。武汉市每一场《电视问政》节目的回应主题都不同，但大部分是关乎民生问题，视频短片中曝光的问题也都非常具体。官员对于民生问题的回应，一是要承认问题所在；二是解释问题产生的原因；三是要提出具体的解决措施，做出承诺，满足公众利益诉求。

(四) 回应方式：以被动职能式回应为主，也有主动前瞻式回应

1. 被动职能式回应

被动回应是相对主动回应来说的较为低级的回应形式，在《电视问政》节目中表现为较典型的结构式问答。在日常生活中职能式回应较为常见，也就是政府在明确基本职能范围内为公众提供服务，如办理各类证件和牌照申请等。这类型的回应多发生在基层，与公众的生活密切相关，也是政府形象的窗口。《电视问政》节目中的部门主要官员发生了角色转换，不仅仅是作为部门的领导者和决策者站在问政的舞台上，也需要作为基层服务者接受市民的提问，解答最基本的业务问题。被动职能式回应目前仍是政府即时回应的主要形式。

2. 主动前瞻式回应

如果说被动回应是为了解决问题，主动回应就是为了发现问题。主

动回应相对于被动回应来说需要政府更具有责任意识、创新意识,摒弃原有的传统官僚制思想。政府的主动回应就要求政府具有预见性和前瞻性,能够基于社会生活的变化和公众的需求做出判断和决策,前瞻型政府的概念应运而生。

前瞻型政府要求科学的预测能力和准确的判断能力,能够有针对性地发现问题和创造性地解决问题,在公共危机治理中能够起到重要作用。主动前瞻式回应需要政府具有高度责任感,打破信息不对称,准确把握公众的潜在需求,这就要求政府需要有良好的官民互动机制,主动收集信息。如今我国离前瞻型政府的要求还很远,需要不断地优化回应能力和提升公职人员责任感才能得以实现。

(五) 回应价值:程序正义性与服务满意度的双重价值观

1. 程序正义性

回应型政府的构建不仅尊重民本位的思想,肯定人的主体性,同时具有伦理上的正当性。政府即时回应是一个信息双向传输的过程,公众的参与能够提升他们的政治素养,培育社会自治能力,完善民主行政。美国学者约翰·罗尔斯提出的程序正义思想,对今天的民主政治建设有深刻的启示意义。在很长一段时间内,我国的民主政治生活中有着浓厚的"结果导向"思想,忽视程序的合理性与合法性。比如人们往往更注重决策的结果,忽视了决策过程是否公正、严密,程序正义性的价值未能体现。程序正义是回应型公共行政模式的构造路径,在政府即时回应中应体现出程序正义的价值观,一是保证制度和政策的实施符合规范,行政行为合法、合理;二是确保民众的权利得到实现,强调公众对行政权力的监督与制约。

2. 服务满意度

准确、有效、及时的政府即时回应有利于树立政府的良好形象,政府服务质量的评估指标总体来说是服务满意度。武汉市《电视问政》节目中设有场内观众和场外观众投票的环节,以此来评价对被问政嘉宾的回应是否满意,以"笑脸"和"哭脸"示意。比如平时到政府服务大厅办理业务，办理结束后会对服务人员进行评价，一般分为"满意、一般、不满意"三档。这种简单直观的方式其实就是服务满意度的体现，政府即时回应本质上就是公共服务职能的输出。政府即时回应的目的就在于提供良好的公共服务，从而提升服务满意度，获得公众对政府的肯定与信赖，即政府公信力的提升。

从2011年起，伴随着武汉市治庸问责的风暴，电视问政已经走过整整五个年头。五年来，始终坚持"百姓参与、百姓监督、百姓评说"的宗旨，电视问政也逐步趋向于理性与成熟，取得良好的社会反响。武汉市电视问政通过为政府、媒体和公众构建一个面对面的公共对话空间，促使官员公开接受"考问"，充分体现民主决策和科学决策的精神。利用电视这种公共传播载体，有效地建立起公众与政府官员对话的机制，通过集思广益，寻求共识，凝聚共识。电视问政体现了政府回应方式的创新，也是深入贯彻党的群众路线的重要路径。诚然，解决电视问政中所曝光的突出问题，并不能一蹴而就，要做到让公众满意，也一直在进行时中；但电视问政通过问题导向，督促每个单位、每位官员，明确自身职责，不断自我加压，从而更加高效、实效地服务公众，这本身就是武汉市创建服务型政府的有益探索。

报告撰稿人：**曾婧婧**　中南财经政法大学公共管理学院副教授、硕士生导师、博士
　　　　　　　龚启慧　中南财经政法大学公共管理学院硕士研究生

湖北京山经济开发区产业发展规划研究

武汉大学发展研究院课题组

根据《中共中央关于制定国民经济和社会发展第十三个五年规划的建议》、《湖北省主体功能区规划》、《湖北省人民政府关于促进开发区转型升级创新发展的若干意见》等文件精神，按照湖北省发展与改革委员会关于加强全省开发区产业发展规划工作的通知要求，以及荆门市关于开发区产业发展规划编制的具体部署，依据荆门市"十三五"产业发展总体规划、京山县经济和社会发展"十三五"规划纲要、主体功能区规划、土地利用总体规划、城乡总体规划等相关规划，以湖北京山经济开发区产业发展现状和前景为基础，为实现中共京山县委、县政府确定的打造"千亿园区"的奋斗目标，将湖北京山经济开发区建设成为产业结构合理、产业特色明显、基础设施完善、经济社会和谐发展的生态园区，特进行规划研究，规划研究期为2016年到2020年。

一、产业发展基础与环境

京山县地处湖北中部，东与应城、安陆接壤，西与钟祥为邻，南与天门交界，北与随州相连，位于"两圈两带"（武汉城市圈、鄂西生态旅游文化圈、湖北长江经济带、湖北汉江生态经济带）交汇处，区位优势突出，历史人文与自然资源富集，经济与社会发展迅速，被誉为"鄂中绿宝石"。京山县交通便捷，长荆铁路横贯东西，武荆高速和随岳高速公路十字交汇，汉宜、皂当、应随、安京省道呈"丰"型字贯穿全境，域内路网四通八达，距离武汉天河国际机场仅94公里。"十二五"期间，京山县经济发展成效显著，经济总量不断扩大。2011—2015年，地区生产总值从206.23亿元增长到305.91亿元，年均增长8.2%；规模以上工业企业由180家增加到307家；规模工业企业总产值从376.39亿元增长到860亿元，年均增长18%。京山县迄今已连续12年跻身湖北省"县域经济发展先进县市"，并荣获"全国生态农业示范县"、"全国粮食生产先进县"、"全国生态文明先进县"、"全国绿色小康县"、"国家园林县城"、"全国文明县城"、"全国文化工作先进县（市）"、"国家科技进步先进县"、"全国体育先进县"、"中国机械工业轻机名城"、"湖北省经济工作先进单位"、"湖北省金融信用县（市）"、"湖北省旅游发展先进县"等30多项国家级与省级荣誉称号。

湖北京山经济开发区（以下简称京山经济开发区或开发区）创建于1992年8月，是省级经济开发区、高新技术产业园区和"竞进提质十佳开发区"，并获批为"国家农业产业化示范基地"、"省级台商工业园"和"省级PPP试点园区"。2006年，国家批准的开发区面积为4平方公里；2015年，开发区实际开发面积已达19.78平方公里；到2020年，开发区规划面积为32.16平方公里，四至范围是：北靠张良山，南到牛皇山、南山和陈子山，东到永兴镇集镇，西到京宋公路（243省道）。"十二五"期间，开发区在产业规模、产业结构、创新能力、园区环境、政策保障等方面都取得了长足发展，为"十三五"产业的持续健康发展和转型升级奠定了坚实基础。

（一）产业发展基础

1. 产业规模快速增长，产业结构调整优化

"十二五"期间，京山经济开发区产业发展保持强劲势头，产业规模不断扩大，经济总量实现快速增长。2011年到2015年，规模以上工业总产值从113.51亿元增长到349.54亿元，年平均增长率达25.2%；规模以上工业增加值从35.7亿元增长到94.97亿元，年平均增长率达21.6%；出口总额从3527万美元增加到16428万美元，年平均增长率达36%；企业利润从1.996亿元增加到5.05亿元，年平均增长率达

20%。开发区是承接产业转移的战略要地,是京山经济社会发展的核心引擎。仅2015年,开发区就投入建设项目189个,引进招商项目59个,协议总投资590.47亿元,到位资金258亿元,同比分别增长12.4%和1.6%。截至2015年底,开发区入园企业384家,其中规模以上企业100家;年销售收入50亿元以上的企业1家,10亿元以上的企业4家,亿元以上企业73家;上市企业2家,在股权托管交易中心挂牌企业5家;出口创汇企业18家。开发区大力发展高新技术产业,不断优化产业结构,促进产业转型升级。2011年到2015年,高新技术产业产值从31.62亿元增长到101.86亿元,年平均增长率达26%;高新技术产业增加值从9.94亿元增长到32.14亿元,占园区规模以上工业增加值的比例从31.45%增长到33.84%;高新技术企业利润从0.556亿元增加到1.472亿元,占园区企业利润的比例从27.36%增加到29.14%。开发区正着力推进产业提质增效,努力实现产业规模扩大与产业结构优化双重目标。一方面,大力促进支柱产业提档升级,着力发展高新技术产业、战略性新兴产业和生产性服务业,把拥有自主知识产权、产业关联度大、科技竞争力强、低能耗、高附加值的大型企业作为招商引资的重点。另一方面,深入推进信息化与工业化融合发展,强化移动互联对现有产业全面渗透,大力推进智能制造,加紧建设智能产业之城,加快传统产业的高新技术改造,促进产业向价值链高端延伸。

2. 产业集聚发展格局形成,产业综合竞争优势凸显

京山经济开发区始终坚持"要素集聚、企业集中、产业集群"的方针,以龙头企业为牵引,大力推进支柱产业发展,完善产业链,引导和培育产业集群,提升产业的综合配套能力和区域竞争力。开发区已经形成了装备制造、农产品加工、建筑建材三大支柱产业集聚发展格局。装备制造产业以京山轻机、戴蒙德、华信机械等为龙头,被纳入湖北省64个重点产业集群之一。京山轻机是我国最大的纸箱、纸盒包装机械研发、制造和出口基地,是世界最大的瓦楞机械设备和后续加工设备制造商,也是国内纸制品包装机械行业最早的上市企业。戴蒙德机械是我国最大、专业化程度最高的电站锅炉辅机制造商。2015年,开发区从

事装备制造企业达到 226 家，其中规模以上企业 49 家，工业总产值达到 146.6 亿元，实现利税 6.7 亿元。农产品加工产业以国宝桥米、神地科贸、裕丰生物科技等为龙头，各类企业达到 55 家，其中规模以上企业 24 家，其中 2 家入选农业产业化国家重点龙头企业，总产值达 147.9 亿元，实现利税 1.34 亿元。建筑建材产业以京兰水泥、康宏装饰、三和管桩等为龙头，现有企业 33 家，其中规模以上企业 15 家，完成工业总产值 25 亿元，实现利税 1.3 亿元。三大支柱产业 2015 年完成总产值达 319.5 亿元，占开发区总产值的 91.4%。此外，化工、新能源新材料、大健康产业、现代服务业蓬勃发展，涌现出一批有影响力的骨干企业。在龙头企业和骨干企业带动下，开发区产业集群效应日益凸显，正推动产业链向上下游不断延伸，产业配套、技术集成、智能制造和集约化发展能力不断增强，区域产业竞争力不断提高。

3. 协同创新平台建设深入推进，产业创新能力持续提升

京山经济开发区大力推进产业与科技融合发展，着力建设以企业为主体、市场为导向、产学研相结合的技术创新体系，搭建企业与高校、企业与研究机构、企业与企业之间的协同创新平台，促进科技成果转化，不断提升自主创新能力。开发区与浙江大学、武汉大学、华中科技大学、武汉理工大学、华中农业大学、中国地质大学（武汉）、武汉科技大学、武汉工程大学、湖北工业大学等省内外近百所高等学校和科研院所签署了合作协议，在产品研发、技术转让、成果转化、创业就业、实习基地等方面进行了广泛而深入的合作。开发区产业创新与服务平台不断拓展，科技创新能力和水平不断提升。开发区现有 5 个院士专家企业工作站，1 个国家级企业技术中心，4 个省级企业技术中心，2 个省级工程技术中心，8 个省校企共建研发中心，2 个市级企业技术创新中心。开发区有 12 家企业 12 个产品获省名牌称号，192 家企业通过质量管理体系认证，11 家企业获得食品安全认证；有中国驰名商标 2 件，省著名商标 8 件；国家地理标志产品 2 个，省名牌产品 12 个。开发区经省级认定的高新技术企业 11 家，正在申报认定的高新技术企业 10 家，纳入高新技术产品产值统计的企业 33 家，高新技术产品登记备案

累计达到63个；有省制造业信息化示范企业22家，省创新型试点企业5家，已建生产力促进中心3个；5%以上的企业建立了技术研发机构，现有企业研发人员630人，占开发区从业人员总数的1.79%；企业研发经费投入逐年增加，2015年研发经费达8.19亿元，占企业销售收入的2%以上。截至2015年底，开发区共承担国家级、省级以上科技项目46项，争取科技项目经费1700万元；企业累计申请专利1260件，授权378件；获得湖北省科技进步奖1项，获得荆门市科技进步奖16项。通过深入实施创新驱动战略，优化创新体系建设，强化技术创新主体地位，加强技术创新能力建设，开发区已经涌现了一批在全国同类行业处于领先地位的企业。

4. 产业园区建设提档升级，产业承载能力不断增强

京山经济开发区高度重视园区基础设施建设，并根据产业发展的需要，完善园区功能结构，优化产业布局。开发区按照"区内设园、以园带区、园区共建"的建设模式，通过统筹规划加强产业聚集区和特色园区建设，已建成装备制造、农产品深加工、新能源新材料、纺织服装等产业聚集区，以及轻机工业园、机电产业园、现代农业科技园、纺织工业园、物流产业园、石材工业园、台商工业园、回归创业园、联动科技城、智能制造、汽车零部件生产基地等专业化特色园区。开发区大力加强园区基础设施，完成了"七通一平"及其他配套建设工程；"四横十四纵"道路网络已基本成形；完成相关区域供水、供气管网和通信线路建设；建成3座变电站和电力服务调度中心，为企业提供充足的能源保障；加大污水管网、污水处理厂和绿化建设力度，努力建设生态园区。开发区投资兴建了企业服务中心大楼，开发区管委会与县行政服务中心、县国库集中收付中心、县政府采购中心、县招标中心实行集中办公，为企业提供"一站式、一条龙"阳光服务。2014年挂牌成立的公共检验检测中心，整合了质监、食品药品、粮食、疾病预防、水质、农产品和动物卫生等7个部门的8家检验检测机构，由政府出资、免费为企业提供检验检测和质量认证等公共服务。开发区科技孵化器大楼（科技产业服务中心）已投入使用，大众创业万众创新基地和京山青年

创业基地正式挂牌。开发区大力推进产城融合，以京汉天地为代表的城市综合体项目正加紧建设，会展中心、体育健身中心、大型餐饮、大型购物超市、3D 电影院、各种品牌专卖店一应俱全，办公、会议、餐饮、购物、娱乐、居住、教育、医疗等配套服务不断完善。由湖北恒泰源公司投资兴建的公用型保税物流仓库入选第二批省级服务业综合改革试点，为开发区外贸企业进出口提供便利。与开发区连为一体的温泉新区规划面积达 60 平方公里，重点发展大健康产业；环绕开发区东南西北的永兴工业园、钱场工业园、孙桥工业园和宋河工业园，与开发区在招商引资、产业布局和结构调整上统筹兼顾、协同联动，都极大提升了开发区"十三五"产业发展的承载和支撑能力。

5. 产业政策不断完善，保障措施日益健全

近年来，中共京山县委、县政府出台了《关于增强自主创新能力　建设创新型京山的决定》、《京山县科技技术奖励办法》、《京山县科技研究与开发经费管理办法》、《京山县鼓励投资优惠办法》、《京山县人民政府关于进一步促进我县中小企业发展的意见》、《关于促进京山经济开发区高新技术产业发展的意见》等文件，对引进的重点企业、重点建设项目，以及创建的高新技术企业、省级技术工程中心、省级著名商标、中国名牌、中国驰名商标、牵头制定行业标准、专利授权等企业给予专项奖励和政策支持。在人才队伍建设方面，推进实施人才强县战略，全面启动"两区两园"英才计划、高学历高素质人才引进计划和乡土人才回归计划，拓宽人才引进、培养、使用渠道，建立柔性引才引智机制。对于急需引进的高层次人才，给予"三个一"（"一套个人住房"、"一笔安家费"和"一笔稳定收入"）的政策支持。在招商引资方面，开发区践行"产业第一，企业家老大"的理念，在全民招商、专班招商、科技招商、产业招商、园区招商、以商引商等传统招商方式的基础上，探索拓展出品牌招商、节会招商、商会招商、回归招商等新型招商模式，一批投资 10 亿元以上的大项目和全国 500 强企业陆续落户。开发区对每一个投资项目提供"五个一"包联服务：一名县领导包联，一个县直部门负责，一个工作专班代办服务，一个公安干警驻

点,一包到底。开发区深化行政审批改革,积极推进"三证合一"、"一照一码"企业登记制度改革,实施降费减税政策,切实降低企业经营成本;启动金融工程,积极为企业搭建融资服务平台,开展银企洽谈合作,组织各商业银行开展"金融企业行"活动,加大国有担保公司为成长型企业贷款担保力度,大力发展"助保贷"、"过桥贷款"业务,大力实施政银集合贷、融资创业贷等。从2014年起,京山经济开发区被纳入荆门市"一区四园"建设规划中,可与荆门市国家级高新区同等享受相关优惠政策。这些都为京山经济开发区"十三五"产业发展提供了强有力的政策保障。

(二) 产业发展环境

1. 新科技革命与产业变革为产业发展提供了新机遇

当今世界正处在新科技革命的"前夜",一些重要科学问题和关键核心技术已经呈现出革命性突破的先兆。学科交叉融合加速,新兴学科不断涌现,基础科学领域正在或有望取得重大突破性进展。信息技术、生物技术、新材料技术、新能源技术向社会生产和社会生活广泛渗透,带动几乎所有领域发生了以绿色、智能、泛在为特征的群体性技术革命,科技创新日益成为国家、区域和企业之间竞争的决定性要素。以新技术综合集成、智能化生产和业态深度融合为特征的新产业变革曙光初现。基于信息物理系统的智能装备、智能工厂等智能制造正在引领制造方式变革;网络众包、协同设计、大规模个性化定制、精准供应链管理、全生命周期管理、电子商务等正在重塑产业价值链体系;以云计算、互联网、物联网、大数据等为支撑的信息化与各行各业深度融合,推动产业组织形态和生产方式变革,催生出新商品、新服务、新业态、新商业模式、新业务流程和新组织架构。京山经济开发区要抓住新科技革命与新产业变革叠加的战略机遇,加强科技创新体系建设,促进信息化与传统产业深度融合,围绕"互联网+"、大数据、智能制造前瞻布局和培育新业态,探索新商业模式和新生产组织方式,提升自主创新能力,培育产业新增长点,发展壮大新兴产业集群。

2. 新一轮经济全球化与中国经济新常态为产业发展赋予了新内涵

随着世界经济发展形势的变化,我国以出口导向为特征的经济全球化红利正逐渐消失,新一轮以扩大内需为主的经济全球化红利正在形成。新一轮经济全球化具有三个显著特征:一是从利用别人的市场转向利用自己的市场;二是从低级要素利用转向高级要素吸取;三是从被动适应全球化竞争转向主动创造全球化战略机遇。京山经济开发区要积极顺应新一轮经济全球化的新形势,坚持以内需为导向,重点立足国内市场,把逐步消失的人口红利逐步转化为人才红利;把逐步消失的学习模仿驱动成长的红利逐步转换为创新驱动的发展红利;把逐步消失的增量改革红利逐步转换为通过存量改革获取改革红利。在新一轮经济全球化交替转换的同时,我国经济也步入了新常态,主要表现在:一是经济增速从高速增长转为中高速增长;二是经济结构不断优化升级,第三产业消费需求逐步成为主体,城乡区域差距逐步缩小,居民收入占比上升;三是从要素驱动转向创新驱动;四是基础设施互联互通和一些新技术、新产品、新业态、新商业模式的投资机会大量涌现;五是市场竞争逐步转向质量型、差异化为主的竞争,环境承载能力已达到或接近上限,必须推动绿色低碳循环发展新方式。京山经济开发区要从我国经济步入新常态的现实出发,在产业发展上从追求外延式增长向内涵式增长转变,从单纯的数量型增长向有质量的增长转变,从单一的经济增长向经济与社会协调发展的包容性增长转变,深化供给侧改革,坚持创新发展、协调发展与绿色发展,培育和提升主导产业的核心竞争力。

3. "一带一路"与长江经济带建设为产业发展开拓了新空间

"一带一路"("丝绸之路经济带"和"21世纪海上丝绸之路")战略是我国新时期深化对外开放、开创互利合作新格局、引领经济转型升级并进一步融入世界的强力引擎。"一带一路"战略通过沿线各国基础设施的互联互通和经济合作,促进要素资源的合理配置,释放巨大的市场潜能,推进区域经济一体化,扩大中国中西部地区和沿边地区对外开放,推动东部沿海地区开放型经济率先转型升级,进而形成海陆统筹、东西互济、面向全球的开放新格局,成为化解我国产能过剩、拉动经济增长和推动产业结构调整的新动力。长江经济带是以黄金水道为依托，以综合立体交通走廊建设为重点，以长江上中下游地区协调发展、沿海沿江沿边全面开放为目标的重大战略部署。新一轮长江经济带开发建设将依托黄金水道打造覆盖11个省市的大经济协作带，使长江流域的"产业连接起来、要素流通起来、市场统一起来"，形成横贯东西、辐射南北、通江达海、经济高效、生态良好的中国经济新支撑带。京山经济开发区位于"一带一路"和长江经济带的辐射区域，既能借助"一带一路"的对外开放优势，也能享受长江经济带区域协同发展的政策红利，应把握时代发展的重要机遇，坚持开放发展，充分利用好国际和国内两个市场，找准功能定位，发挥比较优势，主动融入区域发展之中，积极承接产业转移，引导产业合理布局，促进产业集聚发展，形成优势产业与特色产业集群。

4."大众创业、万众创新"与"创新湖北"建设为产业发展注入了新动力

2015年以来，国务院先后颁发了《关于大力推进大众创业万众创新若干政策措施的意见》、《关于深化高等学校创新创业教育改革的实施意见》、《关于支持农民工等人员返乡创业的意见》等文件，在全国掀起了全民创新创业的高潮。推进大众创业、万众创新是稳增长、扩就业、激发亿万群众智慧和创造力，促进社会纵向流动、公平正义的重大举措。京山经济开发区要充分放大"大众创业、万众创新"的政策红利，进一步转变政府职能，建设服务型政府，营造公平竞争的创新创业环境，建设不同类型和功能的创新创业平台，激发科技人员、高校毕业生、农民工、退役军人、失业人员等各类市场主体创新创业的激情和活力，支持开办新企业、开发新产品、开拓新市场，打造产业发展新引擎，实现创新支持创业、创业带动就业的良性互动发展，加快实现发展动力转换。"创新湖北"作为"五个湖北"建设之一，是把创新作为推动湖北科学发展、跨越发展的核心动力。建设"创新湖北"，就是要依托湖北的创新资源，发挥创新优势，激活创新潜力，让创新成为湖北的特质、底色和核心竞争力，成为湖北发展的根本驱动力量，将湖北经济

社会发展推上创新驱动的轨道。近年来,随着"创新湖北"建设的深入推进,创新发展文化深入人心,创业氛围更加浓厚,体制机制创新取得新突破,科技成果转化更加高效便捷,创新体系更加完善,科技创新潜力和活力持续释放,科技企业群体和重大创新成果不断涌现。京山经济开发区要充分利用"创新湖北"建设的制度红利,深入实施创新驱动战略,强化科技同经济对接、创新成果同产业对接、创新项目同现实生产力对接、研发人员创新劳动同其利益收入对接,建立健全技术创新市场导向机制,构建产业技术创新联盟,推动跨领域跨行业协同创新,着力引导创新资源向企业集聚,使创新成为引领产业科学发展、跨越式发展的核心动力。

5. "中国农谷"与"生态京山"建设为产业发展创造了新条件

自2012年"中国农谷"建设上升为省级战略以来,以屈家岭管理区为核心区、以荆门市全域为主体功能区的"中国农谷"品牌日益响亮,重点领域和关键环节的改革创新深入推进,省级政策、经费和项目支持不断加大,以农为本的农业科技、农业文化、农业旅游、农业产业化全面发展,新型工业化、城镇化、信息化、农业现代化水平明显提升,"产业之谷、绿色之谷、创新之谷、富民之谷"的目标正逐步实现。京山经济开发区要抓住"中国农谷"战略实施机遇,利用"中国农谷"建设赋予的改革先行先试权,发挥"中国农谷"的品牌价值,依托本地丰富的特色农副产品资源,借助现代生物技术和信息技术,促进农副产品精深加工业及相关产业转型升级,全面提升农业产业化和现代化水平。2010年,中共京山县委、县政府提出了"生态京山"战略,要求通过5年左右的努力,把京山建成生态经济发达、生态环境优良、生态文化繁荣、人居环境优美、人民生活富裕、区域可持续发展能力和综合竞争力强的生态型城市,全面达到国家生态县建设标准。"生态京山"战略实施成效显著,2014年,京山县获评湖北省首个生态县,2015年通过国家环保部"国家生态县"创建技术评估。在"十三五"期间,京山经济开发区要严格按照"生态京山"战略的要求,把生态文明建设放在突出的战略地位,大力推进绿色发展、低碳发展与共享发展，优先发展以循环利用、节能减排、绿色环保为根本特征的生态产业，培育高附加值、低碳、低污染的生态产业集群，建设资源节约型和环境友好型产业园区，成为"生态京山"战略实施的典范。

"十二五"期间，京山经济开发区产业发展基础更加坚实，产业结构不断优化，产业创新能力显著增强，产业发展前景广阔。但与发达地区的经济开发区相比，还存在一些问题：传统产业仍占主导地位，先进制造业、高新技术产业、战略性新兴产业及现代服务业占比偏低，互联网与产业各领域融合的广度和深度不够，招商引资竞争加剧，产业结构优化、转型升级、提质增效面临较大压力；高成长性企业数量有限，产业集群优势有待进一步提升；企业研发投入不足，科技人才队伍较为薄弱，以企业为主体的创新体系不够完善，拥有自主知识产权、核心竞争力、知名品牌的产品不多，产业自主创新能力有待提升；产业发展支持系统建设、产城融合配套服务体系建设、创新创业平台建设等方面还有待完善。

二、产业发展思路与目标

（一）产业发展思路

全面贯彻党的十八大和十八届二中、三中、四中、五中全会以及习近平总书记系列重要讲话精神，按照"四个全面"战略布局，认真落实党中央、国务院以及湖北省、荆门市的部署要求；牢固树立"创新、协调、绿色、开放、共享"的发展理念，坚持稳中求进总基调，围绕"生态京山"建设，主动适应经济发展新常态，紧抓长江经济带新一轮开发开放和长江中游城市群建设的重大机遇，加快实施创新驱动发展战略，充分发挥市场在资源配置中的决定性作用和更好发挥政府作用，加大简政放权力度，不断完善体制机制，构建有利于大众创业、万众创新蓬勃发展的政策环境、制度环境和公共服务体系；坚定不移调结构、转方式，重点发展装备制造业、农副产品加工业，培育发展新能源、新一代电子信息技术、生物医药、现代服务等新兴产业，改造提升建筑建材、精细化工等传统产业，加快构建绿色、低碳、循环的现代产业体系；着力提升自主创新能力，强化产学研协同创新，加速科技成果产业化，培育龙头企业，打造产业集群，提质增效，速效兼取，保强赶超，跨越进位，努力将京山经济开发区打造成湖北省一流经济开发区。

(二) 产业发展定位

——湖北省推进大众创业万众创新先行区。以先行先试改革完善相关体制机制，加强创业、创新、就业等各类政策统筹，最大限度释放各类市场主体创业创新活力，推动资金链引导创业创新链、创业创新链支持产业链、产业链带动就业链，在京山经济开发区形成小企业"铺天盖地"、大企业"顶天立地"的发展格局；实现创新支持创业、创业带动就业的良性互动，探索形成可复制、可推广的创业创新模式，将京山经济开发区建设成为湖北省推进大众创业万众创新先行区。

——湖北省装备制造产业基地。充分利用、不断放大"中国机械工业轻机名城"品牌效应，以包装机械、液压机械、锅炉辅机、汽车零部件制造为基础，加快发展先进装备制造产业；积极开展新一代信息技术与制造装备的集成创新和工程应用，发展大规模个性化定制，推进网络化协同制造，加速制造业服务化转型，将京山经济开发区建设成为湖北省装备制造产业基地、全国智能制造产业名城、国家新型工业化产业示范基地。

——中国农谷·生态农副产品加工示范园。依托"中国农谷"，围绕桥米加工、蛋品加工、畜禽水产加工、生物制品等特色优势产业，紧紧抓住湖北省实施农副产品加工"四个一批"工程的机遇，加速培育龙头企业；强化技术攻关和技术创新能力，提高深加工产品附加值，确保资源的高效利用和循环利用，提升农业产业化、现代化和绿色发展水平，将京山经济开发区打造成为国家级生态农副产品加工示范园区。

(三) 产业发展原则

——坚持创新驱动。深入实施创新驱动战略,强化供给侧结构性改革,创新体制机制,消除不利于创业创新发展的各种思想、制度束缚和桎梏,激发全社会创新活力和创造潜能,支持各类市场主体不断开办新企业、开发新产品、开拓新市场,加快在京山经济开发区形成大众创业、万众创新的生动局面。发挥科技创新在全面创新中的引领作用,始终把科技创新摆在京山经济开发区产业发展的核心位置,围绕开发区建设及产业发展重要领域和关键环节,统筹推进科技、管理、品牌、组织、商业模式创新,统筹推进产业融合创新,统筹推进区域竞合创新,统筹推进"引进来"与"走出去"合作创新,实现科技创新、制度创新、开放创新的有机统一和协同发展。

——坚持需求导向。充分发挥市场在资源配置中的决定性作用,围绕价值链部署产业链,围绕产业链部署创新链。理顺政府和市场的关系,切实加快政府职能的转变,进一步加大简政放权力度,优化市场竞争环境,激发各类市场主体的积极性,提升劳动、信息、知识、技术、管理、资本的效率和效益。健全技术创新市场导向机制,发挥市场对技术研发方向、路线选择、要素价格和各类创新要素配置的导向作用,强化科技同经济对接、创新成果同产业对接、创新项目同现实生产力对接、研发人员创新劳动同其利益收入对接,不断提高科技进步对京山经济开发区产业发展的贡献度,让创新真正落实到创造新的增长点上。发展更高层次的开放型经济,引进来和走出去并重,引资和引技引智并举,深度融入世界经济。

——坚持融合跨越。树立"互联网+"思维,支持基于互联网的各类创新。鼓励各类创新主体充分利用互联网,加强创新资源共享与合作,促进前沿技术和创新成果及时转化,构建开放式创新体系。基于移动互联网、大数据、云计算、物联网的交互融合,构建开放创新创业平台,整合利用全球创新创业资源。建立创新链、产业链、价值链"三链融合"利益共同体,加快推进用户导向型创新和用户参与型创新,努力从技术创新源头上解决科技成果转化难问题。贯彻落实"互联网+"行动计划，发展分享经济，把互联网的创新成果与京山经济开发区产业发展各领域深度融合，推动互联网由消费领域向生产领域拓展。充分发挥互联网在促进产业升级以及信息化和工业化深度融合中的重要平台作用，推动技术进步、效率提升和组织变革，提升实体经济创新力和生产力。加强重点领域前瞻性布局，以互联网融合创新为突破口，推动融合性新兴产业成为经济发展新动力和新支柱，引领开发区经济实现跨越式发展。

——坚持绿色发展。完善发展理念，破解发展难题，厚植发展优势。坚定走生产发展、生活富裕、生态良好的文明发展道路，把生态文明建设融入京山经济开发区产业发展各方面和全过程，协同推进开发区新型工业化、城镇化、信息化、农业现代化和绿色化，加快建设资源节约型、环境友好型社会，形成人与自然和谐发展现代化建设新格局。加快发展绿色产业，构建科技含量高、资源消耗低、环境污染少的产业结构和生产方式；加快推动生活方式绿色化，实现生活方式和消费模式向勤俭节约、绿色低碳、文明健康的方向转变；加快推动"智慧园区"建设，以信息化带动工业化，推进工业化与信息化深度融合；积极探索产城融合发展新模式，"以城带产"促进产业高端发展，"以产兴城"增强城市发展活力，建设宜居、宜业、宜养的生态城镇体系，将绿色发展、协调发展、循环发展、低碳发展、持续发展转化为京山经济开发区新的综合实力和竞争优势。

（四）产业发展目标

2020年，京山经济开发区实现产业园区化、园区特色化、环境绿色化，基础设施完善，体制机制健全，具有地方特色的产业技术创新体系和创新创业服务体系基本建成，产业发展环境良好环境。2020年，京山经济开发区创新创业要素大量集聚，人才、资本、技术、知识自由流动，创新创业活力竞相迸发，对外开放合作水平大幅度提升，内生增长能力大幅度增强。2020年，京山经济开发区现代产业体系完备，主导产业规模集聚，新兴产业战略提升，传统产业有效转型，开发区综合实力与产业竞争力居湖北省同类园区前列。

1. 产业发展规模效益显著提升

到2020年，开发区完成工业总产值超过1200亿元，其中规模以上工业增加值超过370亿元；高新技术产业增加值占园区规模以上工业增加值的比例达到45%；打造3~4个百亿级产业集群，呈现主导产业和新兴产业优势互补、结构合理、特色鲜明、量质并举的可持续发展格局。

2. 企业发展竞争力显著提升

到2020年，开发区累计培育规模以上企业250家，其中高新技术企业45家以上，产值过100亿元的企业2家以上，产值过50亿元的企业6家以上，产值过10亿元的企业15家以上，产值过1亿元的企业150家以上；培育各类上市上柜企业20家。企业结构明显优化，产品附加值明显提高，形成90个行业知名品牌。

3. 技术创新能力显著提升

到2020年，开发区基本形成健全的创新创业服务体系，内生增值能力大大提升。建设公共技术服务平台8家，企业孵化器面积超过10万平方米，企业加速器面积超过20万平方米，建成一批低成本、便利化、全要素、开放式的众创空间。累计建立国家级企业技术研究机构2家以上，省级企业技术研究机构20家。企业研发总投入占销售收入的比例达到5%以上，企业年专利年申请量800件左右，每万名从业人员拥有的当年新增授权发明专利数50件以上。建成一批高水平研发基地，形成一批高层次创新创业人才，突破一批重大技术创新成果。

4. 绿色发展水平显著提升

到2020年，开发区产业集约、循环、低碳发展，能源、资源和土地节约集约利用；已投产产业用地产出率达到每平方公里70亿元；工业项目全部符合国家环保政策规定，规模以上单位工业增加值能耗降低率、主要污染物排放总量减排率，均按国家、省市要求完成；园区污水处理率100%，生活垃圾处理率100%，园区绿化覆盖率达到50%以上。到2020年，高新区产城融合水平显著提升，基础设施完善，配套服务健全，"智慧园区"基本建成，实现现代化城市形态、高端化城市业态、特色化城市文态、优美化城市生态"四态合一"。

三、集群发展主导产业

京山经济开发区未来五年产业发展重点领域的选择，应遵循以下五个方面原则：一要符合当前国家重点鼓励扶持发展的产业、产品和技术目录，要符合国家、湖北省、荆门市产业发展规划要求、符合京山县的区域功能定位；二要立足于京山经济开发区已有的产业特色、技术优势和资源禀赋，形成特色化的差异竞争优势；三要坚持"有所为、有所不为"，集中力量加快发展特色鲜明、集中度高、关联性强、市场竞争优势明显的绿色、循环、低碳产业领域；四要将改造提升传统产业和培育发展新兴产业相结合，分层推进传统产业、新型产业、战略产业等不同层次产业的发展；五要坚持现代制造业和现代服务业融合发展，推动商业模式创新和业态创新，促进生产型制造向服务型制造转变。

基于上述原则，京山经济开发区要紧抓国家实施"中国制造2025"、"互联网+"行动计划等重大机遇，聚焦国家重点部署产业领域，加快构建"242"产业结构体系，即集聚发展装备制造、农副产品加工等两个主导产业，培育发展新能源、新一代信息技术、生物医药、现代服务等四个新兴产业，改造提升建筑建材、精细化工等两个传统产业。

在主导产业领域，京山经济开发区要围绕装备制造业、农副产品加工业，坚持"巩固基础、集群发展、创新提升"，加快推进工业化与信息化深度融合，充分激发"互联网+"在产业发展中的突出作用，着力提高发展质量和效益，打造具有全国竞争力的主导产业集群。

（一）装备制造产业

1. 产业发展趋势

制造业是国民经济的主体，装备制造业是制造业的核心组成部分。作为推动工业转型升级的引擎，高端装备制造业以高新技术为引领，处于价值链高端和产业链核心环节，是我国大力培育和发展的重点领域，近几年维持了20%左右的增速，产业规模从2011年的15374亿元上升到2013年的23297亿元。2015年国务院发布的《中国制造2025规划》，明确提出实现从制造业大国向制造业强国转变的目标。随着国民经济重点产业的转型升级、战略性新兴产业的培育发展和国家重大工程项目的深入实施，我国装备制造业对于智能化、绿色化、服务化提出了新的更高要求。未来的高端装备制造业将是先进制造、信息制造和智能制造的深度集成，制造模式将从大规模批量制造转变为个性化定制生产，产业结构将从线性结构转变成为网络结构，研发、设计、制造、物流、营销、服务等各个环节都将与互联网全面融合。

"十三五"时期，我国高端装备制造业将进入快速增长的黄金期，在高档数控机床、工业机器人及智能装备、航空装备、船舶和海洋工程装备、先进轨道交通装备、节能与新能源汽车等领域有望实现质的突破。根据有关预测，到2020年，中国高端装备制造产业销售收入在装备制造业中的占比将提高到25%，达到16.55万亿元，工业增加值率较"十二五"末提高2个百分点，未来五年将成为国民经济的支柱产业。

2. 产业发展思路及目标

"十三五"期间，京山经济开发区装备制造业的发展要充分依托全县装备制造业的整体产业优势和有利条件，抓住国内外经济分工调整和产业转移的难得机遇，坚持"市场需求、创新驱动、质量为先、结构优化"的原则。通过培育发展新动力，拓展发展新空间，深入实施国家创新驱动发展战略等重要举措，积极构建自主研发、产学研结合、重大成果转化等协同发展的技术创新体系，以信息网络技术加强装备制造的深度，以网络化生产方式提升装备制造的宽度，以基础性标准化再造推动装备制造的系统化,全面推进开发区传统装备制造业向特色制造、智能制造和绿色制造转型。扩大装备制造业总量,优化存量,加强产业配套和公共技术平台建设,坚持集聚、集群、集约发展,形成轻工包装机械、液压搬运机械、锅炉辅机和汽车及零部件四大百亿级产业规模,形成以骨干企业为龙头,中小配套企业竞相发展的产业聚集板块。

到2020年,京山经济开发区实现装备制造业相关企业200家左右,规模以上企业90家,实现总产值600亿元,打造国内最大的纸制品包装机械制造和出口基地,以高端装备制造基地为依托,建设全国高端制造试点城市和示范基地,形成特色制造装备与智能制造装备共同发展的产业格局。

3. 产业发展重点领域

——轻工包装机械。重点支持京山轻机,主要依托京源科技、金和机械、科达机电等骨干企业。扩大轻工包装机械集聚、集群优势,打造世界一流的轻工包装机械生产、研发基地;着力向印刷、模切、捆扎方向延伸产业链,实现纸板制造、印刷包装机械一体化;推进轻工包装机械制造智能化,打造工业4.0样板。以京山轻机重点发展的JETS350型五层瓦楞生产线为基础,力争从国内最大的瓦楞机械设备和后续加工设备制造商,发展为世界一流的纸品包装制造系统解决方案综合供应商;加快研发高速、高效、宽幅、节能等自动成型设备,完善纸品包装机械产业链,打造生产配套、维修、维护的综合性集群。

——农业机械。重点支持"中国农谷"超能农业机械有限公司等主导企业,主要依托上海拖拉机厂、富欣达农业智能制造、沃力仕农机制造、奥科隆机械、荆旋机械等骨干企业。以高端农业专用设备为重点发展方向,以智能拖拉机为突破口,大力推进农业智能机械发展,打造"中国农谷"南方农业机械研发制造中心,建设湖北省乃至中部地区农业智能装备生产、研发、试验、检测基地。

——工程机械。重点支持浙江诺力公司、比亚迪公司、三一重工集团等主导企业,主要依托汇利机械、杰美机械、宏力液压、脉辉科技、江苏优创、台顺工业等骨干企业。重点发展液压升降机、电动液压托盘搬运车、起重升降作业平台等专业仓储起重起降设备，实现液压搬运机械向城市化建设成套设备方向转型；大力发展工业智能辅助机器人、康复机器人的开发与生产。

——节能环保机械。重点支持湖北华信机械发展有限公司等主导企业，主要依托戴蒙德电力机械、金山电力设备、华兴锅炉仪表、华中电力机械等骨干企业。大力研发锅炉关键基础设备，开发蒸汽吹灰器、多介质吹灰器、吹灰器控制系统、灰渣处理系统等锅炉脱硫脱硝设备，引进和开发自动机器人焊接、超声波探伤等新技术新工艺。推动锅炉辅机制造向自动化、脱硫、脱硝、除尘、灰渣处理、维护等方向延伸。打造国内最大锅炉吹灰器生产制造基地，并向国内一流的锅炉环保成套设备制造基地转型。积极引进天然气净化设备的生产企业，推进天然气净化装备等其他环保装备的发展。大力推广应用智能制造方式方法，推动节能环保机械制造向智能化、定制化方向发展。

——汽车零部件。重点支持东风本田、北京思创厚德、湖北京竣汽车、湖北科利汽车等主导企业，主要依托鑫源铜铝业、金腾精密铸造等相关骨干企业，扩大转向节、主轴承座、制动鼓、汽车底盘件等产品的生产规模，丰富汽车零部件产品类型。重点引进一批底盘控制系统制造企业、汽车门窗内饰制造企业、车载零部件生产企业，推动汽车零部件行业向轿车、特种车、大型载重车零部件设备生产延伸产业链，打造中部地区汽车零部件生产基地。

——冶金、矿山等行业机械。依托金恒机械、科迪实业等骨干企业，重点发展捣炉机等冶金行业专用设备；依托新瑞达通用机器、鹏远机械、辉煌机械等骨干企业，重点发展机械加工及铸造类产品；依托克拉弗特纸制品机械等骨干企业，重点发展高性能纸杯及纸杯生产自动化设备；依托太力家庭用品等骨干企业，重点发展真空收藏、规划整理、清洁卫生、食品保鲜、浴室厨房、小家电等家庭用品行业产品。

4. 产业发展策略

以京山经济开发区装备制造产业功能区为核心区，以永兴镇、钱场镇、宋河镇等相关装备制造园为联动区，优化高端装备制造业的产业空间布局，努力实现装备制造业的研发设计创新、制造工艺创新、技术协作路径创新和管理模式创新。

——设立装备制造业产业发展基金，引导企业大力推广智能制造方式方法，强化信息技术、智能技术、数字技术对生产工艺和流程的改造渗透；鼓励企业引入物联网的控制、数字化的实时计量检测、智能化全封闭流程装备的自控等技术集成，努力实现信息化的计量供料、自动化的生产控制、智能化的过程计量检测、网络化的环保与安全控制、数字化的产品质量检测保障、物流化的包装配送。

——增强装备制造企业的集群发展意识，进一步发挥行业龙头企业的作用，大力引进培育产业链上下游具有关键技术和先进制造能力的相关企业；在龙头企业的带动下进一步完善产业配套，形成以高端装备制造为中心、以相关配套辅助产业为支撑的完整产业链；鼓励龙头企业积极为中小型制造企业提供产品设计服务，支持龙头企业基于物联网技术建设全流程智能装备一体化生产制造空间"智能工厂"。

——加强智能制造产业园区建设。通过完善专业园区配套基础设施建设，规范专业园区管理服务标准，为京山智能制造相关中小企业的集聚发展，以及京山高端装备制造产业的整体提升提供强有力支撑。通过园区智能化应用系统、绿色节能管理系统和政务办公服务平台等服务模块建设。积极打造全省一流的智能制造产业园区及智慧管理园区，努力成为中部地区最大的智能制造产业园，并逐步建成全国有影响的智能制造产业城，让智能制造产业城成为京山的产业名片和城市名片。

——在京山机械研究院的基础上，联合省内外高校和科研机构，组建轻工包装机械产业技术创新战略联盟；筹建京山智能制造研究院，借助研究院整合产业链上下游企业优势资源，加快与全国、全省行业龙头企业的对接，从单纯组织产学研对接、推动成果转移向组织区域性自主研发链转型，适时推进轻工标准化工作。

——鼓励大中小型企业在数字化生产的基础上，加快开发"互联网+通信网+计算机软件+机电技术"相融合的智能设备产品。以现有省级企业技术中心为基础，引入相关供应链企业到京山经济开发区建设大数据中心和云计算中心,搭建智能装备信息物理系统的公共研发平台和物流供应链平台。

——鼓励有实力的装备制造企业向制造业应用的外围衍生领域扩展,发展以个性化定制、网络协同开发、电子商务为代表的智能制造新业态;实施以物流信息化、能源管理智慧化为代表的智能化管理,提供以在线检测、远程诊断和云服务为代表的智能服务等。

(二) 农副产品加工业

1. 产业发展趋势

从世界范围看,农副产品加工业以每年约 3 万亿美元的销售额居各工业行业之首,是全球最大的制造业之一。主要发达国家的农副产品加工业开始向生态性农副产品加工业密集转移,已基本实现了规模化、集约化和自动化发展的态势,加工设备过程的自动化、智能化和精细化程度很高,产品的品质和生产效率均能得到大幅度提升。

2015 年,我国农副产品加工业全年实现主营业务收入 193689.3 亿元,同比增长 5.0%;规模以上农副产品加工业企业共 7.8 万家,实现利润总额 12908.0 亿元,增长 5.3%。但是与国外相比,我国生态农副产品加工业发展还有相当距离,未来将努力向纵向和横向延伸式发展。纵向即沿产业链延伸,使农副产品资源得到充分利用;横向即赋予农产品更多的文化、休闲和生态功能,提高产品附加值。许多农副产品加工企业立足自身优势,因地制宜采取多种模式接一连三融合发展,已经成为一、二、三产业融合发展的重要组织力量和推动力量。特别是随着国家"互联网+"行动计划的实施,积极运用云计算、大数据等新技术,将互联网与农副产品加工行业、线上线下营销渠道进行深度有机结合,创新生产经营模式和商品流通方式,必将进一步推动生态农副产品加工业的高效健康发展。

2. 产业发展思路及目标

京山经济开发区应根据农业现代化发展的新趋势,着力构建京山现代农业产业体系、生产体系、经营体系,提高农业质量效益和竞争力。

以促进"中国农谷"建设为目标,以国际国内市场对健康食品多样化、优质化、方便化、安全化、营养化等需求为出发点,依托京山县棉粮油种植、畜禽水产养殖等优质农副产品资源,坚持"产业链延伸、品牌化发展、互联网经营"的原则;重点发展以粮食加工、蛋品加工、畜禽水产品加工、生物农业产品、生物医药制品等精深加工和综合利用领域,构建具有京山特色的现代生态农副产品加工业体系。

到2020年,京山经济开发区实现生态农副产品加工业相关企业150家左右,规模以上企业60家左右,实现总产值400亿元,建成"中国农谷"生态农副产品生产基地和交易中心,打造华中地区农业产业资源整合提升平台。

3. 产业发展重点领域

——蛋品精深加工。重点支持湖北神地科贸有限公司等主导企业,主要依托京山鹏昌农产品等骨干企业。以钱场镇、雁门口为核心基地,采用自然放养、林木结合、果牧结合等生态养殖模式,扩大蛋禽规模化饲养;加强饲料和添加剂质量的把关,开发无公害、无残留、无污染和绿色禽蛋类产品;研发禽蛋类产品的保质保鲜和深加工技术,制定科学合理的工艺流程,做好蛋品的分级、保鲜、包装;开发酶解技术、亚临界流体萃取技术等高新技术应用,开展禽蛋深加工技术研究,开发超速溶蛋清蛋白粉、高发泡性蛋清粉、蛋液提取溶菌酶、废弃蛋壳制备丙酸钙、柠檬酸钙和高免蛋粉、高品质动物饲料等高技术产品,不断提高禽蛋产品的附加值和商品化率。

——畜禽水产品精深加工。重点支持浙江温州腾桥畜产品有限公司、湖北小胡鸭食品有限责任公司、京山恒盛禽业有限公司、湖北恒洋水产品养殖有限公司等主导企业。积极引导企业向预冷肉、小包装、细分割方向发展,大力开发低温肉制品、速冻预制肉制品、可微波加热速冻肉制品等肉类加工产品。禽类加工要推进中式酱、卤、熏、烤等传统风味禽肉产品的工业化生产;大力开展禽类及禽类部件的熟制品加工;引进新型包装方式开发充气包装、真空包装等休闲禽类产品;做好畜禽加工过程中的头、蹄、尾、内脏、骨、皮毛等副产品的综合利用。水产加工要做好新型烤、熏、调味、方便的鱼虾类食品生产，提高低值淡水产品加工的综合开发能力，开辟休闲、微波、功能性淡水食品等新领域。

——粮食油脂精深加工。重点支持京山国宝桥米有限公司、京山县恒远米业有限公司等龙头企业，主要依托湖北京山泰昌米业有限公司、湖北京山瑞发油脂有限公司、湖北裕丰糖业有限公司等主导企业。利用京山天然富硒米资源，围绕稻米加工全产业链和高值化产品研发，重点开展稻米精深加工、副产物（碎米、米糠、米胚）综合利用，在丰富食用大米品种（富硒米、留胚米、糙米）的同时，开展桥米专用米粉（汤圆、发糕）、方便米粉、米线、方便米饭等主食产品的工业化生产；利用米糠开发米糠油、米糠蛋白、米糠多肽、谷维素、富含米糠蛋白饲料等系列产品；利用碎米开发啤酒专用糖浆、可乐专用糖浆、果糖、食用葡萄糖、医用葡萄糖、结晶葡萄糖、功能性低聚糖、营养复合米、变性米淀粉等系列产品；利用米胚生产米胚功能性饮料、米胚休闲食品等。依托华贝油脂、香江油脂等骨干企业，重点发展油脂加工类、面粉加工类产品。

——特色食品加工。依托湖北绿林酒业有限公司、湖北地利奥生物科技有限公司、湖北华源生物科技有限公司等骨干企业，重点发展酿造生产绿林酒系列、桥米酒系列、惠峰酒系列等三个品牌的酿造白酒；开发浓缩果汁、蔬菜汁、果蔬汁、果酒、低热量饮料、健康营养饮料、活菌型含乳饮料、乳酸发酵菜汁饮料、花卉饮料、茶饮料、谷物饮料等果蔬饮品；发展冷冻调理食品、冷冻点心和营养型冷冻产品；发展即食米饭、米粉、米线、馄饨、鲜湿面条等方便型米面主食制品；发展巧克力、饼干等焙烤型休闲食品等。

——生物农业产品。依托湖北永兴食品有限公司、裕丰生物科技有限公司等骨干企业，积极开发采用现代生物技术对农副产品进行精深处理，为生态农产品加工业提供高纯度高规格的工业用原材料或半成品，应用现代酶解技术生产葡萄糖系列产品。依托山珍食用菌专业合作社，开展"合作社+龙头企业"合作新模式，不断扩大香菇、木耳、平菇和双孢蘑菇等食用菌的生产规模，提高产品质量，研发应用食用菌保鲜加工及循环利用的新工艺。

4. 产业发展策略

以京山经济开发区生态农副产品加工产业功能区为核心区，以孙桥镇、新市镇、钱场镇等相关园区为联动区，围绕生态京山的建设目标，利用京山县的农业资源优势和生态环境优势，积极建设一批优质稻米、蔬菜、鲜果、水产养殖、畜禽养殖等农副产品生产加工企业，引导生态食品加工企业开发高附加值产品，鼓励企业采用互联网新技术转变传统经营方式，推动传统农副产品加工业向健康、绿色、环保型的生态农副产品加工业转型。

——做大做强一批市场竞争力较强、辐射带动面较广、行业影响力较大的龙头企业，支持龙头企业积极开拓国内外市场，实现企业由区域型向全国型发展；支持龙头企业与上下游企业组建企业联盟，实现优势互补、做大做强；鼓励龙头企业加强农副产品加工示范基地建设，带动原料基地的标准化和专业化水平提升；引导龙头企业与农民专业合作社有效对接，建立和完善利益联结机制，提高加工企业对农户的辐射带动能力。

——加强产品研发与创新，不断推出内容新颖、口感优良、绿色健康的新产品，提高农副产品附加值；实施差异化的品牌竞争策略，创建更多具有较高知名度和市场占有率的地标性品牌，避免陷入同质化竞争。

——充分发挥京山县公共检测检验中心的技术优势，大力推行农副产品标准化建设和全程质量控制模式，制定和完善统一的畜禽饲养技术规程，应用无公害加工、运销技术和标准化生产加工技术，推行ISO9000、HACCP质量管理体系认证，建立重要农副产品的质量安全可追溯系统。

——加强流通领域的农副产品电子商务平台建设，通过农副产品电商创新营销模式，遴选一批具有京山特色、地域性强的高品质农副产品扩大电商销售范围，逐步提高农副产品电商服务内容和手段的规范性、便捷性与高效性；发挥移动互联网在促进产销衔接、倒逼农业标准化和质量安全可追溯等方面的明显优势，基于移动互联网实现农副产品生产经营的智能化；优化农副产品电子商务的物流管理，建立本地化的物流服务体系，实现原产地农副产品直销。

——全面对接"中国农谷"，加快生态农副产品加工业核心园区的建设，增强园区承载能力，提强化园区服务体系建设，促进生态食品加工企业加快集聚，形成以京山经济开发区生态农产品加工园为主体，宋河工业园、钱场工业园为两翼的"一体两翼"产业发展格局。

——大力发展生态循环型农副产品加工经济，积极改造农副产品加工生产环境并升级管理模式，严格监管控制农副产品加工企业的"三废"排放及处理，鼓励农副产品加工废弃物的回收再利用，提高农副业资源的利用效率，打造生态循环型工业园区。

四、培育发展新兴产业

京山经济开发区要紧抓新一轮科技革命和产业变革的机遇，结合国内外新兴产业发展趋势和京山已有的产业基础，重点培育和发展新能源、新一代信息技术、生物医药、现代服务等新兴产业，加快推进工业化与信息化深度融合，积极推动先进制造业与生产性服务业、科技服务业、生活性服务业的全面融合，将京山经济开发区建设成为湖北省县域新兴产业发展的样板区。

（一）新能源产业

1. 产业发展思路及目标

京山经济开发区要把握"两型社会"建设给新能源产业带来的发展契机，充分发挥京山县特有的资源能源优势，进一步发展壮大节能环保、新型电池、生物质能等重点领域，加大节能型项目建设力度，推广应用节能减排技术和节能环保产品，使新能源产业成为质量效益好、增长速度快、促进区域绿色发展的重要支撑。

节能环保项目集中在资源循环利用、热能与动力机械节能环保产品开发、高效照明设备研发生产等领域。新型电池项目依托湖北雄韬电源科技有限公司等骨干企业，扩大涵盖密封铅酸、锂离子电池两大类产品的生产规模。生物质能源项目依托京山凯迪绿色能源开发有限公司等骨干企业，结合农作物秸秆综合利用，积极拓展非粮生物质原料来源和途径，加快先进生物液体燃料的研发与应用示范，推动生物质燃气和成型燃料的规模化应用，开展余热利用，建设连片供热工程。

到 2020 年，京山经济开发区新能源产业相关企业 30 家左右，规模以上企业 15 家左右，实现总产值 50 亿元。

2. 产业发展策略

——加大政府在政策和资金等方面对新能源产业的扶持力度，切实落实和利用好国家、湖北省和荆门市已出台的节能环保、资源综合利用、减排降耗等专项政策。

——积极开展新能源技术创新，实现关键技术和重要产品研制的新突破。继续加强新能源企业与省内外高校、科研机构的合作对接，加快建立以企业需求为导向的产学研协同创新机制。

——打造专业化、节能型、循环型的新能源产业园，引导新能源企业集聚式发展，引导中小微型配套企业围绕龙头企业开展产业配套，积极推进与电力能源企业的合作，加快推广生物发电、沼气发电等先进设备，努力扩大生物质能源销售市场。

（二）新一代信息技术产业

1. 产业发展思路及目标

京山经济开发区要积极落实"互联网+"行动计划，充分发挥后发优势，积极承接发达地区信息技术产业的转移，着力培育发展新一代信息技术产业，重点发展为高端装备制造业、生态农副产品加工业、健康休闲养生产业等京山县主导产业提供配套的智能型、节能型信息网络终端产品与新型信息技术服务。

京山经济开发区新一代信息技术产业主要依托爱尚电子 LED、格莱尔电子、尚隆照明LED、京模捷电子、台湾统登电子等骨干企业，重点发展高科技通信网络设备、移动通信终端设备等高端信息技术产品的研发及生产。

到2020年，京山经济开发区实现新一代信息技术产业相关企业20家左右，规模以上企业8家左右，实现总产值30亿元。

2. 产业发展策略

——加快信息网络基础设施建设，充分发挥新一代信息产品及信息服务的特殊功能，增强以信息化带动新型工业化、以互联网带动产业转型的能力，为京山经济开发区的"互联网+"与传统产业融合打下坚实基础。

——大力承接珠三角、长三角、中三角等地区的信息技术产业转移，尤其要主动对接武汉·中国光谷光电子信息产业基地，多渠道寻找合作伙伴，巩固新一代信息技术产业的发展基础。

——在京山经济开发区超前布局大数据应用服务，开展大数据产业创新工程试点，努力探索通过大数据推进装备制造、农副产品加工、新能源、生物医药、现代服务、建筑建材、精细化工等产业发展的有效途径和有益经验。

（三）生物医药产业

1. 产业发展思路及目标

京山经济开发区主要依托湖北太子药业等骨干企业，不断拓展永隆镇、新市镇和曹武镇的药材生产基地规模，以白芍、白术、半夏、牡丹、玄参、石斛、苍术等中药材品种为原料开发中药制品，打造中药材种植、加工和研发一体化的产业链。依托湖北华源生物等骨干企业，加大蜂王浆、蜂王胎素、蜂胶等活性蜂产品的研发及生产，运用现代生物技术提升蜂类产品的经济价值和科技含量。

到2020年，京山经济开发区实现生物医药产业相关企业25家左右，规模以上企业10家左右，实现总产值35亿元。

2. 产业发展策略

——积极对接生物医药产业核心园区。京山经济开发区生物医药产业基础比较薄弱,但是具备很好的资源基础和发展潜力。要争取荆门市、京山县对生物医药产业的重视和支持,制定生物医药产业发展路线图,积极对接武汉东湖、宜昌、荆门等生物特色产业园区,特别是建立与武汉东湖国家生物产业基地的对接合作机制,营造生物医药产业发展的良好氛围,打造成武汉东湖国家生物产业基地重要的药物制品生产地。

——加强产品开发与技术创新。鼓励相关企业积极与武汉大学、华中农业大学等高校开展技术合作,以市场发展新趋势为导向,积极开拓生物医药行业的多元化市场,大力推进外观包装创新、内容创新、口味优化、概念创新等产品创新。

——以科技招商引资培育关键企业。积极吸引国内外、省内外重要的生物医药企业在京山经济开发区投资建厂,或将其区域性功能中心(采购中心、营销中心、客服中心、流通中心)等设在京山,实现生物医药产业的"高位嫁接";广泛吸引有潜力的生物医药高科技小微企业及研发机构入驻开发区,高标准做好生物专业园区布局和配套服务。

(四)现代服务业

1. 产业发展思路及目标

京山经济开发区要创新产城融合发展新模式,积极利用"互联网+"推动互联网和现代服务业的全面融合,不断催生基于互联网的现代服务新业态。通过互联网进一步拓宽服务的方式、种类、范围和深度,重点围绕制造业产业集群完善服务链和服务功能,积极引进电子商务、现代物流、大型商贸、金融服务、专业市场、文化旅游等投资主体,搭建电商、物流、展示、融资担保等公共服务平台,构建特色鲜明、结构优化、便利完善、功能合理、布局科学的现代服务业发展体系。

到2020年,京山经济开发区实现现代服务业相关企业150家左右,规模以上企业35家左右,实现总产值90亿元。

2. 产业发展策略

——物流服务。依托金瑞物流产业园有限公司、京山恒源物流有限公司、京山鸿远物流有限公司等骨干企业，完善物流信息化等相关配套设施，加快建设完善农产品仓储物流、商贸流通、大宗原材料、电子商务、快递服务等现代物流体系；打造直接为生产和流通企业服务的第四方物流服务平台，形成从研发、元器件、原料采购、生产工序间物料搬运、产品出厂包装、公铁海多式联运到门到门送货和结算的一体化物流作业链，不断提高物流服务的专业化和信息化水平。

——创业服务。深化"大众创业、万众创新"的理念，以众创空间建设为突破口，推动投资主体多元化、运行机制多样化的创业服务机构建设，探索建立政府主导、市场运作的新型孵化模式，提高初创型企业的成活率；大力发展新形态的研发服务，集聚培育一批专业的第三方研发服务机构；对接武汉东湖国家自主创新示范区的科技服务机构，强化产学研协同创新中的技术转移和成果转换。

——金融保险服务。整合财政专项资金设立京山县产业发展引导基金，建立对企业创业、科技、产业升级等分类金融扶持机制；引导风险投资机构、科技小额贷款公司、科技保险公司为高新技术企业提供融资服务；积极引入农业保险公司，争取成为国家农业巨灾保险试点县（市）或湖北省农业巨灾保险试点县（市）。

——网络及大数据服务。大力推进大数据、移动互联、云计算等向服务行业的全面渗透，基于移动互联网，建设以线上线下同城电子商务模式为核心的公共营销平台，实现线下服务的移动互联化，以营销模式创新提高服务业企业的市场覆盖率；基于大数据，提高公共服务的数据科技含量，改革创新人才管理、医疗健康、就业管理、社会保障等系列服务模式，重点发展装备制造大数据、农产品加工大数据等。

——健康休闲养生服务。充分利用京山县丰富的山水资源、文化资源、运动资源和宗教资源，依托京山县域内自然景区、历史遗存、乡村民居、农田景观等，大力开发休闲健康、养疗健康、心智健康和运动健康等服务项目，通过健康休闲养生产业平台促进传统的文化旅游业与京山特色休闲产业加速融合，探索创造产城融合发展的新模式。

——商贸服务。加快改造传统商贸服务业，大力整合城市商业体，加强商贸流通以及农产品交易市场等专业性市场的建设；加快商业体向乡镇和社区的下移，不断改善乡镇和社区的商贸服务环境。

五、改造提升传统产业

坚持绿色发展，积极推行低碳化、循环化和集约化，以提升技术含量和附加值为导向，运用高新技术、先进适用技术，特别是信息技术改造提升传统产业，提高产品附加值，推动产业升级换代。加强节能环保技术、工艺、装备推广应用，全面推行清洁生产，构建绿色、低碳、循环的现代产业体系，促进京山加快向资源节约型、环境友好型社会的转变，形成人与自然和谐发展现代化建设新格局。

（一）建筑建材产业

1. 产业发展思路及目标

京山经济开发区要积极响应国务院关于"努力实现绿色发展、低碳发展、循环发展"的要求，在进一步壮大水泥、石材等传统建筑建材领域产业优势的同时，积极开发新型建材产品，努力打造新型建材产业集群，使新型建材成为京山经济开发区的重要支撑产业。

京山经济开发区新型建材产业以湖北京兰水泥集团、京山群兴实业有限公司、京山永丰建材有限公司、湖北京鼎木业有限公司、湖北京山康宏装饰材料有限公司企业、京之润陶瓷、武汉达权、京骏建材、武汉祥龙等骨干企业（项目）为依托，重点发展加气混凝土、新型灰沙砖、中高端装饰石材、石膏条板、生态复合轻质板材、节能环保型墙体材料等高科技含量的建材产品，打造新型建材工业园。

到2020年，京山经济开发区实现新型建材产业相关企业100家左右，规模以上企业35家左右，实现总产值120亿元。

2. 产业发展策略

——鼓励企业多渠道提高产业技术创新能力，鼓励企业与国内材料科学领域的重点科研机构、大型龙头企业建立联合（虚拟）实验室，开展共性技术联合研发和新产品合作开发，大幅缩短新产品的开发周期，提高产品的科技含量，推进建筑新材料多元化创新。

——积极推广应用材料科技领域的质量控制新技术和清洁生产新工艺，大幅降低行业能耗和工业污染，实现传统建材产业向绿色、低碳、循环型新型建材产业的转型。

——积极开拓新型建材行业的多元化市场，推动建材产业向研发设计、市场推广等价值链高端环节延伸，提高建材产业整体附加值和利润率。

（二）精细化工产业

1. 产业发展思路及目标

京山经济开发区应以区域内化工产业现有技术优势为基础，通过技术引进与自主开发，加快区域内化工产业的技术进步与产业升级，通过重点发展新型涂料及颜料、新型日用化工产品、新型功能高分子材料、橡塑助剂、精细化工助剂与催化剂、行业内常用试剂与高纯物、生物化学药剂等精细化工产品，使化工产业成为京山经济开发区产业发展的补充元素。

京山经济开发区精细化工产业以京山县京兴化工有限公司、京山东兴气体有限责任公司、湖北双新能源科技有限公司、京山惠山塑编有限责任公司、京山九通实业有限公司、湖北斯洁实业有限公司、京山瑞生制药有限公司等骨干企业为重要依托，重点发展乙炔、液氮等行业用常用高纯气体产品，新型塑料、橡胶、胶棉产品，碳酸氢铵、氟苯尼考等生物化学药剂产品的研发与生产。

到 2020 年，京山经济开发区实现精细化工产业相关企业 15 家左右，规模以上企业 5 家左右，实现总产值 10 亿元。

2. 产业发展策略

——积极开展化工产业技术创新，加快建立以区域内化工企业需求为核心的关键技术联合攻关机制，重点推进新型功能涂料、高性能复合膜材料、工业特种涂料、防锈防水涂料、工业用原料提纯等领域的技术引进、消化与创新，实现关键技术和重要产品研制的新突破。

——积极整合利用现有化工企业研发中心或技术中心，聚焦化工产业的共性、关键性和前瞻性技术，建设化工产业公共研发及服务平台，提升京山经济开发区化工产业的创新能力与产品质量。

——利用科技招商，适度引进有潜力的精细化工企业并予以重点培育，争取精细化工类高新技术企业在京山经济开发区建设区域性功能中心（营销中心、客服中心、流通中心），实现精细化工产业的"高位嫁接"。

六、产业发展空间布局

依据京山县主体功能区规划、土地利用规划、城市总体规划和规划环评确定的功能布局，围绕京山经济开发区产业发展的定位及目标，按照"专业集聚、功能分区、用地集约、产城融合"的原则，打造核心区与联动区差异互补的产业发展空间格局。对开发区在建和待建产业发展功能区进行科学规划、合理布局；对已建成部分加快转型升级与腾笼换鸟，科学调整产业空间布局，优化和提升产业功能；通过不断优化产业园区功能，努力实现产业发展与城市发展的高度耦合。

（一）产业发展核心区

产业发展核心区指京山经济开发区现有规划区域，是开发区内生性发展的核心和源头，着力打造开发区公共服务中心、创新创业综合服务区、装备制造产业功能区、生态农副产品加工产业功能区、新兴产业综合功能区、建筑材料及精细化工产业功能区等六大功能区。

——开发区公共服务中心。位于开发区最西角，以开发区行政服务中心为核心。主要承载开发区及京山县城部分行政、教育、医疗卫生等公共服务功能，重点发展房地产、酒店餐饮、金融保险、商业贸易、汽车贸易、文化创意等产业。

——创新创业综合服务区。位于开发区中东部，以大型物流园和中小企业园为核心。主要承载创新创业服务和生产性服务功能，重点发展现代物流业、科技中介服务业、网络及大数据服务、创客空间、企业孵化和加速体系、研发和中试基地。

——装备制造产业功能区。位于开发区西部大片区域，主要承载高端装备制造业的研发和制造功能，重点发展轻工包装机械、农业机械、节能环保机械、工程机械、汽车零部件、行业专用设备等领域，努力建成湖北省装备制造产业基地；着力发展智能设计、智能制造、智能设备等领域，打造全省一流的智能制造产业园区及智慧管理园区，逐步建成全国有影响的智能制造产业城。

——农副产品加工产业功能区。主体部分位于开发区北部及中部大片区域，主要承载生态农副产品加工产业的研发和制造功能，重点发展粮食油脂精深加工、蛋品精深加工、畜禽水产品精深加工、生物农业产品、绿色食品加工等领域，将之打造成为国家级生态农副产品加工示范园区。

——新兴产业综合功能区。主要位于开发区中南部，主要承载新能源、新一代信息技术、生物医药等新兴产业的研发和制造功能，重点发展节能环保、新型电池、生物质能等新能源产业领域，为高端装配制造业、生态农副产品加工业等支柱产业提供配套的智能型、节能型信息网络终端产品与新型信息技术服务领域，以生物技术为基础的医疗保健产品和日用化工等产品领域，大力培育新的经济增长点和未来支柱产业。

——建筑材料及精细化工产业功能区。位于开发区东南部，东接武荆高速公路的出口，主要承载建筑建材、精细化工产业的研发和制造功能，重点发展加气混凝土、新型灰沙砖、中高端装饰石材、石膏条板、生态符合轻质板材等新型建材产业领域，重点发展新型涂料及颜料、新型日用化工产品、新型功能高分子材料、橡塑助剂、精细化工助剂与催化剂、行业内常用试剂与高纯物、生物化学药剂等精细化工产品，建成湖北省重要的建筑建材、精细化工产业基地。

（二）产业发展联动区

产业发展联动区主要包括毗邻京山经济开发区南面的京山温泉新区，以及宋河工业园、钱场工业园、永兴镇工业区和孙桥镇工业区等其他周边工业集中区，在与京山经济开发区的互动中形成合理的功能定位和产业分工，实现差异化互补发展，也可以作为开发区未来的产业拓展空间，发展符合开发区定位的高新技术产业、现代制造业和现代服务业。

七、产业发展主要任务

（一）增强创新创业主体能力

——激发社会大众创业热情。一是大力支持科技创业。全方位支持大学生、教师、科研人员到京山经济开发区创办科技型企业。加快推进事业单位科技成果使用、处置和收益管理改革，完善科技人员创业股权激励机制。推进实施大学生创业引领计划，建立健全大学生创业指导服务专门机构，为大学生创业提供场所、公共服务和资金支持；对接武汉、荆门创业资源，每年引进和扶持一批创新创业项目，以创业带动就业。鼓励吸引沿海地区有一定工作经验的大企业员工来开发区创业。二是有效推进"二次创新"。加强对本地民营资本引导，鼓励食品、建材、纺织服装等传统产业领域企业家，将资金投向高端装备制造、生态农副产品加工、新一代信息技术、新能源、生物医药等产业领域。设立高层次民营企业家培训班，组织有一定实力的企业家参加培训，提升"二次创业"能力。对在开发区内投资高新技术产业、新兴战略性产业的优秀民营企业和优秀民营企业家，给予一定的奖励。大力宣传"二次创业"成功的典型事例，营造良好的再创业氛围。三是积极鼓励返乡创业。加快建立多层次多样化的返乡创业格局,全面激发农民工、大学生和退役士兵等人员返乡创业热情。鼓励已经在外地成功创业的京山籍农民工等人员,顺应产业转移的趋势和潮流,充分挖掘和利用外地资源和要素方面的比较优势,把适合的产业转移到开发区再创业、再发展。鼓励积累了一定资金、技术和管理经验的农民工等人员,学习借鉴发达地区的产业组织形式、经营管理方式,顺应本地消费结构、产业结构升级的市场需求,抓住机遇到开发区创业兴业,把小门面、小作坊升级为特色店、连锁店、品牌店。鼓励农民工等人员发挥既熟悉外地市场又熟悉本地资源的优势,借力"互联网+"信息技术发展现代商业,通过对传统手工艺品、绿色农产品等地方特色产品的挖掘、升级、品牌化,实现本地产品与外地市场的嫁接。引导返乡农民工等人员融入区域专业市场、示范带和块状经济,打造具有京山特色的优势产业集群。

——推动科技型企业加速成长。一是京山经济开发区要重点培育创新型企业。实施"创新型企业培育工程",建立重点创新企业"直通车"跟踪服务制度,探索实行"一企一策"的支持方式,重点支持一批拥有自主知识产权、自主品牌和持续创新能力的高新技术龙头企业,尽快打造一批具有较强竞争能力和主导产品优势的大型企业集团,形成较强的产业集群效应。实施"走出去"战略,提升创新型企业利用全球创新资源和开拓国际市场的能力,支持企业参与国际标准创制,提高技术主导权与市场控制力,提高企业品牌价值。二是加快发展高新技术企业。完善高新技术企业加速成长机制,实施"高新技企业培育工程",对创新能力强、成长速度快、发展前景好的企业,在创新平台建设、政府采购、市场开拓、投融资、上市上柜、产业对接等方面给予支持。建立经济开发区高新技术企业后备库,集中各类优势资源,加大跟踪培育力度,鼓励条件成熟的企业积极申报省级、国家级高新技术企业和湖北省、国家创新型试点企业。三是大力扶持科技型中小微企业。着力实施"中小微科技企业成长工程",强化科技型中小微企业技术创新基金的引导作用,促进中小微企业技术创新和改造升级。支持科技型中小微企业聚焦"新技术、新业态、新模式",走专业化、精细化发展道路，打造具有竞争力和影响力的精品和品牌。加强面向科技型中小微企业的公共技术服务平台建设和科技中介服务体系建设，加快先进技术向中小微企业的技术辐射和转移；推动科技型中小微企业与龙头企业开展配套及技术协作，提高中小微企业的配套协作水平和持续发展能力。

——强化企业技术创新主体地位。京山经济开发区要建立健全以企业为主体、市场为导向、产学研用紧密结合的技术创新体系，健全企业主导产业技术研发创新体制，提高企业配置科技资源的能力，充分发挥企业在技术创新决策、研发投入、科研组织和成果产业化中的主体作用，增强企业开展技术创新的内在动力，切实提升企业的自主创新能力和技术竞争力。积极落实《国务院办公厅关于强化企业技术创新主体地位全面提升企业创新能力的意见》及湖北省、荆门市等相关文件规定，进一步完善和落实激励企业创新的普惠性政策。构建技术创新市场导向机制，鼓励和引导企业结合国家和地方发展战略及市场需求开展技术研发；推进实施后补助制度，逐步建立"企业决策、先行投入、协同攻关、市场验收、政府补助"的组织实施机制。完善企业创新支持方式，引入市场竞争和产业链上下游评价等市场化的评价机制。充分发挥开发区企业自主创新引导资金作用，引导企业加大自主创新投入，提高研究开发经费比例。支持企业普遍建立研究开发机构，加大对企业技术中心和工程中心等研发机构的扶持力度，着力推进开发区所有规模以上企业建立"企业技术创新中心"，使之成为产业关键和共性技术研发的重要载体。

（二）提升创新创业组织能力

——实施知识产权战略。京山经济开发区要建立有利于技术创新的知识产权政策导向机制，鼓励和引导企业加大研发投入，突出企业在知识产权创造中的主体地位，培育壮大一批拥有自主知识产权的优势企业。实施知识产权产业培育与功能强化工程，促进知识产权转化运用，向开发区企业免费或低成本提供知识产权基础信息。加大财税金融支持，扩大科技创新以奖代补基金规模，运用财政资金引导和促进科技成果产权化、知识产权产业化。支持开展多种形式的知识产权投融资服务，建立资本市场与知识产权市场的对接机制。鼓励建立开发区小微企业信贷风险补偿基金，对知识产权质押贷款提供重点支持。大力发展以知识产权培训、信息增值、中介服务等为基础的知识产权服务业。实施标准提升工程，支持开发区企业、行业协会和科研机构主持或参与国际标准、国家标准和行业（地方）标准的制（修）定；鼓励企业积极采用国际标准和国外先进标准组织生产，促进企业核心技术和专利技术向标准转化。实施商标战略，着力促进集体品牌或集体商标、原产地注册商标、地理标志等地区品牌的发展，加快驰名商标、著名商标的申报步伐。严厉打击侵犯知识产权和制售假冒伪劣商品行为，完善知识产权举报投诉服务和维权援助工作机制，建立行业知识产权预警和风险防范机制。

——提升产学研合作水平。鼓励和支持京山经济开发区企业与武汉大学、华中科技大学、华中农业大学、武汉理工大学、湖北大学、中科院武汉分院等省内外高等院校、科研机构开展深入合作，建立产学研深度结合的长效机制。推广以企业为主导的委托研发、组建联合实验室、成立合资公司、合作开展中试以及技术许可、技术转让、技术入股等多种产学研合作模式。构建校企合作平台，在技术转化、成果推广、研发中心、产业基地、人才培养等方面进行深入广泛、多层次多形式的合作活动，实施各类科技合作项目，提升开发区科技综合实力。开展校企对接，采取上门沟通、网上发布、举办校企对接会等多种形式，以制约开发区主导产业、支柱产业发展的技术瓶颈和关键共性技术研发作为合作重点，与科研院校签订产学研合作协议，不断增强企业的自主创新能力。建立产学研合作创新网络，积极发展基于现代网络技术的分布式创新，努力探索虚拟研发、异地研发新模式；借助武汉东湖国家自主创新示范区、荆门高新区等国家级高新区的技术力量，共建一批有特色的工程实验室、工程技术研究中心、企业技术中心、生产力促进中心、技术转移中心、新型工业技术研究院、院士工作站、"千人计划"工作站、博士后工作站、研究生工作站、成果转化示范基地、产业技术创新基地。积极推动高校院所来开发区设立创新育成中心，将高校及科研院所的科技成果在中试基地进行孵化和工艺中试放大。大力推进开发区企业与高校、科研院所、地方政府以及国外科研机构的深度合作，探索适应不同需求的协同创新模式，营造有利于协同创新的环境和氛围。

——加强产业技术创新联盟建设。依托行业协会和龙头企业，围绕京山经济开发区产业发展，积极鼓励企业参与组建装备制造产业联盟、农副产品加工产业联盟、新能源产业联盟、新一代信息技术产业联盟、生物医药产业联盟、现代服务产业联盟、建筑新材料产业联盟、精细化工产业联盟等，通过各种技术创新要素的优化组合，建立一种长期、稳定、制度化的产业技术创新利益共同体。建立健全产业技术创新战略联盟合作机制，支持联盟内各主体开展协同创新，探索完善彼此间合作的信用机制、责任机制和利益机制，实现优势互补、利益共享、风险共担。大力推动开发区内产业链上下游加强创新合作，从支持单个企业创新向支持多个企业的协同创新转变。围绕开发区主导产业和新兴产业，通过联盟研发重大创新产品，掌握核心关键技术，构建产业链；围绕改造提升传统产业，通过联盟开展共性技术攻关，解决制约产业升级的重大制造装备、关键零部件、基础原材料、基础工艺及高端分析检测仪器设备等难题；围绕发展现代服务业，通过联盟加强技术创新、商业模式创新和管理创新，培育现代服务业新业态。支持以产业技术联盟名义承担国家及湖北省、荆门市重大科技专项，积极组织和支持有能力的企业参与全国性、全省性产业技术创新战略联盟。支持联盟开展技术创新、新产品开发、市场拓展、信息共享、技术标准制定和国际交流活动。鼓励产业技术联盟积极吸纳国外企业或组织，促进联盟的国际化；加强和国际标准组织成员的合作，并以标准带动产业链整体参与国际竞争；支持产业技术联盟积极参加全球知名的产业论坛、技术研讨会，及时把握国际前沿技术发展方向。

(三) 健全创新创业服务体系

——构建创业孵化服务体系。实施创业苗圃、企业孵化器、企业加速器、产业园区相结合的大孵化器战略，形成全过程、全要素的企业孵化培育生态链，构建以专业孵化器和创新型孵化器为重点、综合孵化器为支撑的京山开发区创业孵化生态体系。创新孵化形态，探索建立网络虚拟孵化器、微型孵化器、农业科技企业孵化器、创新工场、"前孵化器"等类型的新型孵化器，辐射更多科技创业者。顺应网络时代大众创业、万众创新的新趋势，探索基于互联网的新型孵化方式，提升孵化器专业服务能力。充分利用开发区科技企业孵化器、商贸企业集聚区、小微企业创业示范基地等现有条件，发挥行业领军企业、创业投资机构、社会组织等社会力量的主力军作用，通过市场化方式加快发展创客空间、创业咖啡、创新工场、社会实验室、智慧小企业创业基地等新型创业孵化平台，构建一批低成本、便利化、全要素、开放式的众创空间，努力营造创新创业的优越环境。发挥政策集成和协同效应，实现创新与创业相结合、线上与线下相结合、孵化与投资相结合，为广大创新创业者提供良好的工作空间、网络空间、社交空间和资源共享空间，满足创业团队和个人个性化、多样性、差异化的需求。优化管理体制，创新运营机制，鼓励企业、社会资本投资兴办孵化器，促进天使投资与创业孵化紧密结合，推广"孵化+创投"等孵化模式，在保持孵化器公益性基础上，探索孵化器可持续发展的运营模式。鼓励创客在"互联网+"、大数据、人工智能等新技术框架下，开展产品众筹、研发众包等商业模式创新。

——完善技术创新服务体系。面向京山经济开发区产业技术创新需求，促进科技资源整合和优势互补，推动形成一批专业领域技术创新服务平台，培育一批专业化、社会化、网络化的示范性公共科技服务机构。重点建设装备制造业公共技术平台、农副产品加工工程测试平台、新能源产业公共技术平台、新一代信息技术产业公共技术平台、生物医药产业公共技术平台、建筑建材产业公共技术平台、精细化产业工公共技术平台。加快建设科技资源保护和利用平台、科技信息和数据共享平台、科学仪器协作共用平台。完善以信息咨询、知识产权、科技经纪、投融资、技术产权交易、人才服务、科技评估等机构为主体的科技中介服务平台。搭建企业和中介机构对接平台，开放需求信息，促进企业和中介服务机构的交流与合作。通过购买公共服务等方式，引导建立促进技术创新服务平台有效运行的良好机制。鼓励开发区通过服务外包等形式，探索各类科技服务机构创新发展的模式，提升服务能力，树立服务品牌；鼓励科技中介服务机构共同建立各类服务联盟，促进科技服务机构的市场开拓、优化整合、做好做强。建立科技成果转化网络服务平台和网上技术市场，积极参与"国家技术转移中部中心暨湖北省技术转移与成果转化公共服务平台"（科惠网）联动，建设子平台，不断提升该技术市场面向开发区的服务功能和水平，实现科技成果转化的信息化、网络化、实时化。积极推广众包、用户参与设计、云设计等新型研发组织模式，支持各类机构建立研发众包平台、天使众筹平台、技术服务平台、工艺开发平台、中小企业公共服务平台等各种分布式、开放式、无边界、线上线下协同的服务平台，突破创新创业服务地理限制，为中小企业提供全方位专业化优质服务，促进科技基础条件平台开放共享。

——创新科技金融服务体系。支持银行、证券、保险、信托、股权投资、担保、小额贷款、金融租赁等金融机构在京山经济开发区设立从事中小科技企业金融服务的专门机构，开展符合地方特点的科技金融业务创新，完善科技信贷管理机制，丰富科技信贷产品体系，创新科技金融服务模式。建立开发区、银行、企业三方高层联络磋商制度，扩大政银企合作范围，丰富政银企合作方式。设立开发区产业发展专项资金，对重点科技企业的技术开发、专利申请资助、贷款贴息等给予配套资金支持。支持科技企业上市（上柜），利用主板、创业板、新三板、新四板等多层次资本市场融资，鼓励科技企业利用债券市场融资。加快发展民营金融、小微金融，规范发展小额贷款公司、融资性担保公司，鼓励引导社会资金发展基金投资、创业投资、风险投资等各类股权投资。发挥政府资金杠杆作用,设立开发区创业投资基金,鼓励更多社会资本进入创业投资领域;加大对科技保险的财政支持力度,建立科技保险奖补机制和科技再保险制度。加快创新科技保险产品,提高科技保险服务质量;创新保险资金运用方式,为科技创新提供资金支持。加快建立健全促进科技创新的信用增进机制,积极发挥融资性担保增信作用,建立健全政府资金引导、社会资本参与、市场化运作的科技担保、再担保体系;创新科技资金投入方式,通过设立开发区创业投资子基金、贷款风险补偿等方式,引导金融资本和民间投资向科技成果转化集聚。进一步整合多种资源,综合运用创业投资、风险分担、保费补贴、担保补助、贷款贴息等多种方式,发挥政府资金在信用增进、风险分散、降低成本等方面的作用,引导金融机构加大对科技企业的融资支持。鼓励各金融机构利用云计算、移动互联网、大数据等技术手段,加快金融产品和服务创新,提供更便利的存贷款、支付结算、信用中介平台等金融服务,拓宽普惠金融服务范围,为开发区产业发展提供有效支撑。

(四)壮大创新创业人才队伍

——加大人才引进力度。编制和发布京山经济开发区创新创业高层次人才和急需紧缺专门人才开发目录,建立高层次人才和急需紧缺专门人才来开发区发展的绿色通道,完善引进高层次人才和急需紧缺人才的配套政策,健全人才引进工作体系。加大"两区两园"英才计划、高学历高素质人才引进计划、乡土人才回归计划实施力度,采取团队整体引进、核心人才带动引进、高新技术项目开发引进等多种方式,重点引进一批行业领军人物、重点产业和重点项目的创新人才和创新团队。完善人才柔性流动机制,采取"户口不迁、关系不转、能进能出、双向选择"的方式,鼓励各类人才来开发区从事挂职、兼职、咨询、讲学、科研和技术合作等服务,支持用人单位以聘请顾问、课题攻关、特设岗位、合作经营等方式柔性引进人才和智力;加强院士企业工作站、科技专家企业工作站、博士后工作站建设,鼓励科研院所、高等学校和开发区企业创新人才双向流动。加强人才公共信息平台建设,建立人才资源年度统计和供求信息定期发布制度；建设高层次人才和急需紧缺人才信息库，对高层次人才和急需紧缺人才信息实施全面、准确、实时、动态管理。

——创新人才培养模式。坚持"重点人才重点培养，紧缺人才抓紧培养，优秀人才优先培养，后备人才超前培养"的原则，以实用为主，以应用为目的，以专业技术人才、企业经营管理人才、高技能人才为重点，着力培育一批与京山经济开发区产业发展需要相适应的各类人才。积极落实湖北省、荆门市及京山县各级人才培养计划，加大"自主创新工程"实施力度，培养一批京山县自主创新带头人和京山县自主创新团队，造就一批具有全省乃至全国领先水平的科技创新型领军人才；加大"名企业家培育工程"实施力度，培育一批能够带领企业在全国同行业中处于领先地位的优秀企业家；加大"千名高技能人才锻造工程"实施力度，加快培养一支数量充足、结构合理、技艺精湛的高技能人才，打造"京山技工"品牌。实施产业领军人才后备梯队建设计划，建立以项目为导向的培养、资助机制，加快创新型、复合型、外向型、科技型产业人才培养；积极探索政府、高校、院所、企业合作培养机制，建立一批产业发展人才培养基地，探索实行经营管理人才、专业技术人才交流和挂职锻炼制度。鼓励开发区企业与省内外高校院所建立人才需求对接机制，联合定向培养硕士、博士，探索校企联合的定制化人才培养模式。推动经认定的领军人才和紧缺人才参加海外培训和考察，通过"走出去、请进来"的方式，培养国际化人才。整合职业教育和技能培训资源，加快职业技术培训体系建设，加强对现有工程技术人员的业务更新再教育、创新思维再教育和方法再教育。

——完善人才激励机制。健全以政府奖励为导向、用人单位和社会力量奖励为主体的人才奖励体系，完善公平竞争和分配激励机制，鼓励和支持优秀拔尖人才脱颖而出。健全人才收入分配机制，允许其通过技术、专利、商标等知识产权入股，制定以知识、技术、管理、技能等生产要素按贡献参与分配的办法，推动现代产权激励制度创新。加大知识产权保护力度，推行人才资本及科研成果有偿转移制度，推行专业技人才兼职兼薪管理制度，探索高层次人才、急需紧缺人才、高技能人才协议工资制和项目工资制等多种分配形式，健全与岗位职责、工作业绩、实际贡献紧密联系和鼓励创新创造的分配激励机制。进一步改善创新创业人才生活待遇和工作环境，为高层次急需紧缺人才提供优厚的科研条件，给予一套个人住房、一笔安家费、一笔稳定收入的"三个一"政策扶持，并在家属子女就业、就学、就医等方面给予优先安排和资助。加快研究制定开发区高层次人才和急需紧缺人才认定标准，对经认定的各类人才按其贡献逐步研究推出奖励办法。建立人才引进与项目扶持相挂钩的制度，相关专项资金项目要优先向人才领办创办的企业倾斜。

八、产业发展保障措施

（一）加强组织管理

——加强组织协调。强化跨部门协调工作机制，建立健全京山经济开发区产业发展联席会议制度，负责对开发区园区规划、管理体制、产业发展、重大项目引进等进行决策、协调。县主要领导同志为联席会议总召集人，开发区管委会和县发改局、县科技局、县财政局、县招商局等各职能部门参加，形成统筹协调、部门协同、县区联动、共同推进的产业发展协调工作机制，不断优化办事流程，制定和完善配套政策措施，推进开发区产业发展。联席会议下设办公室，以开发区管委会为主体，负责决策和政策措施的具体执行和落实。

——转变管理职能。深入推进简政放权、放管结合和转变政府职能工作，纵横联动、协同并进，放权、监管、服务并重，统筹推进行政审批、投资审批、职业资格、收费管理、商事制度等领域改革，着力解决京山经济开发区产业发展中的重大问题。推进与行政审批相关的中介机构规范化、市场化改革，提升公共服务水平，推动政府购买服务创新、社会治理创新、公益性事业管理创新。通过建立权力清单和相应责任清单制度，进一步明确开发区管委会职责权限，加快形成边界清晰、分工合理、权责一致、运转高效、依法保障的政府职能体系和科学有效的权力监督、制约、协调机制。优化负面清单管理，放宽市场准入，激发全民创造、创新、创业活力，推动大众创业、万众创新。

——优化治理模式。成立京山经济开发区专家咨询委员会，通过各领域专家参与产业园区规划、项目评估等问题的论证和决策，加强产业发展和园区建设的外部咨询和指导。加强开发区行业协会、服务性社会团体等社会组织建设，通过协商式管理机制实现园区科学化管理，试行重大决策听证制度和政务信息公开制度。创新政府网络化管理和服务，加快互联网与政府公共服务体系的深度融合，推动公共数据资源开放，促进公共服务创新供给和服务资源整合，构建面向公众的一体化在线公共服务体系。积极探索公众参与的网络化社会管理服务新模式，充分利用互联网、移动互联网应用平台等，提高政府公共管理、公共服务和公共政策制定的响应速度，提升政府科学决策能力和社会治理水平。健全政府运用大数据的工作机制，将运用大数据作为提高政府治理能力的重要手段，不断提高政府服务和监管的针对性、科学性、有效性。

——创新运营机制。建立健全政府、企业、社会等多个投资主体共同参与的共建机制，强化"政府引导、行业自律、企业自主"的运作体制和工作机制。成立开发区投资平台，撬动社会资本参与园区基础设施建设、专业园开发、产业发展等。鼓励社会资本和专业机构以PPP、BT、BOT、BO、TOT等多种方式参与园区建设与运营。面向资本实力雄厚、开发经验丰富、综合招商能力强、运营成效显著的企业，探索成片开发、定制开发等多种开发模式。引进专业园区运营商或组建专业化园区运营管理公司，与园区开发公司形成委托代理关系，承担园区招商、经营与管理等市场化运作功能。

（二）加强政策引导

——完善政策供给。完善京山经济开发区产业发展政策体系，针对开发区产业发展重点领域，研究制定出台专项政策，在项目审批、土地征用、环境容量、资金安排等方面给予重点倾斜。围绕园区主导产业和特色产业，从推进龙头企业发展、中小企业培育、创新能力提升、人才引进和培养等方面制定支持政策。支持新技术、新产业、新模式、新业态企业快速发展壮大，建立服务"四新"企业的绿色通道，建立服务于"四新"企业发展需求的问题反映和解决机制。用好用足国家、湖北省以及荆门市鼓励产业发展、创新创业的相关政策，积极争取省、市对开发区产业发展中的重大事项、重大问题、发展战略、政策设计给予指导和支持。加强开发区与湖北省、荆门市产业发展规划的衔接，充分发挥开发区纳入了荆门国家高新区"一区四园"同步发展、同等享受优惠政策的优势。推动开发区产业链协作，引导企业优先采购区内产业链关联企业产品与服务，支持产业链上下游企业联合开展行业共性技术研究、重大项目申报和建设、国际市场拓展等合作。

——制定负面清单。定期发布高新技术产业导向目录和相关政策，加强对京山经济开发区产业发展的宏观指导。围绕开发区产业定位、土地情况、生态环境，结合法律法规、国家安全、过剩产能、高耗能高污染等禁止和限制的内资企业投资领域，制定开发区产业发展负面清单，对未纳入负面清单管理的行业、领域、业务等，各类市场主体皆可依法平等进入。强化产业技术政策的引导和监督作用，明确并逐步提高生产环节和市场准入的环境、节能、节地、节水、节材、质量和安全指标及相关标准，形成统一权威、公开透明的市场准入标准体系，确保招商引资项目向无污染、低能耗、高技术含量、高产出的优势高科技项目倾斜。强化项目准入评审论证机制，建立开发区项目评审专家库，严把项目质量关口，切实提高招商质量。

——严格土地利用。京山经济开发区一方面要深入开展"扩区调区"工作，努力保障土地等资源要素供给，扩展开发区发展空间；另一方面要严格按照京山县产业发展规划、主体功能区规划、土地利用规划、城市总体规划和规划环评确定的功能布局，加强土地节约集约利用。创新土地供应方式，建立大中型入园项目分期供地制度，优先保障首期用地，合理安排后续用地。针对现有存量低效利用的产业用地，通过无偿收回、限期开发、协议收购等方式，加快推进产业集聚区内低效企业退出，推动园区业态升级。制定开发区闲置企业用地退出管理办法，定期对入园项目用地开发情况进行审核评估。对超期未开工或投入产出率、税收贡献率、能耗及环境要求等指标未达到协议约定的项目，先行告知预警；非逾期未整改的项目以适当方式清退。设立项目用地退出专项资金，用于闲置土地资源或建筑物的回购、改造、补贴以及相关配套支持。

（三）加强招商引资

——明确招商重点。加强京山经济开发区招商顶层设计，分析研究产业前沿发展趋势和不同地区产业转移需求，绘制全球创新地图。依托本地资源和区位优势，强化产业招商，重点围绕高端装备制造、生态农产品加工等两个主导产业以及新型建材、精细化工、新能源、电子信息、现代服务等五个特色产业开展招商。紧盯中国驰名商标、大型上市企业、全国500强企业、行业100强企业，着力引进一批带动力强、推动力大的龙头项目；跟踪科技型、创新型、创意类企业，着力引进一批用地量小、科技含量高、效益好、贡献大、潜力大的优质项目。积极招引科研机构、技术创新平台、检测机构、技术转移服务机构等各类创新平台入驻。以长江三角洲、珠江三角洲、环渤海地区、闽南三角区和武汉市为重点，强化驻点招商，加强与东部沿海发达地区产业转移的对接和互动，积极拓展面向西部地区的招商。

——创新招商方式。转变京山经济开发区招商思路，实现由"全民招商"、"政策招商"、"大招商"向"专业招商"、"环境招商"和"精准招商"的提升。完善项目配套，强化"创业苗圃+孵化器+加速器+产业园"新型招商，建立多元化招商模式。突出品牌招商，充分发挥"中国网球之乡"、"中国观鸟之乡"、"惠亭湖国家湿地公园"、"虎爪山国家森林公园"等品牌优势，引进一批关联产业项目。注重节会招商，要充分利用中部博览会、鄂港粤经贸洽谈会、长三角地区经贸洽谈会、武汉城市圈项目推介会等大型投资贸易洽谈活动，有针对性地开展重大项目和重点产业招商推介活动。加强商会招商，充分发挥各地商会、行业协会地缘、亲缘优势，吸引更多有识之士到开发区投资兴业。鼓励以商引商，引导开发区企业以存量引增量，实行产权招商；发挥现有客商示范作用，积极开展以商引商。倡导回归招商，鼓励京山籍在外企业家或曾在京山创业后到外地发展的企业家回归投资创业，实现人才回乡、资金回流、项目回归、企业回迁。

——完善招商机制。加快园区平台建设，引导高新技术项目和较大工业项目向京山经济开发区集中。深化专班专职招商，通过不断改革创新，做到专班不撤、人员不散、经费不减。打造专业招商团队，加强招商人员业务知识培训，提高招商服务水平，推行精细化、流程化、专业化洽谈，形成一套标准化、可复制、易操作的流程和机制。优化招商服务，进一步深化"三集中，三到位"，完善"四最四零"服务机制，完善重点信息、重点项目跟踪服务制度，对重点招商项目实行全程代办服务。建立开发区重点招商项目库，对接开发区招商信息平台，发布园区土地、政策、服务信息。探索开展"四评"工作，进一步提升服务质效。完善考核激励机制，健全考核办法，实施多部门联合考核，强化"谁引进、谁受益"的激励机制，对引资中介机构和个人予以奖励，通过继续实行绩效挂钩、奖惩结合的办法，提高招商引资工作质量和水平。

（四）加强产城融合

——完善城市服务基础设施。健全京山经济开发区交通体系，合理布局公交线，形成完整的道路网络。提高公共交通覆盖率，在服务配套相对滞后地区，实施微循环公交和定制公交；预留公交场站用地，加大公交场站、新能源汽车充电站等配套设施建设。不断完善供水、供电、供气和排污系统，保障开发区产业项目和居民社区生产生活需要。针对智能终端、智能装备等项目需求，配套建设变电设施和开发区内部电网，提前规划预留站址和电力通道空间。利用太阳能作为能源供应的补充，优化电、热（冷）、气配送系统。以毗邻的京山温泉新区规划大力发展健康休闲养生产业为契机，高标准建设一批精品写字楼、高端精品商务酒店、会展中心、商务会所、高层次人才公寓、城市综合体等现代化商务商业设施，加快建设集文化、娱乐、休闲、生活于一体的现代化多功能文体设施和商业街区。按照新型城镇化建设要求，扩大教育、医疗、社会管理、社会保障等公共服务覆盖范围。合理布局幼儿园、中小学等基础教育资源，扩大职业教育规模，构建高端教育引领、基础教育完善的教育体系。合理建设一批社区卫生服务中心，构建较为完善的三级医疗卫生服务体系。建立健全失地农民保障体系，开展就业技能培训、岗前技能培训和创业培训。实施环境优化工程，大量栽植观叶观花观果树木，高标准提升开发区绿化水平；加快建设社区公园、广场公园和街心公园，加强对开发区内河流水库湖泊的生态保护，增强开发区的产业承载和人口集聚能力。

——建设全球化虚拟园区。围绕"互联网+"，在京山经济开发区全面推进宽带网、移动通信网、无线网络等信息基础设施建设，加强物联网、云计算、移动智能终端、大数据等新一代信息技术的应用。完善数据管理、信息管理等基础数据库，推进政务、医疗、物流系统网络化和信息化管理，构建完整的区域信息化体系，实现基础设施和公共服务数字化管理。通过政府购买流量等方式，让开发区的企业和创业者更低成本、更便捷地享受互联网服务。引导企业进行信息化改革，建立公司门户网站，推动开发区企业智能化、数据化发展。以互联网为连接器，进一步推进开发区产城融合，建立万物互联、社交频繁、资源共享、创新创业活跃的社区生态。依托互联网"众包合作、网络协同、共享经济"特征，开发区要加强虚拟空间的整合与延伸，颠覆传统空间形态，克服地理空间限制，在全球范围内整合创新资源，延展开发区的辐射范围，打造全球化的虚拟园区。

——营造创新创业文化氛围。强化品牌意识，从战略层面构建京山经济开发区品牌，打造既体现产业特色又具有创新创业文化内涵的区域整体形象，不断扩大开发区知名度和品牌影响力。挖掘、凝练、提升京山经济开发区精神，加强以创新为核心的创业教育，弘扬敢为人先、追求创新、百折不挠的创业精神，厚植创新文化，不断增强创业创新意识，使创业创新成为全社会共同的价值追求和行为习惯。大力培育企业家精神和创客文化，积极鼓励和支持将奇思妙想、创新创意转化为实实在在的创业活动。鼓励社会力量围绕大众创业、万众创新组织开展各类公益活动；建立健全创业辅导制度，培育一批专业创业辅导师，鼓励拥有丰富经验和创业资源的企业家、天使投资人和专家学者担任创业导师或组成辅导团队。鼓励大企业建立服务大众创业的开放创新平台，支持社会力量举办创业沙龙、创业大讲堂、创业训练营等创业培训活动。加强各类媒体对大众创新创业的新闻宣传和舆论引导，报道一批创新创业先进事迹，树立一批创新创业典型人物，让大众创业、万众创新在开发区蔚然成风，使创新创业成为一种生活方式和一种人生追求。

湖北省京山县人民政府
规划编制组组长：周志红　湖北省京山县人民政府县长
规划编制组成员：杨　仰　郭志祥　黄元峰　黄　平
武汉大学发展研究院
规划课题负责人：李　光　武汉大学发展研究院院长、教授、博士生导师
规划课题组成员：易晓波　胡甲刚　刘　钒　刘远翔
　　　　　　　　李明传　潘　劲

2015年湖北省国民经济和社会发展主要指标

	单位	2014年		2015年	
		实际数	增幅（%）	实际数	增幅（%）
生产总值（当年价）	亿元	27 367.04	9.7	29 550.19	8.9
其中：第一产业	亿元	3 176.89	4.8	3 309.84	4.5
第二产业	亿元	12 840.22	10.1	13 503.56	8.3
工业增加值	亿元	—	10.8	11 532.63	8.5
第三产业	亿元	11 349.93	10.5	12 736.79	10.7
全社会固定资产投资	亿元	24 303.05	20.4	28 250.48	16.2
社会消费品零售总额	亿元	11 806.27	12.8	13 978.05	12.3
出口总额	—	266.46（亿美元）	16.7	1 817.1（亿元）	11.0
外商直接投资	亿美元	79.28	15.1	89.48	12.9
地方公共财政预算收入	亿元	2 566.90	17.1	3 005.39	17.1
城镇居民人均可支配收入	元	24 852	9.6	27 051	8.8
农民人均纯收入	元	10 849	11.9	11 844	9.2
居民消费价格指数	上年=100	102.0	2.0	101.5	1.5
城镇化率	%	55.67	—	56.85	—
城镇登记失业率	%	3.10	-0.12	2.64	-0.46
人口自然增长率	‰	4.9	—	4.91	—

数据来源：2014年、2015年湖北省国民经济和社会发展统计公报。

（易晓波　整理）

后　记

《湖北发展研究报告》是湖北省教育厅和武汉大学共同发起、由湖北省普通高校人文社会科学重点研究基地武汉大学发展研究院承担的专项任务。从 2003 年开始，《湖北发展研究报告》由武汉大学发展研究院组织研究和出版多年。根据武汉大学实施"顶天立地"发展战略的需要，2011 年成立了武汉大学湖北发展问题研究中心。从 2012 年开始，《湖北发展研究报告》由武汉大学湖北发展问题研究中心与武汉大学发展研究院共同组编。

《湖北发展研究报告》的宗旨是：关注湖北省科技、经济和社会发展中的重大事件，分析湖北省经济社会的运行状况，探索湖北省可持续发展战略及其重要举措，提出有助于湖北省又好又快发展的对策建议。《湖北发展研究报告》力求具有科学性、探索性、创新性、时效性和实用性。《湖北发展研究报告 2003》、《湖北发展研究报告 2004》、《湖北发展研究报告 2005》、《湖北发展研究报告 2006》、《湖北发展研究报告 2007》、《湖北发展研究报告 2008》、《湖北发展研究报告 2009》、《湖北发展研究报告 2010》、《湖北发展研究报告 2011》、《湖北发展研究报告 2012》、《湖北发展研究报告 2013》、《湖北发展研究报告 2014》、《湖北发展研究报告 2015》，已先后由武汉大学出版社出版。

在贯彻落实《中共中央关于制定国民经济和社会发展第十三个五年规划的决定》、《中华人民共和国国民经济和社会发展第十三个五年规划纲要》、《中共湖北省委关于制定国民经济和社会发展第十三个五年规划的决定》、《湖北省国民经济和社会发展第十三个五年规划纲要》等背景下，《湖北发展研究报告》积极响应，并重点研究"十三五"期间湖北省的改革与发展问题。《湖北发展研究报告2016》包括18个研究报告，这些报告分别由武汉大学、华中科技大学、武汉理工大学、中南财经政法大学、湖北大学、湖北省社会科学院、湖北省科技信息研究院等单位的专家学者完成。这部报告的特点是：围绕湖北省"十三五"加快科技发展、大数据与"创新湖北"建设、"互联网+"推进湖北智能制造、优化湖北省供给侧创新结构、湖北省高成长性企业发展环境、提升湖北文化产业竞争力、东湖国家自主创新示范区创新驱动战略探索、湖北省医疗体制改革、湖北省国际科技合作、创新方法在湖北省高新技术企业应用、长江中游城市群一体化等问题展开研究，并着力于观察问题的全面性、分析问题的透彻性、研究问题的系统性和解决问题的建设性。《湖北发展研究报告2016》是在湖北省普通高校人文社会科学重点研究基地建设基金、武汉大学人文社会科学发展基金资助下完成的。《湖北发展研究报告2016》中所陈述的只是课题组及撰稿人的看法，并不代表任何部门以及他们所属机构的观点，观点是否得当、数据正确与否均由他们自己负责。由于《湖北发展研究报告2016》是以跨学科、跨部门方式集体完成的，文字风格等不尽一致，加之时间紧迫，虽然几易其稿，最终又由武汉大学发展研究院院长、博士生导师李光教授统稿，但仍有许多不尽如人意之处，敬请读者不吝指教。

  从《湖北发展研究报告》开始策划起，就得到中共湖北省委、省政府及其教育厅等职能部门以及武汉大学领导的关心和大力支持。在《湖北发展研究报告2016》的研究及编撰过程中，武汉大学党委书记韩进、武汉大学校长李晓红院士更是为之倾注了心血，多次提出具有指导性和建设性的意见。《湖北发展研究报告2016》的面世，蕴含着多方面的关心和支持，也凝结着众多人的辛勤劳动，在此一并致以衷心的感谢和诚挚的敬意。

  我们组编《湖北发展研究报告》的工作已进行了15年。期待《湖北发展研究报告 2016》的读者提出建设性意见，以便进一步完善我们的组编工作，并使《湖北发展研究报告》更好地成为展示湖北省发展研究成果的公共平台。

组编者

2016 年 6 月

图书在版编目(CIP)数据

湖北发展研究报告.2016/武汉大学湖北发展问题研究中心,武汉大学发展研究院组编.—武汉:武汉大学出版社,2016.8
ISBN 978-7-307-18573-9

Ⅰ.湖… Ⅱ.①武… ②武… Ⅲ.区域经济发展—研究报告—湖北—2016 Ⅳ.F127.63

中国版本图书馆 CIP 数据核字(2016)第 203406 号

责任编辑:唐 伟　　责任校对:汪欣怡　　版式设计:韩闻锦

出版发行:**武汉大学出版社**　(430072　武昌　珞珈山)
　　　　　(电子邮件:cbs22@whu.edu.cn　网址:www.wdp.whu.edu.cn)
印刷:武汉中远印务有限公司
开本:720×1000　1/16　印张:31.75　字数:457 千字　插页:2
版次:2016 年 8 月第 1 版　　　2016 年 8 月第 1 次印刷
ISBN 978-7-307-18573-9　　　定价:60.00 元

版权所有,不得翻印;凡购我社的图书,如有质量问题,请与当地图书销售部门联系调换。